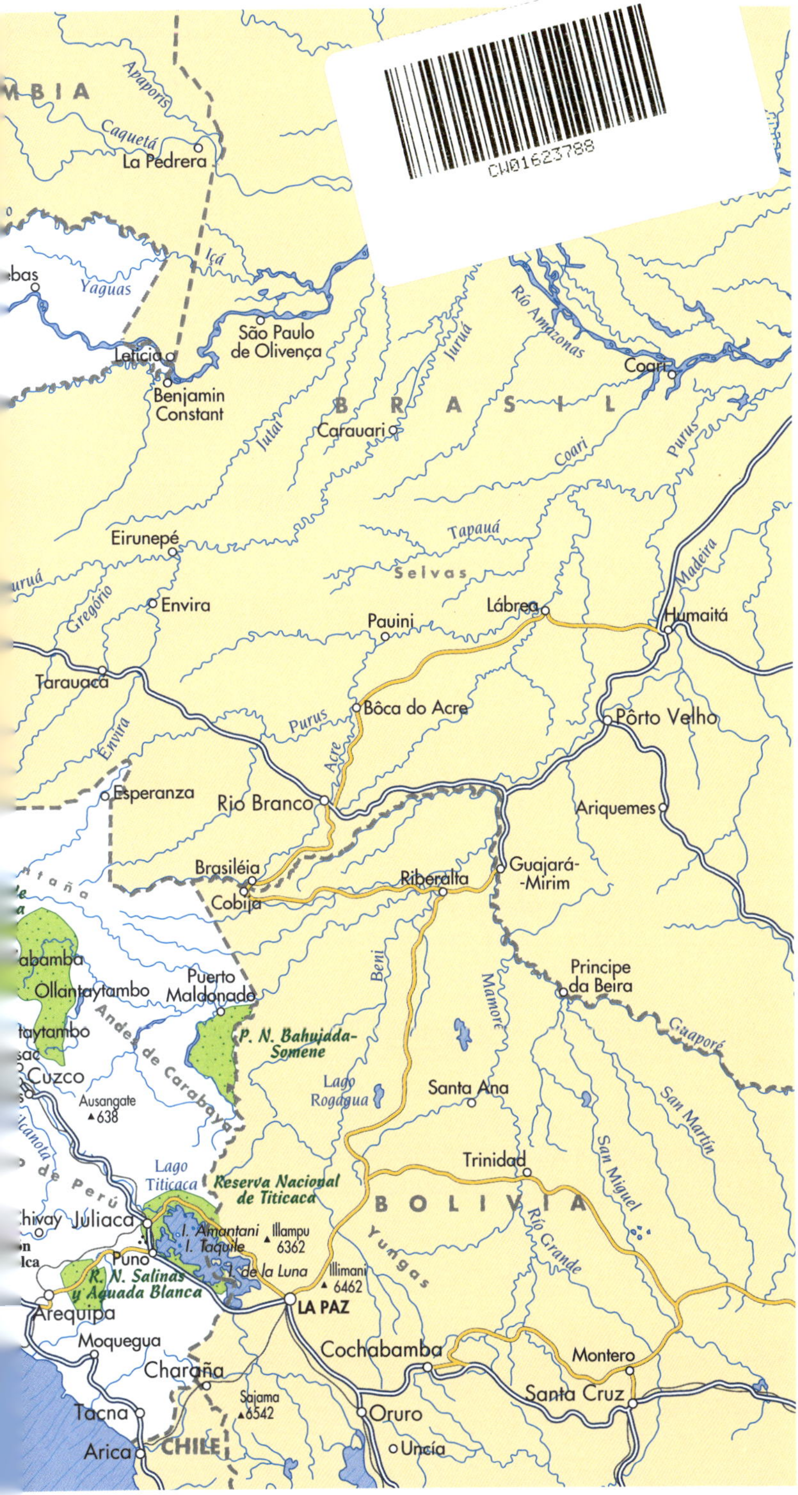

MBIA
Apaporis
Caquetá
La Pedrera
Içá
Yaguas
São Paulo
de Olivença
Leticia
Benjamin
Constant
Juruá
Río Amazonas
Coari
B R A S I L
Jutaí
Carauari
Coari
Purus
Tapauá
Eirunepé
Selvas
Gregório
Envira
Lábrea
Pauini
Madeira
Humaitá
Tarauacá
Bôca do Acre
Pôrto Velho
Purus
Envira
Acre
Esperanza
Rio Branco
Ariquemes
Brasiléia
Guajará-
-Mirim
Riberalta
Cobija
Beni
Mamoré
Principe
da Beira
Ollantaytambo
Puerto
Maldonado
Guaporé
Andes de Carabaya
P. N. Bahuajada-
Sonene
Cuzco
Lago
Rogagua
Santa Ana
San Martín
Ausangate
638
Trinidad
San Miguel
Lago
Titicaca
Reserva Nacional
de Titicaca
B O L I V I A
Juliaca
I. Amantani
I. Taquile
Illampu
6362
Yungas
Río Grande
Puno
I. de la Luna
Illimani
6462
R. N. Salinas
y Aguada Blanca
Arequipa
LA PAZ
Moquegua
Cochabamba
Montero
Charaña
Santa Cruz
Sajama
6542
Tacna
Oruro
Arica
CHILE
Uncía

guía
TOTAL

PERÚ

ANAYA TOURING CLUB

PERÚ

Autores: **Gabriel Calvo** y **Sabine Tzschaschel.** Actualización: **Pedro Pablo Alayza.**

Editora de proyecto: **Ana Mª López.** Coordinación técnica: **Mercedes San Ildefonso.** Editores: **Laura López, Diego Blasco** y **Nuria Barbé.** Equipo técnico: **David Lozano, Jesús García** y **Lola García.** Maquetación: **Carlos Pardo.** Cartografía: **Anaya Touring Club.** Diseño de cubierta: **marivies.**

Fotografías: **iStockphoto,** excepto: **Age Fotostock,** 8, 34, 40, 58, 60, 72, 82, 90, 132, 192. **Archivo Anaya:** 135a, 135b, 165b, 257, 259. **Calvo, G.:** 38, 39, 46, 56, 78, 78-79, 83a, 92, 96, 106, 111, 116, 120, 121, 122, 125a, 125b, 125c,127, 129, 130, 139a, 39b, 140, 142a, 42b, 145, 159, 189, 203a, 203b, 203c, 207, 214, 217, 219, 228, 239, 240, 244, 286a, 286b, 286c, 287, 293. **Corbis:** 10, 52, 98, 136, 194, 196, 200, 212, 234, 248. **Fotolia:** 108, 246. **Leiva, Á. de/Archivo Anaya:** 165a, 260, 266, 267, 270. **Muñoz, J.C./Archivo Anaya:** 253. **Ruiz Pastor, L./Archivo Anaya:** 24, 100, 104, 151, 160, 174, 177. **Sánchez, J./Archivo Anaya:** 185. **Vázquez, A./Archivo Anaya:** 146, 152, 152-53, 155, 169, 262, 278, 286.

Agradecimientos
En nuestro viaje por Perú sólo hemos encontrado gente amable y deseosa de hacernos agradable la estancia en su país. Nombrarlos a todos es imposible, pero en especial agradecemos los precisos consejos de los peruanos de Madrid Isabel Conhi, Götz Schöttle y Eliana Calle y los de las limeñas Angélica Quispe y Mónica Gallirgos. Fueron inapreciables las informaciones del periodista Arturo Gutiérrez de Andahuaylas, de Manuel Palomino y el guía Ángel López Champión en Ayacucho, del antropólogo Juan Palao Berastain en Chucuito y las de Juan Carlos Ayala y su esposa Doris, que hicieron inolvidable nuestra visita a Chiclayo. A todos ellos dedicamos esta guía.

Los autores

Impresión: Varoprinter, S.A.

Enero 2010

Depósito legal: M-41.709-2009
I.S.B.N.: 978-84-9776-908-2
Impreso en España - Printed in Spain

anayatouring_internacional@anaya.es La información contenida en esta guía ha sido cuidadosamente comprobada antes de su publicación. No obstante, dada la naturaleza variable de algunos datos, como horarios, recomendamos su verificación antes de salir de viaje. Los editores agradecen de antemano cualquier sugerencia u observación al respecto y declinan cualquier responsabilidad por los daños o molestias que pudieran ocasionar a los usuarios de la guía.
www.anayatouring.com La página web de Anaya Touring Club ofrece un completo catálogo de publicaciones de la editorial de interés para viajeros.

PRESENTACIÓN

Esta *GUÍA TOTAL* de *Perú* ofrece una exhaustiva descripción de los atractivos naturales, monumentales y artísticos de este país y, además, una completa información gastronómica y hostelera, así como otras de carácter práctico sobre aspectos tan diversos como la documentación y requisitos de entrada en el país, transportes, compras, gastronomía, etc.

Para mayor comodidad, la información se organiza según el esquema habitual de las *Guías Total,* en tres secciones.

La primera consiste en una serie de ***Itinerarios*** que constituyen otras tantas propuestas de viaje y que posibilitan la visita a las ciudades y lugares de mayor interés a través de las vías de comunicación por carretera que reúnen mayor número de atractivos.

La segunda de las secciones proporciona información acerca de Lima y las localidades más importantes de Peru, presentadas en orden alfabético y describiendo sus monumentos y otros atractivos de diverso orden y otras localidades de menor interés que se encuentran en los alrededores de las primeras.

En la tercera, denominada ***A vista de pájaro,*** se ofrece un recorrido panorámico a lo largo de la geografía, la historia, la economía, la organización política y el arte del país.

A todo ello se añaden, al final, las secciones dedicadas a ***Informaciones prácticas*** y el directorio de ***Guía de servicios*** con los hoteles y restaurantes recomendados.

El carácter práctico de esta guía se ve reforzado por la abundante *información cartográfica* en ella contenida: 10 mapas de itinerarios y 6 planos de las principales ciudades de Perú.

La amenidad de los textos y las numerosas fotografías de calidad aquí incluidas hacen que esta guía, una vez cumplida su función de acompañante y asesor del viajero, se convierta en un valioso libro en la biblioteca de casa.

Los editores de ANAYA Touring Club

CÓMO USAR ESTA GUÍA

El **color rojo** indica: en los itinerarios de ciudades, los monumentos, museos, calles y plazas de mayor interés turístico; en los itinerarios territoriales, los centros y las áreas a los que se sugiere dedicar una visita.

La estrella (★) o estrellas (★★) llaman la atención sobre los lugares que puedan tener particular interés.

Huacas Maranga del Parque de las Leyendas★ (Avda. La Marina, cuadra 24; distrito San Miguel; *visita diaria, de 9 h a 17 h).* El Parque de las Leyendas es un jardín zoológico en el que ejemplares de la fauna de todo Perú están distribuidos entre los restos de una ciudad construida durante la cultura Lima (200 a.C.-600 d.C.) y que sobrevivió, habitada por los Maranga, hasta la llegada de los españoles. Se han encontrado restos de 50 pirámides y edificios que eran templos, palacios, residencias, etc., cuya historia se documenta en el **Museo Ernst Middendorf**, en la zona arqueológica de Maranga.

La *cursiva* indica los horarios de visita, así como otros datos relacionados con la información práctica.

La **negrita** indica los monumentos artísticos y los lugares que, aunque no estén señalados con color rojo, pueden resultar atractivos para el visitante.

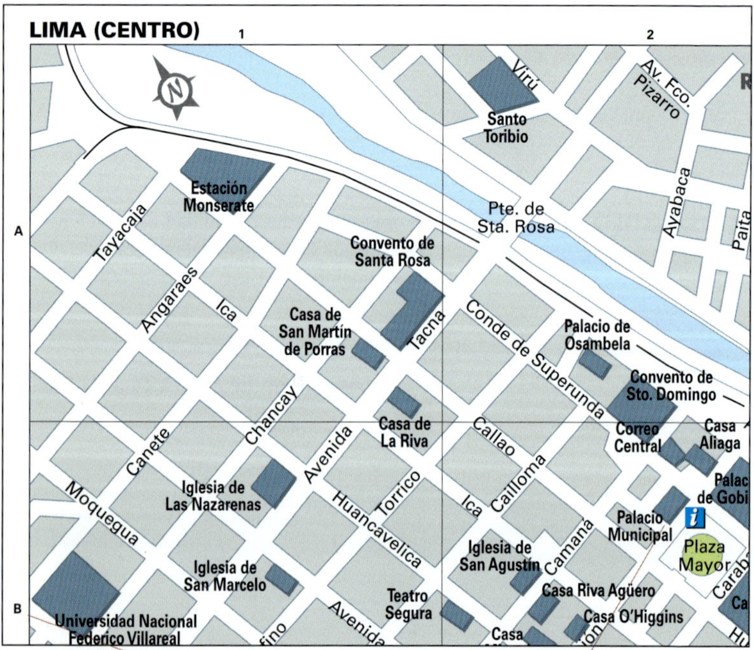

Muy importantes son también los **cuadrantes**, definidos por letras y números, en los que se dividen los planos, pues a ellos se refieren las indicaciones situadas junto a los monumentos, los museos, etc.

En los **planos de las ciudades,** se destacan en los principales monumentos de interés turístico y las grandes arterias de comunicación.

Informaciones prácticas

Se indican el **código postal.**

Se indican las direcciones de las sedes centrales de los **organismos públicos** y de **interés turístico.**

Los numerosos **símbolos** permiten distinguir las distintas categorías de la información.

> **CARHUAZ**
>
> 043
>
> **Oficina de turismo**
> Pl. de Armas.
> **Correos**
> Jr. Buin, Pl. de Armas.
>
> **Hoteles**
>
> **Complejo Turístico**
> Ctra. a Huaraz 1.099; telf./fax 39 40 51; ccarhuaz@qnet. com.pe, www.qnet.com.pe/car huaz. Sencillo, cómodo y con cierto confort. Piscina.

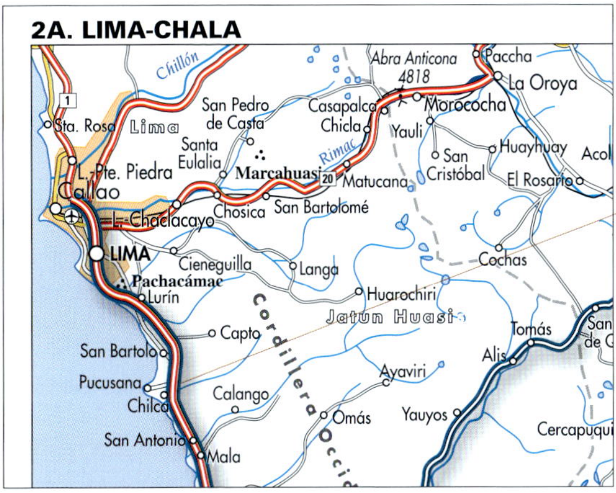

En los **mapas territoriales** que acompañan cada itinerario, el recorrido se indica mediante un trazado de color, donde se destacan los lugares a visitar.

Leyenda de los planos de ciudades

- Edificios importantes
- Otros edificios
- Parques y jardines
- Aeropuerto
- Autobuses
- Información turística

Leyenda de los mapas de itinerarios

- Itinerario
- Autopista
- Carretera de primer orden
- Otras carreteras
- *Reserva Nacional*
- Curiosidad natural
- Faros
- Aeropuertos
- Ruinas y monumentos arqueológicos

ÍNDICE GENERAL

Itinerarios

Lugares de interés

Perú a vista de pájaro

Informaciones prácticas

Itinerarios

Fiesta en Sacsayhuamán

ITINERARIOS PARA RECORRER PERÚ

RECOMENDACIONES PARA LA LECTURA DE ESTE APARTADO

Los itinerarios que se describen a continuación se han elaborado siguiendo las grandes vías que ponen en comunicación las ciudades más importantes de Perú y las localidades de mayor interés turístico.

Se proporcionan referencias kilométricas de las etapas más importantes, ofreciendo además información acerca de los atractivos naturales y paisajísticos que jalonan el viaje y un resumen de los aspectos más importantes de las localidades que se encuentran en cada itinerario.

La indicación [pág.] tras el nombre de una localidad significa que puede encontrarse información más detallada a lo largo de la guía, así como información práctica al final de la misma.

Consultando el mapa inicial de la guía y coordinando adecuadamente los 7 itinerarios descritos, es posible combinar una amplia variedad de programas de viaje.

1. PANAMERICANA NORTE

LIMA-AGUAS VERDES 1.138 KM

La Carretera Panamericana cruza América desde Alaska hasta la Patagonia (25.750 km a través de 13 países), con una interrupción de 80 km llamada el Tapón de Darién, entre la selva colombiana y el Canal de Panamá. Sus orígenes están en los caminos reales del imperio inca Tahuantinsuyo, que fueron ampliándose hasta quedar reconocidos como Carretera Panamericana en la Conferencia de Estados Americanos de 1923.

En Perú, la Panamericana coincide con la Ruta Nacional 1 y va paralela a la costa del Pacífico en un recorrido de 2.431 km, desde la frontera de El Ecuador (La Tina) hasta la de Chile (La Concordia), dividida en dos tramos, Panamericana Norte (1.138 km) y Panamericana Sur (1.293 km). El km 0 está en el Puente Santa Anita de Lima. El trecho que atraviesa el área de influencia de Lima, desde Huacho (km 147 Norte) hasta Cerro Azul (km 132 Sur), está convertido en autopista. En los 65 km que tiene de travesía de Lima, desde Puente Piedra hasta Lurín, es como una avenida de la capital. La Panamericana es la carretera más transitada del país, con trechos de frecuentes atascos y sobrecargas según temporada y hora, y de ella salen ramales que la conectan con la sierra y la selva peruanas.

En los valles centrales de la Costa Norte (Caral, Cupisnique) surgieron hace más de 5.000 años las primeras culturas peruanas. Numerosos restos arqueológicos pueblan los cerros desiertos y los oasis de los valles aún guardan restos de los antiguos sistemas de regadío. En los valles cercanos a Lima, se dieron culturas menores, como la cultura Lima (ver capítulo de Lima, pág. 68) y la cultura Chancay (900-1400 d.C) incluyendo la necrópolis. Estas playas cercanas a la capital, frecuentadas por veraneantes y excursionistas limeños, forman el llamado Norte Chico. La Panamericana Norte pasa por tres de las ciudades más pobladas de Perú: Truijillo, Chiclayo y Piura, centros turísticos de primera importancia.

Playa de Máncora

Lima - Huacho - Pativilca (201 km)

Km 30. En el fértil **valle del Chillón** están las 3 **pirámides de El Paraíso**, restos arqueológicos con hallazgos de cerámica en un terreno de 60 ha, construidos hace 4.000 años, y actualmente en estado de abandono. Están a 5 km de la playa, en la margen derecha del río, entre los cerros de Chiquitanta. Se llega entrando por un camino de tierra que sale de la carretera de Lima-Ventanilla, justo antes del puente del río Chillón.

Km 46. Ancón es un lugar de veraneo situado en un sitio pintoresco, con una amplia bahía con playa y mar muy tranquilo. Frecuentado por los limeños desde el siglo XIX, en la década de 1950 vivió su mayor apogeo y aún conserva edificios de entonces, como el **Yacht Club.** En los alrededores de Ancón están las mayores **necrópolis de la cultura Chancay** (900-1450 d.C.) cuyos hallazgos arqueológicos se exponen en el **Museo Arqueológico** (prolongación Jorge Chávez, s/n; *visita, de martes a domingo, de 9 h a 13 h y de 16 h a 19 h).*

Km 82. Chancay (20.000 habitantes) tiene en su entrada un moderno "castillo medieval" (Av. 1 de Mayo, 1.224), construido en 1940 por la bisnieta del virrey Amat como atracción y alojamiento turístico. 3 km más allá, en el **Palacio Municipal** de la **plaza de Armas,** hay un **Museo Municipal** en el que se exponen hallazgos procedentes de la necrópolis de la cultura Chancay, y muy expoliada por los huaqueros. También se exponen partes de un buque hundido en la bahía durante la guerra del Pacífico (1879-1893).

Km 105. Desvío de 3 km hasta la entrada a la **Reserva Nacional Lomas de Lachay.** El ecosistema denominado "Lomas" es resultado de las condiciones climáticas y orográficas de la costa peruana: las nubes que se producen en el mar no se deshacen en lluvia, sino que se estancan en las lomas de los Andes, entre los 500 y 1.000 m de altura, y las dejan cubiertas de niebla entre junio y septiembre. La humedad produce una vegetación baja que sirve de hábitat a

una fauna peculiar, que jugó un papel muy importante en el desarrollo y subsistencia de las antiguas culturas peruanas. El ecosistema de las Lomas se extiende por toda la costa peruana. La Reserva de las Lomas de Lachay se creó en 1977 para proteger 5.000 ha de esta clase de terrenos, en los que se dan 96 especies de flora, 51 especies de aves y, además, mamíferos (ciervo de los Andes), caracoles, reptiles e insectos. En el parque hay caminos de senderismo y áreas de picnic. La estación más adecuada para visitarlo es el invierno (entre junio y octubre), meses en que las Lomas reverdecen y atraen a la fauna. Se recomienda llevar impermeable, pues con la niebla las temperaturas descienden hasta los 12 °C.

Km 135. El Paraíso es una península formada por la playa del mismo nombre y, además, por **El Palmero, Tilca** y **Tocoy,** entre otras, con mar tranquilo y, sobre todo, limpio. La zona es frecuentada por veraneantes que acampan varios días. Abundan las aves marinas, como el charrán ártico, que llega desde Francia después de recorrer 35.000 km. A las playas que hay entre Huacho y las Salinas puede llegarse, bien por el desvío que sale del km 135 de la Panamericana Norte, exclusivamente para vehículos todoterreno, o por un desvío que hay pasado el puesto de peaje, entre los km 140 y 141 de la Panamericana.

Km 147. Huacho (50.000 habitantes) es el centro comercial del llamado "norte chico", con buenas playas poco llenas, desde El Paraíso hasta Végueta, frecuentadas por los limeños.

Km 152. Huaura es un pueblo integrado en Huacho como un barrio más. En Huaura se conserva la casa desde cuyo balcón José San Martín proclamó la independecia de Perú en 1821.
Entre Huaura y **Barranca,** el litoral se puede recorrer por una carretera playera de 25 km que lleva a las playas del **Norte Chico: Chorrillos** y **Puerto Chico,** en Barranca, la primera con un mar movido y la segunda con aguas muy mansas. En la parte norte de esta playas hay una hermosa **gruta,** llamada "de la Virgen María". Cabe destacar también **El Faro** y **La Isla,** en Puerto Supe; **Caleta Vidal, Lampay** y **Quitacalzón,** en Supe y las playas de Végueta: **La Centinela** y **La Albufera de Medio Mundo,** que es una pequeña laguna en la que descansan 54 especies de aves migratorias que van de Norteamérica a Chile.

Km 182. La Panamericana atraviesa desiertos antes de entrar en el fértil valle del Supe.
El **valle del Supe★** es la cuna de la primera civilización americana. Fue descubierto hacia 1905, pero la ausencia de restos de cerámica no dejaba entrever que fuera tan antiguo. Hace 5.000 años, al mismo tiempo que se construían la pirámides de Egipto, se formaban en este "valle sagrado" más de 17 grandes centros ceremoniales, de los que el más importante es **Caral** *(se llega tomando el desvío que sale de la Panamericana en el km 182, en dirección a Ámbar. El complejo está en el pueblo de Caral, a 23 km).* Caral empezó a ser construido hacia el 2300 a.C. Antes de empezar a hacer los edificios, se sacrificó a un niño de 1 año, que fue enterrado en los cimientos y cuyos restos han servido para fechar la ciudad. Ésta fue reformada varias veces y estuvo habitada durante 600 años. Cuando sus moradores decidieron irse, enterraron

La cultura Chancay

Entre los valles de Chancay y Chillón se extendió la cultura Chancay, desde el Rímac hasta Huaura, durante los siglos X-XV de nuestra era. En las extensas necrópolis ubicadas entre Ancón y Chancay, se encontró una cerámica áspera, pintada en color negro sobre blanco, que consistía en vasijas con un rostro modelado y figuritas de personas con los brazos en alto ("cuchimilcos"); era cerámica de molde, de producción masiva. Destacan también en esta cultura la producción textil y los encajes bordados. Las tumbas son rectangulares, excavadas a 3 m de profundidad, con un fardo funerario acompañado de un promedio de 45 vasijas por tumba, además de herramientas de labranza y tejido.

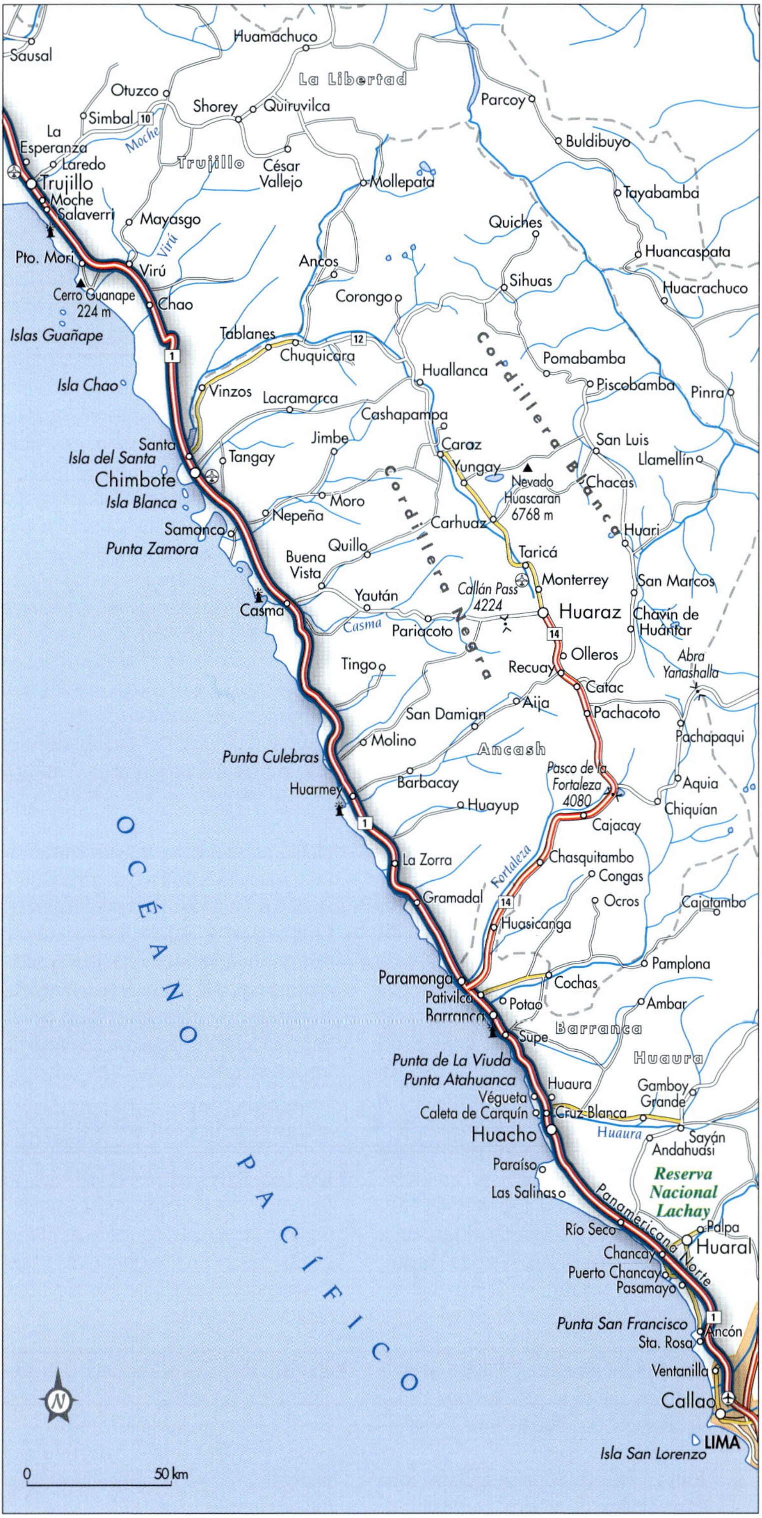
Sausal
Huamachuco
La Libertad
Otuzco
Shorey
Quiruvilca
Parcoy
Simbal
10
La Esperanza
Moche
Trujillo
César Vallejo
Buldibuyo
Laredo
Trujillo
Moche
Salaverri
Mollepata
Tayabamba
Mayasgo
Quiches
Virú
Pto. Morí
Virú
Ancos
Huancaspata
Sihuas
Cerro Guanape 224 m
Chao
Corongo
Huacrachuco
Islas Guañape
Tablanes
12
Chuquicara
Cordillera Blanca
Pomabamba
1
Huallanca
Isla Chao
Vinzos
Lacramarca
Piscobamba
Pinra
Cashapampa
Santa
Isla del Santa
Jimbe
Caraz
San Luis
Tangay
Llamellín
Chimbote
Yungay
Isla Blanca
Moro
Nevado Huascaran 6768 m
Chacas
Nepeña
Carhuaz
Samanco
Huari
Punta Zamora
Quillo
Taricá
Cordillera Negra
Buena Vista
Monterrey
San Marcos
Callán Pass 4224
Yaután
Huaraz
Chavín de Huántar
Casma
Casma
Pariacoto
14
Olleros
Abra Yanashalla
Tingo
Recuay
Catac
Aija
San Damian
Pachacoto
Pachapaqui
Molino
Ancash
Punta Culebras
Pasco de la Fortaleza 4080
Aquia
Barbacay
Huarmey
Huayup
Chiquían
1
Cajacay
OCÉANO PACÍFICO
Fortaleza
La Zorra
Chasquitambo
Congas
Gramadal
Ocros
Cajatambo
14
Huasicanga
Pamplona
Paramonga
Cochas
Pativilca
Potao
Ambar
Barranca
Barranca
Supe
Huaura
Punta de La Viuda
Punta Atahuanca
Huaura
Gamboy Grande
Végueta
Caleta de Carquín
Cruz Blanca
Huacho
Huaura
Sayán
Andahuasi
Paraíso
Reserva Nacional Lachay
Las Salinas
Panamericana Norte
Río Seco
Palpa
Chancay
Huaral
Puerto Chancay
Pasamayo
1
Punta San Francisco
Ancón
Sta. Rosa
Ventanilla
N
Callao
LIMA
Isla San Lorenzo
0
50 km

La Cruz de la Conquista

Las conquistas de nuevos territorios eran un pingüe negocio para la Corona, que no sólo no arriesgaba nada con la expedición, sino que adquiría un 5 por ciento de los nuevos territorios y sus riquezas. Las expediciones tenían que financiárselas los propios conquistadores como pudieran, endeudándose con la incierta garantía de devolver el dinero tras descubrir las tierras de 'Ophir', el país del oro de Salomón.

Desde Panamá se preparaban las expediciones hacia las tierras "al sur del río Birú", un río situado en las costas de Ecuador al que había llegado la expedición de un tal Andagoya pocos años antes, y que acabaría dando origen al nombre de Perú. Desde los primeros intentos hasta que lograron plantar la Cruz de la Conquista en las costas de Tumbes, transcurrieron ocho años de fracasos.

En 1524, Pizarro y Almagro montaron la primera expedición. Juntaron sus ahorros y, como el dinero no llegaba, se asociaron con un clérigo, Fernando de Luque, que esperaba conseguir un obispado en los nuevos territorios. El contrato lo firmaron unos testigos, porque tanto Pizarro como Almagro eran analfabetos. Aquel viaje, que duró dos años, fue un desastre. Atacados por los indígenas, Pizarro fue malherido, Almagro perdió un ojo de un flechazo, muchos hombres murieron y sólo consiguieron "descubrir" Puerto Hambre y Puerto Quemado, en Ecuador.

En 1526, lograron montar otra empresa, la Compañía de Levante, y con 2 barcos y 160 hombres, volvieron a tomar el mismo rumbo. Aquella expedición estuvo llena de incidentes, pero saquearon algún poblado, donde encontraron indicios de oro, y se toparon con una balsa en la que indios Tallanes (de Piura) llevaban telas y joyas. Como estaba exhaustos después de varios meses de viaje, decidieron que Almagro volvería a Panamá y, con aquel botín como garantía, buscaría más refuerzos. Pizarro le esperó en la Isla del Gallo. Pero un soldado llamado Sarabia, logró introducir entre las telas que llevaba Almagro de regalo para la mujer del Gobernador de Panamá, un papel escrito: "Pues Señor Gobernador, mírelo bien por entero, que allá va el recogedor y aquí queda el carnicero." Tras cinco meses de espera en aquel islote desierto, no llegó Almagro, sino un comisario

las casas y la abandonaron. En las excavaciones se han descubierto 8 barrios de viviendas amurallados, seis pirámides aterrazadas, situadas en elevaciones del terreno, y dos plazas redondas. De todo ello se ha podido deducir que era una sociedad teocrática, con clases sociales bien definidas, que vivía de la pesca, del cultivo del valle, de la caza y recolección que le procuraban el ecosistema de "las lomas". Mantenían contactos con otros valles vecinos (Paraíso, Pativilca), con la sierra (Kotosh, en Huanuco) y con la selva. Debía de tener un carácter de valle sagrado, por la abundancia de santuarios y por su nombre (*Supe* viene de "Supay", demonio o diablo). No se han logrado deducir los motivos de su abandono.

- **Km 188. Supe** es una población en la carretera con servicios básicos y, a 4 km de distancia, está **Puerto Supe**, un puerto industrial y pesquero.

Junto a Puerto Supe se halla la **zona arqueológica de Áspero,** un ejemplo de planificación urbana antigua, con terrazas, pirámides, estructuras subterráneas (2300 a.C.) y piedras de hasta 1 tonelada. En el valle del río Supe se han descubierto restos primitivos de 19 poblados, datados entre el 3000 y el 1800 a.C. También, en una de sus pirámides (**Huaca de los Sacrificios**) se encontraron los restos de un niño sacrificado que, entre otros objetos, llevaba piezas hechas con conchas de moluscos 'spondylus', o *mullu*.

- **Km 192. Barranca,** en el valle del río Pativilca y en la bahía de su nombre, tiene un largo malecón sobre las playas de Chorrillo y Puerto Chico, con casas de madera cerca del mar. Pasado el río, se entra en Pativilca.

- **Km 201. Pativilca** es una población azucarera. En la Calle Mayor, 253, residió Bolívar, y hay un pequeño museo.

Desde Pativilca sale la carretera que mejor lleva hasta **Huaraz**, en el **Callejón de Huaylas** [pág. 183].

que venía a prender a Pizarro. Entonces ocurrió el famoso episodio de ***los trece de la Isla del Gallo.*** En lugar de dejarse prender, Pizarro trazó con su espada una raya en la arena y dijo: "Este es el lado de la muerte, el hambre y los trabajos; el otro, el del gusto. Por esta parte se regresa a Panamá a ser pobres, por esta otra se va a Perú a ser ricos; escoja cada uno lo que más le convenga". De los 80 hombres, sólo 13 cruzaron la raya, los demás regresaron a Panamá. Cuando dos meses después llegó Almagro, exploraron la costa y llegaron a las islas de Guayaquil. Entonces, un marino griego, Pedro de Candía, desembarcó en Tumbes y volvió diciendo que era una ciudad rica, amurallada, con casas de piedra y que había indicios de que, tierra adentro, había más oro. Entonces continuaron su viaje por Paita hasta Chan Chan (Trujillo) y Chimbote, y consiguieron "camellos de los Andes", ricos presentes y oro (que para los indígenas sólo tenía valor decorativo).

Ya con aquellas pruebas, Pizarro regresó a Panamá y se embarcó a España para solicitar de Carlos V permiso para continuar la conquista. Entonces se estipularon las condiciones y títulos que cada uno de los tres socios –Pizarro, Almagro y Luque–, obtendrían sobre el país que iban a descubrir. La expedición definitiva salió de Sevilla en enero de 1530 y de Panamá en diciembre del mismo año. Iban 3 naves, 180 hombres y 37 caballos. Hasta abril de 1532, Pizarro no llegó a Tumbes. Cuando desembarcó, plantó la Cruz de la Conquista en los Esteros de Chepa, una sencilla cruz de madera de cocobolo, de 1,53 m, que se conserva en la Biblioteca Municipal de Tumbes.

Pero esta vez Pizarro encontró Tumbes destruida, porque, entretanto, la lucha entre los hermanastros incas, Atahualpa y Huáscar, había comenzado.

Pativilca - Chiclayo (562 km)

▸ **Km 210.** A 8 km al norte de Pativilca, sobresale entre los cañaverales del valle del río Fortaleza, el monte de la **Fortaleza de Paramonga★** *(visita diaria, de 8 h a 18 h)*, un nombre que le dio ya el primer cronista que la vio, el soldado Miguel de Estete, llegado con Pizarro. Antes de la llegada de los españoles, en este lugar fue vencido el último señor Chimú por el inca Túpac Yupanqui. La magnitud de las ruinas y de la necrópolis que se extiende a sus pies, dan idea de la importancia del reino Chimor, que tenía su capital en Chan Chan (Trujillo) y defendía con este castillo su frontera sur. Se supone que era al mismo tiempo un adoratorio o templo, tan importante como Pachacamac.

Desde el aire, la fortaleza tiene planta de llama, aunque no hay pruebas de que los arquitectos chimús tuvieran esa intención al construirla. Está bien conservada la entrada, compuesta por vanos, pasadizos y rampas, que, como en Chan Chan, facilitaban el control de quienes llegaban. Los marcos de la puerta, de doble jamba, podrían ser incas si tuvieran forma trapezoidal. Los muros de adobe estaban enlucidos de ocre y, según los cronistas, adornados de aves y felinos. En el más alto de los cuatro niveles de la pirámide, hay una serie de construcciones entre las que destacan dos habitaciones gemelas, orientadas hacia el norte y separadas por un pasadizo de 40 cm, sin salida y con nichos en las paredes. Al oeste de la fortaleza, sobre la pequeña colina que se levanta al lado, hay un edificio anexo que forma la cabeza de la llama. Al pie del cerro hay numerosas huacas de posible origen Mochica (100-600 d.C.) y restos de muros.

Al norte de **Paramonga** empieza de nuevo el desierto, con los montes llegando casi hasta la costa. Se pasa por pequeños puertos de 400 m de altura, donde lo único que distrae del monótono paisaje son las innumerables playas: **Punta Bermejo** (km 222) abre un itinerario para los surfistas que puede continuarse tomando los desvíos sin asfaltar que salen de la Panamericana: **Punta Colorado** (km 231), **San Francisco** (km 237), **Gramadal** (km 251) y, la que mejores condiciones ofrece para acampar, **Tamborero** (km 258). Un poco más al norte, desde el km 262, se llega a **La Cocinita** y **Punta Las Zorras.** Después hay un peaje, antes de llegar al valle de Huarmey.

Km 292. Huarmey es un pueblo sosegado. Un antiguo hotel de turistas, instalado al borde mismo de la carretera, es lo que atrae a la mayoría de los viajeros de esta zona. En los alrededores están los restos de la **fortaleza inca de Ampanu.** En su litoral hay muchas playas escondidas entre acantilados e islotes. El agua es fría, y los vientos fuertes favorecen la pesca artesanal y el buceo. En los pequeños restaurantes y quioscos de la zona, abiertos durante el verano, se sirve pescado fresco (corvina y lenguado).

Km 375. Si a la altura de Casma se toma la carretera Casma-Huaraz en dirección al interior, se llega en 2 km al **campo arqueológico de Sechín★★** *(visita diaria, de 9 h a 17 h),* situado en la falda norte del Cerro Laguna, a 90 m de altitud.

En **Cerro Sechín** había un centro ceremonial anterior la cultura Chavín, datado entre el 1800-1300 a.C. Fue descubierto en 1937 por Julio C. Tello. Se compone de un gran edificio de adobe, de 38 m de lado, amurallado con pilares de piedra. En las excavaciones salieron más de 325 losas de piedra grabadas, algunas de hasta 300 toneladas de peso. Muchas de ellas tienen bajorrelieves representando guerreros o chamanes con armas u objetos litúrgicos, que caminan sobre los cuerpos de los enemigos vencidos. Por su expresión furiosa de dientes apretados, ojos desorbitados y cara de jaguar, se adscriben a la cultura de Chavín de Huántar. En los muros de adobe se encontraron restos de pinturas polícromas que responden a la época más antigua del asentamiento; las huellas de pies descubiertas en la parte posterior de la plataforma del templo han sido datadas con cerca de 3.000 años de antigüedad. El **Museo de sitio Max Uhle** *(abierto de martes a domingos, de 9 h a 17 h)* documenta la cultura del valle del Casma hasta la irrupción de los incas: muestra una maqueta del templo y objetos hallados en las excavaciones de Sechín, enterramientos de las culturas Chavín, Huari y Chimú, una cocina chimú y adobes de diferentes formas y antigüedad. Cerca de Sechín hay otros centros arqueológicos menos visitados, como **Mojeque** y las **Pampas de Llamas** (ambos de 1500 a.C.), a los que se llega tomando, en la misma carretera a Huaraz, un desvío que sale 2 km más arriba del de Sechín. Desde la carretera hasta Mojeque hay 7 km de pista a través de la pampa.

Sechín está a 10 km de la playa y 5 km de **Casma** (25.000 habitantes), la "ciudad del eterno sol", situada en un valle agrícola en medio de un hermoso paisaje de desierto, en el que los montes llegan hasta el mar. En 1970 fue destruida por un terremoto y reconstruida después con ayuda chilena.

Las **playas** de los alrededores de Casma son bonitas y están resguardadas entre acantilados. Se puede llegar a ellas fácilmente desde la Panamericana: en el km 345 se baja a la playa **La Gramita,** donde está el **centro arqueológico Las Aldas,** probablemente el lugar donde se sacrificaban en los acantilados las víctimas propiciatorias de Sechín. El **Balneario de Tortugas,** a poca distancia del km 392 de la Panamericana, es de los más bonitos de la región, con aguas tranquilas y templadas y buenos restaurantes en el pueblo.

Entre Casma y Chimbote, la carretera Panamericana pasa un pequeño puerto de 420 m antes de llegar al **valle del Nepeña,** a 25 km de Chimbote.

Km 405. En el río Nepeña hay muchos yacimientos arqueológicos del tiempo de la cultura de Sechín y de la posterior cultura Moche. Si se entra por el ramal de la carretera en el km 405, que remonta el valle del río en dirección a **San Jacinto,** a los 14 km la carretera corta en dos el **campo arqueológico de Cerro Blanco,** y en el km 20 se llega al **santuario de Punkurí,** un "dios terrible", con cabeza de felino y grandes colmi-

1B. TRUJILLO-TUMBES

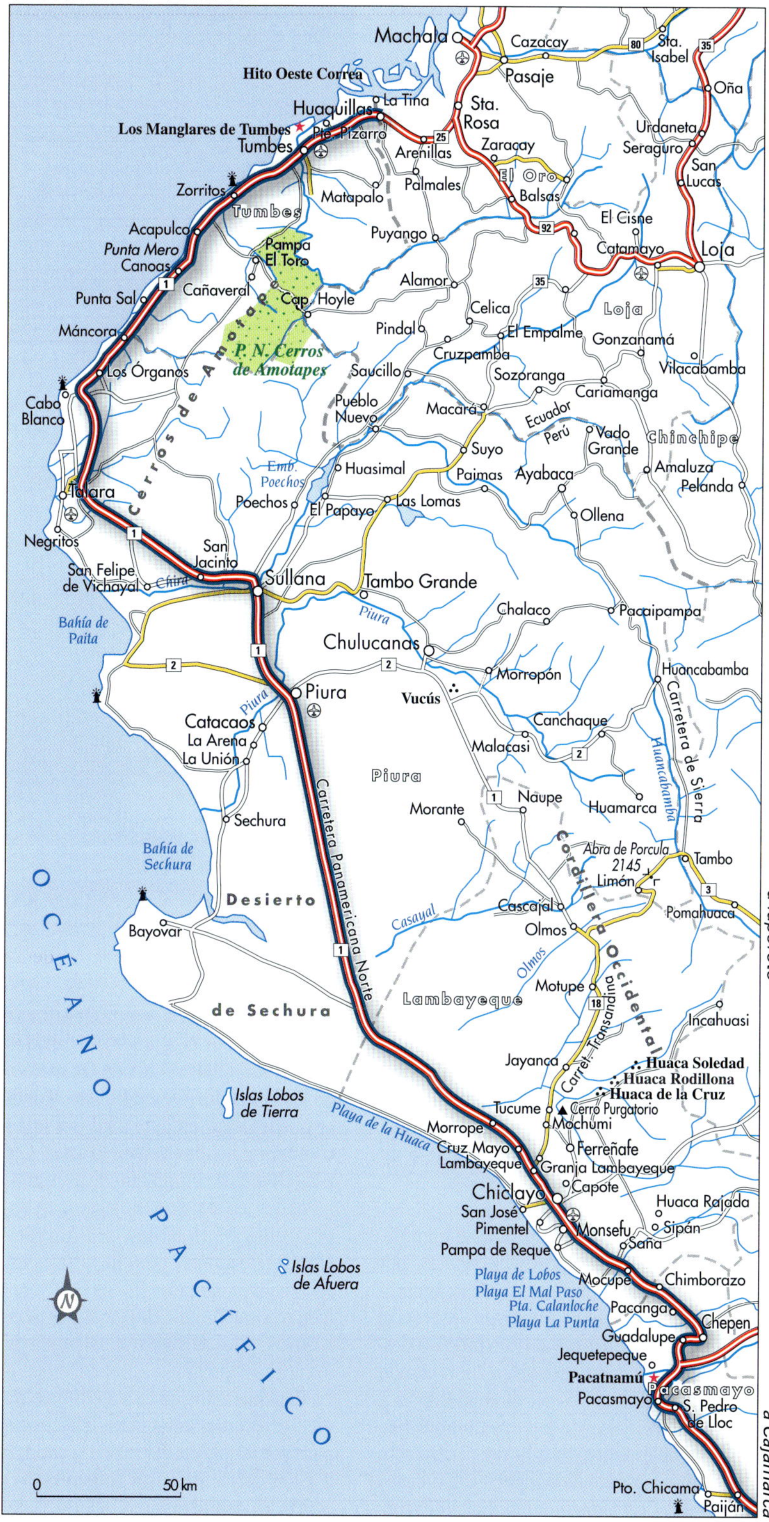

llos, cuya majestuosa estatua sedente estaba en mitad del templo. Ambos santuarios datan del 2000 a.C. El templo de Punkurí es de barro, y consta de cuatro niveles. Julio Tello, que lo descubrió, encontró esculturas que denotan la influencia de Chavín de Huántar. Parece ser que los constructores de Punkurí estaban vinculados a Sechín.

11 km después de pasar San Jacinto, en **Capellanía,** se llega a las **ruinas mochicas de Pañamarca.** Los moches extendieron a estos terrenos su imperio y, para asegurar sus fronteras, construyeron esta fortaleza de tres edificios piramidales sobre un cerro. Sus murales, casi borrados, muestran desfiles de prisioneros atrapados por serpientes, guerreros de enormes garras y sacerdotes con tocados ceremoniales, que demuestran el terror que intentaban crear en sus ritos.

Km 428. Chimbote (300.000 habitantes) es una ciudad portuaria que parece sin terminar de construir después del terremoto de 1970, con gran movimiento comercial e industrial. No sólo tiene industria pesquera sino también importantes siderurgias. En Chimbote se procesa el mineral que se extrae en las minas de Marcona, a 500 km al sur de Lima, y que es transportado hasta aquí en barco. El agua del río Santa, después de regar el fértil valle, sirve para la industria, y acaba contaminada en el mar por fábricas nacionales que llevan nombres como *Petroperú, Siderperú* o *Pescaperú*. Desde Chimbote se puede llegar a Huaraz y el Callejón de Huaylas por el **Cañón del Pato** [pág. 189]. Dejando Chimbote, nuevamente llegan los montes hasta la costa. La Panamericana Norte atraviesa un desierto de dunas.

Km 514. Virú, en el río de su nombre, es capital de una provincia conocida por sus huertas (naranjas, ciruelas, aguacates y espárragos). A 8 km de Virú está el **castillo de Tomaval** (tomando un desvío de la Panamericana a 2 km pasado Virú). El castillo es una pirámide mochica construida sobre el cerro Compositán. Posiblemente era a la vez centro religioso y puesto de vigilancia del valle del Virú. Cerca quedan los restos de **Queneto**, un antiguo centro cerámico que conserva una plaza con monolito a la que se sube por una senda, y, grabados en la piedra, **Petroglifos de Queneto** o **de los Girasoles.** Desde **Puerto Morín** se puede llegar en bote a las dos **islas Guañape,** situadas frente a la costa. Las islas Guañape son refugio de aves guaneras que, en el siglo XIX, llegaron a producir más de un millón de toneladas anuales de guano, pero hoy día es un recurso casi agotado. En las islas también reposan hasta 1.200 lobos marinos. Bajo los restos de abono se hallaron restos arqueológicos.

La Panamericana entra a continuación en el área de influencia de Trujillo. Se pasa por las playas del sur de la capital: a 7 km del centro está **Salaverry,** el puerto azucarero más moderno de Perú.

Casa colonial de Trujillo

En la desembocadura del Moche, los españoles pusieron una reserva o "reducción de indios" que ha dado origen a una ciudad, **Moche,** famosa por las celebraciones de Semana Santa y por las "sopas teólogas" que se pueden probar en sus restaurantes de pescado.

Km 559. Trujillo [pág. 234].

Trujillo - Tumbes (706 km)

Al salir de Trujillo, la Panamericana atraviesa un desierto costero antes de entrar en las plantaciones de caña de azúcar del **valle del Chicama** (ver *Alrededores de Trujillo),* en el que hay otros centros arqueológicos de las culturas Moche y Cupinisque, esta última descubierta por el hacendado Rafael Larco Loyle en 1900 [pág. 241].

La costa entre Trujillo y Chiclayo tiene mucha fama entre los aficionados a la tabla de surf, por sus largas y altas olas y por sus buenas playas.

Km 633. A 74 km de Trujillo, pasado **Paiján,** en cuyos alrededores abundan las cuadras de caballos de paso, se llega por una pista de unos 15 km al puerto del valle del Chicama, que tiene el nombre de **Malabrigo,** porque es una playa abierta y con mucho viento, famosa entre los surfistas por tener "la ola más larga del mundo". Anualmente se celebra aquí un campeonato de tabla hawaiana. Durante la época virreinal, se desembarcaban en este puerto los esclavos que eran traídos a las plantaciones del valle y se cargaba en los barcos la caña de azúcar proveniente de los mismos ingenios. A 500 m del puerto, sobre una terraza de origen marino, hay una **estación arqueológica** en buen estado, a pesar de las catástrofes y de que los saqueos de los huaqueros han dejado esquilmadas las tumbas. Se trata de los restos de una ciudad con zonas para ceremonias, almacenes, viviendas y cementerios. Datada entre los siglos VIII a.C.-VIII d.C., el lugar fue un crisol de todas las culturas que han florecido en la costa norte de Perú, habitada ya desde hace 10.000 años, según han demostrado otras excavaciones cercanas **(Pampa de los Fósiles),** en las que se han encontrado flechas y hachas de piedra y enterramientos múltiples.

▸ **Km 651.** En **San Pedro de Lloc** residió cinco años y murió el sabio italiano Antonio Raimondi (1826-1890). Su casa es actualmente **Museo Raimondi** (Calle 2 de Mayo, 69).

▸ **Km 667. Pacasmayo,** que según el cronista Antonio de Calancha, significa "río escondido", fue en su origen un puerto que el virrey Teodoro de la Croix construyó para embarcar el tabaco que se producía en Jaén y aún se conservan sus instalaciones, reformadas en 1878. Actualmente domina la atmósfera una fábrica de cemento. Entre Pacasmayo y Malabrigo hay un camino que recorre toda la costa pasando por playas solitarias de gran belleza. A unos 3 km al norte, pasado un algarrobal que hay en la desembocadura del río Jequetepeque, están las ruinas de las **Pirámides de Pacatnamú,** que fue sucesivamente ciudadela Cupisnique, Mochica y Chimú. El conjunto se compone de 50 pirámides truncas, de unos 20 m de altura, a las que se accede por rampas, y que estaban rodeadas de una tapia de adobes. No se sabe exactamente qué significa el nombre de Pacatnamú; el cronista Alonso de Calancha dice que era el nombre de uno de los capitanes que trajo consigo Naymlap, el fundador del reino de Chimor, de allende los mares, el cual construyó en este cerro su palacio.

▸ **Km 682. Desvío a Cajamarca:** 15 km después de pasar Pacasmayo, se desvía de la Panamericana Norte una carretera asfaltada de 172 km, que asciende por el **valle del Jequetepeque** hasta los 3.000 m de altitud de Cajamarca (desde Trujillo hay 285 km y 7 horas de viaje). El valle del Jequetepeque es fértil, cultivado de arrozales y huertas regadas por la presa del Gallito Ciego, situada en la parte alta del mismo. En **Tembladera,** la carretera empieza a ascender entre montañas rocosas, con una vegetación de cactus y espinos. En **Chilete** sale un camino (25 km, 1 hora en coche) al **campo arqueológico de Cuntur Huasi.** La carretera sube después por pueblos pequeños, **Magdalena, Mónica** y **San Juan,** hasta el **puerto Abra del Gavilán,** antes de descender al alto valle de Cajamarca [pág. 127].

▸ **Km 688. Guadalupe** es una pequeña población colonial con una iglesia, un convento y un museo dirigido por los Agustinos.

▸ **Km 695.** En **Chepén** se puede subir al **Cerro Chepén**★ *(20 minutos a pie),* donde hay una **fortaleza** adscrita a la cultura Huari (siglo X), llamada Ciudadela de Coslachec. En su recinto de 2 km^2, rodeado de una gran muralla con dos entradas, al norte y al sur, se conservan restos de viviendas, silos, atalayas, adoratorios y las ruinas del **palacio de Mollep.** Recientemente se ha instalado un viacrucis y una imagen de Cristo de 18 m de altura que domina el valle del Jequetepeque.

▸ **Km 703.** Al norte de Chepén, a 200 m de la Panamericana, hay construcciones de adobe parecidas a las de Chan Chan y una cámara mortuoria completa. En el complejo **San José del Moro,** en el distrito de Pacanga, se descubrió la tumba de la sacerdotisa del Moro, de la elite mochica, enterrada con grandes riquezas.

▸ **Km 763. Chiclayo** [pág. 141].

▸ **Km 765.** En **Lambayeque,** 12 km al norte de Chiclayo, la Panamericana se divide en dos ramales. Uno va por la montaña hasta Piura; un poco antes de Olmos empalma con la carretera que lleva a Tarapoto, en la selva amazónica, y enlaza con el *Itinerario 3* [pág. 34]. El ramal nuevo, mucho más cómodo y más rápido, atraviesa el desierto de Sechura en una recta de 215 km.

Km 990. Piura [pág. 212].

Km 1.009. Sullana, ver *Alrededores de Piura* [pág. 215].

Km 1.093. Talara (80.000 habitantes), centro petrolero de Perú, es un lugar donde el petróleo es más barato que el agua, que tiene que ser acarreada en camiones desde el río Chira. Talara es una ciudad de aluvión, a la que llegan a trabajar hombres de la sierra. Al sur de Talara hay buenas **playas,** como **Negritos,** de arenas blancas, o **Punta Balcones,** a 7 km de Negritos, el punto más occidental de Sudamérica, donde desde un cerro de 25 m de altura, se pueden ver los islotes de abajo, en los que se concentran lobos marinos.

Km 1.137. A 50 km de Talara, un desvío de la carretera indica la dirección de **Cabo Blanco,** un lugar conocido en el mundillo de los pescadores por haber alcanzado varios récords mundiales en la pesca del merlín negro. La carretera no es buena, y la entrada al pueblo no resulta atractiva, pero la caleta atrajo a las estrellas de Hollywood en los años 50, cuando en el *Fishing Club* se reunían Marilyn Monroe, Nelson Rockefeller, Humphrey Bogart y Ernest Hemingway, que en Cabo Blanco –y en la costa cubana de Cojímar– hizo acopio de experiencias para su novela *El viejo y el mar.*

Km 1.155. Máncora, a 30 km de Cabo Blanco, es una de las mejores playas de todo Perú, resguardada de los embates del océano por un acantilado que discurre paralelo a la costa y que, con la marea baja, deja buenas pozas para bañarse tranquilamente (playas de **Las Pocitas** y los **Órganos).** En la estación de veraneo, entre diciembre y marzo, Máncora, que cuenta con buenos servicios turísticos y mercadillos, se llena de surfistas y los precios se disparan. El punto de reunión de surfistas es **Punta Sal,** cerca de Máncora y a 84 km de Tumbes.

Km 1.231. Tras pasar por **Canoas** y **Bocapán,** el pueblo más importante es **Zorritos,** a 30 km de Tumbes, con una **playa** al resguardo de acantilados y chiringuitos en los que se puede comer buen pescado. Pasando Zorritos, se llega a la **Caleta de la Cruz de Pizarro,** en la que desembarcó el conquistador para iniciar la conquista del Perú. En ella hay un réplica de la sencilla cruz de madera que el conquistador clavó en aquel lugar. 5 km antes de Tumbes se pasa por la **fortaleza de Tumpis,** un monumento arqueológico de líneas parecidas a la fortaleza de Paramonga.

Km 1.267. Tumbes (75.000 habitantes). La primera ciudad a la que arribaron los españoles en su tercer intento de llegar a Perú, estaba habitada por la etnia Tumbi y fue durante toda la conquista un lugar de paso. El **Malecón Benavides,** una importante vía que bordea el río, ofrece bellos atardeceres. Los alrededores de Tumbes ofrecen buenas oportunidades para hacer turismo ecológico.

Parque Nacional Cerros de Amotape (a 50 km al sur de Tumbes, unas 3 horas de viaje pasando por Zorritos y Mocapán), en Pica Playa, a orillas del río Tumbes, está la entrada del parque creado en 1975 con una extensión de 90.000 ha. En su relieve montañoso viven jaguares, tigrillos, osos hormigueros, lobitos de río, ardillas, sajinos y cóndores, buitres, perdices y garzas; también cocodrilos, macanches e iguanas. La mejor época para visitarlo es de julio a octubre. Entre enero y abril las pistas pueden estar cerradas por las lluvias.

Los Manglares. A 24 km al norte de Tumbes, Los Manglares son un bosque de mangle en el litoral, con laberintos de canales y esteros que se pueden recorrer en barco. Hay que llegar a **Zarumilla** y allí tomar el desvío de la carretera hacia **El Algarrobo,** a 9 km, donde hay un puesto de control y posibilidad de tomar embarcaciones

Km 1.290. Desde Tumbes quedan 23 km hasta **Aguas Verdes** y la frontera ecuatoriana.

Casa colonial, Arequipa

2. PANAMERICANA SUR

LIMA - LA CONCORDIA 1.343 KM

La Panamericana Sur, 1293 km entre Lima y la frontera de Chile (La Concordia), recorre un paisaje casi simepre costero, desértico y con algún trecho peligroso. Unos 200 km al sur de Lima, en la provincia de Palpa, aún se observan los destrozos del terrible terremoto del 15 de agosto del 2007, cuyo epicentro estaba a 40 km de la costa de Chincha Alta y, con una intensidad de 8,1°, asoló la ciudad de Piosco, centro de la cultura Paraca. Desde Pisco, la carretera salva los acantilados de la costa y se adentra en la Pampa de Nazca atravesando las misteriosas Líneas, en las que su construcción causó no pocos desperfectos. Luego, la Panamericana regresa a la costa y vuelve al interior buscando la blanca ciudad de Arequipa. Atraviesa después el desierto de Tacna, objeto de conflictos entre Chile y Perú durante la Guerra del Salitre (1879-81) y hoy día una zona fronteriza en la que el pequeño contrabando pone su nota de color local.

Lima - Pisco (239 km)

Pasados los pueblos jóvenes del sur de Lima y las ruinas de Pachacamac, a 30 km de la capital [pág. 95], junto al valle del Lurín, que es el paisaje más verde de los alrededores de Lima, la autopista recorre paralela a la playa los principales pueblos de veraneo de la burguesía limeña, frecuentrados sobre todo de diciembre a marzo: Punta Negra, San Bartolo, Santa María, lujosas urbanizaciones, como las del km 107 (Las Palmas, Los Cocos...), donde viven los protagonistas de las revistas del corazón peruanas. Después de Chilca, la Panamericana entra en el fértil valle del río Mala. Abundan los puestos de fruta fresca.

En el **km 57** está el desvío a **Pucusana,** una caleta con buenas playas y buena infraestructura para descansar, comer buen pescado y dar un paseo en barco hasta los acantilados del **Boquerón del Diablo,** un túnel de 50 m abierto en la roca por las mareas. Hay otras playas recomendables en los alrededores de **Mala** (km 100: Bujama y Chocaya), además de **Chepeconde** (desvío en el km 120), también llamado La Barca, que es una buena playa para acampar, y **Cerro Azul** (km 131), un antiguo puerto aduanero transformado en balneario. En el monte de la bahía hay unas ruinas preincaicas pertenecientes a la ciudad más importante de los Guarcos.
A partir de **San Vicente del Cañete,** la Panamericana deja de ser autopista.

Km 142. San Vicente del Cañete, entre campos de algodón, fue fundada por el virrey marqués de Cañete en el año 1556. Cerca de Cañete se encuentra la residencia familiar de su fundador, **Casa Hacienda Arona** (km 141) y el **castillo de Unanue,** un edificio de fantasía.
Desvío a Incahuasi. El río Cañete es uno de los pocos de la costa que mantiene su caudal todo el año. Se adentra en la **sierra de Yauyos,** entre paisajes con cascadas y lagunas de gran belleza. Una carretera sigue su curso hasta cerca de **Jauja.** A unos 30 km está **Lunahuaná,** un concurrido lugar turístico y el primer centro de *canotaje* del país; tiene buena infraestructura hotelera y de restaurantes. En la segunda semana de marzo celebra un importante *Festival de la Vendimia.*
Cerca de Lunahuaná, a 1,5 km del pueblo de **Paullo,** están las **ruinas incas de Incahuasi★.** Esta "Casa del Inca" era probablemente un cuartel construido por Túpac Yupanqui hacia 1450 como centro de operaciones durante la conquista de los Guarcos, el rebelde pueblo que habitaba en la región desde el siglo XII y que los incas tardaron cuatro años en conquistar. Se distinguen en el sitio arqueológico tres sectores: en el **barrio incaico,** del que quedan habitaciones, patios y calles bien conservados, vivían los oficiales del ejército. El llamado **barrio religioso** es un gran rectángulo dividido en su interior en muchas cámaras sin comunicación; se llama también barrio de las colcas, pero probablemente no era un edificio de almacenes sino de alojamiento de la tropa. En la parte más alta está el **Palacio del Inca,** un edificio de forma trapezoidal.

LOS CHINCHAS

El reino Chincha se extendió por los valles de Chincha y Pisco, y tuvo influencias de las culturas Nazca e Inca. Existió desde el siglo XIII hasta la invasión de los incas en 1465. Era un reino local, regido por Chinchay Cápac ("Señor de Chincha"). Se componía de una clase noble muy privilegiada y un pueblo de campesinos y marineros. Uno de los curacas que acompañaban a Atahualpa, cuando fue prendido por Pizarro, era el Señor de Chincha. El reino llegó a tener 150.000 habitantes. Los chinchas eran buenos comerciantes que, por tierra, utilizaban las llamas como medio de transporte y, por mar, llegaron en balsas hasta las costas de Ecuador. Comerciaban con peces, esmeraldas, coca, pescado y carne seca; celebraban competiciones de regatas, conocían el dinero y tenían un sistema de pesas y medidas. Su idioma era el chincha, un dialecto del quechua. Su arquitectura era de barro, material con el que hicieron grandes monumentos como Huaca La Centinela (400.000 km^2), Lurín Chincha, Tambo de Mora y Ungará.

Pasado Cañete, sigue el monótono paisaje desértico de la costa. Las playas de esta zona son muy frecuentadas, sobre todo **Huarcones,** entre San Luis y Santa Bárbara y el **Cerro del Oro,** entre Cerro Azul y San Luis.

Km 202. Chincha Alta (40.000 habitantes). En el valle del Chincha, de intenso regadío, se produce algodón, legumbres y fruta, vinos y buen pisco. En Chincha Alta abundan los descendientes de esclavos negros que trabajaban en los algodonales y viñedos y, tras la abolición de la esclavitud, a mediados del siglo XIX, siguieron haciéndolo, pero reforzados primero por chinos, y luego por japoneses. Chincha Alta es centro de música afroperuana y una cantera de deportistas. En el valle del río Chincha se continuó la cultura Paracas hasta la llegada de los españoles.

Km 212. A 10 km de Chincha Alta, cerca de Chincha Baja, se encuentra en la costa la **Huaca La Centinela,** una pirámide escalonada de adobe que era santuario de las culturas Chincha o Ica (1200-1450) y fue reformada por los incas después de la conquista de la región en 1450.

Km 203. Un desvío conduce a la **Hacienda San José,** un palacio de 1688 convertido en alojamiento turístico, que es interesante visitar para hacerse una idea del funcionamiento de estas haciendas esclavistas, dedicadas al cultivo de caña, algodón y vino. La hacienda, que había pertenecido a los jesuitas, tenía hacia 1811 casi 1.000 esclavos negros. El último dueño fue asesinado por ellos en tiempos de la Guerra del Pacífico (1879), cuando la esclavitud ya llevaba en Perú unos cuantos años abolida. En su subsuelo hay catacumbas que, se dice, son pasadizos que llegan hasta la costa, donde eran desembarcados los esclavos angolanos, zulús y mandingas, que llegaban a esta parte de Perú.

Km 232. El **cruce de Pisco** tiene un gran movimiento de agencias de viajes, vendedores y paradas de autobús. Cruza la Panamericana la vía que va a Pisco y, hacia el interior, el desvío de la **Carretera de los Libertadores,** que llega hasta **Ayacucho** (290 km), pasando por **Tambo Colorado** y el **Incahuasi de Huaytará** (ver *Alrededores de Pisco*).

Pisco - Arequipa (745 km)

Km 235. Pisco [pág. 207].
En los 61 km que hay entre Pisco e Ica, se pasa por las espectaculares **dunas** de aspecto sahariano. Últimamente, las dunas se han puesto de moda para realizar deportes alpinos adaptados a su naturaleza, y se ven a bastantes deportistas deslizándose por ellas con tablas, esquíes o vehículos motorizados.

Km 303. Ica [pág. 191].
Pasado Ica, la Panamericana sigue el ubérrimo valle del río Ica y pasa por terre-

2A. LIMA-CHALA

nos de la **Hacienda Ocucaje** (desvío en el km 334), hoy un hotel vinatero. Su historia se inició siendo patrimonio de los jesuitas, que plantaron en ella las primeras viñas del Perú.

Después la carretera sigue recta por una pampa desértica hasta el paso (650 m) que rompe la montaña con un túnel para salir al **valle del Río Grande** y a las plantaciones de naranjas y algodón de Palpa.

▸ **Km 385. Palpa** (19.000 habitantes), "capital de la naranja", cuenta con varios monumentos prehispánicos: **geoglifos** parecidos a los de Nazca, pero menos explotados por el turismo (a 2 km de la ciudad, en un lugar llamado Sacramento, hay uno conocido como "El Reloj solar"). A 13 km por la pista de Llauta, y a 3 km del pueblo de **Casa Blanca,** se llega a los **Petroglifos de Chichictara** (500-100 a.C.), donde, en unos riscos verticales, hay unos 150 dibujos de guerreros, felinos, llamas, serpientes, aves y otros animales grabados en piedras diseminadas por tres cerros, pertenecientes a las culturas Paracas y Nazca. En la ex Hacienda de Huayuri, en **Santa Cruz,** tomando el desvío que sale del km 384 hacia **San Francisco,** se llega a la **ciudad perdida de Huayuri,** construida en piedra y barro, que llegó a tener 5.000 habitantes entre los años 1.200-1.400 de nuestra era. Se conservan calles estrechas, plazas, lugares de culto, zonas fortificadas y silos para agua y grano. Cerca de ella hay un *guarango* (algarrobo) milenario, de 18 m de altura.

▸ **Km 400.** La carretera cruza el río Ingenio. Después pasa por la **Hacienda San Pablo,** donde María Reiche, la científica alemana que estudió las Líneas de Nazca, vivió durante 50 años. La modestísima casa está convertida en un **Museo María Reiche** *(visita, de lunes a viernes, de 9 h a 14 h).* Entre el cúmulo de planos, mapas y montajes, lo que de verdad llama la atención es la pobreza de condiciones y la locura de "la dama de las Líneas" [pág. 192].

Dunas de Pisco

A partir de San Pablo, la Panamericana atraviesa los **geoglifos de Nazca,** que en su mayor parte quedan a la derecha. Cuando se construyó la Panamericana, en los años de 1970, los obreros ni repararon en tales líneas. Actualmente, la vía es uno de los principales peligros para las Líneas, porque muchos vehículos se saltan el camino para no pagar el peaje y se meten por la pampa, aunque es terreno protegido. En el km 319 está la **torre** que construyó María Reiche para ver algunos animales dibujados.

Km 443. Nazca [pág. 201].

Km 528. Lomas es un pequeño puerto donde se recoge el pescado fresco que llega a Nazca. A partir de aquí empiezan los olivos de **Yauca.** Fueron traídos de España por el colonizador Antonio Rivera en 1550, quien los plantó en Lima, en el Olivar de San Isidro, y se dieron bien; pero un día reparó en que le habían robado tres plantas y no se supo quién. Con el tiempo, aparecieron olivos en Canamá, en Ilo y en Yauca. En Yauca se dieron tan bien, que esta población surgió en torno al olivar y, en 1596, el virrey fundó el pueblo para domiciliar a los 300 indios que allí vivían.

Km 443. A 80 km al sur de Nazca, la Panamericana pasa por un lugar que se llama **El Sacaco.** En 1874, Raimondi descubrió allí el **cementerio de ballenas prehistóricas** más grande del mundo. Hace 10 millones de años estas lomas eran una fosa marina que se extendía desde Pisco a Yauca. A causa de los cataclismos que modificaron la estructura de la corteza terrestre quedaron aisladas muchísimas ballenas, gigantescos escualos y reptiles marinos. Algunos esqueletos se pueden admirar en un pequeño **museo** local a poca distancia de la carretera. Las llaves las tienen los guardianes que viven en las casas próximas al museo. La zona es frecuentada por los buscadores de fósiles.

Km 605. Un desvío sin asfaltar que sale de la Panamericana, conduce a la **Quebrada de la Vaca,** donde, rodeadas de colinas desérticas y ante una costa acantilada están las ruinas de **Puerto Inca★.** El asentamiento, habitado entre los siglos XIII-XV, está construido sobre terrazas para evitar el derrumbamiento de las colinas. Fue descubierto en 1905 por Max Uhle y está formado por viviendas, depósitos y enterramientos. Fuera de los muros hay más recintos de habitaciones y círculos de piedra. A excepción de una de dos pisos, todas las casas son de una planta y tienen puertas muy bajas (0,85 cm). Llama la atención la gran cantidad de *colcas* o almacenes subterráneos, en un número desproporcionado para la población que podía vivir allí. Todas están hechas de piedra y tienen forma de botella. Del análisis de restos orgánicos allí encontrados, el arqueólogo Hermann Trimborn dedujo que no se almacenaba pescado, sino vegetales y algas marinas ("cocha yuyu"), cuya cosecha aún se sigue haciendo en la región. También había llamas y cuyes. Se reconoce aún el camino de 240 km que unía Puerto Inca con el Cuzco, con *tambos* cada 7 km, en los que descansaban y se relevaban los *chasquis,* que llevaban en 24 horas pescado fresco para el Inca.

Km 615. A 7 km de de Puerto Inca, está **Chala,** un puerto donde se cargaban en vapores hacia Europa las mercancías llegadas a lomos de caballo desde Ayacucho y Cuzco. En 1945, al mismo tiempo que se construía la Panamericana, se hizo también en Chala una fábrica de harinas de pescado que fue destruida por el maremoto –o *sunami*–, de 1948.

Km 830. Camaná (30.000 habitantes) es un lugar de veraneo con hermosas playas que ya pertenece al departamento de Arequipa, ciudad que está a 170 km. Fuera de los meses de verano, de diciembre a abril, Camaná es una ciudad dormida. Sus playas, a 4 km del centro, tienen fama de ser las más limpias de Perú, y cuentan con algunos lugares especiales como la **laguna de Pucchun,** formada en la desembocadura del río Camaná. En la **Pampa de Huacapuy** hay extensos arrozales y campos de patatas, maíz y frijoles. 15 kilómetros después de salir de Camaná, la carretera abandona el litoral y se adentra en las desiertas montañas que bordean la costa. Antes de llegar al **valle del río Sihuas,** en el km 916, se desvía de la carretera hacia el este una pista que lleva hacia los **petroglifos de Toro Muerto** y al **valle del Majes** [pág. 103].
Desde la meseta que separa los valles del Sihuas y del Vítor, se ven ya los **volcanes** de Arequipa: el **Misti,** el **Chachani** y el **Picchu Picchu.** Pasado el valle del Vítor, se llega a **Repartición** (km 980), donde la Panamericana se distribuye: un ramal sale hacia **Arequipa,** a 41 km, y entra en la ciudad por un puerto de 2.350 m desde el que hay muy buenas vistas de la ciudad a los pies de los volcanes. La vía principal de la Panamericana Sur sigue hacia Tacna y Chile.

Arequipa - Tacna (375 km)

Km 995. A 15 km al sur de Repartición, hay un ramal de la Panamericana que se dirige hacia la población costera de Islay, a 113 km de Arequipa. A partir de allí, se puede ir por una pista de unos 40 km a lo largo de la costa, pasando por el Puerto de Mollendo. Si no se sigue este camino, la Panamericana atraviesa primero el **desierto de La Joya** y luego el fértil oasis del río Tambo. Hasta Moquegua, el paisaje es desértico y la carretera no tiene muchas curvas.

Playas de Arequipa. Islay (68 km) era un puerto que quedó abandonado tras una epidemia de fiebre amarilla en 1862. Poco después, en 1868, se construyó el ferrocarril a Arequipa y la vecina **Mollendo** (20.000 habitantes), con estación ferroviaria, ganó en importancia. El auge de Mollendo duró hasta que, en 1951, se construyó el moderno puerto de Matarani, en la costa norte de Islay. Hoy, las intalaciones portuarias de Mollendo están convertidas en parque y el neogótico **castillo de Forga** también recuerda tiempos mejores. La vida de la ciudad gira alrededor de la **Plaza Bolognesi,** donde hay buenos restaurantes de pescado, así como en la vecina **Plaza Grau.** Por la carretera de la playa, se llega a **Mejía** (16 km),

2B. CHALA-TACNA

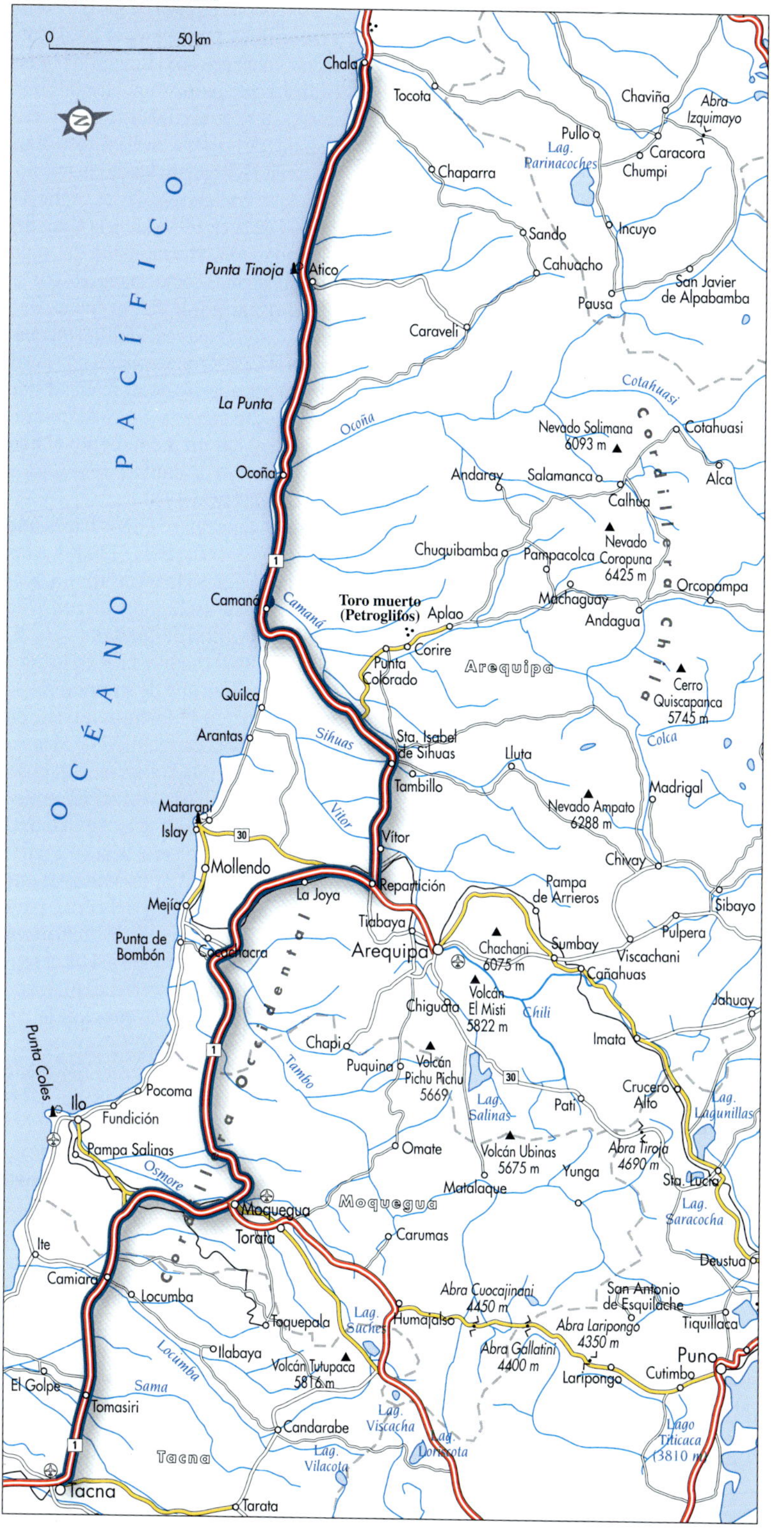

un balneario con buenas playas pero escasos alojamientos, cuyas lagunas costeras (un humedal de 600 ha a 8 km del pueblo), son lugar de reposo de multitud de aves acuáticas, como gansos, flamencos y chocas.
Siguiendo por la pista, al llegar al río Tambo, se llega al km 1.041 de la Panamericana Sur, que en 100 km pasa por Moquegua.

Km 1.139. Moquegua (37.000 habitantes, 1.400 m). Su nombre significa en quechua "lugar silencioso". Es una ciudad agrícola de barrios adormilados, con cierto sabor colonial en sus calles tranquilas de casas de adobe con portones de madera y marcos de piedra y con sus tejados repartidos en pequeños tejados paralelos de dos aguas, llamados "mojinetes". Moquegua tiene una larga historia. En el territorio de la actual ciudad se asentaron entre los años 500 a.C.-1000 d.C. los Huari y los Tiahuanacos. Los primeros fundaron una ciudad en la escarpada cumbre del cerro Baúl. Los Tiahuanacos erigieron su aldea y un cementerio a espaldas de Moquegua, en el lugar llamado Chen Chen, pero su templo principal estaba río abajo, en Omo. Separada de la costa por una quebrada insalvable, en el litoral pervivían indios Chiribayas. El inca Mayta Cápac integró, hacia en 1450, todos estos territorios en la parte sur (Contisuyo) de su imperio y los dominó hasta la llegada de los españoles. Éstos fundaron la ciudad de Moquegua en 1541.
La **Plaza de Armas,** convertida en un parque, tiene en el centro una **fuente** metálica construida por al empresa de Gustav Eiffel en 1877. Todo un lateral de la plaza lo ocupa la fachada de la **iglesia matriz,** derrumbada por dentro por un terremoto en 1868. En el interior de la iglesia se ha construido el moderno Museo Contisuyo.
El **Museo Contisuyo** (entrada por la lateral Jr. Tacna, 294; *visita, de 10 h a 13 h y de 15 h a 17 h)* es un edificio nuevo con arquitectura de "mojinetes" moqueguanos. En la planta de exposiciones pueden verse piezas arqueológicas desde la prehistoria hasta los incas: cerámica negra de "Omo", y de "Chen Chen", los asentamientos tiahuanacos en esta región, bolsas de coca de los Chiribaya y piezas incas. En el museo se puede conseguir un plano con el itinerario por los edificios coloniales y republicanos más interesantes de la ciudad.
Enfrente de la iglesia está la **cárcel,** construida en 1778 con techos de piedra abovedados y gruesas rejas en las ventanas. Al lado de la cárcel se halla la **Casa del Moqueguano,** una mansión del siglo XVIII mantenida como un museo, que se puede visitar si se le pide al dueño. Una de las casonas más curiosas de Moquegua es la **Casa de la Serpiente,** con tallas de serpientes debajo de las ventanas, que tiene un patio abierto. Cerca del mercado central hay un **monumento** al hijo más ilustre de la ciudad, José Carlos Mariátegui (1895-1930).
Desde Moquegua se puede hacer una excursión al cerro Baúl (23 km), a las cercanas ruinas Huari de Torata, mal conservadas, y a la mina de cobre de Cuajone (a 10 km de Torata).
Al **cerro Baúl** (no hay más verlo para entender el porqué de su nombre) se puede llegar en 45 minutos de viaje en colectivo por la carretera 32 de Moquegua a Puno. La subida al monte, siguiendo el curso del río Illo, no es fácil y requiere buen calzado, pero las panorámicas merecen la pena. En la parte baja se acumulan las piedrecitas que los visitantes ofecen al "apu", espíritu del cerro, para conseguir sus favores. En la subida, y en la base de la cruz donde acaba el sendero, hay más restos de ofrendas. La parte alta está cubierta por las ruinas de la ciudad Huari.
Las **minas de Cuajone** son hoy día la mayor riqueza de la región y una de las mayores del mundo, explotada por la *Southern Copper Corporation.* Desde un mirador se pueden observar las actividades mineras a tajo abierto.
Desde Moquegua a **Tacna,** la ciudad más austral de Perú, hay 154 km. La Panamericana sigue primero el curso del río Osmore (también llamado río Moquegua y río Ilo) y, a los 46 km, hay un desvío hasta el puerto de Ilo, donde también desemboca el río.

Km 1.186. Ilo (60.000 habitantes). Desde Moquegua al puerto de Ilo (95 km) hay una hora en coche. Ilo tiene tres barrios:

Ilo Viejo, Ilo Nuevo e Ilo. Desde su puerto se embarca el cobre que se extrae de las minas de Toquepala y Cuajone. También se embarcan productos agrícolas, como caña, patatas, aguacates, maíz y algodón. Una parte del mismo es zona franca cedida a Bolivia en 1992, por un contrato inicial de 50 años. Así recupera este país el acceso al mar que se le cerró cuando perdió esta provincia en la Guerra del Azufre (1880). La construcción de una carretera asfaltada hasta La Paz y vuelos directos a Lima, marcan el futuro de Ilo, que también tiene un buen puerto pesquero. El **malecón**, rehabilitado, es un excelente paseo desde donde observar los barcos pesqueros anclados a la orilla. Por una pasarela se llega hasta la **Glorieta de Ilo**, construida sobre una roca que sobresale del agua, donde también hay un pequeño **Museo Naval.** En la **Plaza de Armas** están la **iglesia de San Jerónimo** y el **Museo Eduardo Jiménez Lazo**, que muestra objetos arqueológicos de la cultura Chiribaya. El yacimiento arqueológico de esta cultura litoral, **El Algarrobal**, queda a media hora del centro, en el valle de los Olivares.

Playas como **Pozo de Lisas** ofrecen la posibilidad de tomar un baño, pero el agua de la corriente Humboldt es fría, y es necesario llevar sombrilla porque la ausencia de sombra es absoluta. **Punta de Coles**, el cabo que forma la bahía, situado a 10 km de Ilo, es zona de Reserva Natural y está poblada de lobos marinos (se calculan entre 3.000 y 4.000) y aves guaneras.

Km 1.293. Tacna (117.000 habitantes) es una ciudad estratégica situada en medio del desierto, con gran movimiento comercial, turismo de paso y una zona franca *(zotac)* visitada por comerciantes y viajeros en busca de ropa o electrodomésticos.

Los primeros españoles que pasaron por terrenos de Tacna, en 1535, fueron las huestes de Almagro, que regresaban de su desastrosa expedición a Chile, donde sólo habían encontrado desierto y feroces tribus araucanas. En 1572, el virrey Toledo puso allí una "reducción de indígenas" que sería el origen de la ciudad actual, que no respeta la cuadrícula de las ciudades coloniales. Situada a mitad de trayecto en el camino que seguían los arrieros desde el Altiplano hasta Arica, floreció con el descubrimiento de las minas de Potosí y con la construcción del puerto de Arica. Durante la Guerra del Azufre, Tacna fue ocupada por el ejército chileno y, tras la firma del tratado de Ancón en 1884, pasó a ser chilena durante 50 años. Otro tratado firmado en Lima el 28 de Agosto de 1929 la reintegró en Perú. Un monumento situado en la pampa donde se celebró la batalla del Alto de la Alianza, a 8 km de la ciudad, conmemora el hecho.

En la **Plaza de Armas están** los tres emblemas de Tacna: la catedral, el Arco de los Héroes, y la Fuente, llevados a cabo por la empresa de construcciones de Gustav Eiffel que en aquellos años, como contrapartida de la cesión del monopolio del guano a Francia, firmada por Dreyfuss, trabajaba por todo Perú. La imponente **catedral de Tacna** se empezó a construir en 1875 y no se acabó hasta 1950. Por lo menos cuatro arquitectos trabajaron en ella. También la empresa de Eiffel fue la que fundió en Bruselas la **Fuente del Paseo Cívico** (obra de O'Lenhard, 1869), de 6 m de altura. El **Arco de los Héroes** es un arco de piedra, elíptico, de 18 m de altura, erigido en honor de los héroes de la Guerra del Pacífico, Miguel Grau y Francisco Bolognesi, con una llama votiva y sus estatuas a los pies del arco, cuya extraña forma representa la trayectoria de una bala. Fue inaugurado en 1959. En el **Instituo Nacional de Cultura** hay dos salas dedicadas a museo: una expone restos arqueológicos y cerámicas; la otra, de contenido histórico, recuerda las luchas por la libertad de Tacna. El **Museo Ferroviario Nacional** *(abierto todos los días, de 7 h a 16 h)* documenta la historia de la línea de ferrocarril Tacna-Arica.

La estación fronteriza de **La Concordia** está a 35 km de Tacna por la carretera Panamericana *(abierta de 9 h a 22 h, los registros son exhaustivos; no se pueden pasar ni frutas ni verduras; es conveniente ir en un coche pequeño porque la policía peruana controla los equipajes a fondo y los autobuses tardan horas en ser registrados)*. A 20 km de la frontera está **Arica,** la primera ciudad importante de Chile.

3. CHICLAYO - TARAPOTO

620 KM

La Carretera Marginal de la selva amazónica es un proyecto internacional concebido en 1963 para comunicar las regiones amazónicas de Venezuela, Colombia, Ecuador, Perú y Bolivia. Su construcción no sólo se ve dificultada por las condiciones naturales del terreno, sino que entra en colisión con los intereses de los pueblos nativos y es objeto de protestas, en muchas ocasiones violentamente reprimidas. En Perú, la carretera se corresponde con la ruta nacional 005, que lleva el nombre del Presidente Belaúnde Torre y es una de las tres que atraviesan el país en sentido longitudinal. Este itinerario se reparte en dos etapas, la primera es la ascensión desde la costa de Lambayeque hasta el cruce de Pedro Ruiz, en la "ceja de selva". Desde Pedro Ruiz, se baja al paisaje preamazónico de Mayobamba y Tarapoto, una fértil región colonizada actualmente con agricultores procedentes de los suburbios -"pueblos jóvenes"- de Lima.

Chiclayo - Pedro Ruiz - Chachapoyas (330 km)

Desde Chiclayo y Lambayeque, la carretera de la selva amazónica sigue durante 87 km el trazado antiguo de la Panamericana Norte. 2 km antes de llegar a Olmos, a 87 km de Chiclayo, se desvía de la Panamericana una carretera, bautizada con el nombre de **Carretera Presidente Belaúnde Terry,** que se dirige

hacia el Amazonas: Jaén, Chachapoyas y Tarapoto. La carretera está asfaltada y no es mala, pero lo accidentado del terreno y la gran cantidad de curvas, subidas a puertos y bajadas a ríos, prolongan el viaje unas ocho horas desde Chiclayo hasta el cruce de Pedro Ruiz. El primer puerto importante, en el km 46, es el **Abra de Porculla** (2.144 m), en el que hay una placa que recuerda que es el puerto más bajo de los Andes en Perú, y el camino, el más corto entre el océano y el Amazonas. A la bajada del puerto, el paisaje seco de la costa se viste de color verde.

- **Km 181.** En **Chamaya** se desvía una carretera hacia Jaén (17 km) y San Ignacio.

- **Jaén** (55.000 habitantes, 750 m de altura), a 17 km de la carretera, es ciudad fronteriza desde que se abrió la frontera con Ecuador, en 1998. Situada en una región agrícola, produce arroz, café, cacao y legumbres. En su viaje de 1801, Humboldt probó el cacao en Jaén. Fundada en 1548 por los españoles, la ciudad no conserva monumentos antiguos. Es punto de salida para visitas al **Santuario Nacional Tabaconas de Namballe** (pista 5N a Namballe), una zona de 30 ha, destinada a proteger el páramo peruano. Son terrenos parecidos a la Puna, pero muy húmedos, casi siempre cubiertos por neblinas. La fauna característica del páramo peruano son los "pinchaques" (un tapir lanudo en peligro de extinción), venados y "sachacabras" (un venado enano que de día se refugia en los matorrales).

Hasta pasar el Utcubamba, en **Corral Quemado**, el paisaje es seco y lleno de

Vicuñas en Cajamarca

3. CHICLAYO-TARAPOTO

EL TREN MÁS ALTO DEL MUNDO

Aunque la línea de ferrocarril se cerró al público en 1992, un par de veces al año sale de la Estación de los Desamparados un tren turístico que va de Lima a Huancayo. El viaje dura 12 horas y el tendido de la vía férrea es el más alto del mundo. La empezó a construir en 1870 el ingeniero norteamericano Henry Meiggs, para transportar el material de las minas de Huancavelica. Para trabajar en la mina se contrataron chinos, que llegaron de Cantón entre 1870 y 1893. En los 335 km de recorrido, con una inclinación global de 4,5º, hay 68 túneles, 61 puentes (entre ellos el del Cañón del Infiernillo), y 9 tramos en zigzag. En sólo 158 km sube desde el nivel del mar hasta Ticlio (4.829 m), el punto ferroviario más alto del mundo. La estación de Galera (4.781 m) es la más alta del mundo. Desde Huancayo a Huancavelica, la línea funciona con normalidad.

cáctus. A partir de esta frontera se entra en el departamento de Amazonas. **Bagua Grande** tiene arrozales extensos. Se pasa a continuación el **cañón del Utcubamba,** lugar donde un olor característico nos indica la cercanía a la **catarata Tingo,** de aguas azufradas. Tras pasar el cañón se llega al cruce de **Pedro Ruiz,** desde donde sale a mano derecha una bifurcación que lleva hacia Chachapoyas adentrándose por el valle del río Utcabamba [pág. 137].

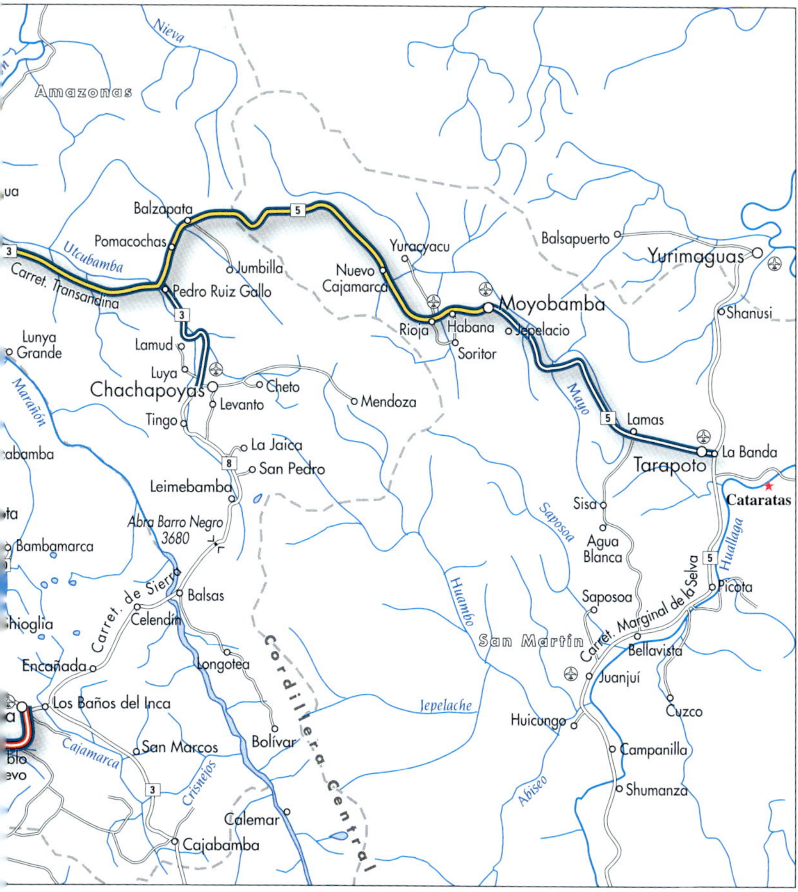

Km 330. Pedro Ruiz. Desvío a Chachapoyas y Cajamarca. Desde el cruce de Pedro Ruiz, se desvía una pista sin asfaltar que remonta el valle del río Utcubamba hasta su nacimiento y, después, se prolonga hasta Cajamarca. En total, el trayecto tiene casi 350 km y requiere unas 20 horas de viaje, si las lluvias no causan percances o cortes en la carretera, sobre todo en los meses de febrero a mayo.

El valle del Utcubamba tiene un grandioso paisaje de ceja de selva [pág. 253] y, en los montes vecinos hay numerosos restos de la cultura Chachapoyas, un pueblo guerrero que construía sus asentamien tos en las cimas de las montañas. La población principal del valle, **Chachapoyas,** queda a 56 km de Pedro Ruiz. En **Tingo** (km 100) está el desvío a **Kuélap,** una gran fortaleza rodeada de un paisaje parecido al de Machu Picchu. El último pueblo del valle del Utcubamba es Leymebamba, desde donde se accede a la **Laguna de los Cóndores,** necrópolis principal de los Chachapoyas.

Pasado Leimebamba, la pista asciende hasta el **puerto Abra Barro Negro** (3.680 m) y desciende luego hasta los 900 m del río Marañón. La carretera no mejora hasta 30 km antes de llegar a **Cajamarca.**

Pedro Ruiz - Tarapoto (250 km)

Desde Pedro Ruiz el paisaje declara que se entra en la selva: la vegetación cubre completamente las cortadas, los valles son frondosos.

En esta parte del recorrido se sube primero al puerto **Abra Pardo de San Miguel** (km 358, 2.270 m), desde donde la carretera emprende la bajada siguiendo el curso del río Mayo.

Km 490. Rioja, ciudad de los sombreros de "paja toquilla", fue fundada en 1772 por los españoles y hoy es un importante centro arrocero. La mayor atracción turística de Rioja son las **Cuevas de Huacharo,** donde crecen muchas de las 2.500 especies de orquídeas. Florecen entre octubre y diciembre.

Km 509. Moyobamba (850 m, 30.000 habitantes), capital del departamento de San Martín, era un asentamiento de los indios muyupampas cuando fue sometida por el inca Tupac Yupanqui. En 1540, los españoles fundaron la primera ciudad en la selva con el nombre de *Santiago de los Ocho Valles del Río Mayo.* Estos valles o barrancos son auténticos viveros naturales en los que se puede pasear y disfrutar de la Naturaleza. Uno de ellos es el **Jardín Botánico San Francisco** (Barrio de Lluyllucucha, Jr. Arequipa). Pueden verse orquídeas en el **Orquideario Waqanki Center,** a 3 km del centro, en el camino a los **Baños termales de San Mateo** (5 km del centro), cuyas aguas manan a 47 °C y se pueden tomar en la pequeña piscina o en varias pozas. Los **baños de Oromina,** al pie del monte de dicho nombre (6 km), cuentan con una cascada a 200 m de distancia, en la que se puede tomar un baño refrescante *(todos estos baños están abiertos desde las 6 h hasta las 18 h).*
También son atractivas las **cataratas de Asnacyacu** (a 7 km, 20 minutos en coche), cuyo salto de agua de 8 m de altura forma al caer una piscina natural. Más espectaculares son las **cataratas del Gera** (21 km, tres cuartos de hora en coche y 20 minutos a pie), que tienen una caída de más de 100 m en varios niveles de saltos. Desde Moyobamaba a Tarapoto hay 107 km, que discurren por buena carretera asfaltada y llana.

La leyenda de Tarapoto

Una leyenda local explica el origen de Tarapoto: los indios cumbazas, establecidos en el valle de Tarapoto, fueron exterminados por los españoles y sólo sobrevivieron dos niños. El Apu benefactor de la zona, compadecido, convirtió al niño en toro y a la niña en mariposa. Sin embargo, la tristeza les produjo un llanto incontenible. Las lágrimas del toro se transformaron en el río Shilcayo. La mariposa fue derribada por un arcabucero y se convirtió en la laguna de Suchiche, que con el tiempo se secó.

Km 620. Tarapoto, (85.000 habitantes, 265 m). Llamada la "ciudad de las palmeras" –su nombre proviene de una especie de palmera, llamada "tarapotillo"– Tarapoto es nudo de comunicaciones y un centro agrícola en auge. Tiene un clima cálido, con temperaturas que oscilan, a lo largo del año, entre los 28 °C y los 34 °C. La ciudad fue fundada por los españoles en 1782, en la confluencia de

El enorme éxodo de las zonas rurales a la ciudad ha provocado que, actualmente, sólo el 30 por ciento de la población viva en el campo.

los ríos Mayo y Huallaga. Durante la década de 1960 fue poblada por colonos europeos y, con la construcción de la carretera, aumentó en importancia y en habitantes. Su crecimiento se debió, sobre todo, a las plantaciones de coca en el río Huallaga. Tarapoto es un buen centro de medicina naturista. En la ciudad hay una clínica donde un chamán trata las enfermedades de adicción con ayahuasca y el apoyo de médicos y psicólogos franceses.

Aunque en su centro urbano no hay atracciones turísticas, en los alrededores de Tarapoto hay varios lugares de interés. En la pista Tarapoto-Yurimaguas están la **laguna Venecia** (4 km), una pequeña laguna rodeada de "aguajales", una planta de la selva que produce un rico fruto, el aguaje, y las **cataratas del Ahuashiyacu** (a 14 km), cascadas de 50 m de altura en un paraje de tupida vegetación, donde se puede subir hasta el nacimiento del salto por escaleras y puentes. En ambos lugares hay posibilidades de baño y restaurantes. Para llegar al **lago de Sauce o Laguna Azul** (52 km) se tardan dos horas: ir hasta Puerto López, en el río Huallaga, atravesar el río y luego recorrer los 16 km restantes hasta El Sauce. Al **balneario de Cumbaza** (a 5 km de Tarapoto), se puede llegar en autobús por la ruta Tarapoto-Morales, bajando en el puente, o en taxi.

Lamas (25 km de Tarapoto en dirección a Moyobamba), ubicada en un monte de unos 1.000 m de altura, es un pueblo dividido en tres terrazas-barrios, cada uno de los cuales conserva sus características étnicas: en el **barrio bajo** (Huaycu) viven los indios lamistas; en la **terraza central,** los mestizos; y, desde la terraza alta, hay un espléndido **mirador** al pueblo y al valle. Lamas, a pesar de estar en la selva, es un pueblo de casas rojas de arcilla y arquitectura serrana. Fue fundado por el español Martín de la Riva en 1656, tras someter a los indios motilones, que es como los españoles llamaron a los descendientes de aquellos chancas de Andahuaylas, que, hacia 1438, intentaron tomar el Cuzco y, vencidos por los incas, se refugiaron en esta zona de la Amazonia. Aún conservan sus tradiciones, folklore e idioma quechua. Viven en casas sin ventanas, "para evitar que se cuelen los malos espíritus", y producen artesanía que venden en el mercado. Sus fiestas principales son *La Cruz de los Motilones,* el 17 de julio, y *Santa Rosa de Lima,* durante la última semana de agosto. En el pequeño **Museo étnico de Lamas** (Calle Lima, 537) se documentan sus costumbres escenificadas con muñecos de barro. Además, se exponen vestidos, tejidos y alguna pieza arqueológica. Los **Petroglifos de Polish**, a 8 km del centro, son figuras grabadas en cinco piedras y una ancestral herencia de los motilones.

4. LA SIERRA

LIMA - AYACUCHO - ABANCAY 900 KM

Ya el naturalista y arqueólogo suízo Jakob von Tschudi describió en sus *Esbozos de viajes entre 1838 y 1842* las dificultades del trayecto y el increíble paisaje entre Lima y La Oroya, primera etapa de este itinerario, que, en apenas 100 kilómetros, asciende desde el nivel del mar hasta más de 4000 m de altura. Actualmente salva el desnivel la carretera nacional 020 (Carretera Central). Desde La Oroya a Huancayo, la carretera en buen estado atraviesa el bucólico "País de Jauja". Desde Huancayo a Ayacucho, la carretera se adentra en regiones montañosas y alejadas del turismo, es más aventurada y, entre diciembre y marzo, puede presentar dificultades de tránsito.

Tren que va de Lima a Huancayo

Lima - La Oroya (176 km)

La carretera de Lima a La Oroya, única vía de comunicación actual, sigue el valle del Rímac. Pasa por pueblos de fin de semana de los limeños, paraísos microclimáticos entre los 650 m y 850 m de altura, donde incluso en los meses de invierno, cuando sobre Lima se cierne la *garúa,* luce el sol: **Chaclacayo** y **Chosica** (km 34), ciudades que tienen abundantes restaurantes, hoteles y recreos turísticos. Cerca de Chosica está el **valle de Eulalia,** plantado de árboles frutales, y las **ruinas de Marcahuasi,** una factoría de la cultura Huari.

A partir de Chosica, el valle del Rímac se vuelve más angosto y de vegetación más feraz. En **Surco** hay varias centrales que, mediante túneles, se alimentan de aguas traídas del lado del Amazonas y empieza una subida empinada. **Matucana** (2.589 m) –pasado **San Mateo** (3.215 m), donde mana el agua que se bebe

4. LA SIERRA: LIMA-AYACUCHO-ABANCAY

embotellada en Lima–, se adentra entre las paredes de piedra vertical del **Cañón del Infiernillo**, en el que se cruzan el río Rímac, la carretera y la vía del tren horadando las rocas. A partir de **Chicla** (3.733 m) empiezan las minas de cobre, plomo y plata, cuyas extracciones son refinadas en la factoría de Centromin de La Oroya. Pasado **Casapalca** (4.153 m) se ven las cumbres nevadas de los Andes; la más alta, que lleva el nombre del ingeniero Meiggs, está coronada por una bandera metálica. Tras el paso del **Abra Anticona** (4.807 m de altura) se desciende por un paisaje de puna hasta La Oroya.

En La Oroya la carretera de Lima se bifurca. Hacia la izquierda sigue la carretera marginal de la selva **(Ruta Nacional 3N)** hacia Junín, Huánuco, Tingo María y Pucallpa (ver Itinerario 7). Hacia la derecha, la **Ruta Nacional 3S** va por el suave valle del río Mantaro y pasa por Jauja, Huancayo, Huncavelica, Ayacucho y Andahuaylas para desembocar, en Abancay, en la autopista que conduce a Cuzco. Esta carretera está asfaltada y es cómoda hasta Huancayo.

Km 176. La Oroya (50.000 habitantes 3.750 m). En La Oroya se juntan los ríos Yauli y Mantaro. La ciudad es industrial, ocupada por los altos hornos de Centromín, donde se funden plomo y cobre. Su paisaje industrial tiene un descarnado encanto. Los norteamericanos, que durante mucho tiempo administraron la mina, dejaron por allí el campo de golf más alto del mundo y uno de los subsuelos más contaminado de Perú.

Desde La Oroya, la carretera sigue el **valle del Mantaro**, un paisaje bucólico de suaves pendientes y laderas surcadas de prados y arboledas.

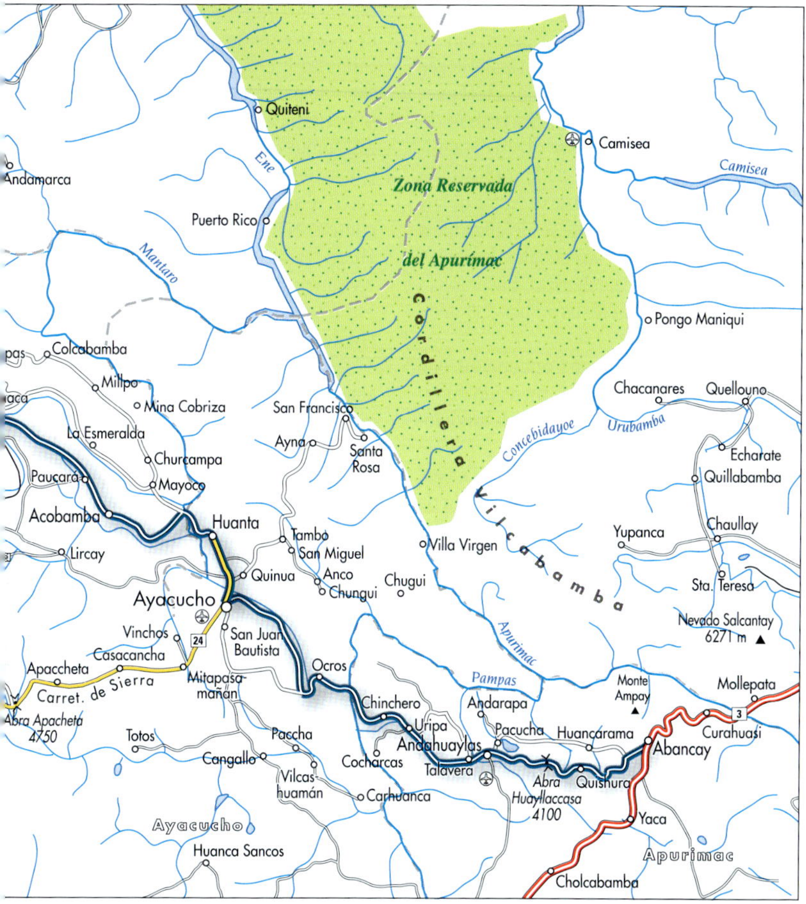

La Oroya - Huancayo (122 km)

Jauja (a 42 km de Huancayo; 22.000 habitantes, 3.370 m). Cuando fue conquistada por los incas, a mediados del siglo XV, la ciudad de Jauja era un importante centro urbano de los Huancas, decendientes del imperio Huari. Se resistieron de tal modo a ser sometidos, que Mayta Cápac ordenó destruir la ciudad para que no volviera a ser habitada. Cuando llegaron los españoles, hallaron los tambos incas tan bien provistos, que nació la leyenda de la "Tierra de Jauja", popularizada en un paso cómico de Lope de Rueda, en 1547. Los huancas, enemigos acérrimos de los incas, colaboraron con los españoles porque pensaron que les iban a liberar.

Pizarro convirtió la ciudad en la primera capital del Perú, en 1534, antes de fundar Lima, y ordenó construir la catedral. En Jauja las calles no están empedradas de yemas de huevos, ni hay ríos de leche, ni montes de requesón, pero es el lugar con más horas de sol en la sierra peruana, y la ciudad lleva a gala tener el clima más sano del Perú. En la **calle Junín**, que sale de la Plaza de Armas y llega hasta el mercado, hay un pequeño **museo arqueológico** instalado en el centro artesanal la **Casa del Caminante.** Desde esta calle, dos cuadras más abajo, se ve la fachada neogótica de la **Capilla de Cristo Pobre** (San Martín/Colina; *visita, de lunes a domingo, de 7 h a 9 h y de 15 h a 18 h)*, construida en 1929 por el sacerdote francés Luis Gradin, de la que algunos dicen que guarda similitud con Nôtre Dame de París. Su mérito más cierto es ser la primera construcción de cemento en el centro del Perú. Cerca de la iglesia está el hospital antituberculoso.

Lo mejor de la ciudad, sin duda, es el paisaje de los alrededores. A media hora a pie desde el centro, está la **laguna de Paca,** con totora en las riberas, numerosos restaurantes y barcos para llegar a la "isla del amor". A 15 km, en el pueblo de **Concho,** están las **ruinas de Tunanmarca,** donde se alzaba la antigua ciudad huanca de Hatun Xauxa (1200-1450 d.C). Conserva restos de sus 3.000 casas, en las que se alojaban unas 15.000 personas, sus canales de riego y la doble muralla defensiva. El complejo mide unos 2 km de largo por 500 m de anchura.

A 23 km de Jauja está **Concepción,** que también cuenta con un mercado dominical sin turistas y donde son tradicionales las corridas de toros.

A 5 km al norte de Concepción, en **Ocopa,** se halla el **Convento de Santa Rosa de Ocopa** *(abierto de lunes a domingos, de 9 h a 12 h y de 15 h a 18 h),* fundado por los franciscanos en 1725 con el fin de formar misioneros para el Amazonas. En su siglo de historia activa murieron violentamente más de cien, hasta que con la independencia se acabó esta función, pues los misioneros, al fundar poblaciones sedentarias, rompían el equilibrio ecológico de la selva, basado en el nomadismo de sus habitantes y sus cultivos. Muchos están enterrados en las catacumbas que hay bajo el altar mayor de su iglesia renacentista. También, en la cripta está enterrado el beato P. Pío Sarobe (1855-1910). El convento, actualmente convertido en centro turístico, cuenta con una ancestal **campana,** cinco **claustros** (los de la Portería, el Olivo, la Obrería, el claustro Coristado y el del Padre Pío), en parte adornados con pinturas de la escuela huamanquina y una **biblioteca** con más de 25.000 volúmenes, así cómo una colección de **pinturas** de la escuela cuzqueña y una pequeña coleccción de animales de la selva disecados. Se puede comer y pernoctar en él.

Huancayo (300.000 habitantes, 3.250 m de altura). La capital del departamento de Junín es también la ciudad más importante del río Mantaro y un importante centro comercial y agrícola, en el que se produce el 50 por ciento de trigo del Perú. Rodeada de bonitos paisajes, el río Mantaro estuvo habitado en tiempos anteriores a los incas por los huancas, un pueblo de cazadores y pastores que salió de la desmembración del imperio Huari. Sometidos con regalos e intentos de soborno por el inca Pachacútec en 1460, se pusieron a favor de los conquistadores, porque éstos les prometieron no ocupar su territorio. Sin embargo, construyeron el santuario de Huarovilca para contrarrestar la idolatría de la región. Huancayo fue fundada por el mismo encomendero de Jauja, Jerónimo de Silva, en 1572. En 1820, durante la Guerra de la Independencia, un tropel de 5.000 huancaínos, armados con hondas, venció al ejército realista, por lo que Bolívar concedió a Huancayo el título de "Ciudad incontrastable" que, según el diccionario, significa "que no se puede conquistar". En 1830 se reunió en el **Convento de La Merced** el congreso constituyente y dictó la Constitución peruana. Actualmente ha sido declarado monumento nacional y guarda en su interior pinturas de la escuela cuzqueña. En 1909 se concluyó la línea de ferrocarril Huancavelica-Lima y Huancayo se vió beneficiada.

Al oeste de la estación se extiende la población, cuyas dos calles principales se cruzan en la **Plaza de la Constitución.** Una de ellas, la Calle Real, sigue el trazado del Camino Inca. En el centro de la Plaza hay una **estatua** dedicada al Mariscal Ramón Castilla, que abolió la esclavitud en unas cortes celebradas en Huancayo en 1850. A 5 km al norte de la plaza, en la **urbanización San Antonio,** está el **Parque de la Identidad Huanca,** concluido en 1996. Sus puertas tienen forma de mate burilado, y a lo largo del recorrido se pueden admirar fuentes y miradores, un cactario y diversas pérgolas.

En el **Museo Salesiano** (Jr. Santa Rosa, distrito El Tambo; *visita, de lunes a viernes, de 8 h a 13 h)* hay secciones dedicadas a paleontología, historia, botánica, numismática y filatelia y se exponen minerales y panoramas paisajísticos con animales disecados.

A 1 km de la ciudad, al final de la Avenida Giráldez, desde el **Cerrito de La Libertad,** se tiene una buena panorámica. 1,5 km más allá, está el paraje de **Torre Torre,** unas formaciones rocosas, de entre 10 m y 30 m de altura, a las que la erosión ha dado semejanza de torres. Lo más importante de Huancayo es el **mercado de la Feria Dominical★**, que se celebra los fines de semana en la Avenida de Huancavelica, entre el Paseo de la Breña y la calle Huánuco, donde se concentran hasta 50.000 personas llegadas de los pueblos de alrededor: Ponchos, mantas, jerseis, artesanía y mates burilados se pueden encontrar a precios más baratos que en otras ciudades. El mercado empieza al amanecer y dura hasta las primeras horas de la tarde. Se dice que es el mayor de Perú.

Excursiones desde Huancayo. Desde Huancayo se pueden hacer excursiones por los amenos alrededores y sus pueblos, en los que hay buenos artesanos. En **Cochas Chico** y **Cochas Grande,** a 11 km, se hacen mates burilados. En **Huahuas** la gente se ha especializado en tejidos de alpaca y lana de oveja teñidos con tintes vegetales (con *chilca,* una mata oleaginosa, con árnica, avellanas o cochinilla). En **San Juan de Tunán,** a 16 km, son conocidos los trabajos de oro y plata. Un poco más lejos, a 28 km, está el **ingenio de Valle Azul,** plantado de alcachofas y con truchifactorías. Cuenta con restaurantes en sus alrededores.
A 12 km al oeste de Huancayo, en **Huari,** están las **ruinas de la cultura Huari** (Huarihuilca), utilizadas por los incas tras la conquista. Objetos de cerámica, restos óseos y armas de piedra se exponen en su pequeño **museo.**
Chongos Bajos, en la provincia de Chupaca, es uno de los pueblos españoles más antiguos del Valle del Montaro. La arruinada **iglesia,** construida en 1540, aún conserva los elementos coloniales de su arquitectura: el tejado opulento, la nave alargada, los contrafuertes exteriores, el coro y la entrada.

Huancayo - Ayacucho (252 km)

Desde Huancayo hasta Abancay, la carretera es una aventurada y lenta pista de tierra, ocupada por el intenso tráfico que hay entre los pueblos de la sierra, con constantes subidas y bajadas de serpentín hasta los valles de los ríos que atraviesa. Para quienes buscan territorios inexplorados por el turismo, éste es el mejor camino.
A 70 km de Huancayo, está el pueblo alfarero de **Izcuchaca,** que en quechua significa "puente de piedra". Tiene un gran **puente** colonial construido en el siglo XIX sobre el río Mantaro. Antes existía otro de cuerdas que –según la tradición inca– mantenían los del pueblo. En él se encontraron los ejércitos de los hermanastros incas Huascar y Atahualpa, y este último, vencedor, avanzó hacia el Cuzco. El puente tiene un arco en uno de sus lados por el que se accede al pueblo.

Casa en Ayacucho

Feria dominical en Andahuaylas.

Desde Izcuchaca se desvía una carretera de 80 km en mal estado, que conduce a Huancavelica.

Huancavelica ("Ídolo de Piedra"; 3.680 m, 35.000 habitantes), fue fundada en 1571 con el nombre de *Villa Rica de Oropesa*. Era un centro militar inca, en el que los españoles aprovecharon las minas de mercurio, que utilizaron para lavar la plata de Potosí. Explotadas desde 1568, las minas se extinguieron en el siglo XVIII. Actualmente es una tranquila población, casi olvidada del mundo. De su pasado minero quedan ocho iglesias construidas con portadas barrocas hechas de piedra roja de cinabrio que destacan sobre el blanco edificio del templo. En el **Museo Regional Daniel Hernández** (Plazuela San Juan de Dios), se exponen en 3 salas restos arqueológicos, etnografía de la región y pintura contemporánea. Es interesante el **matadero del Camal,** donde puede observarse el sacrificio de llamas, vacas y ovejas.
Rodeada de montañas, Huancavelica ofrece los bellos paisajes de sus alrededores. A 10 minutos en coche, tomando por la Avenida Manco Capac, están los **baños termales de San Cristóbal** *(abiertos de 7 h a 16 h)*. A 9 km puede visitarse la **mina de Santa Bárbara,** donde están los restos de la mina colonial.

Huanta. Pasado el desvío de Huancavelica, el mayor centro urbano entre Huancayo y Ayacucho es Huanta, a 2.400 m de altura. Este "vergel de los Andes", como es llamado, cuenta también con un mercado dominical y un **instituto Geofísico** que puede vistarse (meteorología, sísmica y geomagnetismo).
La carretera, asfaltada hasta Ayacucho, sigue después por valles calcáreos, y, tras pasar por el desvío a San Miguel y Quinua, llega a **Ayacucho** [pág. 118].

Ayacucho - Abancay (350 km)

Desde Ayacucho hasta Abancay, la carretera sin asfaltar recorre paisajes admirables. El trayecto dura unas 12 horas, a menos que, en época de lluvias, quede interrumpido. Sube primero a lo largo de 40 km hasta el **puerto Abra Toctocsa** (4.200 m), desde donde se desvía la pista hasta **Vilcashuamán.** Luego, por un paisaje de puna, asciende lentamente hasta los 4.400 m de altura del **Abra Huamina.** Desde allí desciende más de 2.000 m, por las aldeas de **Ocros** y **Chumbes,** con vistas de vértigo, hasta el **cañon del río Pampas.** Llega al río entre cactus y naranjales y lo atraviesa por un puente metálico. Nueva subida entre una vegetación casi tropical y nueva bajada hasta el río Chincheros. En el pueblo de este nombre suelen hacer parada para almorzar los autobuses. Asciende con muchas curvas hasta el **Abra Saracocha** (4.150 m) por Uripa, y vuelve a descender al río Chumbao. Pasa por **Talavera** y recorre 5 km de autopista antes de llegar a Andahuaylas.

Andahuaylas (2.900 m, 37.000 habitantes). Esta ciudad y Talavera, unidas por una autopista de 5 km, se reparten los terrenos fértiles del valle del Chumbao. El centro colonial de Andahuaylas está sobre una loma, a la orilla izquierda del río. En la **Plaza de Armas,** ajardinada y adornada con motivos de las novelas del andahuaylino José María Arguedas (1911-1969), predomina la renacentista **iglesia de San Pedro,** del siglo XVII. El escritor tiene un paseo dedicado en el que hay más referencias a su literatura, en la que describió la pobreza de este país y la rebeldía de su gente, descendientes de los chancas. Desde el puente colonial, por ambas orillas del río, hacia arriba, se celebra los domingos una **feria** que congrega a casi tanta gente como la de Huancayo; ambas son las más concurridas del Perú.

Excursiones desde Andahuaylas. Andahuaylas, que en quechua significa "país de celajes", tiene los mejores atardeceres en la **laguna de Pacucha,** a 15 km de la ciudad. En las riberas llenas de totora hay algún restaurante que los domingos se llena de gente. A 2 km sobre la laguna, están las **ruinas de Sóndor★**, un antiguo santuario chanca conquistado y reformado por los incas hacia 1460. Es un conjunto arquitectónico formado por varios recintos de viviendas y una pirámide más elevada, a la que se asciende por 120 escaleras, y que se remata en una plataforma donde hay dos piedras sobresalientes que, se cree, eran una *intihuatana* o piedra del sol inca. Los chancas eran descendientes del imperio Huari de Ayacucho, que se independizaron de éste hacia el siglo XIII d.C. y se asentaron en poblados agrícolas a 2.000-3.500 m de altitud. Mitológicamente, su "pacarina" (lugar sagrado de origen) era la laguna de Choclococha, a 4.800 m de altura, cerca de Huancavelica. Según el inca Garcilaso, se jactaban de proceder de un león, al cual adoraban, y esto es lo que les daba su natural beligerancia. En la fiesta que se celebra en el solsticio de verano (19-21 de junio), llamada Sondor Raymi, los andahuaylinos representan la historia del pueblo Chanca; la laguna Pacucha toma en esta representación el papel de la laguna Choclococha y por ella llega el mítico caudillo Uscuvilca en una lancha y, tras conquistar a otras tribus, se asienta en Andahuaylas. Luego se dispone a conquistar el Cuzco y, desde la montaña de Sondor se sueltan tres cóndores simbólicos que emprenden su vuelo en dirección a la capital quechua, aclamados por los vítores de los más de 1.000 actores que participan en el evento. Entre los espectáculos que culminan la fiesta, está el *Yaguar Fiesta,* en que un cóndor es atado a los lomos de un toro y ambos luchan uno contra otro. Con un claro simbolismo (el cóndor, símbolo indígena, y el toro, símbolo español), la fiesta fue inmortalizada en la primera novela de José María Arguedas.

Talavera, a 5 km de Andahuaylas, fue fundada en el siglo XVII y poblada con presos del penal de Talavera de la Reina. A la salida del pueblo, en el barrio de Hualalachi, hay unos **baños termales** de aguas cárbonicas y ferruginosas que manan directamente de la montaña. Están indicadas para las enfermedades gastrointestinales. En los alrededores hay locales ("recreos turísticos") donde se puede comer buen "cuy chactado".

Los 170 km que hay entre Andahuaylas y Abancay se salvan en un viaje de unas 7 horas, por una pista que atraviesa bellos paisajes de montaña, donde, a más de 4.000 m de altura, pueden verse las cumbres nevadas del **macizo del Ampay** (5.230 m) de la cordillera Vilcabamba. Los últimos 20 o 30 km, ya con el pueblo de **Abancay** extendido en la ladera del Ampay ante los ojos, aún duran 2 largas horas. La pista desemboca en la carretera de Lima a Cuzco, cerca de Abancay.

5. CARRETERA DE ABANCAY A CUZCO

195 KM

Por Abancay pasa la carretera 26, que se desvía de la Panamericana Sur en Nazca (461 km) y llega hasta Cuzco. Recién asfaltada y en buen estado, fue iniciada por Fujimori, pero no se le menciona en las placas de inauguración, en las que sólo aparece el nombre del presidente Toledo, que fue elegido poco antes de ser concluida. La influencia positiva del buen estado de la ruta se percibe en los pueblos por los que transita, que ya no respiran el aislamiento y la dificultad de condiciones de vida de los de la sierra. Los 195 km que hay desde Abancay a Cuzco pueden hacerse cómodamente en 4 horas. Si se toma un taxi en Abancay y se emplean cuatro horas más en el viaje, pueden hacerse paradas en varios puntos de la ruta que merecen la pena.

Atardecer en el Valle Sagrado de los Incas

Abancay - Cuzco (195 km)

Abancay (55.000 habitantes 2.378 m). La importancia de Abancay está en relación directa con el asfaltado de la carretera. Situada al pie del Ampay (5.235 m), el Apu protector de la población, no cuenta con ningún monumento de importancia, pero es un núcleo urbano con buenos hoteles, restaurantes y comercios.

A unos 15 km de Abancay queda el **Santuario Ecológico del Ampay,** un parque natural creado en 1987 para proteger los bosque de *intipa* o romerillo en la cuenca del río Pachachaca, al pie del nevado Ampay. Al parque se puede llegar en una buena hora a pie o en taxi los 5 km que hay hasta la aldea de Arcopunco, desde donde sale una trocha hasta el *reservorio* de Sahuanay. Desde allí desciende un camino entre vegetación tupida y que conduce a las **lagunas de Uspaccocha** y **Angasccocha,** a unos 2 km de distancia. Por encima de las lagunas, a partir de los 4.000 m, empieza a aparecer el *ichu* y más arriba, las nieves perpetuas. En los diversos microclimas que se generan en las laderas del Ampay, crecen bromelias y helechos, y viven multitud

5. ABANCAY-CUZCO

de especies animales, como zorros, venados, vizcachas, pumas, gatos monteses y hasta 60 especies de aves.

Desde Abancay, la carretera asciende en numerosas curvas hasta el **puerto de Soclacasa** (3.900 m). De los frecuentes accidentes causados por la velocidad, son testigos las numerosas capillas adornadas con flores. En el km 45, casi en la cumbre del puerto hay un desvío de 16 km que lleva a **Cachora,** una aldea desde donde se sale en una excursión de tres días de marcha a pie o a caballo hasta las **ruinas de Choquequirao,** a 93 km de Abancay.

Choquequirao★. A salvo del aluvión turístico, debido a la dificultad del acceso, las ruinas de Choquequirao ("Cuna de oro") y su paisaje son casi tan impresionantes como Machu Picchu. Se debería emplear por lo menos tres días para llegar a ellas, verlas y regresar. Los 30 km que hay desde Cachora a Choquequirao tardan en hacerse unas 15 horas a pie. Se pasa por caseríos olvidados del mundo, como **Colmena** (km 4), el **codo de Puca Era** (km 6,2), donde el río forma un pronunciado meandro y el **mirador de Capulioc** (km 9,5). Tras una pronunciada bajada se llega al **puente Rosalindayoc,** que salva el río Apurimac. Desde el fondo del cañón del Apurimac se reemprende una pronunciada subida. Durante todo el trayecto se tiene a la vista el **nevado del Salcantay.** 11 km más allá están las ruinas de Choquequirao. Situadas en línea recta a 80 km de Macchu Picchu, las ruinas de Choquequirao fueron también descubiertas por el hawaiano Hiram Bingham, que constató que ya habían sido expoliadas por huaqueros. Ocupan una extensión de 500 ha y se componen de edificios de dos o tres pisos: palacios, canales de riego, depósitos y terrazas agrícolas de hasta 400 m de longitud. Son de la época tardía del imperio inca (siglos XV-XVI), y debieron de servir para la colonización de Vilcabamba, o como refugio del último inca, Manco Inca. Siguieron habitadas durante la colonización española, por lo menos hasta tiempos del virrey Toledo (1569-1581).

Santuario de Sayhuite★. 1 km después de pasar el desvío a Cachora, sale al lado contrario otro desvío hacia el Santuario de Sayhuite. A la entrada del mismo está la **Piedra de Sayhuite,** una enorme roca con forma de media naranja de 4 m de diámetro, cuya parte superior está tallada con una profusión de animales, personas, casas, calles y signos misteriosos. Probablemente, se trata de un plano inca. El santuario está situado en uno de los vértices de un triángulo imaginario de 25 km de lado cerrado por Machu Picchu y Choquequirao. En el santuario que se extiende a partir de la piedra se distinguen seis zonas. Detrás de la piedra hay unas dependencias desde las que baja una escalinata con estanques hasta el **Rumihuasi** (casa de Piedra), desde donde salen canalillos que desembocan en un estanque. Este sector, el menos excavado de los seis, termina en la **plataforma del Ushnu** (34 m x18 m), ante la que se extiende una gran plaza ceremonial. En el sector del **Intihuatana,** hay más monolitos cuidadosamente esculpidos.

Pasado el pueblo de **Curahuasi** ("capital mundial del anís"), la carretera des-

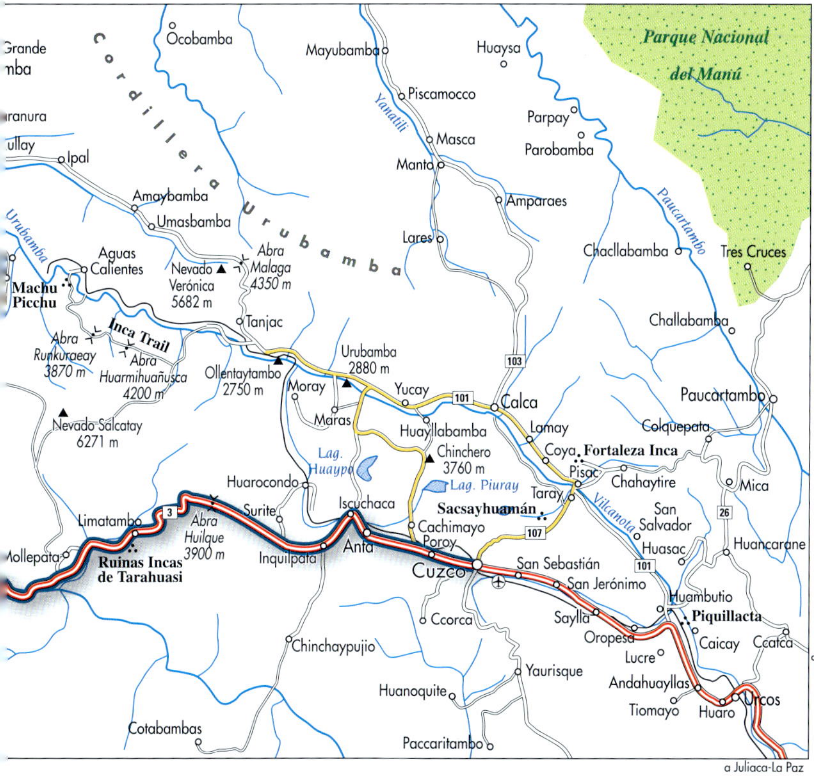

ciende para atravesar el río Apurimac. Unos 13 km más allá, a la altura del km 87, se desvía hacia el río una trocha de unos 3 km que conduce a los **baños termales de Conoc,** a la orilla del río, en los que hay hasta seis piscinas y seis chorros de aguas curativas. Allí se encuentra un que restaurante invita a una agradable pausa.

- El **río Apurimac** ("Río Parlante"), una de las fuentes del Amazonas, era uno de los oráculos incas que predijo la llegada de los barbados españoles. La carretera lo atraviesa en un moderno puente metálico –Cuniac–, junto al que varios kioscos venden buen aguardiente de caña (cañazo). Una vez atravesado el río Apurimac, se inicia una suave subida hasta el **valle de Limatambo,** a 77 km de Cuzco.

- A la salida de Limatambo, junto a la carretera, están las **ruinas incas de Tarahuasi★.** Probablemente se trataba de un *tambo,* y un punto de control o de defensa del camino hacia Cuzco. Se ven dos plataformas rectangulares situadas una encima de otra, construidas con muros de contención primorosamente labrados, componiendo con sus piedras varias "margaritas", y con una escalera de subida. En los muros hay 28 nichos trapezoidales de 2 m de altura. Lo que da al conjunto sentido de fortaleza es una muralla de 160 m de longitud y 4 m de altura, que cierra el valle en su parte más estrecha, y que ha sido cortada para construir la carretera. Al lado del monumento quedan las ruinas de un convento colonial.
Desde Tarahuasi, la carretera asciende hacia el **puerto Abra Huillqui** (4.280 m), desde donde se ve el impresionante **nevado Salcantay** y, desde allí, casi en línea recta, sigue hacia Cuzco sobre el trazado del antiguo camino inca. Se pasa por las estaciones de ferrocarril de Anta y Poroy, desde donde mucha gente toma el tren hacia Machu Picchu. Un desvío de la carretera conduce a **Chinchero, Urubamba** y el **valle Sagrado** [pág. 171].

6. CUZCO - PUNO

390 KM

De los cuatro caminos que partían de la plaza de Cuzco hacia las cuatro partes del imperio Tahuantinsuyo ("Imperio delas cuatro partes"), el que iba hacia la parte del Titicaca y el país de los Collas –Collasuyo–, es hoy la carretera de Cuzco-Puno-La Paz, en parte construida sobre el antiguo camino inca.

Asfaltada y en buen estado, pasa por importantes sitios arqueológicos y entra en el altiplano por Pucará, centro de la primera cultura que se dio en el Titicaca. El viaje por carretera, sin paradas, dura unas 7 horas. El trayecto puede hacerse en tren, y tiene fama entre el turismo mochilero, por lo que puede haber dificultades para encontrar billete. Dura más tiempo y tiene el inconveniente de que no es fácil parar en los abundantes sitios de interés.

El camino inca al Collasuyo (parte de los Collas)

Km 5. San Sebastián. Saliendo de Cuzco por la avenida de la Cultura y la fábrica de cervezas *Cusqueña,* se ven a la derecha las torres de la **iglesia de San Sebastián,** una iglesia construida por los hermanos de Pizarro para conmemorar su victoria sobre Almagro en la batalla de Salinas, que tuvo lugar en estos alrededores. El interior del templo es barroco, pues la iglesia tuvo que ser reconstruida tras el terremoto de 1650. Se conservan pinturas de Diego Quispe Tito "el Inga", pintor de la escuela cuzqueña nacido en este barrio. A 10 km de Cuzco está **San Jerónimo,** con una sencilla iglesia de adobe reconstruida por el obispo Mollinedo del Cuzco. En el pequeño **museo de la Casa del Cabildo,** se conservan pinturas de la escuela cuzqueña (siglos XVII y XVIII). El día del Corpus, entre San Jerónimo y San Sebastián se da una competición por ver quien llega antes con sus imágenes a la catedral del Cuzco. Los de San Jerónimo salen antes del amanecer con su imagen

Campesina tirando de una vaca

y, cuando llegan a San Sebastián, éstos ya les esperan: ambos empiezan entonces una carrera llena de incidentes por la Avenida de la Cultura hasta la catedral.

Km 22. Desvío a Tipón. Nada más pasar el km 22, 1 km antes de llegar a Oropesa, sale un desvío de 4 km hasta **Tipón,** un pueblo que conserva los restos de un probable laboratorio agrícola de los incas (están a poca distancia del pueblo, pero el camino es muy empinado; se puede subir en coche). Los llamados **jardines colgantes de Tipón** se componen de 12 terrazas con grandes muros de piedra, pozos y acequias que canalizan el agua de dos arroyos que van a parar al Huatanay. Actualmente, son cultivadas por un instituto agrícola de San Jerónimo, dependiente de la Universidad de Cuzco.

Km 24. Oropesa tiene fama por sus panecillos de trigo. En él hay muchos hornos, y huele a pan recién hecho.

Km 30. Pasado Oropesa sale una carretera hacia **Pisaq** y el valle de los Reyes. En ella están las **ruinas de Piquillacta** ("Pueblo de pulgas"), una antigua ciudad colonial construida por los huari de Ayacucho (750-1100 d.C.), mucho antes de que los incas se apoderaran de ella. Actualmente sólo asoman entre las piedras los últimos pisos de las casas, pero el conjunto forma un cuadrado perfecto, a pesar del desnivel de 80 m de altura. Hay restos de hasta 700 edificios y 400 *colcas* o almacenes, organizados en calles rectas. Se cree que tuvo unos 10.000 habitantes. A ambos lados de la carretera principal se ven las paredes del **acueducto de Rumicolca,** construido por los huari para llevar agua a Piquillacta desde la **laguna Huacarpay,** a la derecha de la carretera. De las canteras de Rumicolca se sacó una buena parte de las enormes piedras de Sacsayhuamán, en Cuzco.
Después de Piquillacta, la carretera de Puno entra en el **valle del Vilcanota** y empieza a subir el puerto.

Km 35. Andahuaylillas★. Este pequeño pueblo está rodeado de montes que lo resguardan de los vientos fríos y dan a sus tierras una fertilidad privilegiada.

El dios Huiracocha y el inca Wiracocha

Huiracocha (o Tiki Wiracocha: "grasa marina") es el dios principal inca, el primero que salió de las aguas del Titicaca. Hizo surgir después al sol y a los demás astros y creó a los hombres, moldeando esculturas de piedra en las riberas del lago. Luego se fue por el mundo, poblándolo de criaturas y enseñándolas a sobrevivir. Cuando acabó su tarea en los Andes, se adentró en el mar navegando en su capa hacia otros continentes. Cuando Pizarro apareció en su barco, los indígenas le tomaron por Huiracocha, que regresaba. Antes de irse del Titicaca, Huiracocha encargó a los hombres que había creado en sus orillas, que se fueran por debajo de tierra y salieran por las fuentes, lagos, cuevas, ríos y cráteres, para seguir fundando más pueblos. Estas salidas se llaman 'pacarinas' y son veneradas aún en cada pueblo. Parece que los hombres que salieron del volcán de Raqchi, lo hicieron armados y se rebelaron contra Huiracocha. El dios, enfadado, encendió el volcán y sólo se dignó apagarlo cuando los hombres se quedaron convencidos de su divinidad. Siglos más tarde, el inca Hatun Tupa Inca, invocó a Huiracocha para vencer a los chancas que sitiaron el Cuzco y, agradecido por la ayuda, cambió su nombre por el del Dios, creando no pocas confusiones entre los cronistas. El inca Wiracocha, que debió de reinar hacia 1410, fue el primer gobernante inca con espíritu imperialista. Construyó canales de irrigación, fortalezas (Sachsayhuaman), palacios (Yucay) y templos, como el Coricancha de Cuzco y éste de Raqchi.

En el recinto de Raqchi, había una estatua del dios Huiracocha de tamaño humano, que los conquistadores españoles trasladaron a Cuzco para colocarlo bajo los cimientos de la catedral, pero como ésta tardó en construirse, la cabeza de la estatua se encuentra actualmente en el museo de América de Madrid, y el cuerpo en un patio del ayuntamiento de Cuzco.

6. CUZCO-PUNO

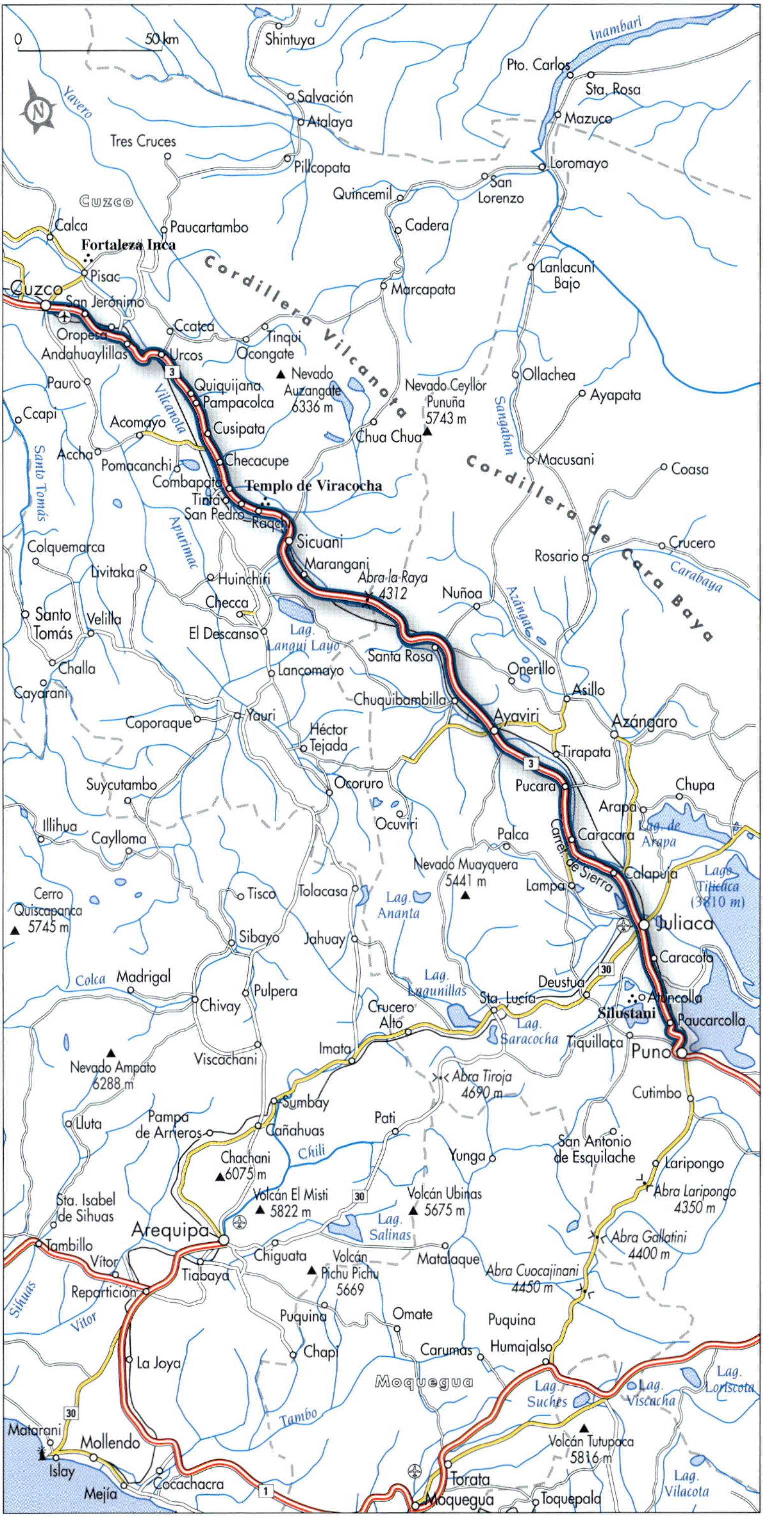
0
50 km
N
Shintuya
Inambari
Pto. Carlos
Sta. Rosa
Mazuco
Salvación
Atalaya
Yavero
Tres Cruces
Pillcopata
Loromayo
San Lorenzo
Quincemil
Cuzco
Cadera
Calca
Paucartambo
Fortaleza Inca
Pisac
Cordillera Vilcanota
Lanlacuni Bajo
Cuzco
San Jerónimo
Marcapata
Oropesa
Ccatca
Tinqui
Andahuaylillas
Urcos
Ocongate
3
Ollachea
Pauro
Nevado Auzangate 6336 m
Nevado Ceyllor Punuña 5743 m
Ayapata
Quiquijana
Pampacolca
Vilcanota
Ccapi
Acomayo
Cusipata
Chua Chua
Sangaban
Santo Tomás
Accha
Pomacanchi
Checacupe
Macusani
Combapata
Templo de Viracocha
Coasa
Tinta
Cordillera de Cara Baya
San Pedro
Raqchi
Apurímac
Sicuani
Crucero
Colquemarca
Marangani
Rosario
Livitaka
Abra la Raya 4312
Carabaya
Huinchiri
Checca
Nuñoa
Azángaro
Santo Tomás
Velilla
El Descanso
Lag. Langui Layo
Santa Rosa
Onerillo
Challa
Lancomayo
Asillo
Cayarani
Chuquibambilla
Ayaviri
Azángaro
Coporaque
Yauri
Héctor Tejada
Tirapata
3
Suycutambo
Ocoruro
Pucara
Chupa
Arapa
Ocuviri
Illihua
Caylloma
Palca
Lag. de Arapa
Caracara
Carret. de Sierra
Nevado Muayquera 5441 m
Lago Titicaca (3810 m)
Calapuja
Cerro Quiscapanca 5745 m
Tisco
Tolacasa
Lag. Ananta
Lampa
Juliaca
Sibayo
Jahuay
Caracoto
30
Colca
Madrigal
Lag. Lagunillas
Deustua
Pulpera
Atuncolla
Chivay
Crucero Alto
Sta. Lucía
Silustani
Paucarcolla
Lag. Saracocha
Tiquillaca
Imata
Puno
Viscachani
Nevado Ampato 6288 m
Abra Tiroja 4690 m
Cutimbo
Sumbay
Lluta
Pampa de Arrieros
Cañahuas
Pati
San Antonio de Esquilache
Chili
Yunga
Chachani 6075 m
Laripongo
Abra Laripongo 4350 m
Sta. Isabel de Sihuas
Volcán El Misti 5822 m
30
Volcán Ubinas 5675 m
Lag. Salinas
Abra Gallatini 4400 m
Arequipa
Tambillo
Chiguata
Volcán Pichu Pichu 5669
Matalaque
Vítor
Tiabaya
Abra Cuocajinani 4450 m
Repartición
Sihuas
Vítor
Puquina
Omate
Puquina
La Joya
Chapi
Carumas
Humajalso
Moquegua
Lag. Suches
Lag. Viscacha
Lag. Loriscota
30
Tambo
Matarani
Mollendo
Volcán Tutupaca 5816 m
Islay
Torata
Lag. Vilacota
Mejía
Cocachacra
1
Moquegua
Toquepala

LA CULTURA PUCARÁ

La cultura Pucará es para muchos la cultura más antigua de la región del Titicaca, más antigua que la cultura Tuahuanaco y mucho más que la de los incas. Durante 2.000 años, desde el 1800 a.C. hasta el 200 d.C., hubo gente que aprendió a sacar frutos de la tierra en las extremas condiciones de la puna. Se dedicaban al pastoreo y a la agricultura; para resguardar sus campos de las heladas, inventaron un procedimiento de cultivo "huaruhuaru", es decir, de camellones, alternando lomas y surcos profundos que inundaban de agua y que guardaban la temperatura de los sembrados. Puesto que, a pesar de todo, la altitud no permite más que el cultivo de quinoa y alguna clase de patata, se dedicaron al comercio con otras regiones en las que ponían agencias o factorías. Llevaban lana de sus llamas, piedras semipreciosas, cerámica y cobre. Así se extendieron por la región de Arequipa, Moquegua, Tacna, e incluso por la zona del Cuzco, y se cree que mantuvieron contacto con Paracas, pues las telas y la cerámica tienen mucho parecido.

No se sabe de dónde venían. En sus esculturas de piedra aparece el dios jaguar, de parecidas características al de Sechín (costa norte de Lima) y al de Chavín de Huántar (Callejón de Huaylas), por lo que se piensa que eran descendientes de unos grupos nómadas, los Arahuac, que salieron hace 12.000 años de las selvas de Brasil y se establecieron en la puna. Hablaban un idioma propio, el puquina, que todavía estaba vivo en tiempos del virrey Toledo. Actualmente ha desaparecido.

Las ruinas de Pucará están a unos 2 km de la ciudad. Componen una gran plataforma escalonada de 20 m de altura y un conjunto de pirámides, entre las que destaca una, llamada ***Calasaya,*** de 300 m de logitud por 150 m de anchura y 30 m de altura. En otras excavaciones de los alrededores se han descubierto pequeños pueblos formados por casas redondas y edificios cuadrados. Parece que los productos de sus campos confluían en el gran centro de Pucará.

Junto a la plaza, donde hay un mercadillo sombreado por palmeras y pisonaes (árboles de coral), se alza una **iglesia** que, exageradamente, es llamada la "Capilla Sixtina de América". Fue construida en 1572 por el jesuita Juan Pérez de Bocanegra sobre una *huaca* o adoratorio inca. Los altares están recubiertos de pan de oro y espejuelos, los muros adornados con frescos y pinturas de la escuela cuzqueña (a ambos lados de la entrada murales de los caminos al cielo y al infierno), y el artesonado mudéjar presenta elementos quechuas. Entre los cuadros más destacables figura una *Virgen de la Asunción* atribuida a Murillo, y paños murales de Luis de Riaño (siglo XVII); a este pintor se atribuye también un lienzo de *San Rafael.*

Km 43. Huaro A 4 km de Andahuaylillas, Huaro es un pequeño pueblo aparentemente insignificante, cuyo nombre viene sin duda de los antiguos huari que lo fundaron. Tenían su centro a 10 km de aquí, donde se conservan restos de una ciudad con necrópolis. Por otra parte, los huaros eran unos magos o chamanes que adivinaban el futuro. La ciudad consserva una sencilla iglesia virreinal con magnífica pintura mural, típica del sur de Cusco, recientemente restaurada. Destacan las escenas del infierno realizadas por el pintor cusqueño Tadeo Escalante en 1801.

Km 46. Urcos tiene en la plaza una **iglesia** construida sobre el pedestal de una *huaca* inca y una escultura dedicada a

Túpac Amaru y a los caciques que se rebelaron contra los españoles en 1870, pues aquí empezaba su territorio.
Pasado el pueblo, se deja a la derecha de la carretera la pequeña **laguna de Urcos,** donde se dice que los incas arrojaron la cadena de oro que Huáscar mandó hacer para su coronación. Tenía 200 brazas de largo y el grosor de una pierna humana. Se guardaba en el Amarucancha de Cuzco, y fue uno de los tesoros más buscados por los codiciosos españoles. Aunque la laguna está actualmente casi seca, la cadena sigue sin aparecer.

Km 94. Checacupe es un pueblo con una **iglesia** renacentista y una concurrida **feria de ganado.** 10 km después, en **Combapata,** sale una carretera en mal estado hacia Arequipa, pasando por Chivay, la capital del Cañón del Colca [pág. 114].

Km 113. Tinta, a 110 km del Cuzco, es la tierra natal de José Gabriel Condorcanqui, cuyo nombre de guerra era Túpac Amaru II (1738-1781). Túpac Amaru no nació en el centro de Tinta, sino en la aldea de Santa Bárbara de Tungasuca, donde su padre, descendiente del último inca de Vilcabamba, Felipe Túpac Amaru, tenía una hacienda. Su madre era una criolla asturiana. Estudió en los franciscanos del Cuzco y, en 1760, se casó con la criolla Micaela Bastidas. Se dedicaba al transporte y al comercio con sus reatas de mulas y llamas, pero la creación del virreinato del Río de la Plata le causó dificultades; se interrumpieron las relaciones con Bolivia y se crearon aduanas y nuevos impuestos que inflamaron la tensión ya existente por los abusos de los corregidores. Muy considerado socialmente por su ascendencia inca, Túpac Amaru formó en 1870 un grupo rebelde que venció varias veces a los soldados españoles, pero un año más tarde fue vencido en Checacupe. Túpac Amaru fue ejecutado brutalmente en el Cuzco junto a su mujer y sus tres hijos.

Km 115. Raqchi★★. Pasados los pueblos de San Pedro y San Pablo, en el km 115 sale un desvío de 2 km al sitio arqueológico de Raqchi, un lugar llamado por los cronistas "el Partenón de los incas". Situado en la frontera de las tierras quechuas y aymaras, es un gran santuario-fortaleza que consta de varios recintos: un gran templo dedicado al dios Ticci Huiracocha, viviendas, *colcas* o almacenes, una laguna artificial, un *ushno* o plataforma de ceremonias, y un volcán. Aunque la mayoría de los edificios son de la época inca, el centro ya estaba habitado desde el 200 a.C. y fue invadido por los huari a partir del 750 d.C. Debía de tener alguna función defensiva, porque todo el terreno está rodeado por una muralla de 7 km de longitud.
El **templo de Raqchi** es un edificio único en su estilo. Estaba hecho de adobe reforzado con pelo de llama, sobre una base de piedra de 3 m de altura y formado por tres paredes paralelas de 95 m de longitud. La pared central, más alta, que es la única que se conserva en pie, medía 15 m de altura y sujetaba el vértice del tejado a dos aguas, hecho de *ichu* o paja dura. Los extremos del tejado se apoyaban en 11 columnas por cada lado, de 1,60 m de diámetro. El recinto tenía una anchura de 25,25 m. En sus muros laterales, apenas conservados, había dos puertas de doble jamba. Aún se pueden ver restos de los símbolos que cubrían sus paredes: de abajo arriba, la serpiente, que representa el interior de la tierra; el puma, símbolo de todo lo que hay sobre la superficie, y el cóndor, que representa el firmamento, sobre una *chacana* o cruz cosmogónica inca.
En la zona residencial, las casas forman tres calles rectas y siete patios; alrededor de cada cual hay seis viviendas. En ellas, las "acllas" o mujeres elegidas, se dedicaban a fabricar alfarería o tejidos. Se conservan también 156 bases de *colcas,* silos en que se almacenaban cosechas y telas para ser distribuidos en épocas de escasez. Son edificios de 8 m de diámetro y 4 m de altura, con ventanas para ventilación.
La **laguna artificial,** con forma de media luna, era adoratorio de la luna, lavadero de lana y aljibe para los cultivos de maíz de los cercanos andenes o terrazas, que tienen 3 m de altura por 10 m de anchura. En ella había dos "conopas" o imágenes rituales de toritos, como los de Pucará, tótems para fertilidad del ganado. La

laguna se alimentaba de 5 manantiales que están a 200 m, denominados los "baños del inca". Cerca de las fuentes hay un "ushno" o gran plataforma de ofrendas a Pachamama.
El camino inca, que iba desde la plaza del Cuzco pasando por La Paz (Bolivia) hasta Tucumán (Argentina), atraviesa el recinto de puerta a puerta de la muralla. Fuera del recinto amurallado hay un "tambo" *de chasquis,* correos incas, con ocho viviendas. Actualmente viven en los tres barrios de Raqchi unas 80 familias, dedicadas a la agricultura y a la alfarería para turistas ("toritos de Pucará" e "iglesia de techo"). Junto al recinto arqueológico hay una **iglesia** construida en el siglo XVIII con dos torres y base de piedra volcánica.

Ruinas del templo de Raqchi

- **Km 150. Sicuani** (30.000 habitantes)es una ciudad grande, en la que se pueden encontrar restaurantes para comer.

- **Km 171.** El **puerto de La Raya** es la línea divisoria entre las aguas del Atlántico y el Pacífico. Cerca nace el río Vilcanota, que más abajo toma sucesivamente los nombres de Urubamba y Ucayali, hasta desembocar en el Amazonas. Y, muy cerca de esta fuente del Amazonas, nace también el río Santa Rosa, que se convierte en el río Ayaviri y va a morir en el Lago Titicaca. Al sur de La Raya, las aguas de las fuentes van al Pacífico. Después de La Raya empieza el **Altiplano del Titicaca,** entre 3.500 m y 4.000 m de altitud, que se extiende hasta Bolivia. Un paisaje de fascinante monotonía en el que sólo se ven llamas y alpacas pastando las duras hierbas de la puna.

- **Km 250. Ayaviri** tiene una iglesia de trazas catedralicias. Fue construida en 1696 por el obispo Mollinedo de Cuzco. En su interior hay grandes lienzos del pintor Isidoro Moncada, de la escuela cuzqueña. En Ayaviri también hay unos baños termales, **Pojpoquella,** bien acondicionados.

- **Km 283. Pucará★** (3.850 m) es un pueblo famoso por su cerámica: "toritos de Pucará" e "iglesias de techo", que se colocan en toda la sierra sobre las casas para propiciar la fertilidad del ganado o la protección contra desgracias. La tradición cerámica de Pucará data del 1600 a.C., cuando piezas de cerámica como éstas, pero con otros motivos, servían de "conopas" en los rituales religiosos. Pucará tiene una **iglesia** neoclásica que se empezó a construir en 1610. En el **Museo Lítico** se exponen esculturas y estelas de la cultura Pucara. Cerca del pueblo está el **centro arqueológico.**

- **Km 350. Juliaca** (220.000 habitantes), capital de la provincia San Román, es un importante nudo de comunicaciones y un espectáculo inusitado. En todas las calles de esta ciudad se desarrolla todos

los días, no un "supermercadillo", sino una feria internacional, sin que ni la lluvia ni el frío, ni el barro ni el polvo impidan la exposición de miles de artículos a la intemperie: lavadoras, muebles, aparatos agrícolas, herramientas, ropa, sillas... todo tiene su calle y su lugar, entre multitudes de gente que hacen tratos sin que el paso de mototaxis, también llamados "taxicholos" o "triciclos", camiones o autobuses les entorpezcan. Los lunes hay incluso más afluencia, porque existe la tradición de que ese día los precios son más baratos. Muchas de las cosas que se venden en el mercado se fabrican en la zona industrial de Juliaca, que está a la entrada de la población. Juliaca tiene una historia silenciosa desde que fuera saqueada por Gonzalo Pizarro en 1552. En el centro de la ciudad hay una **iglesia** plateresca construida en piedra sillar arequipeña, entre 1649 y 1774. Probablemente fue el acarreo de la piedra a través de las montañas lo que causó tanta demora.

Desde Juliaca a **Puno** hay 60 km de buena carretera asfaltada. En el trayecto se encuentran los desvíos a Sillustani y al Fundo Chincheros, excursiones que es mejor emprender desde Puno.

7. PUCALLPA - LA OROYA - LIMA

786 KM

Este itinerario es complementario del Itinerario 4 y va por la misma carretera, la Ruta Central que comunica el altiplano de Ayacucho con la Amazonía. A mitad de trayecto, en La Oroya, un ramal se desvía hacia Lima. En los 255 km de la primera etapa, entre Pucallpa y Tingo María, aunque la carretera está casi totalmente asfaltada, puede haber derrumbamientos y corrimientos de tierra que dificulten el viaje entre diciembre y marzo. Es ésta una región de tradición cocalera. A partir de Tingo María, el paisaje se vuelve serrano y la carretera pasa relativamente cerca de antiguos yacimientos arqueológicos. Entre Huánuco y La Oroya, el estado del firme es generalmente impecable.

Pucallpa - Tingo María (255 km, 8 horas)

Entre Pucallpa y Tingo María, la carretera estará casi totalmente asfaltada en pocos meses. Atraviesa una región tradicionalmente dominada por los cárteles de la coca que, en los años de Sendero Luminoso, estaba vetada al turismo. Aún hoy, las plantaciones del Valle del Huallaga están sometidas a estado de excepción, aunque los cultivadores de coca ("cocaleros") son gente honrada que lucha por la legalización del mercado de la planta. En este trayecto puede

Llamas y alpacas en Junín

haber controles policiales, de personas y equipajes, que entorpezcan el viaje. Es normal que se suba al autobús algún "rondero" con un rifle ofreciendo protección durante un trecho a cambio de una propina. Asimismo, en algunas partes, donde la pista es ancha, bloques de cemento situados en mitad de la vía evitan que ésta sea utilizada como pista de aterrizaje.

En la década de 1920 se empezó a construir un ferrocarril desde Pucallpa hasta Tingo María, pero sólo se hicieron 11 km, y el proyecto fue sustituido por la carretera actual, construida en 1940.

Los 160 km que hay entre Pucallpa y Aguaytía, son una pista de tierra rojiza llena de baches. Se pasa por pequeños poblados como **Campo Verde,** que tiene a 5 km una **laguna, Pimienta Cocha,** inmejorable para bañarse. En el cruce de Humboldt, desemboca una pista que llega hasta La Oroya por Oxapampa. El pueblo de **San Alejandro** se llama así en honor de Alexander von Humboldt, que pasó por aquí en su viaje por Sudamérica.

Km 161. Aguaytía (287 m) tiene un flamante **puente** de acero terminado de construir en febrero de 2004, con 200 m de longitud y a 30 m sobre el río Aguaytía. Desde que en 2001 se empezaron a explotar sus yacimientos de gas natural, en Aguatía hay plantas generadoras de energía que se distribuye a todo Perú. Aguaytía es también un centro agrícola de "cocaleros".

Desde Aguaytía la carretera empieza a subir entre plantaciones de bananos y té hasta los 1.610 m del puerto **Abra La Divisoria,** que separa las cuencas del Ucayali y el Marañón.

Km 183. A 22 km de Aguaytía, la carretera se estrecha en el **cañón Boquerón del Padre Abad** (485 m). Entre una exuberante vegetación de orquídeas, lianas, helechos e innumerables cascadas, el río y la carretera luchan por el espacio en este angosto cañón, horadado por el río Yurac o Yuracyacu. Es conveniente cerrar las ventanillas del coche para no mojarse. Entre las cataratas destacan **"El Velo de la Novia"**, de 40 m de descenso, que empieza en forma de chorro compacto y va ensanchándose hasta caer con una anchura de 6 m en una poza donde se puede nadar. La inclinación de la pared rocosa favorece la formación de este velo. La catarata está rodeada de helechos, begonias, orquídeas, huabas y mangos silvestres. La **"Ducha del Diablo"**, que tiene unos 100 m de altura y consta de varios saltos de hasta 8 m, fue descubierta por el sacerdote Alonso de Abad en 1757, y debe su nombre a una serie de leyendas que afirman que se puede ver el perfil del diablo en las rocas y percibir una serie de fenómenos sobrenaturales.

Km 255. Tingo María (25.000 habitantes, 650 m de altura), a orillas del río Huallaga, es puerta de acceso a la selva peruana y, en el reciente pasado, uno de los mercados internacionales más importantes de cocaína. De clima húmedo y sofocante, en Tingo María se cultivan, además de coca y marihuana, café, té, maíz, plátanos y caña de azúcar. Merece una visita el **jardín botánico** de la pequeña **universidad,** fundada en 1968 *(abierto de lunes a viernes, de 7.30 h a 14.45 h).*

La población está rodeada de montes en los que crece una vegetación salvaje y forman la frontera natural entre las culturas amázonicas y las culturas de la sierra. Varios de estos montes componen la silueta de la **Bella Durmiente,** e integran el **Parque Nacional de Tingo María,** a 7 km del centro. Fundado en 1965, comprende un total de 18.000 ha. En el parque, además de orquídeas y vegetación tropical, viven grandes reptiles, aves como el guácharo (una especie de lechuza descubierta por Humboldt) y gallitos de las rocas (ave nacional del Perú). Al pie de la Bella Durmiente está la **Cueva de las Lechuzas,** con formaciones de estalactitas y estalagmitas. Se recomienda vistarla con linterna y botas de goma. En la cueva habitan murciélagos, golondrinas, papagayos y guácharos.

Tingo María - Huánuco (116 km)

A partir de Tingo María la carretera mejora, el paisaje de ceja de selva [→ pág. 253] va tornándose serrano, y la distancia hasta Huánuco se salva en menos de tres horas.

Km 362. Huánuco (290.000 habitantes 1.850 m) tiene ya paisaje de sierra, aunque todavía hay en sus alrededores cultivos de caña de azúcar e industrias de fabricación de ron. Fundada el 15 de agosto de 1539 con el nombre de *León de Huánuco de los Caballeros,* durante el periodo colonial fue un centro comercial y cultural de importancia. En el siglo XIX, Huánuco fue una de las ciudades pioneras en impulsar la independencia del Perú. Conserva algunas iglesias coloniales, como **San Francisco** y **San Cristóbal.** En su **Museo de Ciencias** (Av. General Prado, 495) se exponen muestras de la geología, fauna y flora de la región, cuidadosamente explicadas en varios idiomas. Igualmente, restos de la cultura Kotosh.

Excursiones desde Huánuco. Remontando el río Higueras, un afluente del Huallaga, sale del barrio de San Sebastián una pista que va hacia **La Unión** (Huánuco Viejo) y el **Callejón de Huaylas.** A 5 km por dicha pista, se llega a las **ruinas del Templo de Kotosh,** uno de los más antiguos de Perú (2500 a.C.). Es un pequeño santuario situado en una loma junto al río, en el que se han excavado el **Templo de los Nichitos** y el **Templo de las Manos Cruzadas.** Unos arqueólogos japoneses descubrieron por sonda electrónica que hay hasta 11 niveles de construcción enterrados, de los que sólo se han explorado los 6 últimos. El Templo de las Manos Cruzadas está

7. PUCALLPA-LA OROYA-LIMA

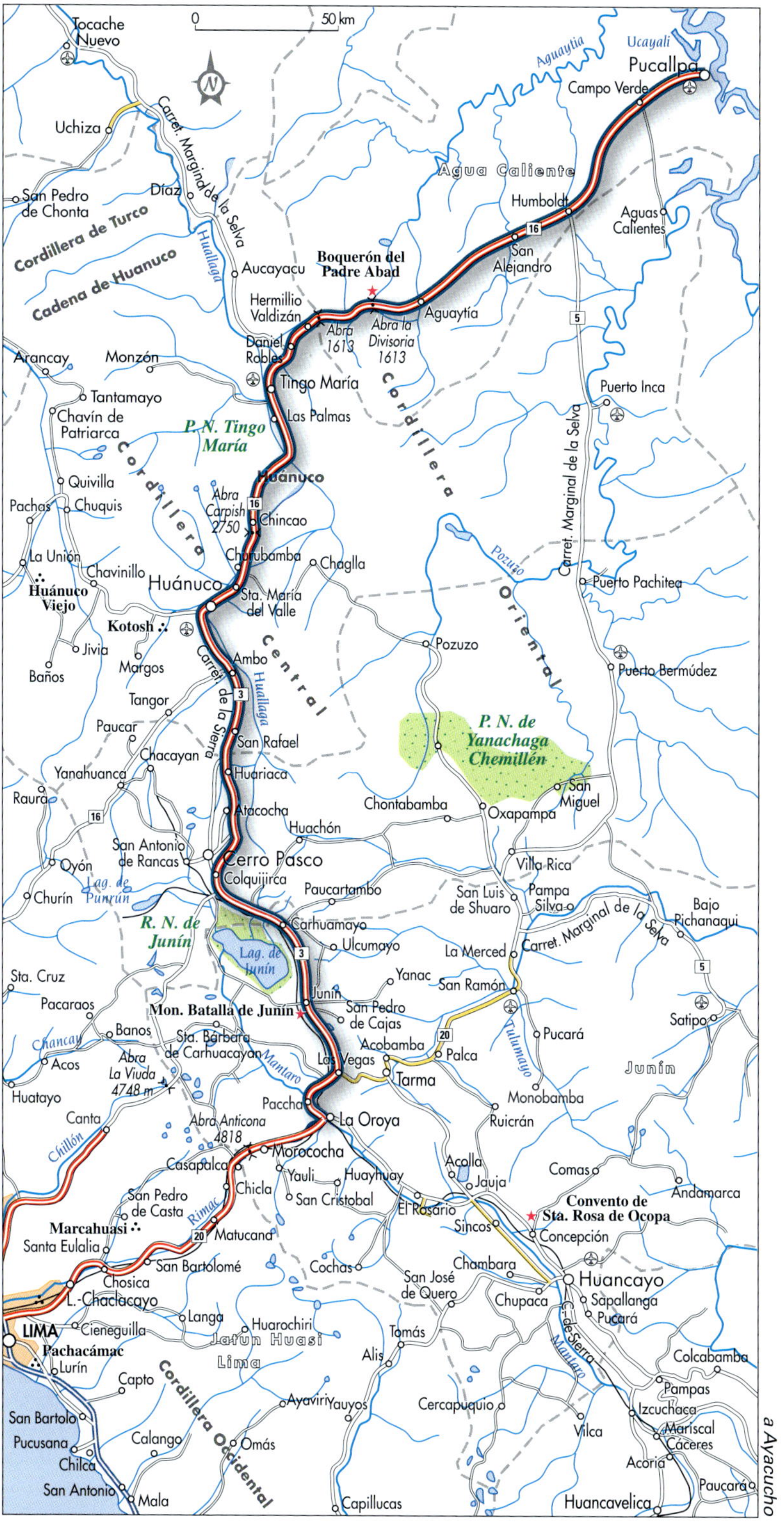

De la hoja de coca a la cocaína

Hace 5.000 años que las culturas de la costa peruana descubrieron las propiedades de la coca *(Erythroxylum coca)* y la utilizaban como medicamento, como analgésico en las operaciones quirúrgicas y como ofrenda en los rituales religiosos. La coca –en quéchua, "arbusto sagrado"–, es una planta de 1 o 2 m de altura, con ramas rectas, flores verdiblancas y hojas pequeñas, que se da en terrenos pobres, a alturas entre 650 y 1.600 m y a 20 ºC de temperatura. Recolectada en varias cosechas anuales, cada hectárea cultivada produce aproximadamente 1 tonelada de hojas. Éstas se ponen a secar, aventándolas y dándoles la vuelta.

Los españoles empezaron combatiéndola. El Concilio de Trento la prohibió en 1569, a causa de su significado religioso. Sin embargo, pronto se dieron cuenta de sus efectos ventajosos para la capacidad de trabajo de los indígenas en las minas de Potosí, y empezaron a consentirla. Hoy día, las hojas de coca son un importante factor cultural de los habitantes del altiplano: un "coquero" masca ("chaccha") unas cuantas hojas de coca que lleva en una bolsita ("chuspa") y que, despalilladas y mezcladas en la boca con cal, cenizas de quinoa y saliva, desprenden una sustancia alcalina que tiene efectos parecidos a los del café. Una "coqueda" dura unas dos horas y, en algunas regiones, sirve para medir el tiempo de trabajo o las distancias de un trayecto. Unos dos millones de peruanos consumen habitualmente hojas de coca.

La droga extraída de las hojas –la cocaína–, fue descubierta por la industria farmacéutica a mediados del siglo XIX, y empezó a ser utilizada como medicamento en Europa y Norteamérica, donde se convirtió en droga de lujo a principios del siglo XX.

De las 15.000 toneladas de hojas que se producen anualmente en Perú, unas 4.000 son utilizadas por los nativos, otras 1.000 toneladas van a la industria farmacéutica, para la *Coca Cola* (como aromatizante, pues ese refresco no contiene cocaína desde 1903) y, recientemente en Bolivia, para la producción de pasta de dientes *(Codent)* y productos de belleza. La restante producción pasa a manos de los traficantes de droga, que, en

trazado en torno a un hogar central en el que se hacía fuego y, en lugar preferente, hay una placa de arcilla (0,5 m^2), con un bajorrelieve de dos manos cruzadas, cuyo simbolismo aún permanece oculto, pero se considera la primera escultura de las civilizaciones peruanas. El original se conserva en el Museo Arqueólogico de Lima. El **Templo de los Nichitos,** también en torno a un hogar central, tiene las paredes horadadas con pequeños nichos trapezoidales. La única entrada al templo es baja, para obligar a los fieles a inclinar la cabeza (según restos encontrados, la altura media de aquellos hombres era de 1,60 m). En un lugar cercano a las ruinas ha sido hallada una estela de 50 cm de altura, que tiene características de la cultura Chavín de Huántar.

Tomayquichua. A 19 km de Huánuco, es un pintoresco pueblo de sierra en el que se conserva la casa natal de Micaela Villegas, La Perricholi (1748-1818), una famosa actriz a la que su amante, el virrey Amat, puso la luna a sus pies, como ella le había pedido, construyéndole el palacio de Quinta Presa, en el barrio limeño de Rímac, con un estanque en el que se reflejaba la luna llena.

Huánuco Viejo★ (a 144 km de Huánuco, 6 horas de viaje). Las ruinas incas de Huánuco Viejo (o Huánuco Pampa) tienen un acceso muy difícil, pero gran importancia arqueológica. Se llega a ellas por la pista que pasa por Kostosh y luego continúa hasta La Unión y, desde allí, aún hay que subir 10 km hasta las ruinas. Huánuco Viejo era una *llacta* o factoría inca, en la que se administraban impuestos y se fabricaban tejidos. Su construcción se inició hacia 1460, y fue abandonada a la llegada de los españoles en 1539. El conjunto tiene un contorno de 14 km y tres portales trapezoidales alineados en un eje de vista y adornados con jaguares esculpidos. Todos los edificios tenían su función determinada, desde la "casa del embajador" a la "casa co-

laboratorios clandestinos, extraen una sustancia denominada "pasta básica de cocaína" (PBC). Para producir 1 k de dicha pasta se necesitan unos 600 k de hojas. El proceso es complicado. Primero se mezclan las hojas con disolventes (ácido sulfúrico, carbonato sódico, querosina, petróleo y cal), se machacan en agua y, por fin, la pasta, con añadidos de acetona, amoniaco y éter, refinada y tratada con ácido clorhídrico, se transforma en cocaína. Desde los laboratorios clandestinos es transportada en avionetas a Colombia y las Pequeñas Antillas, desde donde se distribuye a Norteamérica y Europa.

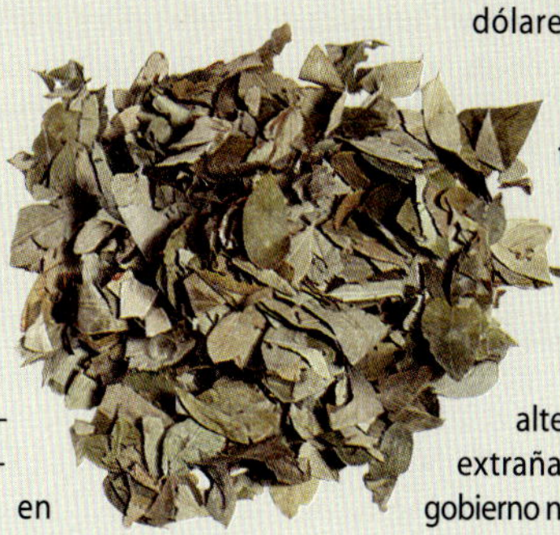

Aunque la planta de coca se da sin problemas en muchas regiones, su cultivo se concentra en Perú y en Bolivia, donde crece de modo espontáneo y existen condiciones sociales y geográficas favorecedoras. La coca es un arbusto que apenas necesita cuidados, y, como la ley impide las grandes plantaciones, se cultiva en pequeñas parcelas innaccesibles para los militares o las fuerzas antidroga. Las ganancias medias de un cultivador de coca ascienden a unos 500 dólares anuales. Muchos de estos campesinos, que mantienen a sus familias con menos de 1 ha de terreno, estarían dispuestos a cambiar de cultivo si se les garantizara otro tipo de cultivo, pero los planes alternativos chocan con la extraña política antidroga del gobierno norteamericano, que trata de evitar el consumo de cocaína destruyendo los cultivos andinos, pero condiciona las subvenciones a la destrucción previa de las plantaciones. El cultivo de la coca está prohibido en Ecuador, consentido en Bolivia y legalizado en Perú, donde hay una confederación de "cocaleros", que desde 1978 lucha por la legalización de la planta y porque Estados Unidos, en lugar de destruir, compre el excedente de producción que cae en manos de los narcotraficantes.

munal" *(Callanca)* y la plataforma ceremonial *(Ushnu)*. El mejor conservado es un palacio destinado a servir de residencia del Inca *(Incahuasi)* cuando pasaba por allí, con un baño excavado en la piedra en una larga terraza situada sobre una plataforma con nichos en el muro.

Huánuco - La Oroya (235 km, 4 horas)

- Desde Huánuco a La Oroya, la carretera está impecable. Asciende suavemente hasta los 4.000 m de altura y atraviesa monótonas llanuras despobladas. En todo este trayecto, **Ambo,** a 30 km de Huánuco, es la única población importante hasta Cerro de Pasco.

- **Km 472. Cerro de Pasco,** situada a 1 km de la carretera, es "la ciudad más alta del mundo" (4.350 m). Pasco es un centro minero (cobre, cinz, plomo), de casas de adobe aplastadas bajo techos de uralita y hojalata confundidos con el color pardo de la puna.

Pasado Cerro de Pasco, la carretera bordea la **Reserva Nacional de la Laguna de Junín.** La laguna, a 4.150 m, tiene más altura que el Titicaca, y es, con sus 300 km^2, la segunda más grande de Perú. Entre los totorales y el ichu de sus orillas se refugian innumerables aves acuáticas: patos, huachuas, garzas, gaviotas, huacos, flamencos, yanavicos y blanquillos. Además diferentes especies de ranas y de mamíferos, como el zorro andino, el zorrino y la vizcacha.

La Reserva comprende la pampa de Junín. Tiene una extensión de 2.500 ha, en las que se observan asociaciones vegetales características de pajonales. En esta gélida meseta del Bombón, el 6 de agosto de 1824, el ejército independentista, al mando del general Sucre, derrotó a los españoles en una batalla de importancia trascendental para la emancipación del Perú. Desde la carretera se ve el solitario monolito, de 36 m de altura, que conmemora aquella Batalla de Junín.

Km 541. Junín, situado en la orilla sur del Lago, se llamó *Puerto de los Reyes,* hasta que, en 1824, con motivo de la batalla que tuvo lugar en sus alrededores, le fue cambiado el nombre. Es una pequeña ciudad azotada por los fríos vientos de la Puna, en la que todos los martes hay un **mercado campesino** de gran importancia en la región. Desde Junín hasta La Oroya, sólo hay 55 km sin variación en el paisaje de la carretera.

Km 561. A 20 km de Junín se desvía un ramal hacia el este que llega hasta **Tarma** (42 km) pasando por los interesantes pueblos de **San Pedro de Cajas** (3 km), famoso por su artesanía de tapices, y **Palcamayo** (7 km). A los dos pueblos se puede llegar en excursión desde Tarma.

Km 576. Las Vegas: desvío a Tarma. En **Las Vegas,** a 21 km de La Oroya, sale de la carretera un desvío (33 km) que conduce a **Tarma** (50.000 habitantes 2.247 m), una capital agrícola, resguardada del viento al pie de un monte en forma de lomo de elefante, con cultivos de flores, industria textil y guarnicionería. En las campiñas de las afueras, Huanuquillo y Sacsamarca, se cultivan gladiolos, alhelíes y claveles que en Semana Santa sirven para alfombrar las calles. También tiene árboles frutales. Conquistada por los incas, que pusieron un *tambo* en Tarmatambo, los españoles trasladaron la ciudad a su emplazamiento actual en 1534, donde pusieron un puesto de avanzada. No hay restos coloniales en Tarma, que es una ciudad de nueva construcción, pero desde allí se pueden hacer excursiones a las ruinas prehispánicas que hay en los alrededores.

Excursiones desde Tarma. Los restos arqueológicos de **Tarmatambo,** a unos 7 km de Tarma, son una fabulosa mezcla de culturas. En **Cerro Pirhua Pirhua** hay huellas de manos rojas grabadas en la roca por pueblos cazadores de hace 9.000 años. De tiempos preincaicos (1200-1470 d.C.), muros ovales, acequias y terrazas. El inca Túpac Yupanqui construyó en el lugar una *llacta* para administrar impuestos, y de ese tiempo quedan silos redondos y cuadrados *(colcas),* restos de un convento de las Vírgenes del Sol *(Acllahuasi)* y de una casa de reuniones *(Callanca),* el *Sunturhuasi* (Templo del sacerdote) y un **Templo del Curaca,** de dos pisos, bien conservado. Se pueden ver también las piedras que sobresalen a diferentes alturas para poder apoyar los telares. De la época colonial es la **ermita de San Juan** (1538) y el **cementerio** "de la campaña de la breña", donde están enterrados los muertos en la batalla de ese nombre contra los chilenos durante la guerra del azufre (1880).

Acobamba, Palcamayo, San Pedro de Cajas (42 km). A unos 11 km de Tarma en dirección a La Merced, en **Acobamba,** está el **santuario del Señor de Muruhuay,** un modernísimo templo construido en 1972, en un cerro donde Cristo crucificado se le apareció a un soldado español, malherido en la batalla de Junín, que con su espada dibujó en la roca la imagen de Cristo. El altar mayor está decorado con dos grandes tapices de San Pedro de Cajas, que representan la Resurrección y la Última Cena. En la plazoleta del santuario hay una **fuente** a cuyas aguas se atribuyen propiedades milagrosas. En la hostería se sirven excelentes cuyes, pachamancas y chicha de jora. En el mes de mayo se celebra una romería con procesiones y danzas folklóricas a cargo de cuadrillas de danzantes que llegan de toda la región para bailar "chonguinadas".

A 24 km de Acobamba, tomando el desvío que va a San Pedro de Cajas, se llega a **Palcamayo,** donde está la **gruta de Huagapo** ("gruta que llora"). El nombre de la gruta se debe a las continuas filtraciones de agua que, gota a gota, atraviesan el material calcáreo del cerro Rapasmarca y forman estalactitas en su interior. Por el suelo de la gruta, que tiene unos 2 km, discurre un riachuelo de agua clara que, al salir al exterior, se precipita en pequeñas cascadas hacia un humedal cubierto de plantas y flores. Es fácil recorrer y observar los primeros 180 m, pero no es recomendable adentrarse más sin guía y sin equipo especial.

San Pedro de Cajas, a 7 km de Palcamayo, es un pueblo famoso por su artesanía de tapices, paisajes de aldeas, montañas, rebaños de llamas y siluetas de cholitas con sombrero, que se exportan y se venden en las tiendas europeas. En las afueras del pueblo, en el **cerro Patamarca,** están las **pozas saladas de Cahipozo,** canalizadas en tiempos de los incas.

▸ **Oxapampa** (87 km). Si desde Tarma, pasado por Acobamba, se continúa por la carretera que sigue la corriente del río Chanchamayo, se llega pronto al paisaje de ceja de selva [pág. 253]. **San Ramón** (63 km) y **La Merced** (73 km) son dos poblaciones agrícolas con plantaciones frutales y de café, que tienen todo el año sol y campos verdes que ofrecen oportunidades para dar buenos paseos. Desde allí es fácil llegar en excursión hasta Oxapampa (81 km), una región poblada originariamente por las etnias yanesha y asháninca, que fue objeto de un proyecto de colonización en tiempos del gobierno de Ramón Castilla (1857), y fue repoblada con tiroleses, cuyos descendientes aún conservan el idioma, las costumbres y las casas construidas en el estilo del Tirol. Oxapampa es puerta de entrada al **Parque Nacional de Yanqachaga-Chemillén,** 122.000 ha con animales protegidos, como el oso de lentes y el pudú, el ciervo más pequeño del mundo. El paisaje es un bosque tropical húmedo, de pendientes arcillosas, en el que se dan 500 especies de orquídeas. El nombre del parque, una palabra quechua y otra yanesha que significan "Bulto Negro", hace referencia a la cadena montañosa cuya oscura silueta se cierne al atardecer sobre el paisaje. Al otro lado del Parque, **Pozuzo** es un pueblo también tirolés, como Oxapampa, con una privilegiada naturaleza en la que se cultivan frutas, café, arroz y tabaco.

▸ **Km 597. La Oroya,** ver itinerario de la Sierra (Lima-Abancay) [pág. 40].

Lima

LIMA

Capital de Perú, 7.749.000 habitantes

Lima, ciudad inabarcable, concentra casi el 30 por ciento de la población del Perú. Ni su clima –una sequía contumaz, debido a la ausencia de lluvias en la sierra que impone restricciones de agua de mayo a octubre–, ni la inmigración y el crecimiento desorbitado, con sus problemas de polución, desorden, pobreza e inseguridad, contribuyen a hacerla más bonita. De esto son conscientes los peruanos: Sebastián Salazar Bondy la llamó "Lima, la horrible" y Vargas Llosa, en su *Historia de Mayta,* escribe que "si se vive en Lima, hay que acostumbrase a la miseria y a la suciedad, o volverse loco o matarse". La parte antigua de Lima –llamada Lima Cuadrada o Cercado de Lima–, degradada hasta extremos increíbles en las últimas décadas, fue integrada en 1991 en el Patrimonio Universal de la UNESCO y las autoridades hacen gran esfuerzo por recuperarla. De todo esto, poco percibirá el turista, generalmente alojado en los barrios residenciales –Miraflores, San Isidro, Barranco–, donde se puede disfrutar plenamente de las ventajas de la globalización, de la *nouvelle cuisine* internacional y de un animado ambiente nocturno. Pero, obligado a pasar por Lima en su viaje al interior, debe recordar que ésta es la capital del país con mayor acervo cultural prehispánico, que durante tres siglos fue la metrópoli más importante de la colonia y que, además de monumentos importantes, cuenta con los mejores museos de Sudamérica.

Catedral de Lima

Historia

Aunque los planes de Pizarro eran para el día 6 de enero de 1535, hasta dos semanas más tarde no pudo clavar su espada en el centro de la actual Plaza Mayor y poner la primera piedra de la que él llamó "Ciudad de los Reyes". Su verdadero nombre se lo daría el río Rímac: Lima. Apenas llevaba tres años en Perú, había conseguido apaciguar la situación en Cuzco y establecido en Jauja la capital, cuando cayó en la cuenta de que un lugar en la costa facilitaría las comunicaciones con España. Durante días recorrió el desierto costero y eligió un promontorio desde el que se repartía el agua del río en canales de riego y donde el cacique Taulichusco tenía su palacio. En aquel valle había existido la cultura regional Maranga, contemporánea de los Mochicas y los Nazcas, y cerca estaba el gran oráculo de Pachacamac. Los Marangas habían convertido el valle en un oasis y, desde en el siglo X, habían sido invadidos sucesivamente por los Huari de Ayacucho, y, sólo unos años antes, por los incas.

Pero Pizarro, que había llegado en pleno verano, no podía saber cómo era la garúa de invierno, ni que aquel oasis del Rímac era un nido de movimientos tectónicos.

Siguiendo la tradición italiana de las ciudades coloniales, repartió entre sus fieles soldados las principales cuadras y ordenó al maestro de obras Juan Meco, que ya había hecho la planta de León Viejo en Nicaragua, que trazara las 117 cuadras con calles de cuarenta pies de ancho y una plaza de soportales hacia el río, tal como estaba dibujado en los planos de Diego de Agüero y Juan Tello de Guzmán. Alrededor de aquella Lima Cuadrada había un espacio vacío, el ejido, dedicado a campos de cultivo.

La ciudad prosperó rápidamente: diez años después, en 1544, era sede del virreinato de Perú, desde donde se gobernaba toda hispanoamérica. Llegaron las órdenes religiosas y, en 1551, los dominicos fundaron la universidad de San Marcos. En 1562 se tuvieron que construir ensanches al norte. Como El Callao obtuvo el monopolio del comercio directo con Sevilla, atrajo a muchos mercaderes y nobles, pero también a piratas: en 1579, Francis Drake atacó El Callao. En 1684, se construyó un muro de adobe de 11 km de longitud alrededor del Cercado de Lima.

Entre los terremotos que sufrió, se recuerdan como especialmente graves el de 1687 y, sobre todo, el de 1746, que la destruyó casi entera. Se ocupó entonces de la reconstrucción el virrey riojano Conde de Superunda (1745-1761), considerado el segundo fundador de Lima. Su sucesor, el ilustrado Manuel Amat i Junyent (1761-1776), dio nuevo impulso a la urbe y la convirtió en una floreciente capital, famosa por sus fiestas, sus dulces, sus tapadas, con una vida social que no desmerecía de la de Madrid. Bajo su mandato se construyeron el convento de las Nazarenas, la Torre de Santo Domingo, la plaza de toros de Acho, el Palacio de Quinta Presa, la Alameda de los Descalzos. Se llevó a efecto la expulsión de los Jesuitas, se hicieron expediciones a la Isla de Pascua y Tahití y se fundó el primer periódico de Sudamérica, *La Gaceta de Lima*. Muy populares fueron los novelescos amoríos de Amat con La Perricholi, una famosa cómica de Huánuco.

Los limeños, que si no eran esclavos negros, eran en su mayoría nobles, militares y funcionarios, fueron siempre de tradición realista y vivían de espaldas a la realidad peruana. Cuando surgió el levantamiento independentista, Lima se mantuvo fiel al monarca de Madrid, pero fue sitiada y sometida por el General San Martín en 1821. En 1851 se construyó, entre El Callao y Lima, el primer ferrocarril de Sudamérica. En 1881, durante la Guerra del Salitre, Lima, temiendo la rivalidad de Arequipa, ciudad muy interesada en trasladar el centro de gravedad del país al sur, casi consintió ser tomada por los chilenos, que establecieron su cuartel en el actual Museo de Arte.

La explosión demográfica de Lima comenzó después de la Primera Guerra Mundial. Bajo el presidente Leguía (1919-1930), se construyeron muchos de los edificios monumentales que se ven actualmente. Un terremoto la destruyó de nuevo en 1940, y desde entonces creció desordenadamente. A finales de la década de

1950, empezó la gran emigración del campo a la capital y desaparecieron los huertos y las haciendas que quedaban en los alrededores. De los 250.000 habitantes que Lima tenía en 1920, se convirtió a partir de 1960 en el *moloch* actual.

Gracias a la gestión del alcalde Andrade, en 1991 el Cercado de Lima (ampliado hasta el Barrio Chino y hasta el Cerro San Cristóbal, en la otra orilla del Rímac) fue inscrito en el Patrimonio Cultural de la UNESCO y se consiguieron subvenciones para su saneamiento. En 1996 se remozó y pintó de ocre la Plaza de Armas y se le cambió en nombre por el de Plaza Mayor; en 1997 siguieron las Plazas de San Martín y Bolívar. En 1998 se hicieron peatonales algunas calles y se reguló el tráfico, pero se tuvo que permitir la venta ambulante; en el centro hay más de un millón y medio de vendedores agrupados en el FEDEVAL, un sindicato que defiende sus intereses contra la municipalidad. Para muchos limeños, ésta u otras formas de economía sumergida son la única posibilidad de supervivencia. Las advertencias por la inseguridad son constantes pero no deberían impedir la visita.

VISITA LIMA CUADRADA

La Lima Cuadrada se extiende entre el río Rímac y las avenidas Tacna, Nicolás de Piérola (llamada La Colmena) y Abancay. Un gran cuadrado dividido en dos por el Jirón de la Unión, que va desde la plaza de San Martín (en la Colmena) hasta el Puente de Piedra sobre el río Rímac, formando un lateral de la Plaza Mayor. En los alrededores de esta calle están los principales monumentos, iglesias, casas coloniales y museos del centro histórico.

Plaza Mayor (B2). En el centro de la Plaza Mayor, antigua Plaza de Armas, está la **fuente de los delfines,** realizada en 1650 por Antonio Rivas según dibujos de Pedro de Noguera. La fuente es el kilómetro 0 de Perú. Forman 3 laterales de la Plaza Mayor, la Catedral y el Palacio Arzobispal, el Palacio de Gobierno y los Palacios de la Municipalidad.

Catedral de Lima★★ (B2) *(visita de lunes a viernes, de 9 h a 16.30 h; sábados, de 10 h a 16.30 h),* acabada de remozar por última vez en junio de 2004, ha sido en su historia tres veces totalmente rehecha y otras cuatro reconstruida de los derrumbes causados por terremotos. Nada queda, pues, del modesto templo de adobe que en 1535 empezó a construir Pizarro entre la plaza de Armas, y la entonces existente calle de los Judíos. Era una iglesia tan provisional que, ya en 1542, dos años después de ser concluida, un tal García de Salcedo, tuvo que ceder su solar para que fuera ampliada. Aquella segunda catedral fue inaugurada por el obispo Loayza en 1551. Pero diez años después, tampoco era suficiente para representar la importancia que Lima iba adquiriendo en el imperio colonial, de modo que el mismo obispo encargó al alarife Alonso Beltrán que empezara un templo tan magnífico como el de Sevilla. Para ello contaba con la financiación de Francisca Pizarro –ya residente en España y casada con su tío Hernando Pizarro–, quien puso como condición que en el templo fuera enterrado su padre, asesinado en 1541 y cuyo cadáver estaba depositado en la cripta. Los deseos de la *ñusta* se relizaron en 1985.

Las obras de este tercer templo comenzaron en 1572 y se concluyeron en 1604, fecha en que lo inauguró el obispo Santo Toribio de Mogrovejo. Trabajaron en él los tres arquitectos-escultores españoles más importantes de América: el extremeño Francisco Becerra, que también trabajó en las catedrales de México y Cuzco, el vasco Martínez de Arrona y su alumno, el catalán Pedro de Noguera. Los dos primeros se habían formado en los talleres de Berruguete. Los dos últimos se encar-

LIMA (CENTRO)

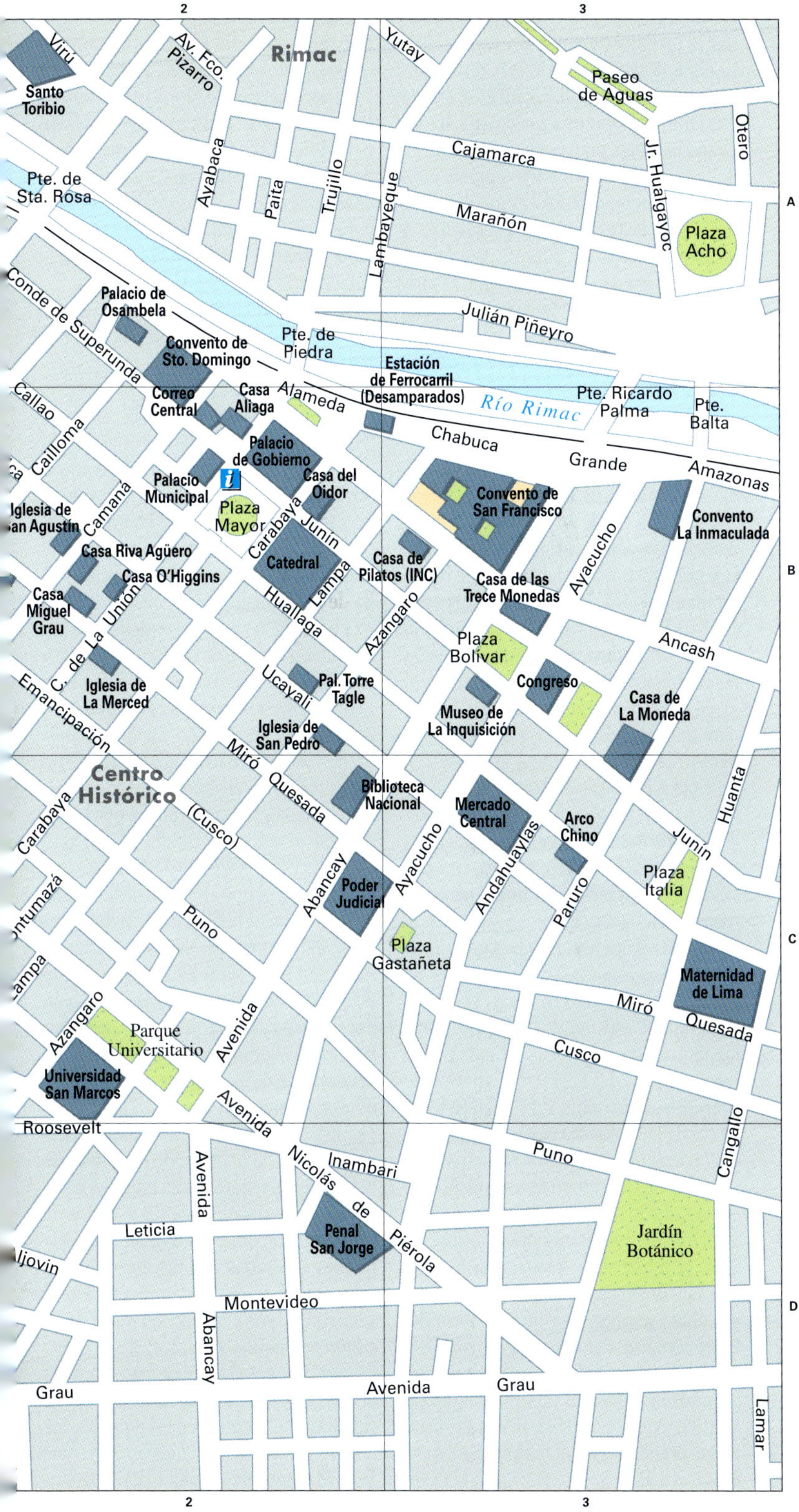
2
3
A
B
C
D
Rimac
Centro Histórico
Virú
Santo Toribio
Av. Fco. Pizarro
Yutay
Paseo de Aguas
Otero
Cajamarca
Jr. Hualgayoc
Plaza Acho
Pte. de Sta. Rosa
Ayabaca
Paita
Trujillo
Lambayeque
Marañón
Julián Piñeyro
Conde de Superunda
Palacio de Osambela
Convento de Sto. Domingo
Pte. de Piedra
Estación de Ferrocarril (Desamparados)
Río Rimac
Pte. Ricardo Palma
Pte. Balta
Callao
Correo Central
Casa Aliaga
Alameda
Chabuca
Grande
Amazonas
Cailloma
Palacio de Gobierno
Casa del Oidor
Palacio Municipal
Plaza Mayor
Convento de San Francisco
Convento La Inmaculada
Iglesia de San Agustín
Camaná
Carabaya
Junín
Catedral
Casa Riva Agüero
Casa O'Higgins
Casa de Pilatos (INC)
Lampa
Casa de las Trece Monedas
Ayacucho
Casa Miguel Grau
La Unión
Huallaga
Azangaro
Plaza Bolívar
Ancash
C. de La
Iglesia de La Merced
Ucayali
Pal. Torre Tagle
Congreso
Casa de La Moneda
Emancipación
Museo de La Inquisición
Iglesia de San Pedro
Miró
Quesada
Biblioteca Nacional
Mercado Central
Arco Chino
Huanta
Junín
Carabaya
(Cusco)
Abancay
Ayacucho
Andahuaylas
Paruro
Plaza Italia
Poder Judicial
Puno
Plaza Gastañeta
Lampa
Maternidad de Lima
Miró
Quesada
Azangaro
Parque Universitario
Avenida
Cusco
Universidad San Marcos
Avenida
Roosevelt
Inambari
Puno
Cangallo
Avenida
Nicolás de Piérola
Penal San Jorge
Jardín Botánico
Leticia
Montevideo
Abancay
Grau
Avenida
Grau
Lamar
2
3

garon, a la muerte de Becerra, de terminar la fachada del templo y de concluir su obra. Becerra había desechado las pretensiones de imitar la catedral sevillana y orientó sus planos a las catedrales de Granada y Jaén, pues conocía bien la obra del arquitecto Vandelvira. Apenas concluido el flamante templo, empezó a sufrir los efectos de una serie de terremotos: el de 1609 destruyó las bóvedas, por lo que se cambió la estructura gótica de las mismas por otra de estilo renacentista. Estas obras acabaron en 1625 y duraron hasta que otro terremoto, en 1686, las volvió a dañar. Aquella vez tardaron 10 años en ser reconstruidas.

En 1732 se hicieron los dos pórticos barrocos posteriores, el de Santa Apolonia y el de San Cristóbal, obra de Santiago Rosales. En 1746, un nuevo terremoto dañó las bóvedas y los pilares. Entonces, el jesuita austriaco Johannes Rehr, buscó un material más flexible y entre los años 1751 y 1778 reconstruyó los pilares en grupos de ocho pilastras e hizo las bóvedas de *quincha,* una amalgama de madera, juncos y yeso, más adecuada para resistir movimientos telúricos. En 1797, Ignacio Martorell empezó a construir las dos torres, concluidas en 1805 por el presbítero (arquitecto y músico) Matías Maestro. La catedral también sufrió los embates de la independencia y de la era republicana: en 1820, los realistas limeños fundieron las campanas para hacer cañones y, en 1893, la catedral tuvo que ser cerrada porque amenazaba desplomarse sobre los fieles. Se remozó en cinco años de obras. Un nuevo terremoto la arruinó en 1940: se cayeron los adornos barrocos de la fachada y de la capilla lateral del Sagrario. Esta vez fue el arquitecto peruano Emilio Hart-Terré (autor de la Biblioteca Nacional, del Palacio de la Municipalidad y principal restaurador de los monumentos limeños) el encargado de reconstruirla.

El *interior,* recién restaurado, ofrece un aspecto impecable. A la izquierda de la entrada está la **capilla de Pizarro,** con su sarcófago guardado por un león dormido. En el conjunto del **altar mayor,** obra del presbítero Matías Maestro (1802), se integran los cuadros del taller sevillano de Martínez Montañés (1568-1659), que tiene varias esculturas en el templo: *San Juan Bautista y el Crucifijo,* situado a la derecha del altar mayor (1603), y la imagen central de la capilla de Santa Apolonia (1625), junto a la entrada al museo.

El **coro** es obra de Alonso de Mesa y de Pedro de Noguera, un alumno de Martínez Montañés que llegó a Lima procedente de Barcelona con 27 años y entre 1628-1632 creó las tallas renacentistas del coro en cedro de Nicaragua. Después trabajó durante 17 años en el pórtico de la catedral.

Las capillas laterales, las rejas isabelinas y las esculturas fueron pagadas por familias patricias de Lima o por los gremios artesanos. De ellas sólo se conserva completa la reja del altar de la capilla de Santa Ana.

Como en aquel tiempo no había cementerios públicos en Lima, los gremios de artesanos tenían su propio nicho y su cripta con las paredes cubiertas de mosaicos. El más valioso de todos es el **altar de la capilla de la Evangelización,** que se encuentra en el lado derecho del templo. Procede del taller flamenco de Roque de Valduque (1650). La figura orante del obispo Bartolomé de Lobo Guerrero es obra de Martín Alonso de Mesa (1622). La Virgen, copia de la de los Remedios de Sevilla, está actualmente en el altar mayor y, en éste, hay otra imagen de un crucifijo que la hija de Pizarro compró en Trujillo en 1551 para la tumba de su padre.

El **museo** ocupa cinco salas de la catedral en torno a la Sacristía: es la única parte del templo que se salvó del terremoto de 1746 gracias a sus muros de 2 m de grosor. En la **Antesacristía,** destacan doce lienzos de la familia Bassano, pero lo que más llama la atención es el **árbol genealógico** de los reyes peruanos, desde el inca Manco Capac hasta el borbón Felipe V (1728, de autor anónimo). El cuadro es copia de un grabado de Alonso de la Cueva. Los retratos están presididos por Cristo y flanqueados por los escudos de Castilla, León e Inca (un puma, dos serpientes enlazadas y, como arcoiris, una *mascapaicha* o paño de sienes). En la **sacristía mayor** destacan el relieve de *La adoración de los Pastores,* de Alfonso Gómez, y la gran cajonería para guardar las ropas litúrgicas, con la silueta de la catedral en el frente y, en los dorsales, los doce Apóstoles. Está tallada en cedro por Juan Martínez de Arrona y por Noguera

(1608). En la *Sala del Tesoro* destaca una custodia, hecha con 2 kg de oro y 45 de plata, y un cáliz de 184 brillantes, 22 piedras preciosas y un solitario. En la *Sala Capitular* se exponen los 32 retratos de los obispos de Lima. A la entrada está la **Fuente de la Purificación** (siglo XVII), un pilón de piedra de Huamanga (Ayacucho), en la que los sacerdotes se lavaban las manos antes de empezar la misa y, por fin, en la *Sala Schroeder* se expone la colección religiosa donada por la familia de este caballero de la Orden de Malta oriundo de Alemania. La mayoría de los lienzos de las cinco salas son de maestros de la escuela Cuzqueña y Limeña. Entre los que se trajeron de España, destacan la serie de *El Jucio Final,* obra del madrileño Vicente Carducho (1630) y otras obras del taller de Zurbarán.

Adosado a la catedral está el **Palacio Arzobispal,** construido en estilo neocolonial en 1924. Entre la catedral y el palacio arzobispal está el **Templo del Sagrario,** con fachada manierista y altar barroco del jesuita Matías Maestro.

Palacio Presidencial (B2). Está ubicado en el solar que Pizarro se destinó a sí mismo cuando planeó la ciudad de Lima. Posteriormente, fue palacio de los virreyes y, desde la independencia, Palacio del Gobierno. En 1921, un incendio lo destruyó totalmente y el edificio actual, obra del francés Claude Sahut y del polaco Malachowski, fue concluido en 1938 en estilo neocolonial. Hacia la Plaza Mayor tiene un gran patio de honor en el que, a mediodía, se celebra un ceremonioso **cambio de guardia** a cargo del regimiento de húsares de Junín. En los **jardines** del interior aún se conserva una higuera plantada por el propio Pizarro. Junto al palacio está la **Casa del Oidor,** una de las más antiguas de Lima.

El tercer frontón de la plaza, enfrente de la catedral, lo forma el **Palacio de la Municipalidad** (B2), obra de Hart-Terré (1945). A la izquierda del edificio, al principio del pasaje Santa Rosa, está la **galería** del pintor Pancho Fierro *(visita, de lunes a domingos, de 10 h a 20 h).* Los soportales cercanos llevan nombres históricos: **Portal de Escribanos, Portal de Botoneros.** Ante el primero hay una piedra de basalto que recuerda al *curaca* que

Callejeando por Lima es habitual encontrarse con mercados y puestos donde se vende artesanía y productos locales.

gobernaba cuando llegó Pizarro: "Taulichusco, último gobernante nativo". En dicho pasaje están también la **Oficina de Turismo** y el edificio de **Correos** *(Serpost)*, en el que se pueden comprar postales de todo Perú, con ventanilla para coleccionistas de sellos y un **Museo Filatélico** que informa del sistema de comunicación de los Incas. Los domingos por la mañana hay mercadillo filatélico a sus puertas. Detrás de Correos había un mercado negro, "Polvos azules", que el alcalde Andrade sacrificó para construir la Alameda de Chabuca Granda, dedicada a la cantautora más popular de música criolla, en la que hay conciertos los fines de semana. Desde la Alameda, por el Puente Viejo, se llega al barrio de Rímac. Detrás del Palacio de Gobernación, en el Jr. Ancash, se encuentra la **estación de Los Desamparados,** llamada así por un orfanato que había en este lugar. Desde ella salen trenes turísticos a Huancayo un par de veces al año. Actualmente es un centro cultural con salas de exposiciones y mercado artesanal.

Conventos

Convento de Santo Domingo★ (A2) (Jr. Camaná, 170; *visitas de lunes a sábados, de 9 h a 12.30 h y de 15.30 h a 18 h; domingos, de 9 h a 13 h)*. Está al lado del pasaje de Correos, ocupa una manzana. Consta de iglesia, dos claustros, un colegio y sólo conserva dos pequeños patios de los doce que tenía en que siglo XVII. La razón de tal magnitud es la buena relación que Pizarro tenía con los dominicos y, sobre todo, con el Padre Valverde, que era su confesor. Al mismo tiempo que se construía el convento, se hizo al lado la capilla de La Vera Cruz para alojar una reliquia del Santo Madero enviada por el Papa desde Roma. En el convento se impartieron las primeras clases de la Universidad de San Marcos de Lima en 1551.

La visita del interior lleva por la ***Sala Capitular,*** en cuyas paredes cuelgan 18 pinturas cuzqueñas con la *Vida de Santo Tomás de Aquino* y tiene un artesonado mudéjar de cedro de Guatemala, con 3.000 casetones. El antiguo refectorio aloja una biblioteca de 25.000 volúmenes. En el claustro, de estilo andaluz, los muros y pilares están revestidos de azulejos: unos proceden del taller sevillano de Hernando de Valladares y fueron transportados por el itsmo de Panamá hasta El Callao en 1606. Otros llegaron desde Talavera de la Reina y, una tercera parte, procede de un taller local y llevan firma: *me fecit Garrido.* En el claustro hay también 4 retablos procesionales y 33 pinturas del criollo Diego Aguilera (1619-76) con escenas de la vida de Santo Domingo. Hay dos cuadros especialmente interesantes situados a la derecha de la entrada, *Santo Domingo en la*

cuna y *La Virgen protegiendo a los dominicos,* que incluye un retrato de Santa Rosa de Lima antes de su canonización, flanqueada por Santa Catalina de Siena y Santa Isabel de Hungría, ambos son del sevillano Miguel Güelles, y llegaron en la primera remesa de arte importante que se envió desde Sevilla (1608). También, *El encuentro de los dominicos* (a pie) con los cistercienses (a caballo), obra de Diego de Aguilera (1665). La torre del rincón sur del atrio, fue mandada construir por el virrey Amat en estilo rococó (1764).

En la cripta del convento está enterrada Santa Rosa de Lima y, en una capilla frecuentada por fieles que se echan sobre su tumba para pedirle deseos, San Martín de Porres (mulato, patrón de los barberos, salones de belleza y de cirugía estética).

Enfrente de la salida del convento hay un gran mercado artesanal y, en el patio enrejado, un monumento a los limpiabotas. En esta cuadra está la casa natal del coronel Francisco Bolognesi, que alberga el **Museo de los Combatientes del Morro de Arica** (Jr. Cailloma, 125; *visita de lunes a viernes, de 10 h a 17 h),* dedicado a la gesta militar de 1880, en la que pereció el héroe.

Convento de San Francisco★ (B3) (Jr. Ancash, cuadra 7, Plaza de San Francisco; *visita de lunes a domingo, de 10 h a 13 h y de 15 h a 18 h).* El solar que inicialmente les dio Pizarro a los Franciscanos en 1536, estaba junto al de los dominicos y era mucho menor, porque por entonces sólo había llegado un fraile a Lima. Éste tuvo que ausentarse y, cuando volvió, se lo encontró ocupado. Tras un largo pleito, se concedió a los franciscanos tanto terreno como pudieran acotar en una sola noche y de ello resultó este nuevo solar en el que hay convento, iglesia y museo. El edificio se fue construyendo poco a poco, hasta que el terremoto de 1656 lo derrumbó completamente. Entonces los franciscanos contrataron al arquitecto portugués Constantino de Vasconcelos, que en 1674 acabó el actual complejo, con paredes de adobe y *quincha* (cañas y barro) para resistir los seísmos, y en un peculiar estilo denominado "limeño". La **portada** barroca, de 20 m de altura, está enmarcada por dos compactas torres y coronada por una barandilla de madera que sigue la curva del frontispicio. Tambien es característica la hornacina sobre el arco principal de acceso. En el interior de la iglesia, lo más llamativo es la serie de **arcos** adornados con motivos mudéjares. La mayoría de los 21 **altares** del templo son obra del presbítero Matías Maestro (1803).

De izquierda a derecha: Convento de Santo Domingo; cambio de guardia en el Palacio del Gobieno y Convento de San Francisco.

En el convento llama la atención la **cúpula** mudéjar de la escalera principal, tallada en cedro por Fray Miguel de Huerta en 1625, casi lo único que se conserva del primer edificio. Entre los numerosos lienzos de las paredes destacan dos apostolados en la sacristía: uno atribuido a Zurbarán (1598-1664) y otro a José Ribera, el Españoleto (1591-1652).

El **claustro** tiene cuatro altares para procesiones y un abigarrado artesonado mudéjar que sólo se conserva bien en una de sus alas. Bajo el artesonado, hay 36 lienzos de la escuela limeña con motivos de la vida de San Francisco de Asís. Están datados en 1671.

Por una entrada aparte se accede a las **catacumbas,** un cementerio subterráneo que funcionó hasta el siglo XIX. Bien porque el ritual de los entierros católicos chocara con los enterramientos en postura fetal indígena, o porque los católicos se creyeran más acogidos bajo los templos, en Lima no hubo cementerios hasta que en 1808 se construyó el cementerio Presbítero Maestro. En estas catacumbas, los cadáveres se agrupaban en salas a las que se accedía desde el templo y que eran propiedad de gremios, cofradías o familias nobles. En 1821, el general San Martín prohibió estos entierros porque dañaban los cimientos de los edificios y ofrecían escaso espacio. Los féretros se vaciaban cada cierto tiempo y los huesos se iban amontonando en pozos de 10 m de profundidad que cumplian mal su papel de absorber las ondas sísmicas. Actualmente, se pueden visitar unas cuantas galerías. Otras están tapiadas y no se sabe a ciencia cierta con qué otros subterráneos limeños se comunican. Algunas tienen los huesos decorativamente colocados. En la ***Cripta de los Venerables*** reposan los restos de Fray Juan Gómez, protagonista de la narración de Ricardo Palma *El alacrán de oro,* y, fallecido ya en 1974, los de Fray Pedro Mojica, el tenor y actor de cine mexicano, que murió en este convento de Lima.

Enfrente de los Franciscanos están la Casa de Pilatos y, cerca, las casas de Torre Tagle y Goyeneche y el Museo del Banco Central de Reserva.

Convento Jesuita de San Pedro★ (B2) (Jirón Azángaro esquina Jirón Ucayali; *visita, de lunes a sábados, de 10 h a 12 h y de 17 h a 18 horas).* Los primeros siete jesuitas desembarcaron en el Callao en 1568, cuando ya dominicos y franciscanos tenían oficio en bautizar paganos, y se alojaron como huéspedes en el convento de los dominicos, de los que después serían íntimos enemigos. Los dominicos decían: *Si cum Jesuitas itis, nunquam cum Jesus itis* ("Comer con los jesuitas no significa comer con Jesús"), a lo que respondían los jesuitas: *Si cum dominicanes canes, nunquam cum dominus canes* ("Canta con los dominicos, pero nunca con los sabuesos de Dios"). Puede decirse, para distinguirlos, que los jesuitas eran más avanzados, traían nuevos métodos de enseñanza de la Biblia y llevaban una estrategia a favor de los pueblos que evangelizaban, no exenta de ambiciones políticas para la propia Compañía. El mismo año de su desembarco empezaban a construir en Roma su templo central, Il Gesú, que impuso las líneas de "lujo severo" que impregna sus iglesias en todo el mundo, siempre de una nave y de suntuosa sobriedad. El convento de Lima también se reconstruyó entre 1624-1636, con contundente sencillez. En él se había instalado la primera imprenta de Sudamérica en 1584, que imprimió un calendario cristiano y una *Doctrina cristiana* en las tres lenguas del país (español, quechua y aymara).

En el interior basilical, las capillas laterales se desarrollaron como naves menores. En la tercera de la derecha hay un San Francisco de Asís y un San Francisco Javier de Juan Martínez Montañés. En la **capilla de la O,** hay una imagen de dicha Virgen (cuyo nombre viene de las jaculatorias "O Maria, O santissima, O dulcis Virgo"), de autor anónimo, que data de 1603, y un *Éxtasis de San Felipe Neri* atribuido a Aníbal Carracci. El altar mayor es del presbítero Matías Maestro. En la sacristía hay pinturas cuzqueñas y una obra del manierista jesuita Bernardo Bitti, *La Coronación de la Virgen.* El altar de la Capilla Penitenciaria es una copia del *Levantamiento de la Cruz* de Rubens.

La **campana** de San Pedro, llamada "La abuelita", dio el toque de la Independencia de Perú en 1821.

Los conventos de mercedarios y agustinos no están abiertos al público, pero sí se pueden visitar sus iglesias, cuyas fachadas son las más bonitas de las iglesias limeñas:

la **iglesia de la Merced** (B2, Jirón de La Unión, 621; *visita, de lunes a sábado, de 8 h a 12 h y de 17 h a 20 h)*, empezada a construir por los mercedarios que vinieron con Pizarro, y que, según la tradición, ya habían hecho allí una ermita, incluso antes de que éste decidiera fundar Lima. Tras sucesivas reconstrucciones, el mercedario Cristóbal Caballero compuso entre 1696-1704 la fachada barroca, que fue restaurada en 1940 por Hart-Terré.

Cerca de ella, la **iglesia de San Agustín** (B2, cruce de Jirón de Canamá con Ica; *visita, de martes a domingo, de 8 h a 11 h y de 16.30 h a 19 h)*, cuya fachada data de la última reconstrucción general del edificio, en 1710. En el interior, el **coro** es obra de Pedro de Noguera, que también talló el de la catedral.

Al otro lado de la Avenida Tacna, junto al río, está el **Santuario de Santa Rosa de Lima** (A1, Av. Tacna, cuadra 1; *visita, de lunes a domingo, de 9 h a 13 y de 15.30 h a 18 h)*, construido sobre el solar de su casa natal. La patrona de América (1585-1617) trabajaba en el jardín de la casa donde aún se conserva el **pozo** al que arrojó las llaves de su cilicio. Hoy día, sus devotos arrojan notas con deseos escritos. Su fiesta es el 30 de agosto.

En la misma Avenida Tacna está también la **iglesia de las Nazarenas** (B1, Avenida Tacna /Jirón Huancavelica; *visita, de lunes a domingo, de 6 h a 12 h y de 18 h a 20.30 h)*. En este barrio de Lima vivían los esclavos negros. Uno de ellos encontró en el único paño de las murallas de adobe que se salvó del terremoto de 1655 una pintura de Cristo Crucificado. Allí mismo se construyó una iglesia y aún se atribuyen a la estatua poderes milagrosos contra terremotos y maremotos. El día 1 de octubre tiene lugar una de las mayores procesiones nacionales del Señor de los Milagros, transportado en un paso que pesa una tonelada y que para en los hospitales, cuarteles de bomberos y edificios oficiales. En esa fecha se hace el "turrón de Doña Pepa", una reliquia de los dulces que hicieron tan famosa a Lima durante el siglo XVII.

Casas Patricias

Como los alimentos de subsistencia de los primeros años de la colonia eran, sobre todo, maíz y carne de llama, las casas coloniales suelen tener en el patio un *zango* (molino de maíz), con un correaje de cuero atado a una viga. Son casas de dos pisos construidas en *quincha,* sobre cimientos de piedras de río y, siguiendo el estilo sevillano, con un zaguán y dos patios. La altura del piso bajo la determinaban las 24 hileras de adobe. La fachada está provista de ventanas con rejas en la planta baja y balcones de cajón en el primer piso. En el tejado había *beatas* (ventanas teatinas).

En cuanto a la decoración interior, en la primera época predominó el estilo mudéjar, pero luego tomaron su lugar los blasones de estilo barroco y, hacia el siglo XIX, los neoclásicos.

La distribución era casi siempre la misma: alrededor del primer patio, con una fuente, estaban el recibidor, la habitación de los señores, el comedor y el salón-capilla. En el segundo patio estaban las habitaciones de criados y esclavos, los almacenes, los establos y los garajes de calesas. En el segundo piso, con galerías de columnas de madera al patio, estaban las habitaciones de la familia. La parte noble solía tener un "salón de té", a la inglesa, y un "salón de los espejos" o "salón dorado", de influencia francesa.

Entre las casas históricas coloniales del casco antiguo de Lima, sobresalen las siguientes:

- **Casa del Oidor,** (B2) en la esquina Junín/ Carabaya, haciendo esquina en la Plaza de Armas, con el Palacio de Gobierno, con un gran balcón colonial. El oidor era un funcionario de justicia encargado por el rey para oír las quejas del pueblo.
- **Casa de Torre-Tagle** (B2, Jirón Ucayali, 363). Torre Tagle era tesorero de la flota del Pacífico. El edificio, de 1755, es hoy Ministerio de Exteriores. Corren leyendas sobre los cuadros de su interior, algunos de Da Vinci, Tiziano y Mantegna, adquiridos a un noble inglés por deudas de juego y después vendidas en parte a la National Gallery de Londres.
- **Casa Aspillaga** (Jirón Ucayali, 369), del siglo XIX, recientemente restaurada por la cooperación española. Allí funciona el Centro Cultural Inca Garcilaso de la Vega, con muy buena programación de arte peruano en su galería. Enfrente (Ucayali, 370) hay un buen restaurante francés ("L'eau vive"), istalado en una casa del siglo XIX.
- **Casa de Pilatos** (B3, enfrente de la Iglesia de San Francisco, Jr. Ancash, 390).

Construida en 1590 por el jesuita Fernado Portillo, es hoy Tribunal Constitucional. Su fachada renacentista en piedra sillar es única en Lima. Tiene una escalera frontal en el zaguán, lo cual era privilegio de los conquistadores.

Casa de Goyeneche (B2, Jirón Ucayali, 358), construida en 1770, pertenece al patronato del Banco de Crédito del Perú.

Casa de las 13 monedas (B3, Jirón Ancash, 536). Se llama así por las 13 monedas de su blasón. Es una mansión del siglo XVIII con un solo piso. Actualmente es la sede de la Sociedad Peruana de Matemáticas.

Casa Villegas (Jirón Ancash, 681). En otro tiempo fue embajada de Inglaterra y de Chile, y hoy es una dependencia de la Escuela de Bellas Artes.

Casa Aliaga (B2, Jirón de la Unión, 224). Fue construida sobre una *huaca* o adoratorio prehispánico, por uno de los trece de la isla del Gallo (ver pág. 102), el segoviano Jerónimo de Aliaga, y aún pertenece a sus descendientes. Es la más vieja de Lima y conserva el trazado original.

Palacio de Osambela o casa de Oquendo (A2, Conde de Superunda, 298), con cinco llamativos balcones de madera y una torreta levantada en 1808 por el comerciante Martín de Osambela para vigilar la llegada de barcos al puerto del Callao, lo cual no sería hoy posible. Hoy es sede del Centro Cultural Inca Garcilaso de la Vega.

Casa de los Marqueses de la Riva (A1, Jr. Ica 426), que actualmente es sede de la Asociación cultural femenina "Entre Nous". A su lado, la **Casa Fernandini** tiene elementos modernistas en la fachada.

Casa Riva-Agüero (B2, Jr. Canamá, 459), de 1760, aloja el instituto universitario de su nombre, que cuenta con archivo histórico y biblioteca. En el primer piso hay un pequeño **Museo de Arte Popular** *(visita, de lunes a viernes, de 9 h a 13 h y de 14h a 19 h; sábados, de 10 h a 12.30 h y de 14 h a 17 h).*

Casa O'Higgins (B2, Jr. Unión 554). Última residencia del héroe de la independencia chilena (muerto en 1842), es hoy **Museo Josefina Ramos de Cox** *(visita, de martes a sábados, de 9 h a 13 h y de 14 h a 19 h; domingos, de 13 h a 17 h),* cuya finalidad es divulgar las culturas prehispánicas del Perú. Expone principalmente cerámica.

Museo de la Inquisición y del Congreso (B3, Jr. Junín, 548; *visita, de lunes a domingo, de 9 h a 16 h).* Como sede del Tribunal de la Inquisición, establecida en Lima desde 1569, Felipe II mandó construir este edificio al virrey Toledo. En tiempos de la República fue sede del Senado y, en 1977, fue reformado y convertido en museo. En la *planta baja* se pueden visitar las **salas del tribunal,** con un artesonado del siglo XVIII compuesto de 34.000 piezas incrustadas, que fue construido en

En el centro de Lima están algunas de las joyas coloniales de la ciudad, coloridos edificios con balcones de madera y rica ornamentación, como el Palacio de Osamblea, a la izquierda.

cuatro años de trabajos forzados por los presos inquisitoriales, según dibujos de Cristóbal de la Vega; otras dependencias, como la ***cámara del secreto,*** la ***sala de autos de fe,*** la ***cámara de tormentos*** y las ***celdas*** son menos suntuosas. En los 250 años que duró la Inquisición, hasta ser abolida por las Cortes de Cádiz en 1812, hubo en Lima 32 ajusticiados. En la *primera planta* hay una documentación de la historia del poder legislativo en Perú.

OTROS BARRIOS

Rímac

Desde el Palacio del Gobierno y la Alameda Chabuca Granda atraviesa el río el **Puente de Piedra,** el más viejo de Lima, construido por el virrey Marqués de Montesclaros (1607-1615). Al otro lado del río se extiende el barrio de Rímac, el barrio de tradición más popular en Lima. Durante la colonia se le conocía como "Nueva Triana" y "Porto Guinea", porque en él vivían muchos negros que habían llegado como esclavos. En la primera mitad del siglo XX, surgieron en el Rímac grandes figuras de la música criolla, como Filomeno Ormeño, Manuel Quintana ("El Canario Negro") y Lucha Reyes.

En Rímac está la **plaza de Toros de Acho** (la temporada se inicia a finales de octubre, con la feria del Señor de los Milagros y dura hasta diciembre). Construida en 1760 por encargo del Virrey Amat, su arquitecto fue Cristóbal de Bargas. Es la plaza de toros más antigua del mundo, después de la de Ronda. En la plaza hay un **museo taurino** (entrada por la calle Marañón, 569; *visita, de lunes a sábado, de 9 h a 18 h).*

Contiguo a la plaza está el **mirador de Ingunza,** una torre construida, según la tradición, por Francisco de Ingunza, a quien el Virrey había prohibido la entrada a los toros a causa de un pleito que tuvo con el constructor de la plaza. El mirador fue reformado en 1858, y sobre la cúpula aparece la figura de un indígena.

Cerca de la plaza, está el **paseo de Aguas,** con unas amplias arcadas, en las que el Virrey Amat quiso construir unos juegos de agua como los de la romana plaza Navona para halagar a su amante, la actriz Micaela Villegas, conocida como "La Perricholi". Aunque los juegos de agua no llegaron a acabarse, el virrey sí construyo para su amante la **Quinta de Presa,** un palacete barroco actualmente en remodelación, que alojará el Museo Virreinal de Quinta de Presa (Jirón Chira, 334), en el que se expondrán muebles y objetos del pasado colonial limeño.

Al final de la Alameda, al pie del monte San Cristóbal, se encuentra el **Convento de los Descalzos** (Alameda de los Descalzos; *visita, de miércoles a lunes, de 10 h a 13 h y de 15 h a 18 h; martes cerrado)*. En el convento, que tiene cuatro claustros, destaca la **capilla del Carmen,** edificada en el año 1773 por el franciscano P. Santa María. En su **museo** hay muestras de pintura virreinal, entre las que destacan lienzos de Murillo, Leonardo Jaramillo, Bernardo Bitti, Angelino Medoro y otros. Al fondo del convento y al pie del cerro San Cristóbal se halla la **Casa de Ejercicios Espirituales,** fundada en 1774, lugar al que se retiraba San Francisco Solano. El conjunto arquitectónico es extraordinario y muy característico de las construcciones conventuales y religiosas de su tiempo.

El cerro San Cristóbal era en tiempos prehispánicos una montaña sagrada, un "Apu" o espíritu protector del valle del Rímac. Pizarro puso sobre él una cruz en 1536. Desde entonces, el primer domingo de mayo, se peregrina hasta allí en romería.

Barrio Chino★

En 1854, el presidente Ramón Castilla abolió la esclavitud y las plantaciones de caña de azúcar y de algodón se quedaron sin mano de obra. La escasez de trabajadores se hizo mayor aún cuando empezaron las obras del ferrocarril. Para paliar esta necesidad, se propició la llegada de chinos, en su mayoría cantoneses, dictando la "ley china", por la que se pagaba a cada colono que importara personal chino (de cualquier sexo, entre 10 y 40 años y en número mayor de 50), 30 pesos por cabeza. El viaje era miserable; duraba 120 días y producía una mortalidad del 60 por ciento. Entre 1849 y 1874 llegaron a Perú unos 100.000 chinos. (En 1876, Perú sólo tenía 2.700.000 mil habitantes).

El Barrio Chino de Lima está junto al **Mercado Central,** y abarca la **calle Capón** (cuadras 7 y 8) y los **jirones Andahuaylas** (cuadras 7 y 8), **Paruro** (cuadras 7, 8 y 9) y **Huanta** (cuadra 9). En 1971 se puso en la entrada una **portada** tipo pagoda de 8 m de altura, obra del arquitecto Kuoway Ruiz, que subvencionó el gobierno de Taiwan.

El primer restaurante chino se abrió en la calle del Capón en 1921. Los restau-

LIMA (MIRAFLORES)

Ovalo Gutiérrez
Daniel A. Carrión
Juana A. de Dammert
Enrrique Melggs
Huaca Pucllana
Espinar
Eduardo de Habich
Víctor Larco Herrera
Andalucía
García
María Parado de Bellido
José A. Sarrio
Domingo Elías
Parque Bonilla
Tarapacá
Independencia
Inclán
Coronel
Carlos Tenaud
Domingo Orué
Calderón
Junín
Lizardo Montero
Domingo Elías
Avenida Petit Thouars
Tacna
Suárez
General
Paseo de la República
Avenida Angamos Este
Comandante
Arica
Aguirre
Plaza República
Piura
Chiclayo
Atahualpa
Avenida Arequipa
General Vidal
Surquillo
C. Aguero
Parque Miranda
González Prada
Pershing
L. Prado
Romero y Salcedo
De La Colina
Enrique Palacios
Mayo
Dos de Mayo
Elías
Borgoño
Independencia
Coronel Inclán
José Pardo
Ovalo José Pardo
Avenida Ricardo Palma
Manuel Bonilla
Esperanza
Parque Central
Pje. Blondel
Tello
Alcanfores
Cantuarias
Espe- ranza
Mariano
Gral. Vargas Machuca
Irribarren
Parque Tradiciones
Bolognesi
Grau
Recavarren
Libertad
Bellavista
Berlín
Paula Camino
José Gálvez
Berlín
San Ramón
Avenida O. Benavides
Parque Kenedy
Larco
Lima
Schell
Municipalidad
Iglesia Virgen de la Milagrosa
Avenida Díez Canseco
Pasaje Los Pinos
Porta
Balta
Bajada Balta
Federico
H. Revett
Bellavista
M. Fajardo
Plaza Bolognesi
Madrid
Italia
Trípoli
Gral.
Malecón Balta
Club de Tenis Las Terrazas
Malecón 28 de Julio
Avenida José Larco
Tarata
Paz
Solar
Schell
Paseo de la República
Odicio
Pje. Rubini
Ramón
Felix Olcay
Gral. Bartolomé
Alfaro
Trujillo
Silva
Ulloa
Juan
Av. J. Casimiro
M. Dulanto
Avenida Alfredo Benavides
Bolívar
Avenida La Paz
del
San Martín
28
Avenida Reducto
Parque Reducto
Av. Ramón Ribeyro
Av. 15 de Enero
Avenida Diego Ferre
Manco Capac
Alcanfores
Gonzales
Grimaldo
de
Buenos Aires
Porta
Ocharán
José
Colón
Juan Fanning
Cmte. Donovan
Fco.
José Gabriel
del Castillo
Juan de La Fuente
Julio
Playa Costa Verde
Concha Acústica
C.C. Larcomar (Centro Comercial)
Parque Salazar
Playa Redondo
Playa La Estrella
Avenida
Las Dalias
Cmte.
Aljovín
Isabel
Santa
San Fernando
La
Vasco Núñez de Balboa
Leónidas Avendano
San Ignacio de Loyola
E. del Horme
Las Acacias
Avenida Armendáriz
de Loyola
Paz
Las Acacias
Parque Melitón Porras
F. Retes
Parque Donodossola
San Ignacio
Las Acacias
Parque Armendáriz
Barranco
A
B
C
D
2
3

rantes chinos de Perú se llaman *chifas*, deformación del sonido "sek fan", que en cantonés significa "a cenar".

Cuando consiguieron liberarse de sus contratos leoninos, los chinos abrieron restaurantes y fueron relevados por emigrantes japoneses. Muchos compraron tierras y fundaron una familia peruana. Actualmente, los apellidos chinos, castellanizados, son normales en Lima. Se calcula que hay en Perú más de un millón de descendientes de chinos.

Miraflores

En el moderno barrio de Miraflores, el más cosmopolita de Lima, transcurre la vida social de los limeños burgueses. Numerosos comercios y tiendas, hoteles, restaurantes y agencias de viajes. Está directamente comunicado con el centro, a unos 10 km, por una autopista llamada Avenida Paseo de la República (A-D3). El centro de Miraflores es el **Óvalo** (B3), una plaza en la que confluyen las principales avenidas, y junto a la que está el **Parque Central** (B2), al final de la Av. Arequipa, donde por las noches hay un buen mercadillo de artesanía. Desde el Óvalo, la **avenida Larco Herrera** conduce directamente al mar, desembocando en el centro comercial *Larcomar*, entre las playas Costa Verde y Barranco.

Para interesados en la cultura, en Miraflores están la **Huaca Juliana o Pucllana** (A2, plano pág. 84) y el **Museo Amano** (A1).

San Isidro

Entre el centro y Miraflores, frente la Costa Verde está el barrio de San Isidro, con los **parques de Olivar de San Isidro** y el ***Lima Club Golf***. En este barrio residencial, centro financiero de Lima, donde están las mejores casas de la ciudad y los hoteles más exclusivos, se encuentra la **Huaca Huallamarca.**

Barranco

Décadas atrás, Barranco era el balneario de moda de la burguesía limeña. En los últimos quince años se ha convertido en el principal barrio bohemio de Lima y se ha llenado de restaurantes, locales de esparcimiento y galerías de arte. Por las noches, sus calles principales se convierten en un mercado de artesanía y bisutería. Sus parques y casonas de estilo republicano han sido embellecidos y los espectáculos musicales y culturales abundan en sus calles arboladas y en el bonito malecón, desde donde se ven las playas de Costa Verde. Tiene rincones muy limeños, como el viejo **Puente de los Suspiros,** frecuentado por parejas de enamorados.

En Barranco se pueden visitar dos museos: el **Museo de Arte Colonial Pedro de Osma** (C1)y el **Museo de la Electricidad** (C2, Pedro de Osma, 105; *visita, de lunes a jueves, de 9 h a 17 h; viernes y sábados, de 9 h a 12 h)*. Está situado frente al Parque Central del Barrio. Además de su exposición, ofrece circuitos a los Pantanos de la Villa y al Planetario Solar de Chorrillos.

Chorrillos

Al lado de Barranco, al sur, se encuentra Chorrillos, famoso por sus **playas,** como **La Herradura,** sus picanterías y restaurantes. En Chorrillos está el **observatorio astronómico del Planetario,** erigido sobre el histórico **Morro Solar,** escenario de importantes episodios de la Guerra con Chile (1879-1883). Desde allí se disfruta de una vista que alcanza hasta la **isla San Lorenzo,** delante del puerto del Callao.

MUSEOS

Museo del Oro del Perú y Armas del Mundo (f.p., en el barrio de Monterrico, Av. Alonso de Molina, 1.100; *visita, de lunes a domingo, de 11.30 h a 19 h)*. En él se expone la colección privada de Miguel Mújica Gallo. El Museo del Oro y Armas de Perú es uno de los más discutidos museos de Lima. Paradigma de lo que no debe ser un museo, entra, probablemente gracias a la confusión que causa su nombre, en los programas de todas las agencias de viajes y es uno de los más visitados –y el más caro– de Lima. Situado en un barrio residencial de las afueras (su visita se puede unir a la de Pachacamac), cuenta con un buen **jardín** lleno de lujosos comercios en los que comprar objetos de oro, cerámica y prendas de alpaca. Es de suponer que son más auténticos que los objetos expuestos en el interior.

Cuando en el año 2001 murió el coleccionista, se descubrió que la gran mayoría de las piezas eran falsas. Mújica Gallo, nacido en 1910, había sido embajador de Perú en Austria y en España y Ministro de Exteriores en el primer go-

LIMA (BARRANCO)

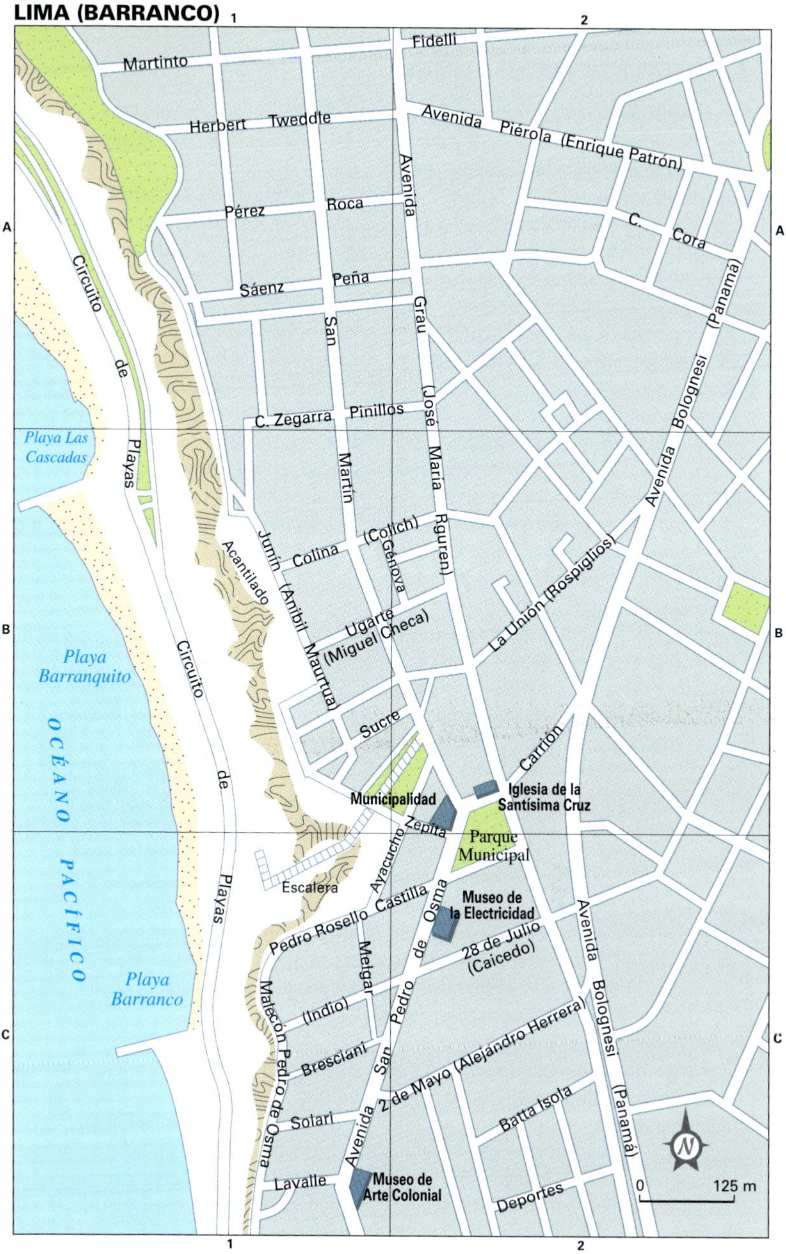

bierno Belaúnde. En 1932 inició su colección comprando a los huaqueros 300 piezas. El museo se abrió en 1966, con un sótano blindado en el que se exponen las piezas de oro. A su muerte, tras disputas entre sus siete hijos, se quedó como presidenta de la fundación su hija Victoria, que asegura haber retirado las piezas falsas (de las 4.349 piezas examinadas, 4.237 resultaron imitaciones; de la cerámica, sólo se pudieron autentificar 400 objetos). La presidenta argumentó que esto se debía a que, en los últimos años de su vida, ya ciego, Mújica había seguido comprando "al tacto". El escándalo aumentó porque la donación del coleccionista al Estado peruano, suponía que la fundación no tenía ánimo de lucro; sin embargo, la caja del museo ha sido calificada por la prensa como un

La escuela de pintura limeña

El impacto que las primeras imágenes (joyas, esculturas, adornos) llegadas de América provocaron en la sociedad española y europea de la época debió de ser brutal. Incapaces de apreciar su colorido simbólico, su hermetismo geométrico y las representaciones de terribles dioses, aquellos objetos fueron en seguida condenados por sacrílegos, salvajes y primitivos, y destruidos para recuperar el valioso material de que estaban hechos. Aunque gente autorizada, como Durero, se había quedado admirada de los caminos estéticos que abría el Nuevo Mundo, la Inquisición ordenó destruir aquellos fetiches de idolatría, y las congregaciones religiosas se dedicaron a propagar la fe con ayuda de otros cuadros que tuvieran una forma más racional de copiar la realidad del mundo.

A pesar de la urgencia con que los misioneros necesitaban imágenes, hasta cincuenta años después no empezaron a llegar pintores capaces de crearlas, que, al principio, eran artistas anónimos y de segunda fila, que buscaban en el Nuevo Mundo los encargos que no tenían en la metrópoli.

A finales del siglo XVI, los jesuitas propiciaron la llegada de tres pintores italianos que son considerados los creadores de la escuela limeña, y cuya obra influyó mucho también en la escuela de Cuzco: ***Bernardo Bitti,*** que llegó a Lima en 1583 y murió en esta ciudad en 1610; ***Mateo Pérez Alessio,*** que llegó con el virrey Hurtado de Mendoza en 1599 y en seguida creó en la capital un círculo de seguidores, y ***Angelino de Medoro,*** que llegó el mismo año.

Como Lima tenía relación directa con Sevilla por mar, se embarcaban desde la capital andaluza remesas de cuadros y azulejos, con destino a los conventos religiosos. Otras veces eran los virreyes o los obispos quienes se hacían acompañar de los artistas de su mecenazgo (el caso de Hurtado de Mendoza y Pérez de Alessio), o se traían sus colecciones de arte (como el obispo Mollinedo de Cuzco), que incluían tapices, cuadros o libros que debían servir de muestra para los pintores peruanos. Así se popularizaron los grabados barrocos de Rubens y de Bolswert (1624), o de los alemanes hermanos Klauber, a partir de 1760. También entró por esta vía el naturalismo de los pintores barrocos que rompió la unidad de estilo que los italianos habían creeado.

El nombre más importante de esta transición al barroco en Lima, es ***Leonardo Jaramillo,*** un clérigo sevillano que probablemente había aprendido en el taller de Pacheco, el suegro de Velázquez, y que trabajó en Perú entre 1619 y 1643. Primero tuvo un taller en Trujillo y Cajamarca, y, en 1636, con sus alumnos Tomás Ortiz de Olivares y Juan de Sotomayor, puso un taller en Lima. De este taller salieron, por ejemplo, el gran lienzo de **La imposición de la casulla de San Idelfonso** (convento de los

iceberg sin fondo. Actualmente, el museo intenta recobrar credibilidad, suponiendo que esto sea importante para las masas de turistas que lo visitan. En todo caso, las explicaciones y el orden en las piezas brillan por su ausencia: la sala caja-fuerte del sótano es un auténtico revoltijo de tumis, máscaras, tejidos, collares, rosarios y cruces, herramientas y cerámica, en el que predomina un único criterio: el oro. Nada se dice de su procedencia, de su adscripción cultural ni de su autenticidad. Hay vitrinas bastante vacías, sea por expurgos o porque muchas piezas están de viaje.

Con todo, hay objetos que merecen la pena, como las **dos andas talladas de los señores de Chan Chan** (Torrijos), que dan idea del refinamiento de esta cultura.

La más numerosa colección del museo, es la **colección de armas** de la planta baja. Tampoco en ella es posible hacer una visita ordenada. Además de la "espada de Pizarro", se expone un montón de armas europeas, japonesas, chinas, arneses de caballerías, armaduras e instrumentos bélicos. Como broche de oro, dos muñecos representan a Franco y a Pinochet, vestidos de uniforme, que sin duda no necesitan certificado de autenticidad.

En el exterior se puede visitar un **pabellón de caza** *(visita previo pago)* que atestigua la verdadera afición del coleccionista.

En el centro comercial y de entretenimiento de Miraflores "Larcomar" (al final

franciscanos), en un estilo tenebrista que seguía vigente cuando en 1640 se pintaron algunas escenas de la **Vida de San Francisco de Asís,** en la que los personajes que aparecen son retratos de gente de la época.

En 1649 ya había en Lima pintores suficientes como para formar un gremio y controlar la producción, tal como se hacía en Sevilla, de modo que sólo podían obtener encargos los pintores del gremio. Es entonces, en el último tercio del siglo XVII, cuando se asimilaron completamente las tendencias naturalistas del barroco español y la escuela de Lima alcanzó su plenitud. Una de las mejores obras de esta época es la terminación de la serie **Vida de San Francisco de Asís** (1671-72) en el claustro de los franciscanos, pintada por los cuatro principales pintores limeños de aquella época: ***Francisco de Escobar*** (activo entre 1649-1676), que se autorretrató en el lienzo, ***Pedro Fernández de Noriega*** (fallecido en 1686), ***Diego de Aguilera*** (1619-1676) y el esclavo ***Andrés de Liébana,*** un pintor que causaba admiración. Después de estos nombres, la escuela limeña desapareció eclipsada por la pintura cuzqueña.

Durante la segunda mitad del siglo XVIII, a causa del terremoto de 1746, en Lima hubo que reponer cuadros en todas las iglesias y palacios y la pintura limeña tuvo un resurgir cosmopolita, porque la influencia de los borbones se dejaba sentir en el arte. Bajo los virreyes Manso de Velasco y Amat, y con los encargos de la naciente ariostrocracia criolla que necesitaba pinturas para adornar sus paredes y retratos de familia. Por encargo del Virrey Amat se hicicieron las famosas pinturas sobre cobre de las **Razas del Perú,** que se conservan en el Museo de Arte de Lima y en el Museo de América de Madrid. El mecenas más importante de esta época fue el oidor Pedro Bravo de Lagunas y Castilla, que poseía una colección integrada no sólo por pintura española y flamenca, como era normal, sino por obras italianas, francesas e inglesas. Surgió entonces el pintor ***Cristóbal Lozano*** (1705-1776), influido por la escuela cuzqueña en su juventud y, a partir de 1740, por los modelos dieciochescos, y cuya obra es más importante que la del pintor oficial de la corte virreinal, ***Cristóbal Aguilar*** (activo entre 1751-1771). Entre los nombres de aquella generación, figuran: José Joaquín Bermejo, Julián Jayo, Juan de Mata Coronado y Pedro Díaz. Varios de ellos trabajaron en el convento de la Merced, considerado el punto culminante de esta época.

Hacial finales de siglo, cuando estaban en boga las academias de arte y la estética historicista que imponían, dos pintores españoles ejercieron fuerte influencia: el sevillano ***José del Pozo,*** que abandonó la expedicion científica de Malaespina, donde iba como dibujante, para montar en Lima una academia privada, y ***Matías Maestro,*** clérigo, músico, arquitecto y pintor que, protegido por el arzobispo La Reguera, inició la renovación del interior de muchos templos limeños. Ambos produjeron un conjunto de composiciones religiosas de tema moralizante y más bien mediocres.

de la avenida Larco, Malecón de la Reserva 610. *Abierto todos los días de 10 h a 22 h)* se ha inaugurado recientemente la **Sala Museo de Oro del Perú★.** Es una selección de 170 piezas pertenecientes al Museo de Oro, todas originales y muy bien presentada. La visita es indispensable si se quiere tener buena información sobre la metalurgia en el antiguo Perú. El guión museográfico ha estado a cargo de Paloma Carcedo, destacada especialista en metalurgia andina. Además cuenta con un moderno sistema de guiado en varios idiomas.

Museo de la Nación★★ (f.p., Avda. Javier Prado Este, 2465; Barrio San Borja; *visita, de martes a viernes, de 9 h a 18 h; sábados y domingos, de 10 h a 18 h).* Situado en la zona más cosmopolita de Lima, en un colosal edificio de hormigón que antes sirvió de Banco de la Nación. El museo se creó en 1989, y ofrece una muestra bien documentada de las culturas autóctonas peruanas, ordenada cronológicamente en tres pisos, desde el hombre de Paiján, de hace 14.000 años, hasta los Incas. El museo resulta una buena introducción a la historia prehispánica del país. En las exposiciones temporales de fotografía, pintura, textiles o cerámica, se pone de relieve la influencia de estas culturas en el arte peruano actual. Los objetos más interesantes son de cerámica, pero también resultan sorprendentes las reproducciones de la tumba del Señor de Sipán y las maquetas de Machu Picchu y de Chan Chan. El

museo ofrece además, una visión general de artesanía y arte popular de las tres regiones geográficas: la costa, la sierra y la selva.

Museo Nacional de Arqueología, Antropología y Museo de Historia del Perú★★ (f.p., Casona Quinta de los Libertadores, Plaza Bolívar s/n; distrito Pueblo Libre; *visita, de martes a domingos, de 10 h a 17 h).* La plaza Bolívar de Pueblo Libre es un bonito y tranquilo rincón colonial con jardines, cafés y restaurantes para pasar un buen rato. En el siglo XIX era una aldea alejada del centro con una casa de campo en la que se alojaron San Martín y Bolívar, y de ahí su nombre. En el gran edificio bajo, distribuidos alrededor de tres patios, están estos dos museos, cuyas colecciones se intercambian temporalmente entre sí y tienen entrada común. En el Museo de Arqueología están representadas todas las culturas de Perú desde tiempos prehistóricos. Cabe destacar los originales del **templo de Las Manos Cruzadas de Kotosh** (Huánuco), la **estela Raimondi** y el **Obelisco Tello** de Chavín de Huántar. Hay grandes salas dedicadas a las culturas Moche, Chimú, Chancai, Lambayeque e Inca, y un diorama de la habitación del oro de Cajamarca. El Museo Histórico presenta muebles, tejidos y pinturas coloniales y republicanas, con especial acento en la época de la independencia. La sección más original del museo de Antropología es la dedicada a la **Paleopatología**, una ciencia fundada por Pedro Weiss (1893-1985), alumno del arqueólogo Julio Tello. En esta sección se documenta la medicina y cirujía precolombinas, con réplicas de cráneos trepanados, prótesis, invalideces, etc. En el museo se puede pasar un día entero recorriendo sus salas llenas de detalles interesantes sobre el país.

Museo Arqueológico Rafael Larco Herrera★ (f.p., Av. Bolívar, 115; Pueblo Libre; *visita, de lunes a sábado, de 9 h a 18 h; domingo, de 9 h a 13 h).* El hacendado Larco

Herrera empezó su colección en 1903, y la tuvo expuesta muchos años en su hacienda de Chiclín, en el valle de Chicama, al norte del Perú. En un viaje a Madrid, donó al Museo de América piezas de cerámica que aún están expuestas en él. En 1960, su hijo, el arqueólogo Larco Hoyle, descubridor de la cultura Cupinisque, abrió el museo en esta casona limeña de 1707. Se exponen en él 55.000 piezas de cerámica, y es de destacar la ***sala del depósito***, en la que parte de estos fondos se amontonan en estanterías hasta el techo, y que da una idea de la enorme cantidad de tumbas, expolios y de la riqueza cultural del antiguo Perú. En la *primera sala* hay tumbas, objetos de metal y de cerámica, con explicación de su fabricación; la *"Sala Cultura"* muestra cerámica de varias culturas organizada cronológicamente y salas dedicadas a tejidos. La más llamativa es la ***"Sala del tesoro"***, con joyas de Chimú, Mochica y Lambayeque, así como huaris y un adorno de cabeza de Chavín de Huántar. En un pabellón aparte se expone cerámica "erótica", y, con el Museo Cassinelli de Trujillo, son las dos mejores exposiciones de erotismo precolombino Mochica.

Museo Amano★ (A1, plano Miraflores, Retiro 160, 11, bloque Angamas; *visitas guiadas previo aviso en el telf. 4412909, de lunes a viernes, a las 15 h, 16 h y 17 h).* La colección privada de objetos precolombinos del ingeniero japonés Yoshitaro Amano, iniciada en 1951, se expone desde 1964 en este adecuado edificio de 3 pisos. Contiene bastantes muestras textiles y cerámica cupinisque, procedentes de huaqueros del valle de Chancay, donde floreció la cultura en los siglos X-XV, antes de ser asimilada por los incas. Se muestran una escultura de Kuntur Huasi, copias de cerámica de Chavín y de las pinturas murales de Ánimas Altas. En el segundo piso, ordenadas cronológicamente, se exponen cerámicas de Nasca y Moche, así como una reconstrucción de la Huaca Cao. El tercer piso está dedicado a la cultura Huari. También hay maquetas de la cultura inca. El museo organiza interesantes exposiciones temporales sobre historia, cultura y antropología.

Colección Enrico Poli (f.p., Lord Cochrane, 466; San Isidro; *visita previo pago, de martes a domingos, de 9.30 h a 18.30 h).* La colección proviene de los huaqueros de Huaca Rajada (Señor de Sipán, cerca de Chiclayo), pero Enrico Poli ha logrado legitimar su propiedad en el Instituto Nacional de Cultura. Muestra los 170 objetos de la colección: cerámica y artefactos de oro y plata.

Museo del Banco Nacional de Reserva★ (B2, plano Centro, Jr. Lampa, esquina Jr. Ucayali; *visita, de martes a viernes, de 10 h a 16.30 h; sábados y domingos de 10 h a 13 h).* Una colección variada que presenta buenas muestras de **culturas precolombinas:** vasijas- escultura Vicús, objetos preciosos Chimús y Moches, y una completa documentación de los trabajos de la ceca peruana. En la pinacoteca están bien representados los maestros de la época de la República: el excelente retratista Gil de Castro, el costumbrista Pancho Fierro, los academicistas Laso, Merino y Baca-Flor y los impresionistas Teófilo Castillo y Daniel Hernández. También hay muestras de la corriente indigenista (José Sabogal, Julia Codesido, Enrique Camino Brent) y de la época de la Independencia, que en los años 40 surgió contra el "indigenismo" oficial (Sérvulo Gutiérrez, Ricardo Grau, Carlos Quízpez), así como el principal pintor abstracto peruano de los años 60, Fernando de Szyszlo. Además, pintura peruana de las últimas décadas.

Museo de Arte de Lima★ (D1, plano Centro, Paseo Colón, 125; entrada por el Gran Parque de Lima; *visita, de jueves a martes, de 10 h a 17 h).* Es el único museo de Perú que da una visión completa del arte peruano, desde los tiempos precolombinos hasta la actualidad. Se halla instalado en un edificio construido en 1870 por Antonio Leonardi para albergar la Exposición Industrial de Lima. Durante la Guerra del Pacífico fue cuartel chileno, y, después, Cámara de Diputados y Ayuntamiento. Inaugurado como Museo de Arte en 1961, la exposición se reparte en los casi 10.000 m^2 de una gran sala del primer piso, cuya escalera está decorada con un gran lienzo de *Los funerales de Atahualpa*, que el peruano Luis Montero (1826-1869) pintó en Florencia en 1867. Durante su traslado hasta Lima, el cuadro fue expuesto en todas las ciudades por donde pasó (Río, Montevideo, Buenos Aires...). Luis Montero, representante peruano de la corriente historicista que dominó las academias europeas durante el siglo XIX, también fue autor del primer desnudo de la pintura peruana, *La Venus dormida* (1851), incluido en la colección de este museo, que abarca cerámicas de todas las culturas precolombinas (una maqueta de las Líneas de Nazca), muebles y pintura colonial (Bitti, la Escuela Cuzqueña), así como muestras de la pintura peruana, desde la Independencia y la República hasta la actualidad.

Máscara de oro en el Museo Larco.

De la *primera época* están representados Gil de Castro, un pintor que sirvió de puente entre la colonia y la república, y autor de la imagen pública de los héroes de la revolución; el costumbrista Ignacio Merino (1817-1876) y el autodidacta Pancho Fierro (1807-1879), que estampó en sus acuarelas escenas populares de la Lima del XIX. También hay una colección bastante completa de obras de Francisco Laso (1823-1869), entre las que destacan *La lavandera* (1858) y *El entierro del mal cura* (1863). Entre los pintores historicistas de la generación de Luis Montero, cabe destacar el lienzo *La muerte de Pizarro* (1878), de Ramón Muñiz, un español radicado en el Perú. A caballo entre los siglos XIX y XX, Carlos Baca-Flor (1867-1941) fue un retratista que tuvo mucho éxito en los círculos sociales parisinos y neoyorquinos, y, aunque vivió fuera del Perú, su obra tuvo mucha influencia en Lima. El museo expone muchos estudios al carboncillo y bocetos de sus obras.

En 1937 se organizó en este mismo edificio la primera exposición del Salón de Independientes, un movimiento estético alternativo al "indigenismo" que imponía la escuela de Bellas Artes, dirigida por Luis Sabogal. Los Independientes, dirigidos por Ricardo Grau, reclamaban libertad para explorar temas andinos o temas universales, sin imposición de estilo ni de técnica.

Es de destacar la **escultura de los años cincuenta,** de clara influencia modernista, con obras en bronce de Joaquín Roca Rey y Jorge Piqueras que se exponen en el patio, entre las que destacan una *Tapada limeña,* y un *Negro tocando las cajas.* Por último, el museo presenta una panorámica de las **vanguardias de los sesenta,** representadas por el grupo "Arte Nuevo", que, bajo los auspicios del crítico Juan Acha, utilizó el lenguaje de los *mass-media* y la iconografía de la sociedad de consumo. Su actividad fue interrumpida en 1970 por la Junta militar. Los componentes del grupo volvieron a reaparecer en la década de los 80, con una pintura figurativa influenciada por la obra de Fernando de Szyszlo, el más importante pintor abstracto peruano. Pertenecen a este grupo, conocido como "Nueva Figuración", Luz Negib y José Tola, cuya obra –basada en un violento diálogo con las grandes obras europeas– provoca mucha polémica. En el museo hay una tienda bastante desabastecida y una pequeña cafetería.

Museo de Arte Italiano★ (D1, plano Centro, Paseo de la República, 250; *visita, de lunes a viernes, de 10 h a 17 h; la taquilla cierra a las 16.30 h).* Este pequeño museo, situado enfrente del anterior, fue donado por la colonia italiana al Perú en 1921, con motivo del centenario de la Independencia Nacional. Instalado en un edificio de estilo pompeyano, obra del arquitecto Gaetano Moretti, en sus pequeñas salas se exponen muestras de pintura y escultura italianas de los siglos XIX y XX. La pequeña y modesta colección, en la que no figura ningún artista conocido, es digna de verse, tanto por la delicadeza de sus obras como por el marco en el que se exponen.

Museo de Arte Colonial Pedro de Osma (C1, plano Barranco, Pedro de Osma, 421; *visita, de martes a domingos, de 10 h a 13.30 h y de 14.30 h a 18 h).* Este interesante museo privado está situado en una casona colonial de Barranco, cerca de los acantilados. Reúne una heterogénea colección de retablos barrocos, tallas policromadas y piezas de orfebrería. Cabe destacar tres cuadros de Bernardo Bitti, así como muchos ejemplos de pintura cuzqueña, especialmente las series de *La Anunciación,* una parte de la serie de la *Procesión del Corpus* (cuyo grueso se exhibe en el Palacio Arzobispal del Cuzco) y el cuadro *Boda de ñusta Beatriz con el Adelantado Martín de Loyola,* del que hay otra versión en la iglesia de la Compañía de Arequipa (ver pág. 105). Además, expone ropas y objetos litúrgicos, esculturas y muebles coloniales. Cuenta con un pabellón para exposiciones temporales.

Museo de Cultura Peruana★ (f.p., Avenida Alfonso Ugarte 650, cerca de la Plaza 2 de Mayo; *visita, de lunes a sábado, de 9 h a 17 h).* El museo, fundado en 1946 por Luis E. Valcárcel, ocupa el edificio cons-

EL DIOS PACHACAMAC

Pachacamac, era en la mitología prehispánica hijo del sol (Huiracocha) y dios del fuego que estaba vinculado a los movimientos sísmicos. Se creía que sus terremotos lo que hacían era rejuvenecer el mundo creado por su padre, el cual había enseñado las artes a los hombres. Según una leyenda, como en el mundo no había alimentos, el primer hombre y la primera mujer creados por Huiracocha no pudieron subsistir. El hombre murió de inanición y el Sol, por su parte, fecundó a la mujer. Pero Pachacamac se puso celoso y mató al hijo nacido de aquella unión, esparciendo sus despojos por la tierra: así salieron, de los dientes el maíz, de sus huesos las yucas y de otras partes los distintos frutos.

truido en 1921 por Larco Herrera para albergar su colección, y que sirvió como Museo Arqueológico Nacional hasta 1945. El museo trabaja con el Instituto de Arte Peruano, cuyo primer director fue el pintor indigenista José Sabogal en 1946, y el Instituto de Estudios Etnológicos, del que fue director el escritor José María Arguedas. Se exponen manifestaciones de arte popular de todas las regiones de Perú, desde la época prehispánica hasta la actualidad: cerámica, retablos, imaginería, etc. Lo más interesante es la **colección de trajes típicos** y de **calabazas decoradas** (mates burilados). Cerámica de toros, conopas, amarus, iglesias de techo, músicos y gran variedad de recipientes. Imaginería, retablos y cruces de la pasión. Alegorías talladas en piedra de Huamanga, platería del siglo XIX. Además, un importante fondo etnográfico de los diversos grupos amazónicos.

Casa Museo José Carlos Mariátegui (f.p., Jr. Washington 1938-1946. Cercado de Lima). La casa que Mariátegui habitó en vida se salvó de la demolición en 1972, llegó a alojar en estado ruinoso a 16 familias y fue convertida en museo en 1994. Alberga muebles y objetos personales del pensador social y periodista José Carlos Mariátegui, y una biblioteca sobre el personaje donada por la familia y la editorial Amauta, que él fundó.

Casa Museo Miguel Grau. Museo Naval Lima (B2, plano Centro, Jr. Huancavelica, 172; *visita, de martes a viernes, de 9 h a 14 h, de enero a abril; de mayo a diciembre, de 9 h a 17 h)*. En una casona colonial edificada hace 200 años por el funcionario Gaspar de Osma, vivió desde 1867 el almirante Grau. El museo documenta con fotografías y pinturas la vida, familia e historia del héroe de la Guerra contra Chile.

Casa Museo Ricardo Palma (f.p., General Suárez, 189; *visita, de lunes a viernes, de 9 h a 16 h)*. En la casa que fue del escritor y periodista Ricardo Palma (1833-1919), se conservan objetos personales del autor de *Tradiciones Peruanas*.

Museo Andrés Avelino Cáceres (f.p., Av. República de Portugal, 258; Breña; *visita, de lunes a sábado, de 9.30 h a 15.30 h)*. El Museo Andrés Avelino Cáceres pertenece al Ministerio de Defensa y está dedicado a la vida y obra del Mariscal ayacuchano y presidente de la República, Andrés Avelino Cáceres.

Museo Raimondi (f.p., Av. La Fontana, 755; La Molina). El museo fue creado en 1981 para preservar la herencia del viajero naturalista más importante del Perú. El milanés Antonio Raimondi (1824-1890), recorrió durante 20 años, desde 1850, todo el Perú, país al que definió como "un pobre sentado en un banco de oro", inventariando ruinas, fauna y flora y cartografiando su orografía, difícil "como un periódico arrugado". Se conservan manuscritos, acuarelas, muestras minerales, mapas, material de viajes y correspondencia de este sabio, uno de los personajes más populares de Perú. El museo expone también una documentación de la historia republicana entre los años 1850 y 1890.

RESTOS ARQUEOLÓGICOS PREHISPÁNICOS

Huacas Maranga del Parque de las Leyendas★ (f.p., Avda. La Marina, cuadra 24; distrito San Miguel; *visita diaria, de 9 h a 17 h)*. El Parque de las Leyendas es un jardín zoológico en el que ejemplares de la fauna de todo Perú están distribuidos entre los restos de una ciudad construida durante la cultura Lima (200 a.C.-600 d.C.) y que sobrevivió, habitada por los Maranga, hasta la llegada de los españoles. Se han encontrado restos de 50 pirámides y edificios que eran templos, palacios, residencias, etc., cuya historia se documenta en el **Museo Ernst Middendorf,** en la zona arqueológica de Maranga. El museo cuenta con dos salas de interés pedagógico: una de arquitectura y otra de artefactos.

Huaca Huallamarca (f.p., Intersección Av. El Rosario con Av. Nicolás de Rivera 201; San Isidro; *visita, de martes a domingos, de 9 h a 17 h)*. En plena zona urbana está la huaca Huallamarca, que en quechua quiere decir "Lugar de los Hualla". Se cree que los Hualla eran un pueblo de procedencia serrana que estaba asentado aquí cuando fueron invadidos por los incas en el siglo XV. La huaca es una pirámide trunca, y en el yacimiento arqueológico se han encontrado numerosas tumbas.

Huaca Pucllana o Juliana (A2, plano Miraflores, Gral Borgaño s/n, entre las cuadras 5 y 6 de la Av. Angamos Oeste; *visita, de miércoles a lunes, de 9 h a 17 h).* Ahogada por el empuje urbano de Miraflores, la Huaca Pucllana (llamada también Juliana), era un sitio ceremonial de la cultura Lima. Lo forma una pirámide de forma alargada construida por seis plataformas superpuestas, a las que se accede por medio de rampas. Junto a la pirámide se encuentra un complejo de habitáculos construidos con pequeños adobes y que presentan restos de pintura ocre. Desde 1984, Pucllana está provista de un **museo** y un **Área de Flora y Fauna Nativa,** donde se exhiben animales como alpacas, llamas, *cuyes* (cobayas) y perros viringo. Alberga un buen **restaurante** que permite visitar el lugar, iluminado durante la noche.

Museo de sitio de Puruchuco (f.p., Km 4,5 de la Carretera Central, Ate Vitarte; *visita, de lunes a domingos, de 9 h a 16 h).* 'Puruchuco', que en quechua significa "sombrero de plumas", se llama así porque el nombre de la hacienda donde estaban las ruinas, "Vista Alegre", era poco adecuado para un monumento prehispánico. En este lugar debió de existir un palacio de curaca en tiempos de los incas, y desde allí se ve toda Lima si el tiempo lo permite. En el museo se exponen textiles y telares, fardos funerarios y cerámica de una cultura menor establecida en el lugar antes de la llegada de los incas, la cultura Nievería, que se desarrolló en el valle del Rímac en tiempos de los Huari, entre el 600 y 900 d.C. Rescatado por iniciativa privada, en este lugar se celebran también eventos culturales.

Otros centros arqueológicos que quedan más lejos de Lima, en el itinerario hacia La Oroya, son los **centros Huari de Marcahuasi y Cajamarquilla,** que, aunque están situados en medio de un bonito paisaje, son de difícil acceso; su visita tiene interés, sobre todo los para aficionados a la arqueología.

Museo de sitio y santuario de Pachacamac★★ (f.p., Km 31 de la Panamericana Sur; *visita, todos los días, de 9 h a 17 h).* Pasados los pueblos jóvenes del sur de Lima, en el fértil valle del río Lurín, están las ruinas de un importante santuario formado a lo largo de 1.700 años, desde sus inicios bajo la cultura Lima (200 a.C.), hasta la llegada de los españoles en 1533.

La gran zona arqueológica de Pachacamac, que habría que recorrer en coche si no se quiere morir abrasado por el sol, se compone de una serie de construcciones que demuestran la continuada importancia del santuario. Está formada por una zona alta, en la que se levantan los edificios principales, y en cuyo cerro más elevado está el **Templo del Sol;** y una zona baja, cercana a la playa, dedicada al cultivo. El recinto estaba amurallado y encerraba en sus límites una laguna, Urpihuachac ("Laguna de los Patos").

Los primeros edificios del santuario de Pachacamac se construyeron hacia el 200 a.C. bajo la cultura Lima, como el **Tem-**

Ruinas en Pachacamac

Las culturas del valle del Rímac

Aunque las culturas que se dieron en el valle del Rímac sólo tuvieron una importancia local, el santuario de Pachacamac, a 30 km al sur de la capital, en el valle del Lurín, fue uno de los más importantes de Perú y, desde su fundación, centro religioso de los distintos pueblos que habitaron la costa central. Bajo las casas y calles de Lima se siguen encontrando 'huacas' (santuarios; *en la imagen*) y restos arqueológicos de adobe que aportan nuevos datos sobre la historia del Valle del Rímac antes de la llegada de los españoles.

La cultura Lima se extendió entre los valles de Chancay, al norte, y Lurín, al sur, aproximadamente desde el año 200 a.C. hasta el 600 d.C. Era una cultura modesta, que construía pirámides escalonadas de adobes pequeños ("adobitos"). Primero hacían el perímetro de la base y lo rellenaban de tierra y piedras hasta formar una plataforma sobre la que se construía otra, y así hasta formar la pirámide. Restos de esta cultura son los centros arqueológicos limeños de Maranga, Pachacamac, Pucllana, Cerro Culebras, Cajamarquilla, Catalina Huanca.

A partir del año 600 d.C. irrumpieron en esta región los Huari, un imperio que tenía su centro en las montañas de Ayacucho y que se extendió por todo el Perú. Los Huari tenían espíritu colonizador y construían ciudades para administrar los productos agrícolas o artesanos que se daban en otras regiones –en este caso, la costa–, pero escaseaban en su sierra de origen. Con el tiempo, estas ciudades acabaron por independizarse y formar su propio "Estado". Así surgieron en la costa central, entre el 900 y el 1400, la cultura Chancay, al norte del Rímac, y la cultura Ichma, al sur. De la primera se han encontrado grandes cementerios con momias envueltas en tejidos y ajuares de vasijas decoradas con rostros ("chinas") o de figuritas humanas con los brazos en alto ("cuchimilcos"). Estas culturas mantenían relaciones entre sí y acudían todas a consultar el oráculo del santuario de Pachacamac.

Los Maranga, que es como se ha denominado al pueblo que vivió en el valle del Rímac hasta ser asimilado por los incas hacia 1470 y destruido cuando los españoles fundaron Lima en 1535, tenían poblados dispersos por todo el valle, pero su asentamiento principal estaba en actual Parque de las Leyendas.

plo de los Adobitos, el **Templo Viejo** y el **Templo de Urpihuachak**, cuando la importancia del santuario era sólo local. Son construcciones de pequeños adobes cúbicos de colores blanco, rojo y negro. Hacia el 650 d.C., con la llegada de los Huari de la región montañosa de Ayacucho, la influencia de Pachacamac se extendió a otras zonas de los Andes Centrales, pero bajo su dominio sólo se construyó el **Templo Pintado,** un edificio que Max Uhle, el arqueólogo que descubrió el conjunto en 1903, llama **Templo de Pachacamac.** En las terrazas del templo se han descubierto hasta 30.000 tumbas.

Entre 1000-1450 d.C. se desarrolló al sur del río Rímac la cultura regional Ishmay, y de esta época datan el gran centro ceremonial urbano que constaba, además del Templo Pintado, de otros 15 templos con rampa y las dos calles principales trazadas en cruz. Cuando los incas invadieron el valle, (1450-1532 d.C.), adecuaron aquellas construcciones a las nuevas necesidades e hicieron el **Templo del Sol,** situado en la zona más alta, desde donde se divisa todo el valle del Lurín y el mar; el **Acllahuasi** o **convento de las Vírgenes del Sol,** el **Palacio de Taurichumbi,** la **Plaza de los Peregrinos** y el **Ushnu** o plataforma de ceremonias. Parece que durante la etapa inca el oráculo decayó: los cronistas dejan constancia de que falló en las predicciones que hizo a la llegada de los españoles, a los cuales confundió con una reencarnación de Huiracocha, el dios de Tiahuanaco (Titicaca). Por esa razón, o porque el interés de los incas se centrara en otros lugares, el santuario perdió importancia como ciudad sagrada y como oráculo.

En el pequeño **Museo de Sitio,** la pieza más importante es el **ídolo bifronte** procedente del Templo Pintado y descubierto en 1938. Es un poste de madera de lúcumo tallado en su totalidad y de unos 3 m de altura. En la parte superior representa a un personaje con dos caras opuestas y ropajes distintos; los de un lado adornados con maíz y plantas y, los del otro, con felinos y serpientes. La parte inferior, carente de decoración, debía de estar enterrada en el suelo. Este ídolo, que era uno de los oráculos más prestigiosos y temidos de los Andes, e incluso fue consultado por los incas, es el que se conoce como dios Pachacamac. El cronista Garcilaso el Inca, dice que "era tanto lo que le temían que no osaban mirarle, y los sacerdotes entraban en su templo de espaldas al ídolo para quitar la ocasión de alzar los ojos a él." Se cree que la talla estaba encerrada a oscuras en la cámara alta del santuario y el oráculo, al que únicamente tenía acceso la clase noble, sólo podía ser consultado por los sacerdotes.

ALREDEDORES

El Callao

Callao (425.000 habitantes) es el principal puerto de Perú. Aunque está situado a 13 km del centro de Lima y administrativamente es una ciudad independiente, ambas forman un núcleo urbano. El puerto, resguardado por la isla de San Lorenzo, es uno de los más espaciosos y seguros de Sudamérica. Fuera de su ambiente portuario, El Callao no ofrece demasiado interés turístico: centro importador de textiles, cereales, maquinaria, papel y alimentos en conserva, la actividad industrial de la ciudad se centra en los aserraderos, astilleros, refinerías de azúcar, fábrica de cerveza y una planta de fundición de hierro. Desde 1966 es sede de la Universidad Técnica del Callao.

La ciudad, fundada en 1537, sufrió en los siglos XVI y XVII asaltos de bucaneros ingleses, por lo que fue fortificada. En 1746, un terremoto seguido de un maremoto causó 6.000 víctimas. Aunque se proclamó republicana en 1821, los españoles intentaron inútilmente recuperarla, y la bombardearon desde el mar el 2 de mayo de 1866. La fecha es el nombre de muchas calles en las ciudades peruanas.

Museo del Ejército Peruano Real Felipe

(f.p., Parque Independencia s/n, Callao; *visita, de lunes a viernes, de 9 h a 14 h; sábados y domingos, de 9 h a 13 h).* La idea de erigir el fortín Real Felipe, fue concebida por el Virrey José Manso de Velasco. Construido en 1747 por el cosmógrafo francés Luis Gaudin, el matemático español José Amich y el experto en fortalezas español Juan Francisco Rossa, tiene planta pentagonal y ha sobrevivido a terremotos, embates bélicos y de la naturaleza. En sus cinco vértices sobresalen los baluartes de "El Rey", "La Reina", "San Felipe", "San Carlos" y "San José" y que sirvieron de polvorines. Desde allí, donde se ubicaron 24 cañones, se domina toda la bahía.

Resto de Perú

AREQUIPA

950.000 habitantes, 2.335 m de altitud

Situada en la falda de un volcán activo, el Misti (5.821 m), y cerca de otros dos, el Chachani (6.075 m) y el Picchu Picchu (5.425 m), Arequipa tiene en su historia más de catorce destrucciones debidas a la furia de estos Apus protectores. Quizá lo que no les gusta a los Apus de las montañas es que sea una "ciudad blanca", no sólo por la piedra sillar, que, extraída de las canteras del propio Misti, se viene empleando en Arequipa desde su fundación, sino porque también es "blanca" de población, ya que los colonizadores españoles se encargaron de no mezclarse con los indígenas. Con un clima alabado ya por los cronistas y las fértiles huertas del Chili, la industriosa Ciudad Blanca es el segundo centro urbano de Perú y una de las ciudades más bonitas del país, cuyo centro fue inscrito en el año 2000 en el Patrimonio Universal de la UNESCO.

Historia

Hay en la región de Arequipa más de 250 lugares arqueológicos con pinturas e incisiones rupestres que demuestran que estuvo habitada desde hace más de 10.000 años: dibujos de animales y hombres y trazos geométricos, de los que los más importantes están en el desierto de Toro Muerto, en el Valle del Majes, en Cabezas Achatadas (Huacapuy, expuestos en el Museo Arqueológico) y en la laguna de Salinas. Estos últimos son mucho más recientes,

y ya muestran influencias de las culturas Huari de Ayacucho y Tiahuanaco del Titicaca, cuyos pueblos se asentaron en el valle del Colca (los Collaguas y los Cabanas) y en terrenos de la actual Arequipa (los Yarabayas). Estos pueblos fueron quienes, perdidos entre las abruptas montañas, "aterrazaron" los valles de los ríos y convirtieron el desierto en un vergel.

Hacia 1450 fueron sometidos por los incas e integrados en su imperio. De entonces data la primera leyenda de la fundación de Arequipa. Durante aquellos años de 1450, el Misti tuvo una actividad tan violenta que dejó la región cubierta de una capa de 10 cm de lava y enterró los poblados que había en sus laderas. El inca Huayna Capac, que pasó por allí con su ejército conquistando territorios para su imperio, contempló la destrucción que el volcán había causado en el poblado Yarabaya y, cuenta el cronista Fray Martín de Murúa, sus soldados le pidieron que les permitiera quedarse y recuperar la zona arrasada: "Are-qui-pay", repondió el inca ("Está bien, quedaos"), y así quedó bautizado el lugar. Otras fuentes dicen que Arequipa proviene de la lengua de los Yarabaya, el puquina, y que significa "detrás del volcán".

Unos cien años después, los españoles fundaron allí la ciudad actual, en una época de rivalidades entre Pizarro y Almagro. Pizarro había fundado otra ciudad en la costa, Villa Hermosa de Canamá, pero la gente no estaba contenta, porque el calor y los terrenos pantanosos del valle causaban demasiadas enfermedades y buscaban otro lugar. Por entonces (1937), regresaba Almagro de su decepcionante expedición

Llamas en el valle del Colca

a Chile, donde sólo había encontrado el desierto de Atacama y había tenido que vérselas con los feroces Araucanos, y descansó con sus huestes en aquel poblado, donde incluso construyó la iglesia de San Lázaro, y parece que pensó quedarse allí. Pero Pizarro le reclamó, porque en el Cuzco había surgido la rebelión de Manco Inca y necesitaba su ayuda.

Almagro, que tras el desastre de Chile tenía interés en quedarse de gobernador del Cuzco, tal como había pactado con Pizarro, se fue hacia allí y dejó encargado a Garcí Manuel de Carbajal que se quedara en Arequipa con la gente que no quería residir en Canamá. Dos años después, cuando los conquistadores se habían enfrentado en la batalla de Salinas, y Almagro había sido ajusticiado por traidor, Pizarro pudo hacer oficial la fundación de Arequipa: el 15 de agosto de 1540, Carbajal trazó sobre la Plaza de Armas las 16 calles cruzadas que forman el núcleo de la ciudad. Los primeros 51 vecinos que tuvo eran soldados españoles, y alguno de ellos "de los 13 de la isla del Gallo". En 1546, la ciudad se terminó de cercar y se prohibió a los nativos que vivieran dentro de la cerca. Así nació la tradición y el sobrenombre de Arequipa. Cuando el virrey Toledo ordenó hacer un censo de la región, de los 37.000 habitantes que había en los terrenos de Arequipa, 22.000 eran blancos; en Lima, que tenía 62.000 habitantes, sólo había 18.000 criollos.

A medio camino entre Potosí y el puerto de Molledo, Arequipa prosperó como "tambo" o lugar de descanso y aprovisionamiento de las caravanas de llamas cargadas de oro y plata que iban hacia el mar y volvían con aceite, guano, velas de minero hechas con grasa de foca y pescado. Además de lana y carne de los rebaños, los huertos del Chili ofrecían sus productos frescos.

La ciudad se llenó pronto de iglesias y conventos; en 1544, al mismo tiempo que la catedral, los dominicos empezaron a construir su convento. Los franciscanos y mercedarios llegaron en 1551 y, en 1573, los jesuitas. En 1579 se fundó el convento de Santa Catalina y, más tarde, en 1700, las carmelitas construyeron su convento de Santa Teresa.

Verdadera capital de sur, la historia de Arequipa se mueve al compás de sus rivalidades con Lima, sus conatos de independizarse de la capital y su fidelidad a la realeza de Madrid. En tiempos de la Independencia, la ciudad fue tomada ocasionalmente por las tropas peruanas al mando de Mateo Pumacahua, pero fue recuperada por los realistas poco tiempo después, en la batalla de Umarichi, donde fue ejecutado el joven poeta arequipeño, Mariano Melgar (1791-1815). Melgar era un mestizo que escribía poemas al estilo de las canciones indias llamadas "yaraví" y fábulas en verso, como "el Cantero y el

AREQUIPA

Asno", en la que compara la situación del indio con la de los burros de carga.

La ciudad se proclamó por fin peruana en 1824 y en 1825 Bolívar entró en ella triunfalmente.

La vida de Arequipa en esta primera mitad del siglo XIX ha quedado muy bien descrita en la crónica de la abuela de Gaugin, Flora Tristán *(Peregrinaciones de una paria)*, que en 1833 pasó seis meses en la ciudad tratando de legitimar la herencia paterna que su tío, el patricio arequipeño Don Pío Tristán, le negaba. En aquella época Arequipa tenía casas de agentes comerciales ingleses y franceses que exportaban a sus respectivos países lana de llamas y de ovejas. En 1870, la inauguración del ferrocarril Mollendo-Cuzco-Puno-La Paz impulsó su desarrollo y la convirtió en el centro comercial del sur del país, un papel que aún mantiene.

En los últimos treinta años, con la alfuencia migratoria del campo, sobre todo de la zona de Puno, sus problemas urbanos no difieren de los de otras grandes ciudades peruanas.

VISITA

El centro de Arequipa es limpio y ordenado. El convento de Santa Catalina y algunas casas coloniales transformadas en hoteles o bancos son las únicas manchas de color de Arequipa, construida toda ella en la blanca, porosa, blanda y elástica piedra volcánica. En total hay 325 edificios construidos con ella, de una altura máxima de dos pisos, pues los movimientos telúricos impedían elevar más las construcciones. En los alrededores del casco colonial hay más color; son calles gremiales en las que los comercios están ordenados por zonas. La calle Corbacho, por ejemplo, está llena de tiendas de cortinas y telas; la calle Palacio Viejo, de tiendas de música; en la calle Santo Domingo abundan las zapaterías. En todas estas calles hay centros comerciales que podrían estar en Europa, pero si se hace una visita a los "centros comerciales" *Siglo XX*, entre las calles Siglo XX y Santa Rosa, se descubrirá con sorpresa un concepto de "Hipermercadillo" que los técnicos de márketing de la moderna Europa no han logrado ni imaginar. Es otra forma de barroco mestizo arequipeño aplicado al comercio. Las mejores discotecas y locales nocturnos están a 5 km del centro, en la **Avenida Dolores.**

Plaza de Armas (B2). El cuadrado de la Plaza de Armas, tiene tres laterales con soportales de dos pisos de arcadas y, el cuarto, lo forma la catedral. Ocupa el centro de los jardines una **fuente** de 3 pilones coronada por la popular figura de un corneta del siglo XVIII que suelta el agua por el yelmo y, apodado "el Tuturutu", es protagonista del dicho arequipeño "¡Vaya usted a quejarse al Tuturutu!"

Catedral (B2). Fue construida a finales del siglo XIX. Anteriormente había otra de 1656, que es el año en que Arequipa consiguió independizarse de la diócesis de Cuzco y el nuevo obispo, deseoso de ocupar su diócesis, ofreció como premio 3.000 botellas de vino si el templo se construía en un plazo rápido. Y así fue, pero tanto ese obispo como su sucesor murieron durante el viaje hasta Arequipa. Tras sucesivos derrumbes causados por terremotos, el actual templo fue

Plaza de Armas de Arequipa

reconstruido en estilo neorenacentista en 1868, y sus torres aún sufrieron el desastroso seísmo del 23 de junio de 2001.

En su sencillo y luminoso interior de tres naves, hay un altar de mármol de Carrara, un púlpito tallado en Lille por el francés Bussine Rigot (1879) y relieves sobre las puertas laterales del peruano Francisco Laso. El **órgano**, uno de los mayores de Sudamérica, es belga, y fue construido para la Exposición Universal de París de 1889. La imagen de más culto es Jesús del Gran Poder.

La Compañía★ (C2) *(Visita, todos los días, de 10 h a 13 h y de 15.30 h a 19 h)*, antigua iglesia de los jesuitas, queda al otro lado de la Plaza. La **fachada** fue concluida por el cantero Diego Felipe y es una de las principales muestras del barroco mestizo del Perú. Se trabajó en ella más de 100 años, y sobrevivió al terremoto de 1868, que sólo dejó diez casas en pie en toda la ciudad y, según el periódico *La Bolsa*, destruyó "300 años de historia en 10 minutos". Entre las letras y números, se lee –fuera del segmento central, con el arcángel San Miguel rodeado de ángeles y el águila bicéfala casi ahogada entre volutas– : "El año" y "de 1698". En el friso, entre rosetas y cabezas de querubines, las iniciales **SD-SF-SI-MN** significan *Sanctus Deus, sanctus fortis, sanctus inmortalis, miserere nobis*.

Entre las filigranas se puede ver un felino de muchas patas, el águila bicéfala de los Austrias y el escudo de la ciudad en el tímpano. En el tímpano de la portada lateral, obra de Simón Barrientos (1654) hay un Santiago matamoros a caballo, cuya cola estilizada recuerda la estela Raimondi de Chavín de Huántar. Bajo Santiago, dos sirenas con escudos (motivo renacentista), transformadas en ángeles.

Entre los altares barrocos del interior, tenuemente iluminado por los alabastros de la cúpula, destaca, en el **altar mayor**, la *Virgen con el Niño* (Bernardo Bitti, 1595).

Lo más interesante del templo es la **capilla de San Ignacio**, cuyas paredes y techo están cubiertos de frescos con una recargada decoración de plantas tropicales y animales, en la cúpula, guerreros y ángeles y en los timpanos, los 4 evangelistas. No se sabe nada de sus autores ni de la técnica empleada, a base de grasa de llama y colores vegetales que no han perdido ni un ápice de intensidad en 300 años. Entre los cuadros, destacan una *Virgen,* un *Señor atado a la columna,* un *Cristo Resucitado,* obras de Bernardo Bitti, un *Cristo del Buen Morir,* atribuido a Juan Martínez Montañés y un *San Sebastián,* cumbre escultórica del siglo XVI, de Diego Rodríguez. En el interior hay una **pila de agua bendita** cuyo pie está esculpido en forma de piernas humanas unidas directamente a la cabeza, probablemente una alusión a los monstruos de indias o al mito del Buen Salvaje que poblaban la fantasía de la gente en la época del descubrimiento. En la antesacristía hay un cuadro protagonizado por seis personajes, que es más interesante de lo que parece a primera vista: *La boda de la ñusta Beatriz con el Adelantado Martín de Loyola,* de autor anónimo, del que se conservan seis versiones en distintos museos del Perú.

Al lado de la iglesia de la Compañía está el convento jesuita **Colegio de Santiago** (1738), donde había un seminario para preparar misioneros destinados al Amazonas. El edificio conserva tres claustros con un hermoso crucero de abigarradas columnas cubiertas de flores, parras, mazorcas de maíz y coronas de flores enmarcando cabezas de angelotes adornadas con penachos de plumas indias y cabezas de puma como gárgolas. En las cuñas de los arcos se repite el monograma jesuita de la Sagrada Familia. Los únicos retratos en este patio son los de San Ignacio y San Francisco Javier. Las columnas de piedra sillar tienen 80 cm de lado y las paredes poseen un sólido grosor contra los seísmos. Actualmente, los claustros están abiertos al público, y en su interior hay comercios turísticos con buenos productos de alpaca y de artesanía.

Dos manzanas hacia el este, los dominicos construyeron su convento en el siglo XVI, al mismo tiempo que la primera catedral. La **iglesia de Santo Domingo** (C2) también tiene el pórtico principal profusamente adornado y, además, otro lateral con una mandorla en la que aparece San Pablo. En el interior hay un **coro** de 1677 con trabajos de cantería mestizos y un cuadro, *Los crucificados,* obra de Bernardo Pérez de Robles, alumno de Martínez Montañés.

EL BARROCO MESTIZO AREQUIPEÑO

Se denomina "barroco mestizo" a la mezcla de elementos ornamentales, autóctonos y españoles, que se da en los edificios peruanos a partir del siglo XVII. En Arequipa, condicionado por la blanca piedra sillar, que es una toba volcánica, porosa, fácil de labrar pero sumamente quebradiza para esculpir, este barroco adquirió características especiales, únicas en la arquitectura sudamericana y se llamó "barroco mestizo arequipeño". Se puede observar en muchos templos y casonas, cuyas portadas adornadas sobresalen medio metro del cuerpo del edificio y están decoradas con gran profusión de elementos incas (pumas y flores de cantuta) y símbolos heráldicos. Estos adornos eran dibujados haciendo incisiones de unos 3 cm en la piedra cuadrada, y dan la impresión de ser paños de encaje superpuestos. Se considera modelo de barroco arequipeño el Pórtico de la Compañía *(en la imagen),* trabajado por canteros del valle del Colca que, en sus adornos, igual que hicieron en las iglesias del valle, mezclaron los símbolos de sus creencias tradicionales (máscaras, trenzas, ciempiés, mazorcas de maíz, felinos, etc.), con otros de signo cristiano (hojas de acanto, querubines, monogramas de Cristo).

El "brocado" tiene además el detalle de que los bordes están un poco resaltados hacia arriba y producen con la luz del sol una profundidad mayor del dibujo y un juego de sombras en el que algunos han querido ver una metáfora del principio de dualidad de las culturas Tiahuanaco e Inca.

En la calle San Francisco, frente a la fachada principal de la catedral, el **Banco Continental** (B2) ocupa el solar de la Casa Tristán del Pozo, tambien llamada Casa Ugarteche y Casa de Riketts (San Francisco, 108). Una inscripción en la fachada atestigua su construcción, en 1738, como palacio arzobispal. En ella residió la feminista francesa Flora Tristán en 1834, abuela de Gaugin, mientras estuvo en Arequipa. Actualmente, el banco ha montado una **sala de exposiciones** en dos de sus salones *(visita, de lunes a viernes, de 9 h a 12.45 h y de 16 h a 18.30 h; sábados sólo mañanas).*

Por el pasaje peatonal de detrás de la catedral, con tiendas de arte y de recuerdos, se llega a la **Casa Arróspide** (B2, Santa Catalina 101), con una fachada en la que se lee "Esta casa se yso el año 1743 por Dios le pido al que vibyere en ella un Padre y un Ave". Perteneció primero a la familia vasca Iriberry y hoy es Facultad de Derecho de la Universidad de San Agustín.

Cierra la perspectiva, al fondo de esta calle, la **iglesia de San Francisco** (A2, Calle Zela, cuadra 1; *visita, de lunes a sábado, de 9 h a 12 h y de 15 h a 17 h).* Construido por primera vez en 1551, el edificio que se conserva es del siglo XVIII y fue muy dañado por el terremoto de 1960. Bajo el templo están enterrados el conquistador Diego Peralta Cabeza de Vaca y su mujer María Robles y de Solier. El matrimonio tuvo 18 hijos, por lo que Peralta es un apellido normal en Arequipa. En su sencillo interior sobresalen el altar de plata del presbiterio y el coro de piedra.

El convento contiguo tiene tres claustros, llamados según las Personas de la Trinidad. En él destacan la **Biblioteca,** de 20.000 volúmenes, y la ***Sala Capitular,*** construida en 1761 y no derribada por ningún terremoto. Está decorada con un gran fresco que representa a *La Familia Franciscana.* Actualmente está convertida en museo de arte religioso, en el que, además de ropajes litúrgicos, se exponen interesantes pinturas: una *Cena* de Leonardo da Vinci copiada por un pintor anónimo que incluyó elementos mestizos, como la vajilla de cerámica peruana, *cuys* en los platos y la sierra en el paisaje del fondo. Hay también un *Apostolado* de la escuela de Zurbarán y una *Vida de María* de la escuela Cuzqueña (siglo XVIII).

Museo Histórico Municipal. (A2, Plazuela de San Francisco s/n; *visita, de lunes a viernes, de 9 h a 16.45 h),* instalado en un pequeño edificio de la Plazuela de San Francisco, que comparte con un centro de comercios artesanales. En él se exponen hallazgos arqueológicos y una documentación de la Independencia peruana y de la Guerra del Pacífico (1879-1893). Una sala está dedicada a personalidades arequipeñas, otra a la marina, y un conjunto de fotos con los destrozos del terremoto de 1868 en Arequipa y otras del Valle de los Volcanes. En la pinacoteca se exponen obras de pintores locales y una sala está dedicada al pintor Vinatea Reinoso.

Convento de Santa Catalina★★ (B2, Calle Santa Catalina, 301; *visita diaria, de 9 h a 17 h; taquillas hasta las 16 h),* una auténtica ciudad construida para las dominicas en 1579, con muchos callejones, plazuelas y rincones en su interior.

En él llegaron a enclaustrarse hasta un total 500 monjas con sus criadas, tras pagar una dote de 1.000 pesos de oro. Apenas inaugurado, en 1582, un terremoto lo dejó en tal mal estado que se inició la tradición de que las familias de las monjas construyeran los "apartamentos" de las mismas y así se fue creando con el paso del tiempo una ciudad interior cuyas necesidades eran casi "municipales". En el siglo XVII el solar fue ampliado a los 20.000 m^2 actuales. Las calles pintadas de sugestivos colores, la clara luz arequipeña filtrándose por vanos y ventanas, y las macetas de geranios asomando por los rincones, convierten la visita en un paseo insuperable. Destacan la **calle Sevilla,** con arcos contrafuertes y, al fondo, la antigua iglesia que después fue cocina; la **calle Córdova,** que neutraliza con sus tiestos las diferencias que pudiera haber entre el lateral derecho del siglo XVII y el izquierdo del siglo XX, donde está la entrada a la clausura; la **calle Burgos,** que linda con la **lavandería** (1770), un curioso montaje al aire libre, de tinajas alimentadas por el agua de una acequia central. Incluso hay una **Plaza de Zocodover,** en la que las monjas tenían su zoco los domingos para intercambiar hilos y labores. Desde las terrazas se divisa muy bien el Misti nevado sobre la ciudad.

Entre los claustros destacan el **Claustro de los Naranjos** (1738), con tres cruces en el centro, en el que las monjas, sólo para ellas, representaban la *Pasión* en Viernes Santo; el recogido **Patio del Silencio** y el **Claustro Mayor** (1715-23), con 32 lienzos de la vida de María y de Jesús colgados en las paredes y cinco confesonarios adosados en el muro lateral de la iglesia. Ésta fue construida en 1660 y restaurada después de cada terremoto. Conserva su altar mayor de plata repujada y la reja que permitía a las monjas asistir a los oficios religiosos. El campanario es de 1768.

El convento fue recinto de clausura hasta el 15 de agosto de 1970, en que una fundación privada se hizo cargo de su restauración y explotación turística. Las 50 monjas que quedan en la actualidad no se ocupan del edificio (hay 40 empleados y una excelente y tranquila cafetería) sino que reciben un alquiler mensual de 40.000 nuevos soles y se dedican a la oración. En 1985, el papa Juan Pablo II hizo santa a una de sus prioras, Sor Ana de los Ángeles Monteagudo (1604-1683), cuya vida ilustra bien aquella época: cuarta hija de una familia patricia arequipeña, entró en el convento a los 3 años, pero a los 10, sus padres la sacaron para casarla. Ella se escapó de casa y regresó al convento. Tuvo que pagarle la dote su hermano mayor, pues sus padres se negaron a hacerlo. Aunque no sabía leer ni escribir, fue elegida priora por su ejemplar ascetismo, pero el desacuerdo de muchas monjas fue tal que intentaron envenenarla tres veces. Tras larga enfermedad, murió ciega.

En las dos salas de la pinacoteca del convento se exponen 80 pinturas restauradas, como el ciclo de las *Letanías de San Lorenzo,* procedente del convento de novicias. Destacan los lienzos del cuzqueño Diego Quispe Tito (1611-1680), un *San Miguel* de Zurbarán y *San Juan y San Lorenzo* del italiano de la Escuela Limeña Angelino de Medoro (1547-1628) y 27 cuadros con la *Vida de Santa Catalina de Siena,* de autor anónimo.

Museo de Arte Virreinal de Santa Teresa★★ (B3, Calle Melgar 303, *abierto todos los días de 9 h a 16.30 h).* Ubicado en el convento de Santa Teresa, expone una magnífica colección de arte religioso en un marco inmejorable. Este convento de clausura, de menores proporciones que el de Santa Catalina, ha sido abierto al público en junio de 2005 tras cuatro años de paciente restauración tras el terremoto de 2001. Las colecciones de pintura, de artes decorativas, escultura y orfebrería son de excepcional calidad. De visita indispensable.

Museo de los Santuarios Andinos★ (B2, La Merced, 110; *visita, sólo guiada, de lunes a sábado, de 9 h a 18 h; domingo, a las 15 h).* Alojado provisionalmente en una casa colonial, Casa Arango o Casa Bustamante, que fue empezada al estilo barroco en el siglo XVII, reformada a partir de 1740 y modificada en estilo clasicista en el siglo XIX. El museo depende del rectorado la

El convento de Santa Catalina es una pequeña ciudad dentro de Arequipa. Sus calles y patios, pintados de llamativos colores y decorados con geranios, recuerdan a los pueblos andaluces.

Universidad Católica de Santa María y fue creado en 1996 para exponer los hallazgos de ofrendas encontrados en los volcanes de la región de Arequipa. En cuatro salas y un vídeo se documentan las ceremonias de sacrificios humanos de los incas a los Apus (espíritus de las montañas).

Conviene asegurarse, antes de entrar, de que la gran estrella del museo, **Juanita del Ampatu,** está expuesta en su vitrina climatizada y no en el laboratorio o de viaje.

El hallazgo no fue casual, sino producto de una búsqueda sistemática en la que los arqueólogos de alta montaña y escaladores Miguel Zárate y Johann Reinhardt, descubrieron también sitios ceremoniales en otros volcanes de la región de Arequipa, en Argentina y en Chile. Este descubrimiento del Ampato ocurrió gracias a que el volcán Sabancaya (6.076 m), entró en actividad en 1990-1994 y con su lluvia de lava logró deshacer la capa de hielo del cercano Ampato, permitiendo que aflorara el tocado de plumas de guacamayo de Juanita, que fue descubierto por los arqueólogos en 1995. Ambos arqueólogos desenterraron el cuerpo congelado (32 kg) de la niña sacrificada (15 años, 1,50 m de altura, 50 kg de peso) y lo transportaron en etapas hasta la nevera de su casa y luego a la de la universidad. Fue bautizada con el nombre de Juanita por Johann Reinhardt.

Junto a la casa ocupada por el museo, está la **Casa Goyeneche** (C2, Merced, 201), sede del Banco Central de Reserva. El edificio, de estilo renacentista, tiene en la sencilla portada las armas del obispo José Goyeneche y Barrera, que fue su propietario en el siglo XIX, aunque el edificio data de 1558. El banco propietario abre al público (en horario de oficina) dos salones de la casa que dan al patio central, en los que expone una colección de pintura cuzqueña, retratos de familia y un par de esculturas de la escuela de Pedro de Mena (un *Ecce Homo* y una *Dolorosa).*

En la **Casa del Moral** (B2, Calle Moral, 318; *visita, de lunes a viernes, de 9 h a 17 h; domingos, de 9 h a 13 h),* un palacio que en el siglo XVIII se construyó el corregidor Manuel Santos de Pedro, caballero de Calatrava, se conserva la morera que le da nombre. En el friso de la entrada, un jaguar lucha con una serpiente enredada en un árbol que recuerda los dibujos de la cerámica Nazca. En su interior se puede admirar la arquitectura del edificio, pinturas caseras de la escuela de Cuzco, mapas del siglo XVII y muebles coloniales.

Al otro lado de Santa Catalina está la **Casa de Quiroz** o **de la Moneda** (B2). Construida en 1794, en ella se acuñó moneda durante la federación peruano-boliviana (1836-38). Otras casas interesantes son la **Casa Mendiburu** (Melgar 109), construida en el siglo XIX en estilo colonial, y la **Casa de los Pastor** (Bolívar 106). En la calle paralela están los restos barrocos de la **iglesia de San Agustín** (B2, intersección calles San Agustín y Bolívar; *visitas diarias, de 8 h a 12.30 h y de 17 h a 20 h),* obra maestra de la arquitectura mestiza del siglo XVII. Un terremoto destruyó el convento de los agustinos y sólo dejó en pie la fachada del templo y la **sacristía,** ejemplo perfecto del estilo mestizo con arcos de 7,60 m de diámetro en la base. En los tres claustros del templo se reparten algunas dependencias de la actual Universidad de San Agustín.

La **casa Iriberry** (B2, 1793) aloja despachos de la Universidad y salas de exposiciones y, en el piso alto, un pequeño café.

En la calle de su nombre, está la **iglesia de la Merced** (C2, 1740), con pórtico de piedras sillares, en el que dos ángeles sostienen el manto de la Virgen entre San Pedro Nolasco y San Ramón Nonato (siglo XVIII). En el altar mayor hay una pintura colonial de la *Virgen Redentora de los Cautivos,* es decir, *La Merced,* y *El Señor de la Sentencia.* El altar lateral izquierdo enmarcado en plata es del barroco Rafael Murillo, llamado "El divino"; la estatua de la Virgen del Consuelo, de 67 cm, es obra del español Gaspar del Águila. En la gótica sala capitular, se conservan valiosas pinturas de la escuela de Cuzco.

Al otro lado del río Chili, por el puente Grau, se llega al **convento de La Recoleta** (A1, Ronda de la Recoleta, 100; *visita, de lunes a sábados, de 9 h a 12 h y de 15 h a 17 h),* que fue construido por los franciscanos en 1647 y recientemente renovado. A la entrada se halla la "chomba" o tinaja más antigua del Perú, con la fecha de fabricación grabada: 1550. En el sencillo interior del convento hay varias salas-museos: el **Museo del Amazonas,** expone animales disecados, artefactos de los indios, construcciones y 200 cactus recogidos por misioneros, además de una serie de mapas de las misiones de esta orden religiosa en la selva. El **Museo Precolombino** expone una colección de hallazgos arqueológicos de la región de Arequipa, y en el **Museo de Arte Religioso** se conservan lienzos de la escuela cuzqueña y arequipeña. El más curioso de todos es un cuadro que está colgado a la entrada que representa un San Francisco con tres brazos (el pintor le puso la mano izquierda en sus partes, y como resultaba procaz, la corrigió y la elevó a lo alto, pero el "arrepentimiento" volvió a aparecer). En la **biblioteca** hay 20.000 libros con algunos ejemplares de hace 500 años: Una edición del *Quijote* de 1616 (Cervantes, en la *Galatea,* había escrito 30 años antes: "Arequipa, eterna primavera").

En Arequipa vivió Diego Martínez de Ribera, que con Cieza de León y Agustín de Zárate iniciaron la tradición literiaria colonial en Perú. También es arequipeño Vargas Llosa. Igualmente, Víctor Andrés Belaúnde, presidente de la asamblea de las Naciones Unidas, que en su casa natal (Jr. Moral, 316), tiene un pequeño **museo.**

Al norte de la ciudad, al final de las calles de Santa Catalina o Jerusalén, está el **barrio de San Lázaro,** primer núcleo de Arequipa. Es un barrio muy pequeño, formado por cinco o seis callejas (Pasajes del Violón, de la Bayoneta, de los Cristales, del Combate Naval), que no guardan trazado rectilíneo como el resto de la ciudad y confluyen en la pequeña plaza central de Camporredondo, donde un obelisco conmemora el lugar de la fundación de Arequipa. La **iglesia de San Lázaro** (A2), donde Almagro construyó una ermita en 1537, está al margen norte del barrio. Detrás de la iglesia está el **parque de Selva Alegre** (A3) una ciudad-jardín en cuyo centro se ha erigido una **estatua** a uno de los personajes más curiosos de Arequipa, el jesuita Juan Pablo Viscardo (1748-1798), que, nacido en esta ciudad, tuvo que exiliarse cuando los jesuitas fueron expulsados de territorio español. Luego participó en la Revolución Francesa y en 1792 escribió en francés una *Carta a los españoles americanos,* que circuló clandestinamente y es considerada el primer escrito que propugna, como solución a los problemas de Hispanoamérica, su independencia de la corona española.

Atraviesan el río Chili tres puentes: el **puente Bolognesi,** una obra de granito y sillar de 400 años de antigüedad; el **puente Grau** (A1), construido en 1884-1898; y el **puente Bolívar,** construido por la empresa belga de Gustavo Eiffel en 1882 para el ferrocarril a Cuzco, y que, hasta 1889, dicen que fue el más largo del mundo (448 m). Los pueblos que había al otro lado del río se han integrado como barrios de Arequipa. Por el Puente Grau se llega al **barrio de Yanahuara** (A1), a unos 2 km del centro, con una iglesia barroca de 1750, desde cuya torre, o desde los arcos del Mirador de Yanahuara, hay una buena panorámica de Arequipa.

JUANITA Y LOS APUS

Juanita, la niña sacrificada en el Ampato, no sólo llevó mensajes a los apus de las montañas, sino que los legó a la posteridad. Gracias a ella sabemos hoy con certeza que los incas hacían sacrificios humanos, cómo eran estos sacrificios y cuáles eran las condiciones climáticas que concurrieron en la década de 1440-1450, cuando el Misti *(en la imagen)* entraba en erupción sin descanso y ni las rogativas, ni los altares de ofrendas en las laderas de los montes vecinos, podían aplacar su ira.

Entonces se preparó el sacrificio de Juanita, una niña de 13 años, escogida por su belleza durante una fiesta de Capaccocha (se celebraban cada cuatro años), para ser preparada en un "acllahuasi", o convento de las Vírgenes del Sol. Cuando se decidió su sacrificio fue conducida en procesión hasta la falda del monte vecino, el Ampato, donde los incas habían construido una plataforma de 14 m^2 a modo de altar. Allí sólo ingirió alimentos vegetales. Fue vestida con finas ropas y calzada con zapatos de cuero bordados, y en su cabeza se puso un adorno de plumas de guacamayo. Colocada en el altar, recibió un golpe de macana en el parietal y murió instantáneamente. Junto a ella fueron enterradas varias figurillas de metal y conchas de 'mullu' envueltas en paños de lana de alpaca, algunas bolsitas de coca, cerámica y otras ofrendas. Como acompañantes de Juanita, fueron sacrificados en el Ampato un niño y dos niñas más jóvenes que ella. No fueron los únicos. Además de estos cuatro cuerpos del Ampato, se han encontrado otros tres en el Picchu Picchu, uno en el Sara Sara (una momia de niña bautizada como Sarita), y otros seis cuerpos en el Misti.

En la misma dirección, 1 km más arriba está **Cayma,** otro barrio desde el que se divisa toda la ciudad. En él está la **iglesia de San Miguel Arcángel,** construida en 1730 en barroco arequipeño. En el interior se conserva un cuadro de la *Candelaria,* regalo de Carlos V. Sobre las puertas, hay semirretratos con cabezas cubiertas por sombreros, según una moda de la época que también se encuentra en San Juan Bautista de Julí, en el lago Titicaca.

ALREDEDORES

Excursion por la campiña de Arequipa

Rodeando Arequipa, desde el sur hacia el noreste de la ciudad, a distancias menores de 15 km del centro quedan, diseminados entre los huertos, pueblos con picanterías y restaurantes campestres a los que acuden los arequipeños los fines de semana y por los que se puede hacer una agradable excursión para disfrutar del paisaje, pues en casi todos ellos hay miradores. La ruta no es sencilla de hacer si no se va con agencia o en taxi. Pasa por los siguientes pueblos:

Río abajo, **Tingo** (5 km) cuenta con tres piscinas y una pequeña laguna en la que se puede remar. Casi a la altura de Tingo, en **Sachaca,** el obispo Goyeneche se construyó un palacio de verano con aspecto de fortaleza. Desde Tingo se puede llegar también a **Tiabaya** (a 4 km), un pueblo agrícola entre arboledas de eucaliptus y sauces. Si se desea dar un paseo de una hora, se puede subir hasta **Cerro Verde,** llamado así por una antigua mina de cobre.

En Tingo se puede atravesar el río Chili y, por la Vía Paisajista, que remonta la corriente del río Sabandía, se llega en 5 km a la **Mansión del Fundador** (Vía Paisajista; *visita, de martes a domingos, de 9 h a 17 h),* aislada entre los campos cultivados. Es un palacete de campo construido en el siglo XVI en piedra sillar por el fundador de Arequipa, Garcí Manuel de Carvajal. Ocupado por los jesuitas entre 1585-1767, en 1785 pasó a la familia Goyeneche que

LOS CAMÉLIDOS ANDINOS

Tanto los camellos de Asia y África como los camélidos andinos, descienden de un mamífero ungulado del tamaño de una liebre que se extinguió en Norteamérica hace 45 millones de años. Todos ellos conservan un labio leporino que les sirve de cuchara para elegir una a una las plantas del suelo. Hace 3 millones de años pasaron a Asia por el estrecho de Bering y evolucionaron en camellos y dromedarios. Cuando se formó el itsmo de Centroamérica, se extendieron por América del Sur. Hoy día, entre huanacos, vicuñas, llamas y alpacas, hay unos 8 millones de cabezas, el 90 por ciento de los cuales tienen su hábitat en los Andes de Perú y Bolivia. Hace 5.000 años que llamas y alpacas fueron domesticadas.

La llama, de las que hay unos 3 millones de cabezas, es el camélido de mayor tamaño, apreciada por su carne y su lana. Pueden transportar hasta 50 k de peso a 30 km de distancia, y es un animal respetado por su agradable trato. Flora Tristán, la abuela de Gaugin, que viajó por Perú hacia 1830, escribió: "La llama es el único animal asociado al hombre que no se ha dejado envilecer. No se deja golpear ni maltratar. Consiente en ser útil, pero a condición de que se le ruegue, y no que se le mande. Su cuello largo, las largas sedas de su pelaje, sus movimientos flexibles y tímidos les dan una expresión de nobleza y sensibilidad que inspira respeto. Si sucede que un indio quiere exigir por la fuerza lo que la llama no quiere hacer voluntariamente, ésta levanta la cabeza con dignidad, se echa en el suelo, dirige sus miradas al cielo y gruesas

hizo en él bastantes reformas. Durante la Guerra con Chile (1883) sirvió de cuartel al ejército invasor chileno. Renovado en 1987, en su interior se conservan muebles coloniales y pinturas de la escuela cuzqueña. La casa está dentro del término municipal de Socabaya.

En el siguiente pueblo, **Sabandía,** donde las *andenerias* o terrazas agrícolas construidas antes de la llegada de los españoles aún son cultivadas con cebollas, maíz y patatas. En Sabandía se puede visitar el **Molino de cereales** *(visita, de 9 h a 19 h)*, un histórico edificio de piedra volcánica, construido en 1622 con balcones y sólidos contrafuertes. Restaurado en 1973, aún funciona. Detrás del molino hay un cercado con alpacas. En los alrededores no faltan restaurantes, y hasta hay posibilidad de montar a caballo en el vecino rancho.

El circuito puede acabar en **Paucarpata,** un barrio de Arequipa a 10 km del centro en cuya plaza hay una **iglesia** de la época colonial.

Excursiones desde Arequipa

Las montañas y volcanes que rodean Arequipa tienen muy bellos paisajes y monumentos arqueológicos interesantes, pero muy malas carreteras. Y éste es un aspecto que las agencias de viajes tienden a ocultar. Mientras no terminen de ser arregladas, las excursiones requieren por lo menos dos o tres días y un buen descanso antes de iniciar el programa. El viaje no sólo es largo, es infernal, por trochas llenas de baches en las que el vehículo se convierte en una auténtica batidora y el cansancio con el que se llega al punto de destino no es precisamente el cansancio agradable que se siente después de haber estado un día entero andando. Tienen la ventaja de que aquí no acude demasiado turismo, y el paisaje y la gente guardan su encanto natural.

En el km 916 de la Panamericana Sur (a 105 km de Arequipa y 86 de Canamá) sale una desviación hacia Corire y los petroglifos de Toro Muerto. A 62 km está Corire, en el valle del Majes, que es como se llama

lágrimas caen en abundancia de sus hermosos ojos, se escapan suspiros de su pecho..."

La alpaca, más pequeña que el guanaco y la más fuerte de los cuatro, tiene una lana mejor que la de cualquier raza de ovejas y su color más apreciado es el blanco. En los Andes, sobre todo alrededor del lago Titicaca, se conservan unos 3 millones de alpacas.

El guanaco y la vicuña no han sido domesticados, pero son especies protegidas.

El guanaco tiene el tamaño de un ciervo y es de color marrón, con la panza blanca y el rostro oscuro. De cuello muy largo y de natural curioso, son muy rápidos (alcanzan hasta 60 km /h) y buenos nadadores. Es el grupo más pequeño, pero también el de hábitat más extenso. Hay guanacos desde la Tierra del Fuego hasta El Ecuador, desde los 4.000 m de altura hasta los valles. Se agrupan en manadas de unas diez cabezas, compuestas por un macho, varias hembras y potros de hasta 15 meses de edad. El macho defiende ante otros rebaños un territorio de 30 ha de extensión.

La vicuña es el camélido más pequeño. Habita a más de 3.000 m de altura y se agrupa en rebaños sin macho. Su lana, de color anarajando, es la más cara del mundo, incluso más cara que que la de las cabras tibetanas de Cachemira. Sólo producen 200 gr por cabeza al año y su precio actual es de unos 500 dólares/kg. Un bien escaso que se disputan los talleres de alta costura de París y Milán, donde se le da el sobrenombre de "Oro de los Andes". Las vicuñas son animales protegidos desde tiempos de los Incas, que ya las esquilaban una vez al año y luego las volvían a dejar en libertad. En 1532 había unos dos millones de vicuñas en los Andes, pero durante la colonización su número descendió sensiblemente. En 1960 apenas quedaban 10.000 cabezas. Entonces se crearon las reservas de Pampa Galeras, Salinas y Aguada Blanca. En 1973 se prohibió el comercio de la lana de vicuña y en 1987 se reinició con fuertes medidas de vigilancia. Hoy se calcula su número en 150.000.

En 1992, Fujimori fundó el Consejo Nacional de Camélidos Andinos (CONAC). El presidente Toledo ha liberado el mercado. Últimamente han surgido bandas armadas que cazan a los animales con helicópteros y motos y que en su afán de lucro no respetan ni la vida de los pastores. Todos los años, en octubre, tiene lugar en Pampa Galeras, a unos 30 km del pueblo de Lucanas, la fiesta del esquile de las vicuñas: el "chuccu".

aquí el río Colca (más abajo, en su desembocadura, toma el nombre de río Canamá). A unos 8 km de Corire están los petroglifos de Toro Muerto.

Toro Muerto. Es una pampa desértica, sin árboles ni sombra, a una altura entre 600 y 800 m sobre el nivel del mar. En un pedregal de unos 50 km^2 (aproximadamente, 10 km de longitud por 5 km de anchura). En él hay repartidos unos 6.000 dibujos realizados en las piedras volcánicas con diferentes técnicas de incisión. Son dibujos de animales, hombres danzantes, plantas, motivos geométricos y líneas concéntricas que, a pesar de su proximidad al mar (unos 50 km en línea recta), no presentan ningún motivo marino. Los más antiguos datan de la época en que los Huari se establecieron en la región (hacia el 600-1200 d.C.), pero la mayoría parece que fueron hechos por los Chuquibamba, un pueblo al que sometieron los incas en 1450.

Desde Corire hasta **Catahuasi** hay 210 km. Desde Arequipa, 373 km. Conviene visitar Catahuasi entre abril y noviembre, ya que, en los meses restantes, las lluvias hacen difícil el acceso y pueden cortar los caminos.

El Cañón del Cotahuasi. A 3.370 m de altitud, es, con su hendidura de 160 m, uno de los más profundos del mundo. La estancia mínima para poder disfrutar del cañón debería ser de 3 días. Hay *tours* especiales que duran entre 3 y 15 días. Entonces se pueden vistar los pintorescos pueblos de montaña **(Huaynacotas, Alca, Tomepampa),** las impresionantes cascadas que hay en el entorno, como la **cascada de Sipia,** de 150 m de caída, y la **cascada de Uscune,** de 96 m, contemplar el vuelo del cóndor y disfrutar de los abundantes baños termales (Baños de Luicho, en Alca), en los que el agua mana a temperaturas superiores a los 40 °C. Por el valle del Cotahuasi pasaba el camino inca que iba desde la costa (Puerto Inca) hasta el Cuzco, alguno de cuyos trechos aún se utilizan como sendas (en las ruinas de Huña).

El principal núcleo urbano del cañón es el pueblo de **Cotahuasi** (2.683 m, 3.000 habitantes). Desde Cotahuasi, en dirección sur, hasta la cascada de Sipia hay 3 horas andando o a caballo. Igualmente, en dirección norte, hay tres 3 horas andando hasta las ruinas incas de **Pampamarca,** un pueblo que aún conserva su división en "ayllus".

El **valle de los volcanes** está a 377 km de Arequipa, como mínimo 10 horas de viaje. Desde Corire se sigue por el valle del Majes hasta Aplao y allí se toma la pista en dirección a Andagua.

Andagua y el Valle de los Volcanes. El valle del río Andagua, ubicado al Este y perpendicular al del río Colca, va paralelo al macizo volcánico de Coropuna. En realidad, es una falla abierta rellenada por placas de lava basáltica que le dan aspecto de paisaje lunar, con rara geología, en el que, en los 65 km hay más de 80 volcanes apagados de distintas alturas. El más alto, el **Pucamauras,** se eleva a 350 m sobre el valle y el más pequeño, el **Chilcayoc,** sólo tiene unos 15 m. Se formaron en diferentes etapas a partir del cuaternario, hace doscientos mil años, a raíz de los movimientos de la falla tectónica sobre la que están situados. Desde donde mejor se entiende el paisaje es desde el pueblo de **Ayo,** situado a 1.400 m de altura, y casi sobre el río Colca. El pueblo más importante del valle es **Andagua** (3.600 m sobre el nivel del mar) y, a 40 km, todavía funciona la **mina de Orocampa,** que tuvo importancia durante la época colonial. La fauna es la propia de las alturas de la puna (llamas, alpacas, zorros, vizcachas y perdices). La flora, como prospera en los lugares libres de lava, es extraña: dominan los cactus y algunas plantas medicinales aisladas. Entre los volcanes más pequeños se cultivan parcelas de papas, maíz y trigo.

Excursión al Valle del Colca★★

A 180 km de Arequipa, para llegar al Valle del Colca se hace un viaje de 4 horas. Más de 100 km del trayecto, desde Yura, donde se deja la carretera a Juliaca, son por una trocha con muchísimos agujeros. En combinación con las obras de regadío y el canal del río Majes, el gobierno está haciendo nuevas carreteras, pero aún tardarán en ser realidad.

El Cañón del Colca. Tras atravesar los suburbios de chabolas de Arequipa, donde se forman cada día más pueblos jóvenes, se llega a **Yura,** donde hay un restaurante del que se desvían una trocha y una línea de ferrocarril minero que va hasta Juliaca. A los 90 minutos de viaje se atraviesa la Pampa de Cañahuas, perteneciente a la Reserva Nacional de Aguada Blanca. **Pampa Cañahuas** es una meseta a 4.000 m de altura en el lado norte del macizo del Chachani, en la que se crían numerosas vicuñas, y que, con la laguna de Salinas, tiene 3.670 km^2. Llamas y alpacas buscan el verde de los humedales y altos arroyos, menos duro de digerir que la hierba "ichu", que es pasto que normalmente crece en la puna y que también se utiliza para hacer los tejados de las casas. En la **laguna de Salinas** hay gansos negriblancos, "moritos" y flamencos. Después se pasa, a 4.800 m, por el **mirador de las Ventanas del Colca,** desde donde hay muy buenas vistas a los volcanes Ampato, Hualcahualca y Sabancaya. El río Colca nace a 4.500 m de altura, y en los 480 km que recorre antes de desembocar en el Pacífico cambia 5 veces de nombre. El cañón tiene 100 km de longitud y está escoltado, al inicio, por tres guadianes escalonados: el **Ampato** (6.256 m), el **Sabancaya** (5.976 m) y el **Hualca Hualca** (6.025 m) a un lado, y el **Mismi** (5.597 m) al otro, donde tiene sus primeras fuentes el Amazonas; al final del valle, el **volcán Coropuna** (6.425 m) obliga al río a dirigirse hacia el sur con el nombre de Majes.

En el Cañón del Colca hay 12 pueblos situados a una altura de 1.200 m sobre el río y en ambas márgenes y, si se quiere recorrerlos todos, es necesario planificar bien la excursión, porque sólo hay un puente para vehículos en el primer pueblo **(Chivay)** y otro "vehiculable"en Yanque. El paraje más visitado por los turistas es el **Mirador Cruz del Cóndor,** en el centro del Cañón, desde donde se pueden divisar cóndores a primera hora de la mañana, pero no hay demasiada seguridad, y las expectativas pueden verse frustradas. El gran atractivo del valle es el paisaje. El cañón es una grieta de 100 km de longitud en cuyo fondo se abre paso el río Colca, entre pronunciadas paredes de 3.400 m de altura media. Por la verticalidad de sus laderas y la escasez de lluvias, el cañón es prácticamente desértico, pero en sus quebradas se da una variada vegetación, desde alpina hasta tropical en algún caso, como en el **oasis de Tapay.** Los cactus San Pedro y las chumberas ("tunas") son las plantas más frecuentes. Abundan también las "oputias", que producen un 20 por ciento de los piojos de cochinilla de Perú.

Los pueblos del Valle. Unidos por la carretera menos mala, los pueblos de la margen derecha son los más frecuentados por el turismo. Los de la margen izquierda, en cambio, siguen siendo casi inaccesibles para vehículos rodados. Así incomunicados, conservan mejor sus ancestrales costumbres. Son pueblos creados como "reducciones" de indígenas, y tienen todos planta de tablero de ajedrez, con una Plaza de Armas en la que está la iglesia.

El valle del Colca fue evangelizado por franciscanos llegados en 1548, quienes llevaron a cabo la destrucción de ídolos

CABANAS Y COLLAGUAS

No se sabe desde cuándo, probablemente desde el siglo XII, se asentaron en el valle del Colca dos pueblos que provenían de la puna del Titicaca y de la sierra de Ayacucho. Los del Titicaca, collaguas, hablaban aymara, pertenecían a la cultura Tiahuanaco y se quedaron en el norte del valle. Los cabanas, que hablaban quechua, descendían de los Huari de Ayacucho y se establecieron en la parte baja del cañón. Ambas etnias "aterrazaron" el valle, canalizaron el agua de los arroyos y vivieron de la agricultura y de sus rebaños de llamas. Las diferencias entre ambos pueblos se mantuvieron durante siglos y aún hoy perduran en manifestaciones folklóricas, relaciones sociales y vestimenta. Ambos pueblos fueron sometidos en el siglo XV por los incas, se cree que de manera pacífica: según una leyenda, el inca Mayta Capac, tomó por esposa a una ñusta collagua, hija del curaca de Coporaque y le hizo una casa de cobre en los alrededores de Sibayo.

Los españoles llegaron en 1540 al valle, que en aquella época estaba muy poblado (unos 65.000 habitantes), pero la gente estaba dispersa en caseríos, cerca de sus tierras o de sus rebaños y sólo había tres núcleos importantes: Lari, Yanque y Cabanaconde. Francisco Pizarro se los dio en encomienda a tres de sus soldados, uno de ellos su hermano Gonzalo, que se quedó con la parte de Yanque. En aquel tiempo se crearon los "corregimientos de indios", unidades administrativas para tener un control de las personas. Arequipa tenía siete corregimientos, uno de los cuales era el "corregimiento collagua", formado por las tres encomiendas del Colca. En 1570, el virrey Toledo creó las "reducciones de indígenas" o pueblos censados para llevar a cabo mejor, no sólo el control de la población, sino también la organización de la 'mita' (trabajos forzados en las minas), el pago de impuestos y la evangelización. Por eso se sabe que, en aquellos años, la población del valle ya se había reducido a 40.000 habitantes, de los que 8.000 pagaban impuestos. A principios del siglo XVII, el cronista Fray Antonio de Espinosa censa 22.000 indígenas.

En 1625 se descubrieron las minas de plata de Caylloma, un valle paralelo, al norte del Colca, y del valle se sacó gente como "mitayos" para trabajar en ellas. Aunque la explotación minera sólo duró un siglo, la población del valle quedó reducida a 6.000 habitantes.

En 1929, el valle fue redescubierto por la expedición de aviadores norteamericanos Shippee y Johnson, que también descubrieron las Líneas de Nazca. Buscaban desde el aire la ciudad secreta de los incas y creyeron descubrirla en las andenerías del valle del Colca. Aunque al descender no encontraron lo que buscaban, quedaron tan gratamente sorprendidos por el paisaje, que publicaron un informe en la revista *National Geographic*, y el Cañón del Colca fue conocido en todo el mundo.

Hacia 1940, la explotación de las minas de Madrigal determinó la construcción de la carretera Arequipa-Chivay, que facilitó el acceso al valle del Colca. En la década de 1970, el proyecto de irrigación del Majes impulsó el mercado laboral en la región y una mejora significativa de la carretera, que aún no está terminada. El valle del Colca está incluido en los programas de todas las agencias turísticas de Arequipa.

Los Apus del Colca

Los volcanes siempre fueron importantes pacarinas y tuvieron gran valor mitológico. En el valle del Colca, los collagua alargaban el cráneo de los recién nacidos para demostrar que habían salido de las chimeneas del volcán. En cambio, los indios Cabanas, los aplastaban para que se parecieran al sol.

Las nieves perpetuas que coronan las cordilleras del valle del Colca han sido para los habitantes del Colca una permanente fuente de vida y objeto de culto. Los torrentes y manantiales que se forman en los montes, dominados en sistemas de canales, permitieron el desarrollo de la agricultura en esta orografía tan caprichosa. Los rituales incluían peregrinaciones a los puntos más elevados, como lo demuestran los hallazgos arqueológicos de figurillas de oro y ofrendas de la época inca (1350-1532) encontrados en el Mismi (5.500 m).

El Tata Mismi tiene tanto poder, que hasta él acuden en romería gentes de Yanque, de Coporaque, de Ichupampa y de Tuti y hacen sus rituales de Tinca u ofrenda sagrada. Por ejemplo, los de Yanque llegan engalanados, con banda de música y estandartes y traen el agua, que ellos consideran "los orines del Mismi", para fertilizar los campos. En Chivay hay otro cerro con poder, el Huaranqanti, al que rezan porque es quien da agua a los pueblos de Chivay y Yanque. Según una antigua tradición, ambos pueblos se pelearon por el agua y, como ganaron los de Chivay, tienen desde entonces derecho a ella. Van desde Yanque a limpiar el canal durante una o dos semanas, y, al regresar con el agua, son recibidos con grandes fiestas, cohetes, campanas y banderas, como si fueran un santo. En Yanque todo el mundo festeja las fiestas del canal, y hay un encargado que degüella un toro y hace elaborar la chicha para el convite general.

y empezaron a construir las iglesias. Se cuenta que sólo en Lari se quemaron imágenes paganas transportadas por 50 indios. La primera iglesia del valle fue la de Caporaque. Después construyeron un convento en Yanque y otro en Callalli. A finales del siglo XVI había 16 sacerdotes, 8 clérigos y 8 frailes que habían bautizado a 30.000 indios y casado cristianamente a 10.000 parejas.

En la construcción de las iglesias trabajaron los collaguas, excelentes canteros, a los que se debe también muchas de las fachadas de Arequipa, y se buscó una fórmula de sincretismo que conjugara la cultura autóctona con la colonial. En algunas iglesias, por ejemplo en Yanque, la fachada principal da a la Plaza de Armas, pero la portada más adornada está orientada al Apu del pueblo, el volcán Hualca Hualca, buscando su protección. También en los símbolos tallados en la piedra ocurre algo parecido: las imágenes del sol y la luna, sirven tanto para rezar a Dios y a la Virgen, como a los dioses incas. Se establecieron paralelismos entre Santiago y el Rayo, entre La Virgen y Pachamama.

Estos símbolos aparecen también en las puertas de algunas casas principales de los pueblos. Casi todas las iglesias fueron reformadas en el siglo XVIII a causa de las destrucciones de los terremotos.

Chivay (3.650 m), el primer pueblo del valle y capital de la provincia, es donde está el nudo de caminos hacia una u otra orilla del río. Cuenta con hoteles y restaurantes en abundancia y unos baños termales, **La Calera**, en los alrededores, a los que se puede llegar dando un paseo. La plaza y la iglesia son completamente nuevas.

Yanque. Tiene una iglesia de 1702, con una fachada abigarradamente esculpida en el lateral trasero. La figura ecuestre no es Santiago, sino el obispo Antonio de León en viaje pastoral por la región. En el antiguo edificio de la escuela, en la **Plaza de Armas,** hay un **Museo del Colca,** que documenta la historia del valle.

A unos 4 km de Yanque, junto al río, hay una **piscina termal.** Para llegar a ella, hay que bajar y atravesar el río por un puente metálico. El paseo, por una u otra orilla, merece la pena y se pasa por una ladera de montaña redonda, cuyas terrazas agrícolas parecen las gradas de una plaza de toros.

Maca. Un pueblo destruido por una lavina provocada por el volcán Sabancaya en 1991, se recupera de la catástrofe: los campos cubiertos de lava aún no pueden ser cultivados y la iglesia se está terminando de reconstruir. Enfrente de la iglesia, un señor con un águila permite sacarles fotos por una propina.

Pasado **Pinchollo,** se llega a los **miradores del Colca.** Uno es el de la **Cruz del Cóndor,** otro, unos kilómetros más adelante, es el **Mirador de Tapay,** llamado así porque en la orilla de enfrente se encuentra este pueblo. En las paredes de los riscos se ven agujeros a bastante altura que son tumbas.

Cabanaconde. El último pueblo del valle, tiene la **iglesia** más antigua del valle. Desde Cabanaconde se puede bajar hasta el río, al oasis, pero el camino no es fácil. En este lugar hay un puente por el que se puede subir a **Madrigal,** el pueblo situado enfrente. En la fachada renacentista de su **iglesia** hay un Santiago Matamoros. En estos dos pueblos las mujeres cabanas llevan trajes muy bordados.

Al otro lado del río, el primer pueblo es **Coporaque,** con casas de adobe y una **iglesia** inclinada por el viento, con fachada renacentista y una escalinata de lava oscura enclavada entre sus dos torres. El altar dorado de 1540 está en restauración.

La **iglesia de Ichupampa,** dedicada a San Juan Bautista, tiene el pórtico interior enmarcado en columnas salomónicas y restos de frescos.

La **iglesia de Lari** es la más grande del valle, tiene gruesos muros anti-seísmo y un antepórtico profundo, casi como de entrada a una mina. Las paredes interiores están adornadas con frescos barrocos de cortinas teatrales. Todas las iglesias del valle están siendo restauradas por AECI *(Agencia Española de Cooperación Internacional).*

La **iglesia de San Juan Bautista de Sibayo** (1692), rodeada de un atrio entre campos cubiertos por hierba ichu que sirve para techar las casas de piedra del río, tiene una gran pantalla decorada por ingenuos artistas locales que muestra influencia de la escuela de Cuzco (San Pedro, San Pablo y otros santos).

EL CÓNDOR PASA

Símbolo de los Andes y presente en varios escudos nacionales, el cóndor *(Vultur gryphus)* es el buitre más grande de América. Pesa entre 10 y 13 kg y alcanza los 1,30 m de altura y 3 m de envergadura cuando extiende sus alas. Las crías son de color marrón y suelen ser confundidas con otras aves. A los 8 años cambia el color del plumaje y se les vuelve negro con un característico collar blanco. Los machos tienen una gruesa cresta roja. En su majestuoso vuelo mueven poco las alas, y sólo al despegar resultan pesados, porque necesitan una larga pista o una corriente cálida de aire que les facilite el ascenso, como ocurre en los cañones del Colca o del Cotahuasi. Fuera de la temporada de incubación, forman grupos que suelen habitar en los montes, pero llegan al mar buscando focas o aves marinas. Se alimentan de cadáveres, pero también de animales enfermos o de huevos y crías; no son cazadores, porque no tienen garras. Su principal arma de defensa es su fuerte pico ganchudo, temible si su nido está en peligro. En cautividad llegan a vivir hasta 50 años. Las hembras ponen cada dos años un huevo de unos 11 cm, cuya incubación dura dos meses. Ave mitológica en casi todas las culturas andinas, ya para los chavín eran mensajeros de los dioses, y su venerable papel de demiurgo aún perdura en la consideración de la gente.

AYACUCHO

120.000 habitantes, 2.750 m

Extendida al pie de un monte, Ayacucho, con sus largas calles en cuesta, casi se confunde con el color de la tierra. Más que sus portadas y balcones de cajón coloniales, y más que las torres de sus 37 iglesias, es la gente quien pone color en las calles: los limpiabotas y fotógrafos de la plaza colonial, los escribientes con sus "olivetti" en la calle San Martín, las cholas serranas con sus mantas y sombreros de mayoral, las modernas estudiantes en vaqueros, los funcionarios de camisa limpia y el público que llena las tiendas pueblerinas de la calle 2 de mayo, recién peatonalizada, los portales de la calle Garcilaso, llenos de casetes y cedés a la venta... Hay todavía en Ayacucho un aire de ciudad recién reconquistada para la vida normal, tras la década de terror. Por el arco de Triunfo huele a pan de maíz, que se vende en el atiborrado mercado central y, un poco más arriba, las monjas de Santa Clara ofrecen sus alfajores de quínoa, ignorantes de que una vez, hubo entre ellas una que fue alférez.

Historia

Seis años después de su llegada a Perú, ya con Lima en marcha y el Cuzco asegurado, Pizarro todavía no había dominado la sierra y, entre Cajamarca y Cuzco, quedaba una extensa región indefensa ante las incursiones de Manco Inca, que, desde su escondite secreto en Vitcos o en Vilcabamba, seguía soliviantando a los pueblos de la sierra. Así pues, en 1539 decidió fundar una ciudad que llamó San Juan "de la Frontera", como las ciudades andaluzas en tiempos de los moros. Un año más tarde corrigió el lugar y la puso un poco más abajo, en una pampa donde había una aldea india llamada Huamanga ("toma, halcón", porque dicen que el dios Huiracocha daba de comer a un halcón de su mano con estas palabras).

Huamanga tuvo su mejor época durante los siglos XVI-XVII, cuando por ella pasaba el mercurio de las minas de Huancavelica camino de Potosí, donde era necesario para lavar oro. Entonces se fundaron casi todas sus iglesias y los conventos de dominicos, franciscanos, agustinos, y, por fin, el de los jesuitas. También entonces construyeron los encomenderos sus casonas coloniales. En el siglo XVIII, cuando se agotó el mercurio de Huancavelica, la ruta comercial dejó de existir, los dueños de las casonas se fueron a vivir a Lima y Huamanga empezó a decaer. Durante la Independencia fue reabutizada; el 19 de diciembre de 1824, Bolívar y Sucre vencieron al ejército español en un lugar llamado Pampa de Ayacucho. Fue una gesta memorable, porque los independentistas, pese a ser la mitad que los españoles, se impusieron. Bolívar, para conmemorar aquella batalla que selló la independencia de las colonias americanas, cambió el nombre de Huamanga por Ayacucho. Pero la gente prefiere el antiguo nombre, sin duda porque, en quechua, Ayacucho significa "rincón de los muertos". Un nombre que también habla del arrojo de los ayacuchanos, cuando, cien años antes de la llegada de Pizarro, sus antecesores chancas se resistieron a ser sometidos por los incas. En 1980, con una quema de urnas electorales, empezó en la universidad de Ayacucho el terror de Sendero Luminoso, que duró 15 años y causó, sólo en la ciudad, más de 5.000 víctimas. Muchas familias optaron por abandonar sus casas y bienes y emigraron a otros lugares, a Lima sobre todo. Ayacucho se quedó aislada del mundo civilizado, e incluso en las guías de viaje se recomendaba eludir la visita. Actualmente se recupera con gran esfuerzo de esta catástrofe política y, con el regreso de la gente, la ciudad se reintegra a la normalidad. Lo conseguirá en cuanto el gobierno de Lima se de cuenta de lo necesaria que es una buena carretera de acceso.

VISITA

Plaza de Armas (o Parque de Sucre o Plaza Mayor de Huamanga). Rodeada de arcadas simétricas, es uno de los conjuntos coloniales más bonitos de Perú. Fue reformada en la República, con un parque central en torno a la estatua del General José de Sucre. En ella están la catedral, la prefectura de policía, el ayuntamiento y el palacio de gobierno.

Catedral de la Virgen de las Nieves. Construida por el jesuíta Martín Aizpitarte entre 1630-1672, tiene en su interior **11 altares barrocos** cubiertos de pan de oro, entre los que sobresalen los del Cristo de Burgos, la Virgen de los Socos y el Niño Llorón.

Al lado de la catedral está la **Casona del obispo Castilla y Zamora,** que fue quien patrocinó la construcción del templo, y quien instaló en su casa las primeras aulas de la Universidad de San Cristóbal de Huamanga, en 1677. Actualmente, en la Casa del obispo comparten espacio la **oficina de turismo** y un **centro cultural** con un sombreado café en el patio bajo. La **Universidad** se instaló definitivamente en la casona Castilla y Zamora (Portal Municipal, 50). Estuvo cerrada entre 1886 y 1959 por falta de presupuesto.

Casonas ayacuchanas. Entre las casonas de la Plaza Mayor, alabadas ya por el cronista Cieza de León, sobresalen la **Casona de Velarde Álvarez,** Marqués de Mozobamba, actualmente Escuela de Bellas Artes, que es la más vieja de la ciudad (siglo XVI). También destaca la **Casona de la Prefectura** (Portal Constitución, 15), de 1740-1755, donde los españoles encarcelaron a la heroína de la independencia, María Parado de Bellido, antes de fusilarla en 1822. Una habitación oscura está dedicada a memorial. La **Casona de la Municipalidad** cuenta con un portal mudéjar del siglo XVI. Cerca están la **Casona Olano** (Jr. 28 de Julio, 175), que conserva frescos del siglo XVII y un paño de muro inca, y la **Casona Jaúre-**

Catedral

gui (Jr. 2 de Mayo, 210), con un balcón colonial sujeto por leones y un escudo del águila bicéfala en su portada de piedra.

Museos

Museo de Arte Popular Joaquín López Antay (Portal Unión, 28; *visita, de lunes a sábado, de 9 h a 12 h y de 15 h a 18 h)*. Está instalado en el primer patio de una casa colonial de la Plaza, la **Casona Chacón o del Canónigo Frías,** que es propiedad del Banco de Crédito y tiene en ella sus oficinas. El museo muestra, en dos salas, una exposición de obras de los seis mejores artesanos de Ayacucho, el nombre de uno de los cuales lleva: cajas y retablos ayacuchanos con nacimientos o escenas cotidianas y tamaños bastante grandes y obras del orfebre local Víctor Flores Gutiérrez. En esta casa murió de un trágico accidente (una caída durante una campaña política) el escritor peruano Abraham Valdelomar (1888-1919).

LA CONFESIÓN DEL ALFÉREZ

"Entré en Guamanga, una ciudad que pareciame bien, de buenos edificios, los mejores que vide en el Perú. Vi tres conventos de frailes, uno de monjas y un hospital; muchísimos vecinos indios y muchos españoles; bello temple de tierra, con un santo obispo, fraile agustino, que fue mi remedio." Era 1620. El personaje que esto escribe llevaba ya unos años dando tumbos por la Indias, donde trabajó de criado y fue jugador, espadachín, matador, condenado y perseguido por la justicia. En Ayacucho fue prendido, y cuando iban a matarlo, se refugió en una iglesia y pidió hablar con el obispo: "La verdad es esta" –le dijo–. "Que soy mujer, que nací en San Sebastián, que me entraron en un convento a los cuatro años con mi tía y allí me crié, que tomé el hábito y tuve noviciado, que estando para profesar, me salí, me desnudé, me vestí, me corté el cabello, partí aquí y acullá, me embarqué, aporté, trajiné, maté, herí, meleé, correteé, hasta venir a parar en lo presente y a los pies de su Ilustrísima." Después le pidió al obispo ser examinada por dos matronas que "me miraron y se satisficieron y declararon haberme reconocido cuanto fue menester para certificarse, y haberme hallado virgen intacta, como el día que nací." Con ayuda del prelado, entró de monja en el convento de Santa Clara: "Corrió la noticia de este suceso por todas partes, y los que antes me vieron y los que antes y después supieron mis cosas en todas las Indias, se maravillaron." Poco tiempo después murió el obispo, Fray Agustín de Carvajal, y ella regresó a España con su verdadero nombre, Catalina de Erauso. Pero su vida, aún de mujer, siguió siendo novelesca. Murió en Cuitlaxla (México) en 1650, a los 65 años de edad. Las 'Memorias de la Monja Alférez' son un retrato vivo de la sociedad colonial de su tiempo. Su biografía la noveló Thomas de Quincey.

De izquierda a derecha: arcadas de la Plaza de Armas, fachada de la Catedral de la Virgen de las Nieves y la Casona de Jáuregui.

Museo Andrés Avelino Cáceres (Jr. 28 de julio, 507; *visita, de lunes a sábado, de 9 h a 12 h y de 14 h a 17 h*). Alojado en la Casona Vivanco, expone objetos personales del mariscal ayacuchano, "el Brujo de los Andes", héroe de la Guerra del Pacífico y dos veces presidente de la República. Asimismo, se exponen pinturas de la escuela de Cuzco, muebles, armas coloniales y una escultura del siglo XVIII, de un soldado yacente, llamado popularmente el "Checo Pacheco".

Museo Arqueológico Hipólito Unanue (Av. Independencia s/n; *visita, de lunes a sábado, de 8 h a 13 h y de 14 h a 17 h*). Expone hallazgos arqueológicos de las culturas Huari, Huarpa e Inca y una documentación de la cultura Huari, de cuya ciudad provienen los monolitos tallados de piedra, figuritas de turquesa y muestras de cerámica.

Iglesias

En una esquina de la plaza está la **iglesia de San Agustín**, con su fachada italiana de piedra gris, o "chego" y, en la calle paralela, la de **Santo Domingo** (Jr. 9 de Diciembre, cuadra 2), que, construida en 1561, conserva el pórtico con un soportal de tres arcos que sostiene un balcón; debido a la renuencia de los indígenas a entrar en el templo, los oficios se celebraban al aire libre. Al lado de la iglesia están los restos de la torre destruida en el terremoto de 1640, un desastre que conmemora la cruz de piedra de la plazuela. En la espadaña del campanario se colgaba a los condenados por la Inquisición.

Iglesia de San Francisco de Paula (Jr. Callao, cuadra 1). Construida en 1713, tiene fachada renacentista y, en su interior, el púlpito más bonito de la ciudad.

Tres cuadras al sur, al lado del mercado central, queda el **convento de Santa Clara** (Jr. Grau, cuadra 3), fundado en 1568 por el potentado minero Antonio Oré para meter monjas a sus cinco hijas. Conserva un buen púlpito herreriano y un artesonado mudéjar de cedro con incrustaciones de nácar.

Junto al convento carmelita, está la **iglesia de Santa Teresa** (Jr. 28 de Julio, cuadra 6). Construida a finales del siglo XVII, es la única de ladrillo que se conserva en toda la ciudad. En su interior, destaca un altar mayor churrigueresco y una reja plateresca en el coro, de la que sale la procesión del Domingo de Ramos. La iglesia y el convento conservan gran número de lienzos de la escuela cuzqueña, flamencos y esculturas.

Enfrente se encuentra la **iglesia de San Cristóbal**, que es la más antigua de Ayacucho (1540).

Iglesia de la Merced (Jr. 2 de Mayo, cuadra 2). Fue construida en 1541 con un hermoso pórtico. Su interior conserva una pila bautismal del siglo XVI.

Artesanía de Ayacucho

Ayacucho tiene una variada artesanía: Lo más destacado son los retablos y belenes cerrados en cajas de madera multicolor y de distinto tamaño. Anclados en la tradición española de las vírgenes que iban de casa en casa, los belenes tradicionales eran representaciones del Nacimiento, pero actualmente se hacen con escenas campesinas o cotidianas de gran sentido estético. Los "mates burilados" son calabazas decoradas a buril, que representan escenas o simplemente adornos geométricos. La piedra de Huamanga es una clase de alabastro local traslúcido con el que se hacen figuras de santos o animales. La cerámica ayacuchana tiene mucha fama, sobre todo la que se fabrica en el pueblo de Quínua, cerca de la Pampa de Ayacucho. Suelen ser "iglesias de techo", semejantes a las de Pucará (Titicaca), para ponerlas encima de los tejados de las casas, a fin de proteger el edificio contra desgracias, y esculturas de belenes, animales o escenas religiosas (la Última Cena). También tienen fama las filigranas de hilo de plata.

San Francisco de Asís (Jr. 28 de Julio, cuadra 3). Construida en 1552 por el mismo maestro que trabajó la portada de la iglesia de la Merced, tiene altares platerescos dorados. Su campana es la más grande de Ayacucho.

Muy cerca, está la **iglesia jesuita de La Compañía,** construida en 1605. Anexa a esta iglesia se encuentra la **capilla de Loreto,** que conserva pinturas coloniales; entre ellas, un *Sagrado Corazón* de Bernardo Bitti.

Capilla de Chiquinquirá (Jr. 9 de diciembre. 406). Atravesando el zaguán de una casa se llega a esta capilla del siglo XIX, de estilo mestizo. En su sencillo interior destaca el **altar mayor** dedicado a la Virgen del Rosario de Chiquinquirá. En esta capilla descansaron los restos de la heroína María Parado de Bellido, después de ser fusilada.

Parroquia y barrio de Santa Ana

A 2 km del centro, en las empinadas cuestas del barrio de Santa Ana o "Hanan Parroquia" (Parroquia de arriba), estaba la primitiva aldea de Huamanga, cuando los españoles fundaron a los pies del cerro la ciudad de Ayacucho. En el centro del barrio, la **iglesia de Santa Ana** fue construida por los indios andamarcas en 1569; en el siglo XVIII se le añadió la fachada barroca, obra de Juan Collana y Tomás Solier (1748). En el interior destaca un pequeño **púlpito** tallado en madera y dorado con motivos indígenas. Actualmente, hay en el barrio tiendas de artesanía y talleres artesanos a pie de puerta en los que se puede ver trabajar. Hay otra cooperativa de artesanos en el **barrio del Arco,** al otro extremo de Ayacucho, al final del **Jirón Garcilaso de la Vega.**

Mirador de Acuchimay. En el Cerro Achumay, a 3 km de la plaza hay un mirador sobre toda la ciudad. En la **Alameda Bolognesi** se puede pasear entre dos arcos del siglo XIX.

Alrededores

Excursión a Huari, Quínua y Pampa de Ayacucho★ (37 km)

A 22 km, por una carretera asfaltada, en una terraza de lava, se encuentran las **ruinas de Huari** (3.000 m de altura), la capital de un imperio andino que existió entre los siglos VI y XII d.C. Fueron descubiertas por Julio Tello en 1931.

Al contrario que las colonias huaris, la capital era un centro urbano caótico, que sufrió ampliaciones, reformas y reconstrucciones mientras estuvo habitado. Tenía un área de ceremonias central, recintos de viviendas, talleres artesanales, galerías subterráneas y cementerios comunicados entre sí por patios, pasadizos y calles; tuberías de agua con sofisticados sistemas de drenaje y desagües y espacios exteriores abiertos para concentrar a las gentes llegadas de otras partes del imperio. El centro ceremonial, **Callipata,** consta de un templo principal, **Vegachayocmoco,** formado por tres montículos en forma de pirámide truncada en torno a un espacio ceremonial y varios pasadizos y edificios con hornacinas y paredes enlucidas y decoradas. Las **galerías subterráneas de Moncachayoc** forman laberintos de hasta 10 m de profundidad, cuya función no ha sido aclarada. El barrio de Moradochayoc es un laberinto de patios que debían de tener una función religiosa o comercial, pues en ellos se han encontrado conchas de mullu. Las **tumbas de Checohuasi** muestran que los enterramientos eran parecidos a los de la cultura nazca: cámaras subterráneas, momias envueltas en telas y un rico ajuar de tejidos y vasijas de cerámica rotas a propósito. Algunas tumbas de Checohuasi son grandes cubículos de piedra labrada, en los que se superponen hasta tres pisos. Un **museo** documenta las excavaciones.

A 10 km del sitio arqueológico de Huari está el pueblo de **Quínua,** enmarcado en un bonito paisaje. Los tejados de sus casas están adornados con piezas de cerámica, con finalidad protectora ("iglesias de

LOS HUARPAS, LOS HUARIS, LOS CHANCAS

En Ayacucho, a partir del 500 d.C. –contemporánea de los nazcas, moches y tiahuanacos– se desarrolló una sociedad llamada Huarpa, que logró cultivar las duras tierras de la sierra construyendo andenes agrícolas y canales de riego. Eran gentes que vivían en pequeños nucleos urbanos y mantenían contactos con nazcas y tiahuanacos. De los primeros aprovecharon la perfección de la técnica alfarera; de los segundos, los prestigiosos dioses del Titicaca. Cerca del aeropuerto de Ayacucho se han descubierto los restos de un centro alfarero huarpa, Conchopata, que estuvo en activo entre 500-1100 d.C., y que tiene gran parecido con los talleres nazcas. Es una cerámica decorada con el dios "de los dos bastones", de la Puerta del Sol de Tiahuanaco.

No se sabe cómo, los huarpas se fueron concentrando para formar una gran ciudad, Huari, que se convirtió en capital de un imperio. Huari creció a partir del 750 d.C., desordenada y multitudinariamente, con casas de dos pisos, murallas y gran cantidad de talleres de alfareros, canteros, orfebres de bronce y talladores de turquesa (técnicas estas procedentes de Tiahuanaco). Llegó a tener 40.000 habitantes, y se supone que estaban dirigidos por funcionarios o sacerdotes. Pero esta sociedad urbana había crecido a costa del abandono de la agricultura, por lo que se vio obligada a buscar productos alimenticios en otras tierras. Los Huaris se extendieron por todo Perú, desde Cajamarca a Cuzco y desde Lambayeque a Tacna, y fundaron colonias como Viracochapampa (Sierra Norte), Piquillacta (Cuzco) y Cerro Baul (Moquegua), que producían coca, algodón y maíz. Eran ciudades –al contrario que la caótica Huari– bien planificadas, con plazas, barrios residenciales, almacenes y su propio sistema de protección militar. Sólo tenían una entrada y estaba provista de estrechos pasadizos para facilitar el control. También hicieron suyo el templo limeño de Pachacamac y lo convirtieron en un gran santuario, cuyo oráculo adquirió mucho prestigio. Entre todas estas ciudades había caminos bien trazados, que luego fueron aprovechados por los incas.

La gran extensión de su imperio fue probablemente la causa de la decadencia de los Huari. Hacia el 1200 d.C., las colonias se fueron independizando y cada una de ellas procuró medrar por su cuenta, desmembrada de la capital. Ésta, sin posibilidad de sostenerse por sí misma, fue abandonada por sus habitantes. En Ayacucho y en toda la sierra, hasta Andahuaylas, los habitantes de Huari formaron pequeños grupos unidos entre sí por relaciones políticas amistosas, en la llamada "Confederación Chanca" y se mantuvieron independientes (incluso atacaron el Cuzco) hasta ser dominados por los incas hacia 1450.

LAS TINIEBLAS DE SENDERO LUMINOSO

La Sierra central, entre Ayacucho y Abancay, es una de las regiones más pobres de Perú. Sólo un 4 por ciento del terreno es cultivable, y con sus malos accesos y vías de comunicación, esta región nunca ha tenido interés ni para los comerciantes ni para los políticos limeños. En 1970, un profesor de filosofía de la Universidad de Ayacucho, Abimael Guzmán, fundó una fracción del partido comunista y la llamó "Partido Comunista del Perú por el Sendero Luminoso del pensamiento de Juan Carlos Mariátegui" (Mariátegui había sido hacia 1930 el líder intelectual de la izquierda peruana). Guzmán empezó con sus estudiantes unas campañas de alfabetización que también eran de ideologización maoísta. En 1980 pasó a la clandestinidad y empezó la lucha armada. Su primer golpe –simbólico– fue la destrucción de las urnas electorales del pueblo de Chuschi. El "Presidente Gonzalo", nombre de guerra de Guzmán, exigía un total sometimiento a sus ideas; prometía que, aunque la revolución causara un millón de muertes, de ella surgiría una nueva sociedad armoniosa y se proclamaba a sí mismo "la cuarta espada de la revolución mundial, tras Marx, Lenin y Mao."

Sendero Luminoso nunca fue un movimiento indio ni respetuoso con las antiguas culturas. Aunque hubiera entre sus filas muchos indios y mestizos, el propio Guzmán asumía el papel de patrón y exigía obediencia total. Los senderistas no respetaban la autoridad tradicional de los pueblos de la sierra, sino que imponían su propia autoridad, y los pueblos que no la aceptaban eran exterminados.

Al principio, en Ayacucho tuvo simpatías. Cuando en septiembre de 1982 fue enterrada una mártir del movimiento, el entierro fue multitudinario. Entonces el aparato represor del estado apareció con toda su brutalidad. El Presidente Belaúnde envió el ejército a la sierra y cada agricultor indio se convirtió en un terrorista potencial. En su cuenta hay numerosos asesinatos, masacres y torturas.

Los agricultores se vieron entre dos frentes. Primero llegaban los senderistas y estampaban a fuego la hoz y el martillo en los campos o se llevaban a sus hijos "voluntarios". Luego llegaba el ejército y les acusaba de senderistas. Después volvían los senderistas y les acusaban de haber dado víveres al ejército. Hubo oleadas de desplazados hacia las grandes ciudades de la costa, y la sierra se quedó vacía.

La popularidad de Sendero Luminoso empezó a decaer. En las ciudades, no sólo bancos y comisarías fueron objetivo de sus ataques, sino también las autoridades. A mediados de los 80, lo que los peruanos sentían ante Sendero era miedo. Las organizaciones internacionales de ayuda al desarrollo sacaron a sus cooperantes de Perú, porque Sendero los consideraba espías de Lima. Por otra parte, estaba la represión del ejército, que declaraba simpatizante de Sendero a quien le parecía bien y lo fusilaba: estudiantes, profesores y líderes sindicales fueron duramente reprimidos y hubo muchos "desaparecidos".

Las mafias de la coca aprovecharon el río revuelto y apoyaron con dinero y armas a los terroristas. En los barrios jóvenes de Lima se veían "los mil ojos y oídos del Partido". Nadie se atrevía a hablar de la situación, para no ser objeto de sospechas por parte de Sendero ni por parte del ejército. De todo este caos, sólo se libraron Iquitos y la zona de la sierra norte, alrededor de Cajamarca, donde se crearon "rondas campesinas" para defenderse de unos y de otros.

Quien pudo abandonó el país. Los demás se arreglaron como pudieron en aquel horizonte de violencia sin perspectivas.

Bajo el mandato de Alan García hubo una revuelta en las cárceles que fue reprimida salvajemente con el saldo de 249 presos muertos. En los primeros tiempos de Fujimori perduraba el clima de violencia. En Lima estallaban bombas a diario y los sabotajes de Sendero causaban constantes apagones. Por fin, en 1992, Guzmán fue detenido y el movimiento acabó de cuajo. Desde la cárcel, el profesor de filosofía se limitó a ofrecer un comunicado admitiendo un mero error de cálculo: el histórico momento de la revolución peruana no había llegado aún. Un error que había costado la vida a 70.000 peruanos.

Vargas Llosa retrata esta época en su novela *Lituma en los Andes*.

techo" o "toritos de Pucará"), que corroboran la influencia que tuvieron los alfareros huarpas de la cerámica del Titicaca. La alfarería de Quínua presenta además figuras originales de candelabros, escenas cotidianas, músicos, imaginería religiosa, muleros... En la plaza, un **Museo de Sitio** conserva la habitación en que se firmó la capitulación tras la derrota de Ayacucho. La batalla tuvo lugar el 9 de diciembre de 1827, seis meses después de la de Junín, en la cercana Pampa de Quinua o de Ayacucho (3.400 m), donde, en un paisaje de singular belleza, 6.000 hombres al mando del general Sucre vencieron a los 10.000 soldados del virrey José de la Serna. Un **obelisco** blanco, de 44 m de altura, erigido en 1974, conmemora la victoria peruana.

Arriba, iglesia de Vilcas, construida sobre las ruinas incas. Abajo, ruinas incas en Vilcashuamán.

Excursión a Vischongo y Vilcashuamán★★ (117 km)

Desde Ayacucho hasta Vilcashuamán (3.470 m), el trayecto dura 4,30 horas por una carretera infernal. A las 3 horas de camino se llega al pueblo de **Vischongo.** Desde el puerto donde se divisa el pueblo, antes de empezar a bajar hasta el río, en el caserío de Condorcocha, se puede seguir una senda que, paralela a una acequia, lleva en línea horizontal hasta los restos incas de **Intihuatana.** Es un pequeño santuario inca, probablemente un lugar de descanso, situado en los alrededores de la pequeña **laguna de Pomacocha,** donde se conservan muros de un torreón, una fuente ritual y unos paredones que pudieron ser una residencia imperial o un templo. El paisaje es lo que más vale. Por allí pasa el camino real inca, Capac Ñan (en restauración) y en las lomas de enfrente, a lo lejos, se ve Vilcashuamán. Desde las ruinas se puede bajar por un empinado camino y una rudimentaria escalera hasta el río, y después volver a subir hasta Vischongo. Si se tiene un día más de tiempo, desde Vischongo se puede hacer una marcha de 3 horas hasta el mayor **"bosque" de Puya Raimondii** de Perú, descubierto hace apenas algunos años (ver pág. 189).

La plaza y el pueblo de Vilcas están dominados por las ruinas de la "llacta" de **Vilcashuamán**★★ ("Halcón Sagrado"), construida por el inca Pachacútec hacia 1450.

Tras vencer a los Chancas a las puertas de Cuzco, Pachacútec inició la conquista de su territorio, que era la región de Andahuaylas y Ayacucho. Cruzó el Apurímac y sometió a los pueblos de Soras y Rucanas, imponiendo a estos últimos ser los cargadores de las andas en que viajaban el inca y la nobleza. Después sometió a la región de Vilcas, tras una resistencia feroz. Entonces construyó una ciudad para difundir el culto al sol, el idioma quechua y sus tradiciones y recaudar y administar los impuestos.

En 1534, desde Jauja, Pizarro ordenó a Hernando de Soto avanzar hacia Cuzco. Llegó a la ciudadela de Vilcashuamán y hallándola desprotegida porque el ejército indio había salido de cacería, la tomó. Cuando se enteró el general inca, Apo Mayta, volvió rápido y se enfrentó a los españoles. Hernando de Soto, viendo la escasez de armas que tenían los indios, se lanzó contra ellos a caballo. Pero los indios resistieron mucho tiempo y Hernando de Soto "fue forzado a retirarse a la plaza de Vilcashuamán". Apo Maita atacó entonces la plaza y hubo un fuerte enfrentamiento en el que pereció él con 600 de sus indios.

La *llacta* de Vilcashuamán tenía una plaza trapezoidal, un *acllahuasi,* un *intihuatana* o templo del Sol, *callancas* o cuartos para soldados y andenerías para cultivos rituales. En Vilcashuamán se pueden ver dos estilos: uno de puertas rectas y muros con piedras de formas poligonales, otro de puertas trapezoidales y sillares rectangulares. Situado al sur de la plaza trapezoidal, sobre un conjunto de terrazas escalonadas está el **Templo del Sol.** Originalmente tenía dos puertas trapezoidales a las que se llegaba por sendas escaleras. En la segunda terraza, con entrantes y salientes a modo de contrafuertes, hay nichos trapezoidales. Junto al templo está el **Acllahuasi** o convento de las escogidas, el **Templo de la Luna** y otros edificios posiblemente para sacerdotes. Sobre los muros de este templo los españoles construyeron la **iglesia de San Juan Bautista,** integrando en ella las dependencias del templo.

El **Ushnu,** plataforma ceremonial, en el lado oeste de la plaza, tiene forma de pirámide formada por cinco plataformas y a la superior se asciende por una escalera de piedra. En la cima hay un asiento doble de piedra que, según la tradición estaba cubierto de oro, donde se sentaban el inca y su esposa para presidir las ceremonias. Detrás de él hay otra construcción considerada el palacio de Pachacutec. Es un rectángulo con tres puertas de jambas trapezoidales y piedra cuidadosamente ensamblada. En la plaza cabían hasta 20.000 personas y debía ser para celebraciones.

En 1550, el cronista Cieza de León dejó en su *Crónica del Perú* el testimonio más directo que se conserva de Vilcashuamán: "Bilcas era el medio del señorío de los incas, porque desde Quito a Bilcas hay tanto como de Bilcas a Chile. Inca Yupanqui fue quien mandó construir estos aposentos. El templo del sol fue muy grande y labrado. Adonde están los edificios hay un altozano. A una parte de este llano, hacia el nacimiento del sol, estaba un adoratorio de los señores, hecho de piedra y cercado con una pequeña muralla, de donde salía un terrado no muy grande sobre el cual hay dos asientos para dicho efecto. Esta piedra solía estar llena de joyas de oro y pedrería que adornaban el lugar que ellos tanto estimaron y veneraron, y en otra piedra no pequeña, que está en mitad de la plaza a manera de pila, donde se sacrificaban y mataban los animales y niños tiernos (a lo que dicen), cuya sangre se ofrecía a los dioses. En este terrado se ha hallado por los españoles algún tesoro de lo que estaba enterrado. A espaldas de este adoratorio estaban los palacios de Tupac Yupanqui y otros aposentos grandes y muchos depósitos donde se ponían armas y ropa fina con todas otras cosas que daban de tributo los indios que caían bajo la jurisdicción de Vilcas, que era como cabeza de reino. En medio de la gran plaza había otro escaño a manera de teatro, donde el señor se asentaba para ver los bailes y fiestas ordinarias. El templo del sol, que era de piedra primosorosamente asentada, tenía dos portadas grandes, para ir a ellas había que subir dos escaleras de piedra que tenían, a mi cuenta, 30 gradas cada una. Dentro del templo había aposentos para los sacerdotes y para las mujeres mamaconas, que guardaban su religión con grande observancia. Y afirman los orejones y otros indios que la figura del sol era de gran riqueza y que había mucho tesoro en piezas y enterrado y que servían a estos aposentos más de cuarenta mil indios repartidos en cada tiempo su cantidad y que solamente para guardar las puertas del templo había 40 porteros. Por medio de esta plaza pasaba una gentil acequia y tenían los señores sus baños secretos para ellos y para sus mujeres. Lo que hay que ver de esto son los cimientos de los edificios y las paredes y cercas de los adoratorios y las piedras dichas y el templo con sus gradas, aunque desbaratado y lleno de herbazales, y todos los demás depósitos derribados; en fin, fue lo que no es, y por lo que es juzgamos lo que fue. De los españoles y primeros conquistadores hay algunos que vieron lo más de este edificio entero y en su perfección, y así lo he oído yo de ellos mismos".

CAJAMARCA

120.000 habitantes, 2.750 m

Está situada en un alto valle de 25 km de longitud y 5 km de anchura, esmaltado de prados, con dos ríos que lo cruzan y haciendas y granjas que producen los principales contingentes de maíz y de derivados lácteos del Perú, con seiscientas mil cabezas de vacuno, tres millones de cuyes, ganaderías de toros de lidia… En el extremo oriental del valle están la ciudad, el aeropuerto y el barrio de los Baños del Inca. Que al inca Atahualpa le gustara Cajamarca no es de extrañar, a la vista del paisaje, los baños y su riqueza agrícola y minera. En Cajamarca –"pueblo del rayo" según unos y "región de espinos" según el Inca Garcilaso–, tuvo lugar en el siglo XVI el choque entre dos culturas antagonistas, simbolizado en una habitación llena de oro y una traición sin paliativos. En el siglo XXI, con las minas de Yanacocha, Cajamarca se enfrenta de nuevo a la leyenda del vil metal.

Historia

Los restos arqueológicos encontrados demuestran que la región estuvo poblada por pueblos agricultores y ganaderos desde hace más de 3.000 años, que recibieron la influencia de la cultura de Chavín de Huántar (1000-500 a.C) y del imperio Huari.

Al desintegrarse el imperio Huari (1250 d.C.), se formó en Cajamarca un pequeño reino local, Cuismanco, que sobrevivió hasta la invasión de los incas en 1430. Los cajamarquinos de Cuismanco mantuvieron contactos directos con el reino Chimor de Trujillo y los Chachapoya de Kuelap. Hacia 1450, los incas conquistaron Cuismanco tras 20 años de lucha en la que murió el último rey, Concax, y su heredero, Chuptongo, fue llevado a educar al Cuzco. En castigo por su rebeldía, un 60 por ciento de los cajamarquinos fue deportado como *mitmaes* (trabajadores forzados) a otras regiones del imperio, y las tierras de Cajamarca fueron repobladas con personas de la costa, de Quito y de Chachapoyas. Los incas fueron quienes dieron nombre a Cajamarca y ampliaron la ciudad en las laderas del Cumbe. En 1532 llegaron los españoles y tuvo lugar el episodio de la prisión de Atahualpa, que simboliza el encontronazo entre las dos culturas. Casi un año estuvo Pizarro en Cajamarca. Cuando se marchó, dejó en la ciudad a unos 20 españoles que habían formado familia y a su capitán Melchor Verdugo le cedió la mejor hacienda de los contornos. Poco después, el general inca Rumiñahui incendió la población, en venganza por la muerte de Atahualpa. Durante el siglo XVI fue una ciudad en ruinas. A principios del XVII resurgió la artesanía textil y hubo una inmi-

Iglesia de San Francisco

gración masiva de españoles para administrar los "obrajes" en los que trabajaban indios en condiciones infrahumanas vigilados por esclavos negros. Algunos de estos obrajes, como los de Porcón y Combayo, funcionaron hasta el siglo XIX. En el siglo XVII Cajamarca se transformó en una ciudad española y se construyeron las cuatro iglesias principales y el hospital de Belén. En 1770 se descubrieron las minas de plata de Hualgayoc. Todo el siglo XVIII estuvo marcado por levantamientos contra los españoles. El evento más importante de la historia reciente de Cajamarca ha sido, sin duda, el descubrimiento de la mina de Yanacocha, la mayor mina de oro de América. Entre la subida de precios y la contaminación de su hábitat tradicional, Cajamarca afronta un futuro nuevo.

VISITA

Con sus tejados a dos aguas y anchos aleros que protegen las aceras de la lluvia y el sol, sus calles escalonadas, sus magníficas iglesias y sus portadas de piedra, Cajamarca bien podría ser una ciudad de la sierra norte de Extremadura.

Plaza de Armas. Ajardinada en 1945, tiene un fuerte carácter colonial. En su centro se yergue una **columna** de 5 m, tallada en 1702. Dos iglesias, frente a frente, se miran desde los laterales: la **catedral de Santa Catalina** y la **iglesia de San Francisco.** La primera era "de españoles", la segunda "de indios".

La **catedral★** fue acabada en 1682, pero el campanario se dejó sin terminar por falta de presupuesto. La hermosa fachada barroca tiene tres puertas adornadas con columnas salomónicas y profusa decoración de elementos del barroco mestizo: plantas, pájaros, ángeles y figuras de indios. En el interior, menos llamativo, el altar mayor y el púlpito están cubiertos de pan de oro. Su gran tesoro es la **custodia** de oro y plata, llamada **"La Preciosa".** Junto al templo principal hay otro más pequeño, construido en el siglo XVIII: la **iglesia de la Merced.**

Al otro lado de la plaza, en la esquina de la calle Amalia Puga, está la **iglesia de San Francisco★**, empezada a construir en 1699 con piedras del palacio del curaca cajamarquino. Entre las columnas del exterior quedan nichos con santos de la orden y, en el principal, San Antonio de Padua, patrón de la iglesia. Incluso las bóvedas son de piedra volcánica tallada. El altar barroco está flanqueado por relieves de la Última Cena y el Lavatorio.

Al lado de San Francisco está la **capilla de la Virgen de los Dolores,** patrona de la ciudad, y la imagen más venerada de Cajamarca, construida en 1722 en un barroco andino que parece madera tallada. En el interior tiene las paredes completamente llenas de adornos. Cuenta con 56 bustos de santos, reyes y franciscanos. Se conservan algunos lienzos de la escuela cuzqueña, como *San Crispín* y *San Cipriano.* En tiempos de la República se inició la construcción de las dos torres, concluidas en 1951. En 1952 se descubrieron debajo del altar unas catacumbas en las que había restos de frailes franciscanos y de la nobleza local.

En el vecino convento hay un **Museo de Arte religioso** en el que destacan 14 cuadritos de la *Vida de la Virgen,* de un pintor anónimo de la escuela cuzqueña.

Frente a San Francisco queda el único resto inca de la población, que ha sido denominado el **cuarto del Rescate,** porque pudo ser la legendaria habitación que Atahualpa llenó de oro y plata.

Hospital de Belén★ *(Visita, de lunes a domingos, de 9 h a 17 h).* Está detrás de San Francisco. Fue construido por la orden de los belemitas en 1699-1705. Los belemitas eran una rama de los franciscanos fundada en Nicaragua en 1653 para atender enfermos, En Perú tuvieron 11 hospitales. Éste de Cajamarca funcionó hasta 1886, en que fue convertido en escuela. Las dependencias del complejo hospitalario –una iglesia y dos hospitales, uno de hombres y otro de mujeres– son actualmente un museo. Las fachadas de los edificios, obra de José Morales, son barrocas con adornos platerescos. El interior de la iglesia tiene una decoración de relieves policromados, en los que destacan las cariátides mestizas que sujetan la bóveda. Las salas del hospital están adaptadas como museo, en el que hay secciones de arqueología (restos de la cultura Cajamarca), medicina (documentación de la historia del hospital) y etnografía (trajes típicos, muñecos de miga de pan y aperos agrícolas). También expone una muestra de pin-

La cultura Cajamarca

El fértil valle de Cajamarca ya estaba poblado hace 5.000 años por un pueblo agricultor que cultivaba ají, papas, coca, quinoa y tenía animales domésticos: llamas y alpacas, cuyes, que les proveían de lana y carne y ofrendas para los sacrificios. Entre los años 1000 y 500 a.C. estuvieron bajo la influencia de la cultura Chavín y trabajaron los monolitos hallados en ***Cuntur Huasi,*** cerca de San Pablo. También la cerámica tiene influencias de Chavín. Cuando se desintegró el imperio Huari, hacia 1250 d.C., surgió en Cajamarca el reino de Cuismanco, que tuvo contactos comerciales con la capital de reino Chimor (cuya capital era Chan Chan, en Trujillo). En Cuismanco se hablaba un idioma propio, el culli, que se perdió en el siglo XVII. Vivían en sencillas casas de piedras unidas con mortero de arcilla y sin ventanas, ubicadas en las laderas de los montes. Enterraban a sus muertos en nichos abiertos en la roca ("ventanillas"). Hombres y mujeres llevaban el pelo largo, trenzado con cintas de colores que aún se usan (shimba), y, a veces, una honda como adorno en la cabeza que los distinguía como devotos de Catequil, su dios principal. En 1470, el reino de Cuismanco fue sometido con gran esfuerzo por los incas e integrado en el imperio de Tauantinsuyo.

tura contemporánea, en la que destaca la obra del pintor local Andrés Zevallos, nacido en 1916.

Por el Jr. 2 de mayo y por una monumental escalinata redonda en la que se puede admirar la creatividad de los canteros cajamarquinos, se llega al cerro y **mirador de Santa Apolonia,** desde donde se tiene una buena vista de la ciudad y su entorno. El cerro era un templo de la cultura Cajamarca en el que los incas tallaron en la roca una "silla del inca". En 1532, Pedro Candía cañoneó desde allí la ciudad. A los pies del cerro hay una **capilla** dedicada a la **Virgen de Lourdes.**

En las afueras de la ciudad colonial está el **convento de las franciscanas** y la sencilla **iglesia de la Recoleta** (1763-1831). Durante la Guerra del Pacífico, los chilenos la arrasaron en venganza por la derrota sufrida en San Pablo y se llevaron sus tesoros artísticos a Chile. Enfrente de la misma, ya en el casco urbano, están los **jardines de Amalia Puga de Losada,** con una estatua de esta poeta local (1876-1964).

Casas Coloniales. Cajamarca no cuenta con una fundación colonial oficial. Las casas coloniales y la urbanización de la ciudad se llevaron a cabo a finales del siglo XVI, cuando se empezaron a crear los "obrajes" textiles administrados por españoles. Las casas que éstos se construyeron tienen todas un patio y fachadas de piedra adornadas con escudos familiares. Muchas de ellas son organismos oficiales, otras son hoteles y algunas están habilitadas como museos. Casi todas se localizan en las calles altas de detrás de la Plaza de Armas, como la **Casa Uceda** (Jr. Apurimac/Lima), restaurada por el Banco del Crédito, la **Casona del teatro Cajamarca** (Apurimac/Junín, 1912), la **Casona de la familia Espinach** (siglo XVIII, sede del gobierno provincial), la **Casa de la Corte superior de Justicia** (vivienda de estilo republicano, Tribunal desde 1862), la **Casona del Obispado** (siglo XIX), la **Casona de la familia Bueno** (Hotel "El Portal del Marqués", siglo XIX), la **Casona de la Familia Urteaga** (Batán 369, siglo XVIII), la **Casa Santiesteban** (Junín 1123, fachada con escudo familiar), la **Casona de Toribio Casanova** (José Gálvez 938, estilo mudéjar) o la que aloja el pequeño **Museo Arqueológico de la Universidad** (Batán 289), con una colección de cerámica mochica y de otras culturas del antiguo Perú. El **Museo de Herramientas Andinas** (Ciudad Universitaria, Facultad de Agricultura, Pabellón 2G-103) tiene secciones de aperos agrícolas precolombinos y otros introducidos por los españoles.

ALREDEDORES

Baños del Inca★★

(Abiertos desde las 5 h hasta las 20 h; Los minibuses desde el centro salen desde Jr. Amazonas). Baños del Inca es un barrio con hoteles y restaurantes, situado a 6 km del centro y alrededor de las aguas de Pultumarca, que eran las que tomaba Atahualpa cuando llegó Pizarro en 1532. De ese tiempo sólo queda la **Poza del Inca.** Hay celdas de baño y una piscina termal, con entradas separadas. En las primeras, con instalación de grandes bañeras familiares, diferenciadas en tres categorías de precios, según tamaño y modernidad de instalaciones, sólo es conveniente permanecer 20 minutos, pues las aguas son de uso medicinal. En el jardín, el agua, que mana a 72 °C, se enfría en grandes estanques humeantes, cuyos densos vapores prestan un aura mística al entorno.

Pocos kilómetros más allá, en el camino de Llacanora, hay un desvío de 3 km a la **cueva Huayrapongo,** donde están las **pinturas rupestres de Callacpuma,** con 8.000 años de antigüedad.

Las Ventanillas de Otuzco★

A 8 km al norte, pasado el aeropuerto, en un farallón del cerro Llanguil, hay horadadas en la roca volcánica cuevas cuadradas dispuestas en varios pisos, conocidas como Las Ventanillas, que eran tumbas de la cultura Cajamarca (600-1200 d.C.). Unas son sencillas y otras contienen varias camarillas laterales. Era un enterramiento "tardío", en el que se depositaban los huesos de los difuntos y luego se tapaban con una losa.

Más lejos, a 26 km, se halla la **necrópolis de Combayo,** en la que hay ventanillas más grandes, excavada en la roca

Baños del Inca

del cerro San Cristóbal hace 1.400 años. La necrópolis está provista de acequias de desagüe para las riadas.

La corta excursión a Otuzco se puede combinar con una visita al **Fundo Tres Molinos,** donde hay un hermoso **jardín de hortensias,** y a la **Hacienda Los Alpes,** donde un empresario suizo ha fundado una central quesera donde se pueden degustar "Manjar Blanco" y buen queso de los "Andes Alpinos".

Hay otros **centros arqueológicos** en esta dirección a los que no llegan las excursiones programadas por las agencias: el de **Malpaso,** el de **Yerba Buena,** el de **Llaucán** y el complejo arqueológico de **Bambamarca,** (a 117 km de Cajamarca, 7 horas de autobús), que está decorado con pinturas rupestres de hombres y animales.

Cumbemayo★★

(A 20 km por una pista desde Cajamarca, 2 horas en coche, o a 15 km si se va a pie, 3-4 horas, saliendo desde detrás del Cerro de Santa Apolonia). Cumbemayo, que en quechua cajamarquino significa "río fino", está en la línea de divisoria de aguas del Atlántico y el Pacífico, a 3.400 m de altura. Es una increíble obra de ingeniería que desvía agua de la cuenca del Atlántico hacia la cuenca del Pacífico. El acueducto, del que se conservan 9 km, es una acequia recta, que va a trechos excavada en la roca o adosada a ella y en otros se mete en la montaña en túneles perfectamente horadados. La fuerza para salvar la imperceptible inclinación del 1 por ciento, la coge la corriente en bruscos ángulos rectos que interrumpen la linealidad de la acequia. Se cree que el agua iba dirigida a un aljibe que, probablemente, estaba situado en el cerro cajamarquino de Santa Apolonia. El acueducto de Cumbemayo, discurriendo entre las peñas y prados del paisaje, es una obra de enigmática sencillez, en lo que a métodos de cálculo y herramientas de trabajo se refiere. Es probable que sus ingenieros fueran sacerdotes de Chavín de Huántar, pues otros restos arqueológicos e inscripciones en las piedras y pinturas en unas cuevas cercanas, demuestran que Cumbemayo era un santuario desde tiempos muy antiguos, probablemente una necrópolis.

Entre el acueducto y la cueva del Santuario, se pasa por el paisaje de **Los Frailones,** formaciones rocosas fantasmagóricas, en el que las peñas pueden interpretarse como figuras. En el pequeño **centro documental** se obtiene información de todo el conjunto.

Por la carretera de Cumbemayo se llega a **Layzón,** a 9 km, un centro ceremonial datado en el año 250 a.C., compuesto de varias plataformas, monolitos con relieves y un templo.

Ruinas y Museo de Cuntur Huasi★

Situadas a 96 km de Cajamarca, para llegar a ellas hay que tomar en Chilete, en la carretera de Trujillo, un desvío de 25 km a San Pablo. En Pueblo Nuevo-La Conga, antes de San Pablo, hay un **museo** *(visita, de martes a domingos, de 9 h a 17 h),* construido en 1994 por la Universidad de Tokio, cuyos arqueólogos descubrieron el santuario. En él se expone cerámica, objetos de metal y textiles procedentes de las excavaciones. Desde el museo, en un cuarto de hora andando, se llega al **Cerro la Copa,** donde están los restos arqueológicos, entre los que hay monolitos, relieves de cabezas de jaguar, y enterramientos con ofrendas, así como dos coronas con cabezas de jaguar repujadas, cuyo oro es el más antiguo de América.

Datado en el año 1100 a. C. y reformado en el 700 a.C., el mayor enigma de Cuntur Huasi, que en quechua significa "casa del cóndor", es su ubicación en un lugar tan alejado y solitario. Se cree que algún *sunami* u otra catástrofe natural, a consecuencia de *El Niño,* fue lo que obligó a la gente a abandonar la costa y llegar hasta allí.

Mina de oro de Yanacocha

Situada a 40 km de Cajamarca por la carretera de Bambamarca, la visita a la mina no es regular, tiene que hacerse en grupo, en días que no interrumpan el trabajo, etc. *(Información, en el Centro de Documentación de Yanacocha, Jr, Tarapacá, 783; abierta de lunes a viernes, de 8 h a 13 h y de 14 h a 18 h; viernes sólo hasta las 16 h).*

A poca distancia de las antiguas minas de plata de Hualgayoc y a sólo 18 km de Cajamarca en línea recta, las extracciones de oro de la mina de Yanacocha empezaron en 1993 y, diez años más tarde, arrojaban un total de casi 3 millones de onzas de oro, lo que la convierte en la más grande de América y la segunda a nivel mundial, después de las de Tanzania. Las ganancias de la mina tienen gran importancia para el país, pues representan casi el 10 por ciento del presupuesto estatal.

A pesar de que la extracción y el lavado se efectúan con las técnicas más avanzadas, la deficiente política ambiental del gobierno parece incapaz de limitar los abusos de la empresa minera *(Newmont Mining,* de Denver), en cuestiones referentes a la expropiación de terrenos y al impacto ecológico. Con motivo de un accidente en el transporte del mercurio que hubo en el año 2000, nació en Cajamarca una fuerte oposición a que se ampliasen las prospecciones en los cerros Negro y Quilish, comprados a la hacienda El Porcón, una empresa de turismo ecológico que ha vendido el 10 por ciento de sus terrenos de bosques, que ardieron después de la venta. Son constantes las denuncias de contaminación de la capa freática (la mina ocupa 2.000 ha de terreno a 3.800-4.100 m de altitud y afecta a cuatro cuencas fluviales), así como de las condiciones de contratos laborales (de los 8.000 trabajadores que hay en la mina, 6.500 son sólo temporales). Y lo que sí se percibe en Cajamarca es la irrupción de una nueva clase social, los mineros, que ha sustituido

Granja de Cajamarca

al tradicional funcionariado y campesinado. Con las minas han aparecido la prostitución, la violencia en las calles y –esto es lo más perceptible– los precios se han disparado (los alquileres, por ejemplo, un 300 por ciento). Cajamarca es actualmente una de las ciudades más caras de Perú.

Otros lugares

En la **hacienda La Colpa,** a 11 km del centro, se puede asistir al "llamado de las vacas", que acuden cuando se las llama por su nombre. La hacienda conserva su antigua casona con capilla, una laguna artificial y tiene amplios jardines bien cuidados. Otros pueblos que se pueden visitar son **Llacanora,** a 13 km del centro, cuyo mejor producto artesano son los clarines de caña y que en las cercanías cuenta con dos hermosas cascadas. En **Aylambo,** a 4 km al sur, hay talleres de cerámica y en **Pariamarca,** a 3 km del anterior, tiene nombre la industria textil, grandes mantas y alfombras, que los hombres trabajan en telares de pedal y ponchos y fajas hechos por las mujeres en telares de cintura *(calhua).* Más lejos, en dirección a Leymebamba y Chachapoyas, quedan el pueblo de **Celendin, Chota** y el parque **nacional de Cutervo.**

El episodio de Cajamarca

La traición de Pizarro y el oro de Atahualpa, reducidos al tópico de la perfidia y avaricia de los conquistadores en América, son narrados por las crónicas de testigos presenciales como uno de los episodios más novelescos de la conquista.

La entrevista

Ya desde su llegada a Tumbes, en mayo de 1532, Pizarro recibía mensajes de que Atahualpa le esperaba. También estaba informado de la encrucijada política que atravesaba el imperio inca: Atahualpa, el príncipe de Quito, se había enfrentando por el trono del Tahuantinsuyo a su hermanastro Huascar, el príncipe de Cuzco, y le había vencido, tomado preso y exterminado a toda su familia. Pizarro se puso en camino el 24 de septiembre.

El trayecto desde la playa a la sierra debió de ser penosísimo. Hay que imaginarse a aquellos 110 soldados, debilitados por el 'soroche' (mal de altura), arrastrando por las montañas los dos cañones, veinte arcabuces y el arsenal y con los 67 caballos destrozándose las herraduras en el empedrado del camino inca. Iban con ellos unos 200 indios de la costa, en su mayoría tallanes –el pueblo del intérprete Felipillo–, seguramente deseosos de presenciar aquel encuentro entre dioses y, es de suponer, no muy adictos al inca. El viaje, que duró dos meses largos, estuvo constantemente observado por espías de Atahualpa.

Por fin, una tarde que granizaba, llegaron a las alturas que rodean el valle de Cajamarca, y contemplaron asustados el espectáculo de campamentos dispersos de los 20.000 indios que acampañaban al inca. Lo primero que hizo Pizarro fue enviar a Hernando de Soto con 20 jinetes a los Baños (6 km) para concertar una entrevista con Atahualpa. El Hijo del Sol ni se dignó salir. Como Soto no regresaba, Pizarro mandó a su hermano Hernando a ver qué pasaba, y Atahualpa, al saber que era hermano de Pizarro, ya se dejó ver. "Su rosto era grande, hermoso, los ojos furibundos. Hablaba lentamente, con voz fuerte, cambiando el tono y la velocidad de sus palabras." Los cronistas describen aquella entrevista como una conversación entre fanfarrones. Más o menos, empezó hablando el inca:

–Dice mi capitán, Maica Huillca, que los españoles sois flojos en asuntos de guerra. El mismo ha matado a tres en la costa.

–Para demostraros lo contrario, id con mis soldados a cualquier empresa guerrera que queráis –contestó el español.

–A cuatro jornadas de Cajamarca hay un cacique que no se quiere rendir –respuso el inca–. Id vos con mis soldados a vencerlo.

–No es necesario; bastará con diez de los nuestros y vuestros soldados podrán dedicarse a capturar a los fugitivos.

Ambos se rieron de sus bravuconadas y Atahualpa ordenó servir chicha, que los españoles bebieron con aprensión, temiendo algún veneno. Antes de partir, el tercer fanfarrón, Hernando de Soto, hizo unas cuantas cabriolas con su caballo y, para impresionar, lo lanzó al galope frenándolo en seco ante Atahualpa. El inca no se inmutó, y ordenó decapitar a los cortesanos que habían retrocedido.

Se sabe cómo transcurrió la noche en ambos campamentos: Atahualpa ordenó a su general, Rumi Ñahui, rodear los montes circundantes con cuerdas y 2.000 soldados, para apresar a los españoles que intentaran huir. Pizarro, informado del terreno pantanoso de los baños, preparó su estrategia y decidió prender al inca en cuanto se sentara a la mesa.

El encuentro

La entrevista estaba concertada para la mañana, pero Atahualpa se demoró y empezó una guerra de nervios, anunciando primero que iría con armas, luego sin ellas. "Parecíale –dice Cieza de León– que de ninguna manera podría suceder cosa que estorbase el matar o prender a los cristianos". Por fin avanzó el cortejo en procesión por el valle, pero, antes de llegar, se detuvo de nuevo. Pizarro envió a Hernando de Aldana, que hablaba algo de quechua, a ver qué pasaba. Atahualpa se burló del mensajero y Aldana salió de allí por pies, ante las mofas de los cortesanos, y dijo a Pizarro que "el inca venía de mal arte y con gran soberbia".

Los espías de Atahualpa informaron al inca de que los españoles se habían ocultado en una casa, muy asustados, "y decían la verdad, porque yo vi a muchos que, sin sentirlo, se orinaban de puro temor", dice Pedro Pizarro, el primo cronista del conquistador.

Atahualpa avanzó confiado, sin el grueso del ejército, pero con "mil barredores limpiando el camino, comparsas de bailarines y cantores y turnos de cargadores de andas". Junto a su silla iban otras de los señores de Chincha y Cajamarca. Al entrar en la plaza, vacía y silenciosa, apareció el padre Valverde con Felipillo. Llevaba una Biblia en la mano y empezó a recitar al inca un largo "requerimiento de conversión". El inca, sin entender nada y rojo de ira, acusó a los españoles de asaltantes. Valverde, entonces, le ofreció la Biblia, y Atahualpa, que nunca había visto un libro, la arrojó al suelo. Mientras Felipillo la recogía, Valverde salió gritando y clamando venganza.

Entonces agitó Pizarro una toalla y los dos cañones apostados en el cerro de Santa Apolonia estallaron, los 20 arcabuces y mosquetes dispararon y los jinetes atacaron tajando y acuchillando a la multitud, que trataba de huir atropelladamente. Pizarro salió a prender al inca con los 24 soldados que se habían quedado con él. La gente del séquito trató de defender a su señor, y "con las manos cortadas tendían con los hombros las andas del inca, pugnando por morir en defensa del monarca". Por fin, Miguel de Estete agarró al inca por los cabellos y Alonso de Mesa volcó las andas. Pizarro gritó que no lo matasen. Los otros señores del cortejo, el de Chincha, el de Cajamarca, el general Maica Huillca y los curacas, que iban desarmados, cayeron asesinados. Hasta 7.000 indios, dice el cronista, murieron en la plaza de Cajamarca. El general Rumi Ñahui, en lugar de acudir en su ayuda, volvió la espalda al inca y regresó a Quito, donde se apoderó de la ciudad.

El oro del rescate

Ya preso en una de las casas de la plaza, Atahualpa ofreció a Pizarro llenar aquella habitación de oro, a cambio de su libertad.

Durante los ocho meses que duró la prisión de Atahualpa se deshizo el imperio inca. Desde Cajamarca salieron grupos de indios, controlados por Hernando Pizarro, para hacer acopio de oro en las cuatro partes del Tahuantinsuyo. Desde Quito hasta el Titicaca, desde Cuzco hasta Pachacamac, al mismo tiempo que se desvalijaban templos y palacios, se extendía la noticia de la prisión de Atahualpa, y se encendían revoluciones en algunos pueblos sometidos. Entre los españoles de Cajamarca, a medida que se prolongaba el tiempo, crecían las intrigas y tensiones provocadas por el reparto del botín y de las concubinas del inca, por los mensajes que Atahualpa enviaba a los rincones de su imperio y por el oro que se iba acumulando.

Por fin, un día Felipillo informó de que Atahualpa había ordenado la muerte de su hermanastro Huascar y de que un gran ejército se aprestaba a liberar al inca. Entonces se decidió hacerle juicio. Aunque había dos bandos, a favor y en contra, Pizarro optó por el que más le convenía, y Atahualpa fue condenado a morir en la hoguera el 26 de julio de 1533. Como era una muerte propia de delincuentes, se ofreció al inca la oportunidad de "morir como cristiano" si se bautizaba. Atahualpa, preocupado por conservar entero su cuerpo, aceptó y murió a garrote vil. La ejecución fue censurada incluso por Carlos V.

Niña quechua

CHACHAPOYAS Y EL VALLE DEL UTCUBAMBA

Chachapoyas (20.000 habitantes, 2.240 m), capital del valle del Utcubamba, podría ser un poblachón extremeño si no estuviera en estas alturas y en un clima tan lluvioso. Extendida sobre la cima de un monte, es una ciudad tranquila, sin monumentos en el centro urbano, pero con buenos hoteles y restaurantes y situada en el centro de una región con un gran potencial turístico sin explotar, debido a las dificultades de acceso.

CHACHAPOYAS

La **catedral,** fundada en 1538 por Alonso de Alvarado, primero estuvo emplazada en la actual ciudad de Xalca y después fue trasladada sucesivamente a Levanto y a este lugar; la catedral ha sido completamente renovada. La ciudad cuenta con un **Museo-muestrario arqueológico del Amazonas** (Jr. Junín, 817; *visita de lunes a sábado, de 9 h a 16 h),* en el que se exponen cerámicas y objetos de la región.

Levanto, a22 km al sur y con acceso por carretera, aún conserva la **iglesia** colonial del siglo XVI. En Levanto hay interesantes restos arqueológicos: casas redondas de hace 10 siglos en el **caserío de Yálape,** y una **acequia** de 23 km de longitud, levantada a 1 m del suelo sobre losas de piedra. Desde Chachapoyas a Levanto se puede llegar a pie por un trecho del **camino inca** muy bien conservado (unas 5 horas de camino).

Desde Chachapoyas se pueden hacer excursiones a los puntos más interesantes del Valle del Utcubamba. Al norte de Chachapoyas está Karajía (a 50 km y a 3 horas de viaje). Al sur de Chachapoyas quedan Kuélap (a 72 km y 5 horas) Revash (a 70 km y 5 horas) y Leymebamba (a 92 km y 5 horas), que pueden visitarse en una excursión de dos días, o más, si se desea llegar también a la Laguna de los Cóndores (a una jornada de marcha desde Leymebamba). La pista es infernal y, aunque las visitas valen las penalidades del viaje, hay que pensar si merece la pena regresar a Chachapoyas o pernoctar en Tingo o en Leymebamba, sobre todo si se piensa continuar itinerario hacia Cajamarca.

VALLE DEL UTCUBAMBA

A mediados de 1960 se quiso promocionar esta región y poner el centro turístico en Chachapoyas, a modo de un Cuzco norteño, desde donde explorar los lugares arqueológicos, situados en paisajes admirables. El proyecto no cuajó, las carreteras siguen en pésimo estado, el aeropuerto quedó clausurado porque el aterrizaje era muy peligroso y los habitantes del valle siguen esperando la varita mágica que les saque de su secular olvido.

La carretera recorre el valle del río Utcubamba –en quechua, "Llanura del Algodón"–, desde el cruce de Pedro Ruiz hasta Leymebamba. Por los peligros de inundaciones, apenas hay pueblos en el seno del valle, sino que suelen estar situados en las laderas o en las cumbres de las montañas.

A 15 km de Pedro Ruiz está **Churuja,** una pequeña aldea cerca de las **cataratas de Andariyacu,** un salto de agua con una caída de más 100 m de altura, al cual sólo se puede llegar andando.

KARAJÍA★

En el km 39 de la carretera está el desvío a Luya, donde hay algun restaurante y se puede hacer un descanso, y a Karajía.

Karajía es un pequeño caserío. Para llegar hasta el farallón de las momias hay que andar una media hora por un buen camino y una senda; el paseo, si el camino no está embarrado por la lluvia, es cómodo y con muy buenas panorámicas. Las seis **momias de Karajía** están colocadas en un repliegue de la pared del monte, a unos 20 m de altura sobre el camino. Fueron descubiertas en 1985 y son estatuas de piedra con caretas toscamente labradas de narices triangulares y con grandes agujeros. Su semejanza con las figuras de la Isla de Pascua es innegable.

En el km 56 sale de la pista la carretera que sube hasta Chachapoyas, cuyas casas se ven en lo alto del cerro. Aunque sólo hay una distancia de 4 o 5 km, y la carretera es el único trecho asfaltado de toda la ruta, ascender hasta allí se lleva una buena media hora, en parte por los peligros de la cuesta llamada el Limón Punta, con peligrosos precipicios en los que hay frecuentes derrumbamientos.

El belicoso pueblo de las nubes

Los Chachapoya son un misterioso pueblo del que se sabe muy poco. Su nombre, en quechua, significa "bosques nubosos", pero no se sabe qué idioma hablaban antes de ser conquistados por los incas en el siglo XV. El cronista Cieza de León los describe como un pueblo de gente muy alta y piel clara, "que hacían rica y preciada ropa para los incas, tan fina y vistosa que es de tener en mucho por su primor". Ambas cosas han sido confirmadas por los hallazgos en las necrópolis. Por estos mismos hallazgos, se supone que eran un pueblo procedente de la selva colombiana que se establecieron en esta parte del Perú hacia el siglo X de nuestra era y ocuparon el territorio entre los ríos Marañón y Huallaga. Hacia 1470 fueron difícilmente sometidos por los incas y siguieron ofreciendo mucha resistencia después de su anexión al Tahuantinsuyo, de modo que los incas trasladaron a otras zonas de su imperio a un 50 por ciento de la población chachapoya como "mitmaq" y ocuparon su territorio con artesanos y agricultores de otras partes del imperio más dóciles. Los cronistas los describen como un pueblo belicoso, cuyas mujeres, muy hermosas y de piel blanca, también participaban en el combate. Construían sus poblados en las cimas de las montañas, entre los 2.800 y 3.400 m de altura, según un cronista agustino, porque "la tierra es tan áspera y de gran humedad, que todo el año no hace sino llover y por esta causa tienen los indios sus casas construidas en las cumbres de las cuestas y altos". Sus pueblos estaban formados por casas redondas, de entre 4 y 10 m de diámetro, y todos tienen un par de edificios rectangulares con función pública o ceremonial. Los muros de las casas están adornados con rombos, grecas o una cenefa en zig-zag. Su cerámica, sencilla y utilitaria, aún se sigue fabricando en el pueblecito de Huancas. Tampoco se sabe mucho de su religión; en Leymebamba se encontró un caimán tallado en madera; parece que adoraban a la serpiente, representada en el zig-zag de los adornos de las casas, y el inca Garcilaso afirma que tenían por dioses al cóndor y al jaguar. De donde más información se ha sacado es de sus tumbas, que revisten gran variedad de formas: enterraban a sus muertos en sacos o en 'chullpas', algunas veces enlucidas y pintadas (otras no), o bien alineadas unas junto a otras, como en la Laguna de los Cóndores, o bien aisladas y emplazadas en lugares inaccesibles, como en los acantilados de Karajía, La Petaca y Diablo Huasi. Las ponían en las convergencias de dos ríos, que eran para ellos lugares sagrados (Revash y La Petaca están en la confluencia del Utcubamba y el Atuén) y siempre en sitios protegidos de la lluvia, o en cornisas de acantilados de baja temperatura para su conservación. A veces las tumbas están orientadas hacia lagunas (en las lagunas de los Cóndores y de Huayabamaba), que probablemente eran tenidas por "pacarinas"; otras veces están orientadas hacia los poblados a los que protegen. Restos de comida y tejidos hallados en ellas demuestran que era práctica habitual hacer ofrendas a los muertos y cambiarles la ropa. Los alrededores de estas necrópolis están señalados con pintura en las rocas, lo que ha facilitado la labor de los huaqueros.

En el km 102 se encuentra **Tingo,** un pueblo con puesto de policía en el que los conductores de vehículos tienen que pasar control y los taxistas suelen dejar una pequeña "mordida", más por tradición que por la cantidad del óbolo, que no pasa de 10 soles. Tingo fue arrasada por un riada del Utcubamba en 1993 y el grueso de la población se reconstruyó a 4 km, en las lomas de la montaña. Desde Tingo de Abajo salen dos caminos hacia Kuélap: una senda de montaña y una pista de 26 km. Ambos, por la senda a pie o por la pista en vehículo, requieren el mismo tiempo para llegar a la fortaleza: 3 horas. Si se va en coche, desde el aparcamiento aún hay que andar 45 minutos hasta el Centro de Documentación, donde se puede obtener información y contratar un guía. El paseo tiene una vistas comparables a las de Machu Picchu.

KUÉLAP★★

A pesar de que la **fortaleza de Kuélap** *(visita diaria, de 8 h a 17 h)* está datada hacia el siglo XII de nuestra era, es decir, muy anterior a las construcciones incas, el conjunto sirve para dar una idea de cómo era Machu Picchu antes de su preparación para el turismo. La fortificación está protegida por las profundas quebradas que forman tres ríos, el Utcubamba y sus afluentes: Tingo y Secas. Fue descubierta en 1843 por el juez de Chachapoyas en un viaje que hizo por allí para solventar una repartición de tierras. Entonces estaba totalmente oculta por lianas, orquídeas y vegetación. Tiene 1,5 km de longitud y está rodeada de una muralla de casi 20 m de altura que le da forma elíptica, con una anchura máxima de 120 m. Hay tres estrechas puertas que conducen a empinados callejones de acceso, por los que sólo cabe una persona. En el interior hay dos niveles llamados **Pueblo Bajo** y **Pueblo Alto,** ambos fortificados. La naturaleza se trenza entre las ruinas de las cuatrocientas casas de piedra que se conservan, edificios sencillos repartidos en grupos, con adornos de grecas o en zigzag, entre las que sobresalen los tres monumentos más importantes: el Tintero, el Castillo y el Torreón.

El llamado **Tintero,** a la derecha de la entrada, es un edificio en forma de tintero de 12 m de diámetro y 4 m de altura cuya función no se conoce. Tiene una entrada a una cámara subterránea en la que se cree que hubo animales encerrados o se preparaba a las víctimas. Junto a él hay un torreón chato que tenía sin duda funciones de vigilancia. En el centro de la fortaleza está el **Castillo,** un edificio dispuesto en dos terrazas en el que se encontraron numerosas momias de cabello claro. En la parte norte destaca sobre las murallas un **Torreón** de 10 m de altura desde el que se puede observar todos los alrededores y, si el tiempo está claro, desde Chachapoyas hasta el Marañón.

En Kuélap se forma una admirable simbiosis entre la naturaleza, con árboles vetustos y un mar de orquídeas, y las construcciones prehispánicas que aprovechan el terreno.

Desde Tingo hasta Leymebamba hay unos 46 km, que requieren unas dos horas de viaje. Se pasa primero por **Yerbabuena,** un pequeño pueblo que los sábados congrega a todo el valle para la feria semanal. Desde Yerbabuena sale una pista hasta **Revash,** remontando el curso del río Ingenio en dirección al caserío de Santo Tomás. A unos 6 km, se ven en un farallón rocoso, casi inaccesible y al resguardo de la lluvia, varias casas preincaicas cubiertas de barro pintado. Con esfuerzo y precaución se puede llegar hasta ellas, pero el camino tiene sus peligros.

En el km 102 está el pueblo de **Leymebamba,** que fue fundado originariamente en San Miguel, a unos 4 km por encima del pueblo, donde actualmente está ubicado el **museo.** Su emplazamiento entre los ríos Pomacochas y Atuen (que aquí forman el Utcubamba) y su cercanía a las minas de oro de Gollón y Santo Tomás de

Arriba, las seis momias de Karajía, colocadas en un repliegue de la pared del monte. Abajo, máscaras halladas en la Laguna de los Cóndores.

El Museo de Leymebamba acoge las momias encontradas en la Laguna de los Cóndores.

Quillay, influyeron en su fundación. Según el inca Garcilaso, Leymebamba es corrupción del vocablo quechua *Raymipamapa,* "Campo de la fiesta del sol".

El **Museo de Leymebamba**★ (Cerro de San Miguel; *visita, de martes a domingos, de 9 h a 16.30 h),* inaugurado en junio de 2000, fue construido con el trabajo del pueblo y donaciones austriacas. En tres salas arqueológicas en las que se exponen las 200 momias y las ofrendas funerarias recuperadas de la Laguna de los Cóndores. En un pequeño patio hay una reproducción parcial del lugar donde fueron encontradas las momias. Se exponen también tejidos chachapoyanos, muy buenos quipus quechuas y, en las salas etnográficas, muestras de las formas del vida del país. La construcción, obra de los arquitectos de Túcume, Rosana Correa y Jorge Buga, recrea las tradiciones arquitectónicas del país, y en los jardines se ofrece una muestra de la flora autóctona. Cabe destacar el pequeño **jardín de orquídeas.**

Desde Leymebamba hay 30 km, a pie o en mulo, hasta la Laguna de los Cóndores.

LAGUNA DE LOS CÓNDORES★★

Camufladas en un acantilado, a 100 m sobre las aguas de la laguna, un grupo de taladores de árboles encontró en 1996 una serie de *chullpas* de difícil acceso, intactas durante más de 500 años, con más de 200 fardos funerarios, abundancia de ofrendas, figuras talladas en madera y canastas con mates. Fueron datados entre el 800 y el 1570, ya con los españoles en Perú. La noticia de prensa causó un alución de visitantes y de huaqueros, a pesar de la distancia (¡10 horas en mula!). En 1997 las autoridades de Leymebamba confiscaron el botín para evitar la acción de los huaqueros. Los fardos fueron trasladados a lomos de mula hasta Leymebamba. En los alrededores de la laguna se hallaron restos de unas 130 casas del poblado Llaqtacocha.

Desde Leymebamba, la pista continúa, siempre en mal estado, hasta Cajamarca. Pasa primero por el puerto Abra Barro Negro (3.680 m), para descender hasta los 900 m del río Marañón, el cual cruza en el pueblo de Balsas. Es el paisaje descrito por Ciro Alegría en su novela *La Serpiente de Oro.* Tras pasar el río hay que volver a subir a **Celendín** (2.620 m), un pueblo algo más grande que ofrece posibilidad de restauración y pernocta. La pista sigue en mal estado hasta **Encañada** (76 km) y luego, los últimos 30 km hasta **Cajamarca,** mejora sensiblemente. En total, sin paradas ni desvíos, son 335 km, 20 horas de viaje.

CHICLAYO

520.000 habitantes

Chiclayo, capital del departamento de Lambayeque, no tiene el ambiente colonial de Trujillo, o incluso de Piura. Es una ciudad que ha surgido con increíble vitalidad durante el siglo XX. Ubicada en el ancho valle del Lambayeque, es centro de una ubérrima zona agrícola que produce caña de azúcar, arroz, algodón y trigo. En el valle, donde hace 1.000 años floreció la cultura Sicán, están los mejores museos de Perú y, en la zona de la costa, cuenta con playas muy buenas. Chiclayo se llama a sí misma sin falsas modestias "ciudad de la amistad", y en el trato con su gente se aprecia que no le faltan motivos para tan arriesgado eslogan.

Historia

Chiclayo nació después de que una gran inundación asolara la ciudad colonial de Zaña, en 1559. La gente se trasladó entonces, no a la playa, donde estaba el peligro de los ataques piratas, sino al cruce de caminos entre Zaña y Lambayeque, donde había un convento de franciscanos desde 1541, y allí se formó un pequeño pueblo que, hasta tiempos de la República (1831), seguía siendo una aldea sin importancia.

Situada en medio del valle más ancho del norte de Perú, a medio camino entre Piura y Trujillo y con dos puertos en sus alredores (Etén y Pimentel), Chiclayo empezó a prosperar. En 1931 tenía 23.000 habitantes. En aquellos años, los terratenientes azucareros del valle hicieron sus casas en Chiclayo y surgió la zona residencial de los alrededores, cerca del actual Parque de las Musas. La ciudad creció con los obreros que llegaron de la sierra para construir la carretera Panamericana a principios de la década de 1940. Muchos de ellos se quedaron, porque había gran demanda de trabajadores para la agricultura. El gran crecimiento tuvo lugar en la década de 1960, que fue cuando se creó el Mercado Modelo. En los últimos 40 años, Chiclayo ha sido la ciudad peruana que más ha crecido, relativamente más incluso que Lima, pues ha multiplicado su población casi por 13. En su área de influencia se concentran 650.000 habitantes, y la actividad comercial del centro urbano es tan grande, que durante el día triplica su población.

VISITA

En Chiclayo no hay grandes monumentos que ver, pero sí calles y comercios. En la **Plaza de Armas** está la **Municipalidad**, un edificio colonial de 1920 y, junto a ella, la **catedral**, que es un modesto templo clasicista construido por la empresa de Gustave Eiffel en la misma época. En la Plaza, que también se llama Parque Municipal, hay un pequeño kiosco de información turística. Detrás del kiosco, por la Avenida Elías Aguirre y calles laterales, se concentran los restaurantes y locales de la ciudad. Perpendicular a la Avenida Elías Aguirre está la calle principal de Chiclayo, **Avenida José Balta**, que desde la Plaza se divide en Avenida Balta Norte y Avenida Balta Sur. Hacia el sur, llega hasta la Avenida Bolognesi, donde están las terminales de autobuses y hay un **mercadillo** de artesanía. Pasada la Avenida Bolognesi, está el moderno **parque de Las Musas**, orgullo chiclayano, con fuentes dedicadas a cada una de las nueve musas, ante las que siempre hay algíun turista o alguna pareja de recién casados retratándose.

Cercano a la plaza, en la Avenida Balta Norte, está el **Mercado Central** de Chiclayo, actualmente reducido a funciones de mercadillo, porque el principal, el **Mercado Modelo★★**, queda a cinco cuadras de la Plaza de Armas. Se creó en 1960 para organizar la venta ambulante, pero el ayuntamiento falló en su objetivo principal. Las calles que rodean el mercado son un maremágnum de puestos y vendedores en los que se ofrece de todo y, a primera vista, con un desorden absoluto. Pero todo tiene su lugar fijo y, cada ramo de comercio, su calle o su emplazamiento. En el periódico *La Industria* suelen leerse los intentos de la municipalidad para limitar el comercio "desordenado", que los vendedores contestan con huelgas y paros. La parte más visitada por los turistas es el **mercado de hierbas** que está en el edificio principal, detrás del aparcamiento que da a la calle Arica. Los puestos ofrecen innumerable variedad de hierbas y preparados medicinales con pieles

El Mercado Modelo de Chiclayo es un maremágnum de puestos y vendedores, la parte más famosa es la del mercado de las hierbas.

de reptiles y roedores, utilizados por chamanes y curanderos en sus tradicionales "misas de sanación". Probablemente, es el mayor mercado de curanderismo de América.

ALREDEDORES

Chiclayo es centro de una importantísima región arqueológica. En los alrededores están los museos más modernos de Perú, en los que se expone la cultura del reino de Sicán y Lambayeque. Actualmente, la forma mejor de recorrerlo es en dos viajes desde Lambayeque, uno a Ferrañafe y otro a Túcume. Los alcaldes de los tres pueblos tratan de concluir una carretera de unión entre Batán Grande y Túcume que haga posible la excursión como un circuito. Aunque no faltan agencias que programan visitas a los monumentos, se llega a ellos muy bien en taxi o en colectivo. Por otra parte, son lugares para disfrutar: los museos se ven como una película de cine que sería una pena apresurar y, al atardecer, el paseo por las pirámides rojizas entre la vegetación del Río La Leche, en Túcume, o entre los algarrobos de Batán Grande, son un espectáculo que debería estar exento de limitaciones de tiempo.

Lambayeque

A 12 km al norte de Chiclayo, por la carretera Panamericana, está Lambayeque, una ciudad en la que se estableció la clase pudiente que huyó de Zaña cuando ésta fue arrasada por una inundación en 1566. Entre las casas coloniales que conserva, la más importante es la **Casa Montjoy o Casa de los Masones,** con el balcón esquinado más largo de América (70 m de longitud, 36 columnas y 150 apoyos). En este edificio conspiraron los patriotas peruanos contra el poder de Madrid en 1820. En Lambayeque se encuentran el Museo Brüning y el Museo de las Tumbas Reales.

El **Museo Brüning**★ (Av. Huamachuco s/n; *visita diaria, de 9 h a 17 h*), un poco eclipsado por la brillantez de los otros dos museos cercanos, muestra la colección arqueológica que el comerciante y cónsul alemán Heinrich Brüning, descubridor de la cultura Moche, reunió durante 48 años de investigación y cedió al Estado peruano en 1925. En los jardines hay una estatua de Naylamp, el mítico fundador de la dinastía lambayecana. En el interior del edificio, construido en 1966 por un alumno de Le Corbussier, se exponen en cuatro pisos más de 1.400 piezas arqueológicas procedentes de las diversas culturas de la región, incluyendo piezas textiles y de cerámica Chimú y Vicús. En la *Sala de Oro* del sótano, fortificada como un búnker, se exponen hasta 500 piezas; es una de las más importantes colecciones de joyas del continente americano.

El **Museo Tumbas Reales de Sipán**★★ se asemeja a una pirámide trunca formada por cinco prismas que se sustentan mediante planos inclinados. Cada prisma lleva una réplica de los estandartes encontrados en la Tumba del Señor de Sipán; sus colores –rojo y amarillo– recuerdan los colores ocre que usaban los Mochicas en su decoración. La visita empieza por el tercer piso, al que se asciende por una rampa donde se ubica la puerta principal. El tercer piso contiene información general sobre la cultura mochica, sus creencias (su dios Ai Paiec era el supremo hacedor y un dios creador), sus formas de vida (agricultura, pesca, cacería) y su política (era una sociedad fuertemente militarizada, dividida en castas sociales de caracter político-religioso). El segundo piso contiene la tumba del Señor de Sipán y de su sacerdote y los objetos hallados en ellas. En el tercer piso, base de la pirámide, se exponen las joyas, atuendos y objetos rituales de las tumbas. También hay una exposición animada con música de la casa real Mochica.

Sipán★

El campo arqueológico de donde proceden los hallazgos del museo Tumbas Reales está a unos 35 km al sudeste de Chiclayo, por una carretera asfaltada que va entre plantaciones de caña de azúcar, está el pueblo de Sipán (en Mochica "Casa de la Luna") y, en sus cercanías, las **pirámides de Huaca Rajada,** un centro arqueológico de 200 ha, que ya había sido fotografiado por Heinrich Brüning en 1917. Lo que parecía una montaña dividida, era en realidad dos pirámides "rajadas" o separadas por una plataforma central, en la que el equipo del arqueólogo peruano Walter Alba descubrió, en 1987, las dos tumbas más importantes de la cultura moche: la del Señor de Sipán y la de un antepasado suyo conocido como el Viejo Señor. Un año después, Walter Alva dió con la tercera, la tumba del Sacerdote. Las tres tumbas estaban intactas y su ajuar funerario era de un valor incalculable.

Ferreñafe

A 18 km al norte de Chiclayo está Ferreñafe, la "ciudad de la doble fe", y no sólo porque esta sílaba forme capicúa en su nombre, sino porque los primeros indígenas que se establecieron en ella eran cristianos, pero no habían renunciado a su fe autóctona. Vivían en el antiguo núcleo de Ferreñafe, cerca de Batán Grande, a 16 km del actual, pero fueron trasladados aquí hacia 1550, cuando Alonso de Ossorio recibió las tierras en encomienda y fundó en el lugar una reducción indígena. La **iglesia de Santa Lucía,** en la Plaza de Armas, tiene rasgos renacentistas y data del siglo XVII. Cabe destacar también el **cementerio** de Ferrañafe, que es donde la gente del Valle de Lambayeque prefiere ser enterrada.

En el **Museo Nacional Sicán**★★ (Av. Batán Grande s/n; *visita de martes a domingos, de 9 h a 17 h)* se exponen los hallazgos de la tumba Huaca Loro, de Batán Grande: Réplicas de objetos elaborados empleando la técnica de los antiguos Sicán documentan el desarrollo artístico de esta cultura. En la exposición se reconstruye también la vida cotidiana de aquella cultura, los procesos de elaboración de cerámica y el trabajo con metales, y se ha construido una réplica de las tumbas de la nobleza. La mayoría de los objetos están expuestos en su contexto original e incluyen reseñas relacionadas con la labor arqueológica.

Batán Grande★ es un algarrobal situado a 16 km de Ferreñafe, siguiendo la carretera de Pítipo y convertido en zona protegida: **Santuario Histórico Nacional Bosque de Pomac.** Cerca del centro de documentación hay un algarrobo milenario. Además de algarrobos o huarangos, se dan también zapotes y molles, entre los que habita una fauna de osos hormigueros, iguanas, zorrillos, hurones y serpientes (boas).

Perdidas entre los matorrales de Batán Grande están las **40 pirámides** de adobe construidas por la cultura Lambayeque o Sicán ("Templo de la Luna" en lengua mochique), que floreció entre los años 750-1100 d.C., en tres lugares: en un periodo temprano (750-900 d.C.), en Pampa Grande (unos 50 km al sur de Chiclayo), donde estaba la mayor fortaleza Mochique del Valle del Lambayeque. Hacia el 900 se empezaron a construir estas pirámides de Batán Grande. Hacia el año 1150 la mayor pirámide de Sicán fue destruida, y entonces se empezaron a construir las cercanas pirámides de Túcume.

El arqueólogo japonés Izsumi Shimada encontró en una tumba de Batán Grande, **Huaca Loro,** el cuerpo de un hombre adulto enterrado de cabeza, el Señor de Sicán, y, a sus costados, los cuerpos de dos mujeres y dos niños con evidencias de haber sido sacrificados. El rostro del personaje principal estaba cubierto por una máscara de oro y el ajuar de la tumba era valiosísimo, más de una tonelada de objetos funerarios, entre los que destacan varios *tumis* o cuchillos rituales mochicas. La tumba ya había sido expoliada por huaqueros, y muchos de los objetos mochicas dispersos por el mundo provienen de Batán Grande. En 1995 se descubrió la tumba de otro personaje enterrado con 25 mujeres.

Túcume: el Valle de las Pirámides★★

Túcume está a 18 km de Lambayeque; desde el centro de Túcume hay 3 km hasta el complejo arqueológico, en el valle de la Leche, un buen paseo entre huertas que puede hacerse en mototaxi o a pie, si el calor lo permite *(abierto de 9 h a 18 h).*

Hace más de 1.000 años, Naymlap –un héroe mítico que vino del mar con una flota de barcos en la que traía a su gente y a su ejército– organizó en la periferia de la nación Moche un poderoso Estado capaz de movilizar a miles de campesinos para construir la ciudad más grande de aquel tiempo: 26 pirámides y docenas de edificios más pequeños que ocupan 200 ha en torno al cerro La Raya, desde donde se domina todo el oasis del río Lambayeque.

El arqueólogo Alfredo Narváez ha llegado a la conclusión de que las pirámides eran palacios residenciales habitados por la clase aristocrática de un pueblo agrícola que convirtió el valle en el mayor complejo hidráulico de la costa.

Son pirámides de adobe, formadas por depósitos, patios y habitaciones adornadas con relieves y pinturas murales. Se comunicaban entre sí mediante rampas y corredores. Había, además, recintos de culto, administración, reposo y hasta cocinas donde se han encontrado restos de la dieta cotidiana de los tucumanos de hace 13 siglos.

El edificio más grande, la pirámide **Huaca Larga,** es un gran rectángulo de 454 m x 120 m, resultado de sucesivas ampliaciones y reformas llevadas a cabo a lo largo de 500 años en tres plataformas por las culturas Lambayeque (la más antigua), Chimú (1375-1470 d.C.) e Inca. En la parte más alta de Huaca Larga hay una construcción inca (1470-1532) llamada **Templo de la Piedra Sagrada.** En ella se encontró un fardo funerario de un gobernante ataviado con sus insignias, probablemente el curaca que había allí a la llegada de los españoles, flanqueado por dos hombres y, en un recinto contiguo, 19 mujeres de tierna edad y con huellas de haber sido sacrificadas. Las numerosas telas encontradas hablan de su habilidad como tejedoras; además se encontró gran cantidad de figuritas de plata, llamas y *mullu* (conchas de *spondylus princeps).*

Los españoles levantaron sobre una de las pirámides, conocida como **El Purgatorio,** una sencilla **iglesia** en la que llevaron a cabo sus juicios y sacrificios humanos de "extirpación de idolatrías".

Cieza de León lo describió en su crónica. El complejo fue descubierto en 1925 por tres arqueólogos alemanes que lo fotografiaron desde el aire y, en 1975, otro alemán, Hermann Trimborn, fijó la edad del complejo, mediante la prueba del carbono 14, entre los años 1000-1300. En 1987, el noruego Thor Heyerdahl redescubrió el valle y demostró que una parte del *mullu* encontrado en Túcume, los tejidos de las vestiduras y las figuritas, demostraban que los tucumanos habían estado en contacto con los Mares del Sur y la Isla de Pascua.

Las **vistas** de las pirámides son impresionantes desde el mirador del cerro La Raya. Hay, además, un bosque de algarrobos en el que se puede hacer picnic, y, en las cercanías, dos restaurantes.

El **Museo de Sitio** es digno del lugar: es una reproducción del interior de la **iglesia de Las Ánimas** del cercano pueblo de **Mórrope** (a 33,5 km de Chiclayo por la Panamericana Norte), construida con vigas de algarrobo, tal como lo hacían los indígenas a la llegada de Pizarro a Perú. Además, reproduce un taller de cerámica moche y objetos de la cultura cotidiana lambayecana.

Las playas chiclayanas

En una excursión de 50 km por buena carretera pueden recorrerse los pueblos de la playa de Chiclayo, en los que se ofrece abundante artesanía (tejidos, cestería, cerámica), playas lisas y calmadas, surcadas de barcos y caballitos de totora y con numerosos restaurantes en los malecones para probar el pescado del Pacífico. El circuito pasa por **Pimentel,** a 11 km de Chiclayo, que es el puerto y balneario chiclayano principal; cuenta con un bonito malecón del que sale un muelle de madera de 100 años de antigüedad. Una pequeña carretera lleva a lo largo de la costa hacia **Santa Rosa** (5 km), con un pintoresco puerto pesquero y restaurantes en el malecón. Al sur de Santa Rosa, la **playa de El Faro** es un concurrido lugar de surfistas. Desde Santa Rosa, pasando por **Monsefú,** famosa por su artesanía de sombreros, objetos de paja y bordados, se llega a **Etén,** un pueblo de pescadores con playas tranquilas y buenos restaurantes. Hasta Chiclayo hay 20 km.

NAYMLAP Y SU DIOS YAMPELLEC

Miguel Cabello de Balboa era un clérigo de Archidona que escribió en Lima, en 1586, una "Miscelanea Antártica", que es casi desconocida. En ella apunta una historia que le contó un indígena de Lambayeque llamado Martín Farro: en tiempos muy antiguos, llegó a la costa desde allende los mares un señor llamado Naymlap con su gente y se estableció en el valle del Chicama, al que dio el nombre de su concubina favorita, Chacma. Traía muchos barcos de troncos de árbol atados, muchas gentes y hasta cuarenta "oficiales de gran valor": uno tañía las grandes caracolas para congregar a la gente, otro estaba al cuidado de sus andas, el tercero se encargaba de servirle la bebida, otro derramaba a su paso conchas molidas… Naymlap fundó su imperio en el desierto y construyó el primer templo de pirámides, Chot, y que estaba dedicado a su dios: un ídolo de piedra verde al que llamaban Yampellec. Cuando Naymlap murió, fue enterrado en el templo. Su descendiente, Calla, empezó a construir las pirámides de Túcume. Hubo doce reyes en Túcume. El último, Fempellec, fue arrojado al mar por un sacrilegio y la dinastía de Naymlap se extinguió.

Históricamente, el reino de Lambayeque se extendía entre los valles de Chicama y Piura. Su desarrollo comenzó hacia el año 700 d.C., después del colapso de la cultura Moche (100 a.C.-700 d.C.), con claras influencias de la cultura Huari, de Ayacucho, que se había extendido por todo el norte de Perú. Continuó desarrollándose en siglos posteriores, hasta que, sucesivamente, fue invadido por los Chimú (1375), los Incas (1470) y, por los españoles, a partir de 1532. Pero en estos 700 años tuvo que afrontar repetidos y devastadores desastres naturales que finalmente derivaron en el abandono y posterior incendio de la ciudadela de Batán Grande, donde estuvo su primera gran capital.

Túcume (en la imagen) fue el lugar escogido para fundar la nueva ciudad, hace aproximadamente 1.000 años. Sus habitantes eran agricultores y, para sembrar el maíz, zapallo, lúcuma, frijoles y choloque, diseñaron el más complejo sistema de irrigación de la costa peruana, integrando, en uno de los lados de Túcume, al río de La Leche.

Cuentan que la construcción de las pirámides de Túcume duró cerca de 300 años y los Chimús e incas las conservaron, tras vencer a sus pobladores, como centros administrativos. Túcume fue abandonada a la llegada de los españoles y, durante la época colonial, servía de refugio contra las catástrofes de El Niño.

CUZCO

300.000 habitantes, 3.248 m

A pesar de la animación que reina en las calles llenas de turistas, la capital de los quechuas es una ciudad nostálgica. Bajo sus tejados manchegos, yacen las asombrosas piedras incas, sugiriendo lo que no se sabe cómo fue, a pesar de todas las descripciones. Pero, reconstruyendo imaginariamente las casas de muros perfectamente trabajados y ensamblados, sin ventanas apenas y con tejados de paja, es difícil que surja una imagen que supere la belleza mestiza del Cuzco actual. Para el Inca Garcilaso, Cuzco significa "Ombligo", o centro del mundo. Para otros estudiosos del quechua, sin embargo, la palabra viene de cusquini, que significa "allanar el terreno" y hace referencia a la fundación del Cuzco por el primer inca, Manco Capac, cuando la dinastía no sabía que aquella ciudad sería la capital de un poderoso imperio.

Historia

Manco Capac, fundador mítico del Cuzco. Cerca de Pacaritambo, a unos 30 km al sur de Cuzco, hay una montaña llamada Tambotoco ("Casa de las ventanas") donde había tres ventanas, una central ("Capac Toco") y dos laterales ("Maras Toco" y "Sutic Toco"). De la ventana central salieron los cuatro hermanos Ayar emparejados con sus cuatro hermanas Mama. De estas cuatro parejas, la principal era la formada por Ayar Manco y Mama

Catedral y plaza de Armas

Ocllo. Los ocho hermanos y los pueblos que habían salido de las ventanas laterales, los Tambos y los Maras, se pusieron en marcha en busca de tierras fértiles en las que asentarse. Llevaban consigo unos fardos en los que había todo lo necesario para sobrevivir. En las sucesivas paradas que hicieron por el camino, los tres hermanos menores fueron convertidos en huacas o eliminados. En la primera parada, Ayar Manco y Mama Ocllo concibieron un hijo, Sinchi Roca. En otra parada se libraron de Ayar Cachi, porque era cruel y pendenciero, y le hicieron retornar a Pacaritambo y permanecer encerrado allí. Cuando por fin llegaron al valle del Cuzco, salió el arco iris. Ayar Manco sacó del fardo una vara de oro que servía para reconocer las tierras fértiles y, arrojándola al suelo, se quedo hincada. Entonces, el más joven de los hermanos, Ayar Uchu, dijo que el Sol le había revelado que aquél era el lugar de destino y que Ayar Manco debía cambiar su nombre por el de Manco Capac ("señor"). Después de haber hablado, se convirtió en roca. Cuando llegaron al lugar donde había de estar la plaza de Cuzco, el único hermano que quedaba, Ayar Auca, se transformó en piedra y fue venerado como una huaca. Por eso la plaza se llamó Huacaypata, Plaza del Lamento. Siendo ya el único superviviente de los cuatro, Manco Capac pudo fundar la dinastía inca y la ciudad. Allanó la tierra, desecó los pantanos, inició la agricultura en el valle, plantando las semillas de maíz, papa, coca y ají que traía en fardo, inició la ganadería con ayuda de una "pana" o figurita de llama que también traía en el fardo y empezó a construir la ciudad con sus dos

CUZCO

barrios más importantes: El Alto, Hanan Cuzco, y el Bajo, Hurín Cuzco. Empezó las obras de Sacsayhuamán, fijó su residencia en el Inticancha y fundó el templo de Collcampata que fue el sitio en que dormía su mujer, Mama Ocllo. El segundo inca, Sinchi Roca, agrandó el Coricancha, y estableció su residencia junto a él. El tercer inca, Lloque Yupanqui, construyó el primer Acllahuasi, instaló el primer mercado y construyó su casa entre el Coricancha y el Hanan Cuzco. Así se fue construyendo el Cuzco de Manco Capac.

La segunda fundación del Cuzco: Pachacútec. En el fardo que cada uno de los hermanos había traído de Pacaritambo había, por fin, un objeto sagrado ("huaoque") encerrado en un cofre que se transmitía de padres a hijos. El huaoque de Manco Capac era un pájaro de colores, símbolo del sol, llamado "Inti". El cofre permaneció cerrado durante cuatro generaciones, hasta que Mayta Capac se atrevió a abrirlo. Entonces el Inti le habló y le aconsejó que se apoderara de las tierras de los pueblos vecinos. Aquella apertura del cofre marca el inicio del imperio inca. El hijo de Mayta Capac, Capac Yupanqui, dominaba ya un radio de 20 km alrededor de Cuzco. Se casó con la hija del jefe de los Ayarmarcas, etnia principal del Valle de Urubamba, y extendió su dominio por todo el valle.

Históricamente, parece que la expansión imperial de los incas empezó cuando Pacha-

cútec, el noveno inca, rechazó a los chancas de Ayacucho, que habían atacado Cuzco y los venció a las puertas de la ciudad. Tras vencerlos, salió en su persecución y siguió extendiendo los confines de su imperio.

Pachacútec fue el gran urbanista del imperio inca y el segundo fundador del Cuzco: derribó toda la ciudad de Manco Capac, que era de adobe, y la rehizo en piedra desde los cimientos. El cronista Betanzos dice que él mismo fue a buscar las canteras y comenzó un plan urbanístico que se tardó veinte años en realizar, aunque trabajaron en él 50.000 indios de todos los reinos sometidos. Primero mandó hacer una "traza" o maqueta de las calles, barrios y templos, canalizó el agua de los dos ríos y de la "fuente salobre" que menciona Garcilaso, pero conservó la estructura de la ciudad de Manco Capac. Respetó los dos barrios, Alto y Bajo, del Cuzco, dejó las *collcas* o almacenes en el Collcampata y el Coricancha en el mismo lugar. En la plaza principal, Huacaypata, reservada para palacios de los incas, se levantaron los suntuosos edificios de Quishuarcancha, consagrado al dios Huiracocha, el Sunturhuasi, para las momias de los antepasados, y el Condorcancha, que era la propia residencia de Pachacútec. Dio forma definitiva a Sacsayhuaman y convirtió la fortaleza en templo del Sol, reloj solar y depósito de víveres, armas, ropa y utensilios.

Según sus ritos mágicos y totémicos, la ciudad de Pachacútec tenía la forma de puma recostado, cuya cabeza estaba en el Sacsayhuaman y la cola en la confluencia de los dos ríos, detrás del Coricancha, en el barrio de Pumapchupán, que significa "cola de puma". Distribuyó la población de ambos barrios con un sentido funcional. En el barrio Alto, Hanan Cuzco, entre Sacsayhuaman y el Coricancha, con el centro Huacaypata, estaba el barrio aristocrático de los incas. En la parte baja, Hurín Cuzco, situada hacia Pumapchupán, se fueron a vivir las familias que descendían de bastardos, a los que se llamaba *guaccha concha* o "gente de baja generación".

De la plaza principal, Huacaypata, salían los cuatro caminos hacia las cuatro partes del imperio Tahuantinsuyo. En las laderas de estos caminos, pasada el área señorial, residían los linajes forasteros del Cuzco, según dice Garcilaso, "conforme a los lugares de donde venían. Los del Oriente al Oriente y los del Poniente al Poniente y cada uno guardaba el sitio de su provincia." Revisando sus diversos barrios, "se veía y comprendía todo el Imperio junto, como en un espejo o en una pintura de cosmografía."

Los caciques de los pueblos sometidos debían residir cuatro meses del año en el Cuzco, donde tenían sus moradas propias, y sus hijos debían educarse en la ciudad imperial. La mayor parte de la ciudad, dice Cieza, fue poblada de mitmaes y estaba "llena de naciones extranjeras y peregrinas, pues había indios de Chile, Pasto, Cañares, Chachapoyas, Guancas, Collas y de los más linajes que hay en las provincias." Todos ellos conservaban sus atuendos, sus costumbres y su religión y podía reconocerse el origen de cada cual. Desde las provincias eran también llevados al Cuzco los mejores obreros: ceramistas, plateros, tejedores, músicos, alarifes, no sólo para aprovechar su técnica, sino también para que ellos asimilaran las costumbres, la lengua y el culto de los incas. Se formó así el barrio de los plateros, el de los alarifes, el de los tejedores, el de los olleros, el de los soldados, el de la cárcel o samcacancha, el de las escuelas o yachahuasi, y, aparte, el barrio del Coricancha, al que sólo se podía entrar con los pies descalzos.

El Cuzco criollo. A la llegada de los españoles, Cuzco debía tener unos 125.000 habitantes. Aunque la capital fue trasladada a Lima, Cuzco siguió siendo durante la primera época de la colonia una ciudad importante. Sobre los imponentes muros incas, se construyeron palacios y conventos. A medio camino entre las minas de mercurio de Huancavelica y las de plata de Potosí (Bolivia), siguió siendo un centro comercial, cultural e industrial de primer orden. De Cuzco salían productos agrícolas, tejidos, pinturas, muebles, y finos trabajos de oro y plata. Gracias a la inconmensurable riqueza de plata del altiplano del Titicaca, durante el siglo XVII Cuzco siguió viviendo su apogeo. La decadencia llegó cuando se agotaron las minas de Potosí en el siglo XVIII. El crecimiento económico de Argentina y la división del virreinato de Perú en Nueva Granada, Perú y Río de la Plata, debilitó el comercio de Cuzco. En 1781 tuvo lugar en la plaza del Cuzco el ajusticiamiento de José Gabriel Condorcanqui, Tupac Amaru II, el primer antecedente de la independencia peruana. Sucesivos terremotos, y la importancia de Lima, continuaron este proceso inexorable. Pero, para los descendientes de los incas, desde Ecuador hasta el norte de Chile, Cuzco sigue siendo la capital del Imperio.

VISITA

Plaza de Armas (B1). La Plaza de Armas era en tiempos del inca el doble de grande que actualmente, pero su acceso estaba prohibido a todo aquel que no pertenecía a la nobleza. Se llamaba Huacaypata, Plaza del Lamento, porque en ella se convirtió en huaca de piedra uno de los hermanos Ayar (Manco Capac). Desde aquí salían vías hacia las cuatro partes del imperio inca. En la capilla del Triunfo, a la entrada de la catedral, un cuadro de Monroy (1650) da una idea de cómo era la ciudad cuando llegaron los españoles.

La Plaza de Armas de Cuzco sigue siendo probablemente la más bonita de Sudamérica. Ligeramente inclinada, rodeada de edificios coloniales de dos pisos y con largos soportales que protegen del sol y de la lluvia, tiene en el centro un animado parque y, desde los laterales, las dos iglesias, la Catedral y la Compañía, compiten por la importancia del espacio. Pueblan los edificios que la rodean numerosos comercios, y muchos locales tienen balcones en el primer piso, desde los que se puede disfrutar del ambiente, del decorado de tejados y del telón de montes que se alza detrás.

La Plaza es el centro del Cuzco, como lo fue del Imperio inca. Subiendo por detrás de la catedral, se llega al **barrio de San Blas**, por el lateral opuesto se baja a la Plaza Cusipata y a la **Avenida del Sol**, el moderno bulevar comercial; por detrás de la Compañía, donde estaban el Acllahuasi y el Coricancha, están los conventos de Santa Clara y de Santo Domingo y, en las callejas del lateral de enfrente, transcurre la vida nocturna, en la que pone su nota dominante un turismo joven, abrigado con parkas y que habla en inglés.

Catedral★★ (B1) *(Visita, de lunes a sábado, de 10 h a 12 h y de 14 h a 17 h;* la entrada es por la iglesia lateral de Jesús, María y José; se sale por la Capilla del Triunfo). Tiene un edificio principal y dos pequeñas iglesias añadidas en el siglo XVIII: la **capilla del Triunfo** a la izquierda y la **capilla de Jesús, María y José** a la derecha.

En la actual capilla del Triunfo se empezó en construir la catedral en 1534. Había allí un "Suntur Huasi", o templete donde se veneraba a los ancestros y, al lado, el Quishuarcancha o palacio de Huiracocha, donde hoy está la catedral. Cuando, en 1536, Manco Inca se rebeló y atacó la ciudad desde Sacsayhuamán, el templo primitivo –que debía de estar a medio construir sobre el Suntur Huasi– sirvió de refugio a los españoles, que desde

EL INCA GARCILASO DE LA VEGA

La figura del inca Garcilaso de la Vega (1539-1616), ilustra muy bien la desorientación de los incas tras la conquista de los españoles, los afanes de la corte de Madrid por impedir que la nobleza quechua formara una dinastía que pudiera ir contra sus intereses y el racismo con que se tejieron las relaciones entre criollos, mestizos e indios. El inca Garcilaso era hijo de un capitán español del partido de Pizarro y de una nieta de Tupac Yupanqui, la ñusta Chimpu Ocllo (bautizada con el nombre de Isabel Suárez), que no era su esposa, sino su barragana. Cuando Garcilaso tenía dos años, Pizarro murió asesinado en Lima, y su padre sufrió las intrigas del partido almagrista hasta que por fin fue nombrado Corregidor de Cuzco. En aquellos años, un tío inca de Garcilaso, Mancoa Capac II conocido también por Manco Inca, intentaba formar un ejército en Vilcabamba para reconquistar el imperio inca. En 1553, su padre regresó a España y dejó al niño con su madre en Cuzco. Ambos se casaron después, cada uno por su parte, y tuvieron más hijos. Mientras vivió en Cuzco con su madre, ésta le contaba en quechua cosas de tiempos de los incas "con lágrimas en los ojos", y con una nostalgia de paraíso perdido que se refleja en el ritmo narrativo de sus *Comentarios Reales*.

Garcilaso abandonó el Cuzco con 21 años, cuando su madre se casó, y se fue a España. Aunque había sido invitado y reconocido por su padre, le resultó imposible legitimar su herencia, ni aun cambiándose de nombre (su nombre natal era Gómez Suárez de Figueroa). Quiso volverse a Perú, pero un burócrata del Consejo de Indias, Lope García de Castro (después gobernador de Perú), se lo impidió también, basado precisamente en el peligro que para la corte tenían los nobles quechuas. Entonces se alistó en Sevilla con don Juan de Austria para combatir a los moros de las Alpujarras. Luego se fue a vivir a Montilla con su tío. Cuando tenía 30 años, murió su tío, y Garcilaso tuvo que compartir su herencia con el heredero de su tía, que era el poeta Luis de Góngora, y se quedó en esa ciudad cordobesa, dedicado a escribir, hasta 1591. En 1590 publicó su traducción de los *Diálogos de Amor* de León Hebreo. En 1606, ya con 66 años, publicó en Lisboa la mejor descripción del Nuevo Mundo hecha hasta aquella fecha: *La Florida del Inca*. En 1609 aparecieron sus *Comentarios Reales*. La obra tuvo gran éxito y mucha influencia en la literatura española. En 1616, Garcilaso murió en Córdoba y fue enterrado en una capilla de la catedral. El mismo día, con unas horas de diferencia, moría Cervantes en Madrid. Al año siguiente apareció la segunda parte de los *Comentarios Reales*, dedicados a la Historia del Perú.

La Plaza de Armas era el lugar donde se celebraban los acontecimientos religiosos y militares más importantes del imperio inca.

allí organizaron la toma de la fortaleza y vencieron al inca. Quizás fuera en aquella ocasión cuando repararon en que el edificio era demasiado pequeño para alojar a tanta gente, por lo que se empezó a pensar en hacer otra iglesia más grande. Después de buscar un lugar apropiado en el Cuzco –se pensó también construirla donde hoy está el actual templo de San Francisco–, en 1559 se decidió ocupar los terrenos del palacio de Huiracocha y, para trazar los planos y empezar las obras, se hizo venir desde Sucre (Bolivia), al maestro vasco Juan Miguel Veramendi, que trabajaba en la catedral de aquella ciudad.

La nueva catedral tardó casi 100 años en ser construida. Veramendi, que sólo estuvo un año en Cuzco, fue sustituido por el maestro Correa, que fue quien dirigió la extracción y bajada de las piedras desde Sacsayhuamán para construir el templo. Por fin, el extremeño Francisco Becerra, que había trabajado en la catedral de Lima, dirigió la construcción a partir de 1585. Tras sucesivas interrupciones, la catedral se acabó en 1669. El templo tiene un estilo a caballo entre el renacimiento y el barroco, y la impresión de consistencia de su fachada queda reforzada por las dos torres de 33 m, muy separadas, que la enmarcan. En la torre izquierda, está la **campana María Angola**, de 6 toneladas, y cuyo nombre es recuerdo de una esclava negra que arrojó a la fundición sus ahorros de plata.

La **capilla del Triunfo** se construyó en 1733 por encargo del obispo Serrada –sus armas están talladas sobre el pórtico–, para conmemorar la victoria de Pizarro sobre Manco Inca. En el altar de la misma se puso la Cruz de la Conquista, con la que el dominico P. Valverde entró en Cuzco. Para entonces ya se había consolidado la tradición de que Santiago Matamoros y la Virgen María se habían aparecido a los españoles encerrados en el Suntur Huasi para darles ánimo. En la cripta de la capilla reposan, desde 1978, los restos del inca Garcilaso de la Vega, fallecido en Córdoba en 1616 y traídos aquí por los reyes de España.

Interior. La catedral tiene tres naves y planta de cruz latina. El **altar mayor,** recubierto totalmente de plata repujada, es obra del orfebre Pinelo (1803). Fue donado por D. Manuel Boza, cura de Santo Tomás, que era dueño de unas minas de plata. El **coro**, tallado en madera de cedro, es obra de Giménez de Villarreal, de finales del siglo XVII; tiene un total de 80 estatuas de santos talladas y en las misericordias de los asientos, bustos de mujeres quechuas

con el ombligo en forma de "ojo de Pachamama". Entre las **capillas laterales**, destacan, en el lado del evangelio, la de la **Inmacualada**, llamada La Linda, patrona de Cuzco, y la de **Santiago Apóstol**, en cuyo altar hay un cuadro del santo campeando, no sobre moros, sino sobre quechuas. En el lado de la epístola, la capilla más venerada es la del **Señor de los Temblores**, con su ricas ofrendas de oro y plata, objeto de codicia de ladrones. La imagen del Cristo, obra cuzqueña tallada en maguey, fue donada por Carlos V. Durante el terremoto de 1650 fue sacado en procesión y, desde entonces, sale todos los lunes santos. Junto a la **capilla de los Remedios**, devoción valenciana introducida en el Cuzco por el obispo Monroy, está la **capilla de la Platería**, donde se guarda el Tesoro de la Catedral, cuya mejor joya es el **baldaquino** de plata que sale en la procesión del Corpus, obsequiado por el obispo Serrada en 1731.

En el trascoro hay algunas capillas y los lados exteriores del coro están decorados con pinturas del cuzqueño Basilio Santa Cruz: *La Virgen de Belén* y la *Virgen de la Almudena*, en la que, junto a los reyes de España, aparece el obispo Mollinedo, el obispo mecenas de la pintura cuzqueña.

En la **sacristía**, además de muebles y tallas, las paredes están cubiertas de retratos de obispos. Desde el primero que fue nombrado en el Cuzco, el dominico P. Valverde, acompañante de Pizarro y su confesor, hasta el actual. Uno de los muros está cubierto por un retablo enmarcando *El Cristo de la Agonía*, copia de Van Dyck.

Quizá lo más interesante del templo sea la gran profusión de lienzos y pinturas de la escuela cuzqueña, pero no las permiten percibir ni la penumbra interior ni las prisas que el sacristán se da en apagar la iluminación. La mayoría de los 360 cuadros inventariados en la catedral son de la escuela cuzqueña, como *La Última Cena* de Marcos Zapata, que cuelga en la entrada de la sacristía. De su taller provienen también las 50 pinturas de la serie *La Letanía Lauretana*, colocadas en la nave lateral. Fueron pintadas en 1755, inspirándose en grabados del alemán C. B. Schaeffler. En la sacristía, Zapata tiene expresivos cuadros con el tema *El ocaso de la vida*. Otros de su taller son: *San Juan Nepomuceno, San Pedro, Pablo* y *Santiago*, colgados en la puerta de la sacristía; *El buen Pastor* y, en la nave lateral, *La divina Pastora*. En la capilla del Triunfo, *Triunfo de María en su descenso a la torre Suntur Huasi*.

Obras de Basilio Santa Cruz, pintor preferido del obispo Mollinedo, son los grandes cuadros que decoran los brazos del crucero: *San Isidro Labrador* y *La imposición de la Casulla a San Idelfonso.* En la puerta de la capilla del Triunfo aparece *San Isidoro,* junto a otros santos.

Entre las obras de Diego Quispe Tito, destaca la serie de *El Zodíaco* en la capilla de la Platería.

De Bernardo Bitti hay tres cuadros: *La Virgen con el Niño,* en el altar de la iglesia de Jesús, María y José, *La Coronación de la Virgen* y *La Virgen de los Pajaritos* (1595).

La **iglesia de Jesús, María y José,** que está al otro lado de la catedral, se añadió en 1735. Tras ser destruida por el terremoto de 1950, se reabrió en 1998.

Iglesia de la Compañía★ (B2, Plaza de Armas; *visita, de lunes a domingo, de 18 h a 20 h).* La iglesia de los jesuitas fue construida en 1571 sobre el palacio del inca Huayna Capac, cuyas piedras aún se ven en la lateral calle Loreto. Cuando el terremoto de 1650 la derrumbó, los jesuitas quisieron hacer el mayor templo de Cuzco, más grande incluso que la catedral, a lo que el obispo se opuso y escribió al papa Pablo III. Pero, cuando llegó la prohibición del pontífice, el templo ya iba muy avanzado. Las obras, dirigidas por el jesuita Juan Bautista Egidiano, duraron veinte años (1651-1671).

La **fachada,** organizada como un altar, es obra de Diego Martínez de Oviedo (1664). Sobre ella se levantan dos torres gemelas con ventanas ovaladas. El interior es como todos los de la Compañía de Jesús: una nave austera, pero solemne, y noblemente decorada. La luz entra por la cúpula del presbiterio al Altar Mayor, presidido por San Ignacio de Loyola y San Francisco Javier. Al ser expulsados los jesuitas de los territorios de España

LA PIEDRA CANSADA

"En tiempos del último maestro de obras, Colla Cunchuy, trajeron la piedra cansada, cuya grandeza es increíble, a la que el maestro mayor dio su nombre (Collaconcho), porque en ella se conservase su memoria. Dicen los indios que del mucho trabajo que costó por el camino hasta llegar aquí, se cansó y lloró sangre, y que no pudo llegar al edificio. La piedra no está labrada, sino tosca, como la arrancaron de donde estaba escuadrada. Mucha parte de ella está metida debajo de tierra, porque dícenme que debajo de ella había un gran tesoro y cavaron como pudieron para sacarlo; mas, antes de llegar al tesoro imaginado, se les hundió aquella gran peña y escondió la mayor parte de su grandor. En una de sus esquinas altas tiene un agujero o dos. Dicen los indios que aquellos agujeros son los ojos de la piedra, por donde lloró sangre; del polvo que en los agujeros se recoge y del agua que llueve y corre por la piedra abajo, se hace una mancha o señal algo bermeja, porque la tierra es bermeja en aquel sitio. Dicen los indios que aquella señal quedó de la sangre que derramó cuando lloró. La verdad historial, como la contaban los incas amautas, que eran los sabios filósofos y doctores de la gentilidad, es que traían la piedra más de 20.000 indios arrastrándola con grandes maromas. Iban con gran tiento. El camino por do la llevaban es áspero, con muchas cuestas agras que subir y bajar; la mitad de la gente tiraba de las maromas por delante; la otra mitad iba sosteniendo la piedra con otras maromas que llevasen asidas atrás, porque no rodase por las cuestas abajo y fuese a parar donde no pudiesen sacarla.

En una de aquellas cuestas (por descuido que hubo de los que iban sosteniendo, que no tiraron todos a la par) venció el peso de la peña a la fuerza de los que la sostenían, y mató tres o cuatro mil indios de los que la iban guiando; mas, con toda esta desgracia, la subieron y pusieron en el llano donde ahora está. La sangre que derramó es la sangre que lloró, porque la lloraron ellos y porque no llegó a ser puesta en el edificio. Decían que se cansó y que no pudo llegar allá, porque ellos se cansaron de llevarla; de manera que lo que por ellos pasó atribuyen a la peña. De esta suerte tenían otras muchas fábulas, que enseñaban por tradición a sus hijos y descendientes, para que quedase memoria de los acontecimientos más notables que por ellos pasaban."

Inca Garcilaso de la Vega,
Comentarios Reales, capítulo XXIII.

Claustro del convento de la Merced.

por Carlos III (1767), la iglesia se subastó, pero su riqueza interior perdura. En la sacristía hay dos estatuas cuzqueñas talladas en madera de maguey por Melchor Huaman (1660): San Francisco de Asís y San Jerónimo. A la entrada, el cuadro de las bodas de la princesa inca Beatriz Coya con Martín García de Loyola, sobrino del fundador de los jesuitas. La boda fue tan importante y el parentesco de los jesuitas con los incas tan bien acogido por la gente, que las bodas se representaban ante la fachada de la Compañía el día del Corpus, como un Auto Sacramental. La capilla de San Ignacio está convertida en tienda de objetos de artesanía.

Al lado de la iglesia está la **Universidad,** construida por los jesuitas en 1622, en la que hay un un **Museo de Historia Natural** (B1, *visita, de lunes a viernes, de 9 h a 13 h y de 15 h a 19 horas*). Al complejo del templo pertenecen la **iglesia de Loreto** (1651) y la fachada del aula de la actual universidad.

Las iglesias principales

Iglesia de la Merced★★ (B1, Calle Mantas; *visita, de lunes a domingo, de 9 h a 12 h y de 14 h a 17 h*). Fue la primera que se empezó a construir en Cuzco, en este solar asignado por Pizarro a los mercedarios y puede considerarse la más antigua de la ciudad, aunque fue rehecha tras los terremotos de 1650 y de 1950. En el interior resalta su **altar mayor** neoclásico, enmarcado en seis sólidas columnas corintias y con una estatua de la Virgen de la Merced en el centro, y la sillería del coro, tallada en madera de cedro. En la **cripta** que hay bajo el altar descansan en paz quienes en vida fueron enemigos entre sí y del emperador. Por una parte, Gonzalo Pizarro, hermano menor del conquistador, y su lugarteniente, Fernando de Carvajal, decapitados tras ser vencidos en la batalla de Xaquixahuana (1547), en castigo por haberse rebelado contra Carlos V. Sus cabezas estuvieron expuestas en Lima. Por otra parte, Diego de Almagro, ajusticiado por Francisco Pizarro en 1538, y su hijo, Almagro el Mozo, ajusticiado por haberse levantado contra Carlos V en 1542.

En las paredes del templo hay mezclados lienzos de pintura cuzqueña con copias de Rubens, Zurbarán y Ribera.

Por la iglesia se pasa al **convento de los mercedarios,** que tiene dos claustros. El magnífico **claustro** renacentista, construido en 1603, tiene arcadas de columnas finamente trabajadas, un soberbio artesanado de madera de cedro y una fuente barroca en el centro. En las paredes cuelgan pinturas de la escuela cuzqueña: de Ignacio Chacón (1763), escenas de la *Vida de San Pedro Nolasco,* fundador de los mercedarios; de Basilio Santa Cruz Pumacallao, *San Laureano decapitado,* y de Basilio Pacheco, en la escalera, el gran lienzo de los *Benefactores la Orden.* En un rincón del claustro, en un sotanillo debajo de la escalera, está la celda de Fray Francisco de Salamanca (1670-1737), poeta, músico y pintor que se pasó 30 años encerrado en ella y pintó las paredes con frescos bíblicos. Se conserva también el organillo en el que componía su música. En la ***sala capitular,*** donde se reunían mercedarios de toda América, hay más pinturas de la vida de San Pedro Nolasco y dos figuras talladas en maguey por el quechua Guzmán Mayta, San Agustín y San Pedro Nolasco. En la sala dedicada a museo religioso se guarda la **Custodia de la Merced,** obra del orfebre Luis Ayala (1740), una mostranza de más de 1 m de altura y 22 kg de oro, con un pedregal incrustado: 1.518 diamantes, 615 perlas y esmeraldas, rubíes, topacios, amatistas. Se exponen también varios cuadros del cuzqueño Diego Quispe Tito: *La Coronación de la Virgen* y *La Sagrada Familia,* otra *Coronación* debida al pincel de Bernardo Bitti y una *Sagrada Familia* atribuida a Rubens. Entre las casullas hay una que perteneció a Fray Vicente Valverde, primer obispo de Cuzco y confesor de Pizarro. La mejor pieza es una pequeña imagen anónima de *La Piedad Inca,* de gran finura.

Iglesia y Convento de San Francisco★ (B1, Plaza San Francisco; *visita, de lunes a sábado, de 9 h a 17 h).* En 1549, tras instalarse en varios edificios de Cuzco, los franciscanos empezaron a construirse este convento sobre la zona más exterior de la gran plaza inca Cusipata, que fue concluido en 1652 por el maestro de obras cuzqueño Francisco Domínguez. La iglesia es sencilla y está modernizada. Algún prior se debió de deshacer de los altares de talla y sustituirlos por otros de yeso. En el **coro,** que se visita desde el convento, se conservan los 78 asientos, en dos niveles, tallados entre 1631 y 1651 por Sebastián Martínez y Luis Montes. En el centro hay un **facistol** (atril giratorio) de Pedro Gómez (1678). En el gran convento anexo hay lienzos de la escuela cuzqueña colgados en las paredes del claustro renacentista: *Escenas de la vida de San Francisco,* de Basilio Santa Cruz Pumacallao, y otros de Marcos Serrano y de Juan Espinoza de los Monteros. En las criptas, los huesos están ordenados formando letras. Lo más destacable es el cuadro que hay en la escalera que sube a la segunda planta del claustro, la mayor pintura en lienzo del continente (9 x 12 m), representando un árbol genealógico con las doce ramas de la orden franciscana: 683 personajes, 224 escudos de armas y 203 notas biográficas. Fue pintado por el Cuzqueño Juan Espinoza de los Monteros en 1699.

Iglesia de Santo Domingo y el Coricancha★★ (B2, Av. El Sol s/n; *visita, de lunes a sábado, de 8 h a 17 h; domingos, de 14 h a 16 h).* Sobre los muros incas de las Casas del Sol, Coricancha (Patio Dorado), los dominicos construyeron su templo y convento en 1539, dejando integrados en el edificio los muros y dependencias que no pudieron destruir. El terremoto de 1650 echó por tierra la construcción cristiana, que fue recomenzada en 1680, época de la que datan la iglesia y el convento, con un claustro de dos pisos de arquerías. El conjunto tuvo que ser reconstruido de nuevo tras el terremoto de 1950, ocasión que se aprovechó para sacar a la luz los restos del templo inca que había en el piso bajo del claustro.

Sobre el muro curvado de los incas se levanta el ábside de la iglesia, con tres arcos de columnas salomónicas, sobre los que reposa un balcón colonial "de cajón". La

La larga tradición textil peruana hace que sus coloridas prendas, hechas con fibras de vicuña, alpaca y llama, sean uno de los recuerdos más demandados por los visitantes.

torre es barroca. En el interior de la iglesia, de corte herreriano, hay pinturas de los cuzqueños Diego Quispe Tito *(La visión de la Cruz)* y Marcos Zapata *(Vida de San Vicente Ferrer)*. La iglesia ocupa el espacio de la Casa del Sol, que, según el inca Garcilaso, tenía las paredes cubiertas de planchas de oro, y, en el testero, "una gran imagen del sol, hecha de una plancha de oro de más grosor que el de las paredes. A ambos lados de esta imagen estaban los cuerpos embalsamados de los incas, hijos del sol, que parecían vivos y, entre todos, sobresalía el cuerpo de Huayna Capac, con el rostro vuelto hacia el Sol... Por lo alto de las paredes del templo corría una cenefa de más de una vara de anchura que abrazaba en forma de corona todo el edificio".

En el claustro, el contraste entre los airosos arcos renacentistas y los severos muros incas es admirable. El pozo ceremonial del centro del patio, de una sola pieza, proviene de los tiempos incas. En las paredes cuelgan más pinturas de la escuela cuzqueña, entre ellos una serie de 17 lienzos con motivos de la *Vida de Santo*

La Escuela cuzqueña de pintura

Los inicios: las orlas de flores

En 1572, el virrey Toledo hizo una visita al Cuzco para inspeccionar las "reducciones de indios" que acababan de organizarse y, con este motivo, artistas indígenas pintaron en la catedral cuatro murales con la historia de los incas, pero fueron destruidos por el terremoto de 1650. En los años siguientes, el criollo Luis Riaño decoró con murales las iglesias de los nuevos pueblos. Alumnos o colaboradores suyos fueron Diego Cusi Huamán, quien, a principios del siglo XVII, pintó las iglesia de Chinchero, y Juan Gamarra que en 1607 pintó "La Aparición de San Francisco al Papa Nicolás V" para el convento franciscano de Cuzco.

Los tres pintores italianos que trajeron los jesuitas y revolucionaron el mundo de la pintura en Lima, también influyeron en la región del Cuzco. Fueron el jesuita Bernardo Bitti, que trabajó a partir de 1583 en Cuzco y en la región del Titicaca (Puno, Juli). Alumno suyo fue el jesuita Diego de la Puente. Agostino de Medoro tuvo como alumno al cuzqueño Pedro de Loayza. Y Mateo Pérez de Alesio, no se sabe que llegara al Cuzco, pero sí mandó obras suyas.

La costumbre de copiar grabados se hizo general. Uno de los primeros en utilizarla fue Lázaro Pardo de Lago (1630-1669). Su "Asunción de la Virgen", en la iglesia de San Cristóbal, está tomada de un grabado de Paul Pontius, copiado a su vez de un cuadro de Rubens. También pintó varios cuadros para los franciscanos, entre los que destaca el "Martirio de los franciscanos en Japón" (1630), por el realismo y la inclusión de retratos de personajes contemporáneos. Continuador de Pardo como pintor de San Francisco fue Juan Espinosa de los Monteros (pintó entre 1639-69), el maestro cuzqueño más importante de su época. En 1655 pintó el monumental "Epílogo de la Orden Franciscana", que tiene influencias del tenebrismo sevillano. Similares características tiene su "Fuente de la Gracia" presidida por la Inmaculada y expuesta en el mismo claustro. Esta etapa de Espinosa contrasta con las pinturas que hizo en su madurez para el convento de Santa Catalina con motivos de la vida de la santa, inspiradas en grabados de J. Swelink, en las que se nota la influencia de Murillo.

La demanda de pintores creció cuando el terremoto de 1650 destruyó las iglesias y hubo que rehacerlas. De Lima llegaron Juán Calderón y Francisco Serrano. Este último decoró en 1659 la nave de la iglesia de Tinta con escenas de la vida de Cristo inspiradas en grabados de Schelte Bolswert y Carel van Mander.

La era Mollinedo y las Procesiones del Corpus

En 1673 fue nombrado obispo de Cuzco Manuel Mollinedo Angulo, un madrileño que trajo su colección de tapices, grabados y pintura, que contaba con obras del Greco, de Sebastián Herrera y de Juan Carreño. En los 26 años que estuvo de obispo de Cuzco, surgieron bajo su protección los nombres más importantes de la pintura cuzqueña: Diego Quispe Tito y Basilio de Santa Cruz Pumacallao. Un "mecenazgo" que, como contrapartida, imponía el gusto de la corte de Madrid. Diego Quispe Tito (1611-1681), que añadía el apelativo "inga" a su firma, había nacido en las afueras de Cuzco, en el barrio de San Sebastián, y en esta iglesia se conserva su obra más "quechua", pues, aunque influido por los grabados holandeses, incluyó entre los bosques flamencos, montañas y pájaros peruanos. En la serie del Zodíaco de la catedral de Cuzco (1681), ya se advierte en cambio una clara influencia europea y su adaptación al gusto de Mollinedo y del cabildo.

Basilio de Santa Cruz Pumacallao (activo entre 1661-1700), fue el pintor preferido del obispo. Era cuzqueño y empezó trabajando para el convento de San Francisco. A partir de 1690 ya se advierte en su pintura la estética impuesta por Mollinedo, que le encargó la decoración de la catedral. En la nave del crucero y en el trascoro se conservan alegorías de la Eucaristía y de los santos preferidos de la Contrarreforma, como San Ildefonso, San Felipe Neri o San Isidro Labrador. Sus pinturas de la Virgen de Belén y la Virgen de la Almudena incorporan retratos orantes de Mollinedo y de los monarcas españoles (Carlos II). El movimiento ampuloso de sus paños pintados, el cromatismo y el tono triunfalista de sus temas tienen mucho que ver con Rubens.

Del taller de Basilio Santa Cruz Pumacallao (1670-80), salió la serie de la "Procesión del Corpus Cristi en Cuzco", encargada para decorar la capilla de Santa Ana, que se expone en el Museo del Palacio Arzobispal (pág. 152). Estos cuadros son de los más valorados de la escuela Cuzqueña y, como en Europa, fueron los cura-

cas que aparecen en las procesiones quienes pagaron la obra. Fueron alumnos de Pumacallao Juan Zapata Inca, influido por el manierismo del Greco, y Antonio Sinchi Roca, que pintó "Los Cuatro Evangelistas" para la catedral (1687). Los cuadros de la Procesión del Corpus cayeron mal entre los pintores españoles del Cuzco. En 1688, pidieron al corregidor hacerse cargo ellos solos, sin pintores indígenas, de la decoración del arco triunfal de la procesión. Aunque era una obra efímera, destinada a ser expuesta un solo día, la reyerta hizo que los cuzqueños empezaran a desarrollar características propias de su idiosincrasia: falta de perspectiva, fuerte colorido, sobredorados y figuras expresionistas.

El apogeo del siglo XVIII

En el siglo XVIII, la escuela cuzqueña alcanzó tanto renombre que la demanda de cuadros creció y se exportaban obras a Chile, Argentina y Lima. La escuela limeña quedó completamente eclipsada. En esta época se generalizó el empleo de pan de oro, llamado "estofado" o "brocateado", para realzar las aureolas y vestiduras de los santos. Los temas preferidos eran "La Piedad", escenas de la "Sagrada Familia" y los "santos" patronos, con el motivo cuidadosamente pintado sobre fondo oscuro y con un dorado brillante que realza los detalles. Otra modalidad era la representación pintada de las imágenes engalanadas de los altares.

Muy relajada ya la "extirpación de idolatrías", surgió el tema de los "arcángeles arcabuceros", ataviados con lujo cortesano europeo y sacados de los manuales de armas flamencos. En la mitología indígena, estos arcángeles se asociaban con Illapa, el dios del trueno, que había favorecido a los españoles en Cajamarca.

Por su parte, también los curacas empezaron a encargar retratos y series genealógicas en los que ellos o sus "ñustas" aparecían con atavíos incas, y en los que se daba gran importancia a los símbolos de poder indios y a los escudos nobiliarios. Esta ascensión social de los indígenas suscitó celos en la nobleza criolla, en la Iglesia e incluso en la administración virreinal y, como un río oculto, en la pintura se empezó a reflejar la fisura que anunciaba los movimientos independentistas del siglo XIX. Aunque lo más abundante de esta época es la producción anónima, se conservan contratos de los talleres firmados con carreros y comerciantes para vender su producción en otras ciudades. Entre estos pintores-empresarios destacan dos nombres: Basilio Pacheco, que trabajó entre 1738-1752, autor de la serie de San Agustín del convento de Lima y del cuadro monumental "Epílogo de la orden mercedaria", y Mauricio García, cuya producción se vendía en Argentina y el norte de Perú. También destaca la familia Nolasco y Antonio Pavón, que pintaron muchos de los cuadros sin firma del convento de Santa Catalina. Pero el pintor más importante del siglo XVIII es sin duda Marcos Zapata, autor, entre 1748-1764, de más de 200 obras y 250 m^2 de las arquerías altas de la catedral con las "Letanías Lauretanas" (1755), para las que se inspiró en los "Elogia Mariana" de Thomas Scheffler. Su alumno Antonio Huilca (activo entre 1778-1803), siguió copiando grabados alemanes con fantasía y delicadeza.

Los pintores populares andinos

El ocaso de la escuela de pintura cuzqueña es paralelo al de la Colonia. A medida que avanzaba el historicismo del siglo XIX, el viejo sistema profesional de gremios y talleres tuvo que enfrentarse a un academicimismo culto, para cuyos contenidos no estaba formado. Cuzco seguía fiel a sus tradiciones, y en esta época resurgió la pintura mural de los primeros tiempos coloniales, con autores como Tadeo Escalante, que sigue la línea de Marcos Zapata. Los seguidores de Escalante trasladaron los efectos de la pintura mural a un soporte de cuero endurecido con yeso, en el que realizaban delicadas pinturas de patronos del campo, como San Isidro, San Marcos o San Juan Bautista, por encargo de los agricultures y hacenderos. Estos "pintores populares andinos" mantuvieron vivos los temas de la pintura colonial hasta bien entrada la República.

Domingo de Guzmán, pintados por José Espinosa (1710-1721). En un pequeño museo se exponen objetos religiosos, entre los que destaca una estatua de mármol de la Inmaculada de 1569.

Bajo los arcos laterales del claustro están las dependencias rescatadas del Coricancha Inca, de impresionante solemnidad. Sus muros, de 2,5 m de altura, guardan un orden en su construcción, consistente en la repetición de una serie de tres hileras. La primera *(collana* o cabeza) y la segunda hileras *(payán* o segundo), están perfectamente ensambladas entre sí mediante un machihembrado sin mortero y la tercera hilera *(callau* o remate) remata la serie, que se repite hasta formar el muro completo.

Se conservan las dependencias tal como las describe el inca Garcilaso de la Vega en sus *Comentarios Reales:* "Pasado el templo había un claustro recorrido también por una cenefa de oro. Alrededor del claustro había cinco aposentos cuadrados: el primero era el aposento de la luna, cubierto todo de plata y con una imagen de la luna con cara de mujer; a ambos lados de la imagen estaban las reinas difuntas con la principal, Mama Ocllo, en el centro y con el rostro vuelto hacia la imagen. A continuación estaba el aposento dedicado al lucero Venus, paje del sol, que los incas llamaban Chasca, y a las Siete Cabrillas (las Pléyades), respetadas por su tamaño y apostura, y a todas las estrellas, que eran tenidas por criadas de la luna. Todo este aposento estaba también cubierto de plata y con el techo sembrado de estrellas grandes y chicas, a semejanza del cielo estrellado.

El tercer aposento estaba dedicado al relámpago, trueno y rayo, las tres apariencias de Illapa, el dios del clima. El cuarto aposento estaba dedicado al arco iris, de donde procedían el sol y sus hijos, los incas. Todo él estaba cubierto de oro y tenía el arco del cielo, que ellos llamaban Chuiyo, pintado muy al natural de una pared a otra, con sus colores muy vivos. El quinto y último aposento estaba dedicado a los sacerdotes, que eran todos incas de sangre real. No era para vivir en él, sino para ordenar todo lo que conviniese al servicio del templo. También estaba este aposento cubierto de oro de arriba abajo".

A los pies del templo se extiende el gran **huerto del Coricancha,** hoy día un gran prado en el que está el acceso subterráneo al pequeño **Museo arqueológico del Coricancha** *(abierto de lunes a sábado, de 8 h a 17 h; domingos, de 14 h a 16 h),* donde se documenta, con planos, la historia de la ciudad inca y se exponen algunas piezas rescatadas de las excavaciones del templo. Mucho más viva es la descripción que hace el Inca Garcilaso. Según él, en el recinto del templo "había cinco fuentes que traían sus aguas de diferentes lugares. Las tuberías eran de oro y los pilones de piedra, oro y plata. Aquel jardín, que hoy es el huerto del convento, era un jardín de plata y oro y de estos metales estaban hechos las hierbas y las flores, muchos animales grandes y pequeños, salvajes y domésticos, y reptiles como serpientes, lagartos y caracoles, mariposas y pájaros y cada objeto era un reflejo fiel de la naturaleza. Había un maizal y un campo de quinoa y otros cereales y frutales, todos

Figuras artesanas en una calle de Cuzco

de oro y plata, y figuras de hombres, mujeres y niños, todos de oro y plata que daban al recinto el merecido nombre de Coricancha, casa dorada."

Convento de Santa Catalina (B2, Calle Santa Catalina Angosta; *visita, de lunes a sábado, de 9 h a 18 h; viernes, sólo hasta las 15 h).* Fue comenzado por una de las monjas del convento de Arequipa, que se trasladó a Cuzco tras la destrucción de aquél por una erupción del volcán Huaynapatina en 1559. Se empezó a construir en 1601 sobre las casas del Acllahuasi (casa de las escogidas o Vírgenes del Sol), pero el terremoto de 1650 lo volvió a derribar. Entonces se hizo el edificio actual. La **fachada** de la iglesia tiene influencias románicas. Los retablos del interior son obra de diversos maestros cuzqueños, así como el altar mayor (Pedro de Oquendo, 1657), y decoran las paredes de la iglesia lienzos de los cuzqueños Juan Espinoza de los Monteros *(Vida de Santa Catalina, Fundación del convento)* y Lorenzo Sánchez *(Glorificación de Santa Catalina, La Asunción de la Virgen).*

Museo de Santa Catalina★ (B2, *Visita, de lunes a jueves y sábados, de 9 h a 15 h).* Inaugurado en 1975, ocupa algunas dependencias en la parte posterior del convento. En el pasillo de entrada, hay varios cuadros del *Señor de los Temblores* y otros de *Santa Rosa de Lima,* todos anónimos. En el coro bajo, motivos de la *Vida de Santo Domingo de Guzmán,* pintados por Espinoza de los Monteros, y una colección de casullas bordadas. La *sala capitular* está decorada con frescos de Mateo Escalante con representaciones de la *Vida Religiosa* y de la *Vida Cortesana.* En la sala de la ***segunda planta*** destaca un **nacimiento** ayacuchano que se pliega y queda encerrado en un baúl. Muebles, objetos religiosos y esculturas de santos completan la colección. En el coro alto se guarda un **órgano** fabricado en el Cuzco y lienzos con la *Vida de Santa Catalina.*

El **Acllahuasi** o **Casa de las Elegidas** era una especie de convento inca donde vivían las Vírgenes del Sol, seleccionadas entre las más bellas, habilidosas y linajudas de todo el Tahuantinsuyo. Encerradas entre sus muros, se dedicaban a tejer las telas que se ponía el Inca, a preparar las ofrendas a los dioses, el pan consumido en las festividades del Inti Raymi y a elaborar la chicha sagrada. Además, debían mantener siempre encendida la llama producida en la fiesta del Inti Raymi. Había dos categorías de Acllas: las hijas de incas, nobles de sangre, consideradas como esposas del Sol, y las hijas de la nobleza secundaria, provenientes de las provincias del imperio, que se consideraban esposas del Inca. Todas eran instruidas y vigiladas por las "Mamacunas", unas *acllas* veteranas, expertas en todas estas tareas domésticas y ceremoniales. Ningún varón podía verlas, ni aun el propio Inca. Sólo la "Coya" o esposa principal del Inca y sus hijas podían visitarlas.

Según la ley, si algún varón tenía relaciones con una *aclla,* él, su familia y su *ayllu* (pueblo) eran exterminados. Aunque era mucho más grande que el convento de Santa Catalina –Garcilaso dice que vivieron en él hasta 1.500 *acllas*–, el edificio del Acllahuasi ocupaba el mismo solar en el que hoy están enclaustradas las monjas, "vírgenes de Dios". El edificio inca era un solar de 220 m x 50 m, que estaba comprendido entre el Portal de Carrizos de la Plaza de Armas, la calle Loreto, donde quedan los mejores paños del muro inca, y las calles Maruri, Santa Catalina Angosta.

En la calle de Santa Clara está la **iglesia de San Pedro,** construida por Juan Pedro Tuyro Tupac a partir 1688, en tiempos del obispo Mollinedo. En su interior hay pinturas de la Escuela cuzqueña. Al lado de la misma está el **Mercado de San Pedro.** Otras iglesias de interés son la **iglesia de la Almudena** (Pza. de la Almudena; *visita, de lunes a sábado, de 8 h a 9 h y de 16 h a 17 h),* en la que se conservan 16 pinturas de Juan Espinoza de los Monteros con la *Vida de Santa Teresa.* También son interesantes la **iglesia de Belén,** construida por Juan Tomás Tuyru Túpac en 18 años, y la **iglesia de Santa Ana,** fundada en 1560 para los indios, con paredes de adobe.

Los museos

En la Plaza del Regocijo (Cusipata) o plaza del Cabildo, eran recibidos los soldados triunfadores en tiempos del Inca. En el antiguo palacio de la Municipalidad hay un **Museo de Arte Contemporáneo** (B1, Plaza Regocijo s/n; *visita, de lunes a sábado, de 9.30 h a 18 h)* y, en el lado sur de la plaza, la **casa natal del Inca Garcilaso,** que hoy aloja el Museo Histórico Regional.

Museo Histórico Regional (B1, Calle Heladeros s/n; *visita, de lunes a sábado, de 9 h a 17.30 h).* Está instalado en la casa natal del inca Garcilaso de la Vega. Es un edificio construido también sobre muros incas, reconstruido por última vez después del terremoto de 1950. En el museo se exponen mobiliario, objetos y pintura de la época colonial y algunos hallazgos arqueológicos de la región. En la *sala Tahuantinsuyo* se muestran objetos procedentes de las excavaciones de Chinchero y una cabeza de puma procedente del Coricancha, relieves en madera pintados por el jesuita Bernardo Bitti y, en la capilla, esculturas de santos. En el patio, una documentación sobre la vida del cronista, una sala de blasones y una colección de fotografías sobre los efectos que tuvo en la ciudad el terremoto de 1950.

Museo Inca en la Casa del Almirante★ (A1, Cuesta del Almirante, 103; *visita, de lunes a sábado, de 8 h a 17.30 h).* El palacio del Almirante fue construido por el gobernador Maldonado de Arraya, cuyo escudo de armas y el de la familia de su mujer están grabados sobre la portada plateresca del edificio. En el interior hay un gran patio renacentista de dos pisos de arcadas decoradas con medallones mudéjares. Las salas de abajo ofrecen una documentación y hallazgos arqueológicos de tiempos de los incas en yacimientos de las cultura Paracas (en Pisco) y esculturas en piedra de la cultura Pucará (Titicaca). Todo el ***segundo piso*** está dedicado a la cultura inca: hallazgos arqueológicos, fotos, maquetas, cuadros y esculturas ilustran la vida cotidiana en los tiempos inmediatamente anteriores a la llegada de Pizarro. Especialmente interesantes son las salas dedicadas a la alimentación y agricultura; pero hay otras centradas en el arte, la medicina, las costumbres, las relaciones sociales...

LOS "CEQUES" DEL CUZCO

Además de los cuatro caminos a las cuatro partes del imperio Tahuantinsuyo, del centro de Cuzco salían una serie de líneas imaginarias, de simbolismo esotérico, que ordenaban con su trazado el mundo y la sociedad. Iban en todas las direcciones del territorio, formando con su itinerario recto, que atravesaba los obstáculos geográficos, los rayos de un gigantesco sol. Se llamaban "ceques" y marcaban los lugares sagrados. Siguiendo su dirección, había un número determinado de 'huacas' o adoratorios, de cuya construcción y mantenimiento se encargaban los diferentes 'ayllus' (pueblos) o 'panacas' (familias). Garcilaso dice que había 42 ceques agrupados en cuatro grupos que correspondían a los cuatro "suyos" o partes del imperio inca. Muchos restos arqueológicos, en los alrededores de Cuzco, han sido encontrados siguiendo estas líneas imaginarias. Se cree que el laberinto de Quenco *(en la imagen),* la fortaleza de Puca Pucara y las fuentes de Tambomachay eran 'huacas' situadas sobre el mismo ceque.

En las salas finales hay una pequeña colección de pintura en la que cabe destacar los retratos de los reyes incas, producto de la escuela cuzqueña y otras pinturas más modernas, entre las que sobresale por su amenidad un gran cuadro didáctico sobre el cultivo y utilidad de la coca. Al final, en un mural que representa el firmamento nocturno sobre una maqueta del Machu Picchu, se puede entender la visión que tenían los incas de las constelaciones, que, como tantas otras cosas, es diametralmente opuesta a la "europea": las figuras zodiacales no se forman trazando una línea imaginaria de estrella a estrella, sino rellenando con la imaginación el espacio de cielo negro que queda entre ellas.

Museo de Arte Religioso en el Palacio Arzobispal★★ (A2, Hatun Rumíyoc/ Jr. Herrajes; *visita, de lunes a sábado, de 8 h a 11.30 h y de 15 h a 17.30 h; domingos, de 14 h a 17.30 h).* El palacio arzobispal, también reconstruido totalmente tras el terremoto de 1950, está sobre los muros del palacio de Inca Roca. El edificio perteneció sucesivamente al primer obispo de Cuzco, Fray Vicente de Valverde, al marqués de Buenavista y al marqués de Rocafuerte. En su reconstrucción se ha conservado la portada de piedra con los escudos nobiliarios de sus habitantes y el balcón esquinado, uno de los más bonitos de Cuzco. El terremoto no dañó los 55 m de muro del palacio inca, en los que está integrada la famosa **Piedra de las doce esquinas,** que da nombre a la calle Hatun Rumíyoc ("Gran Piedra"). Sin duda, es la mejor muestra de la habilidad de los canteros incas, que no necesita el apoyo de ningún simbolismo rebuscado (los doce meses del año, etc.) para admirar la exactitud con que encaja en el centro del muro. Pero lo que no lograron destruir los terremotos, lo consigue la avalancha turística: la grasa de tantas manos como la soban cada día está empezando a descascarillarla.

El interior se adaptó en 1969 para exponer la colección de arte religioso de José Orihuela Yábar. En las habitaciones, que dan al patio de arquería renacentista y paredes revestidas de azulejos, se exponen muebles y objetos cotidianos, pero sobre todo pintura de la escuela cuzqueña. En la capilla hay un *Cristo* pintado por Alonso Cano y seis cuadros de Marcos Zapata con escenas de la *Vida de la Virgen.* Cuatro cuadros más de este pintor se exponen en la sala dorada. En el despacho hay pinturas cuzqueñas del siglo XVIII, entre las que destacan *La coronación de María* y *San Agustín.* En la habitación donde se alojó Simón Bolívar, cuelgan pinturas de Ayacucho y Quito enmarcadas en plata.

Lo más interesante de la colección son los cuadros de *La Procesión del Corpus en Cuzco,* uno de los temas más famosos de la Escuela cuzqueña por su capacidad documental. Fueron pintados en el taller de Basilio Santa Cruz Pumacallao (1670-1680), y responden a la intención política de Mollinedo de congraciarse con la Corte de Madrid, presentando, en una procesión por las calles de una ciudad en su apogeo, una imagen ideal de la sociedad colonial, representada como una sucesión de corporaciones cívicas, panorámicas urbanas y alegorías religiosas. El obispo consiguió que financiaran las pinturas los curacas que aparecen retratados en la procesión. De los 16 cuadros que componen esta serie, 13 se conservan en este museo y el resto en Santiago de Chile y en Lima.

Museo de Arte Precolombino★ (A1, Plazoleta de las Nazarenas, 231; *visitas diarias, de 9 h a 22 h).* Es una filial del Museo Larco Herrera de Lima, en el que se exponen, sobre todo, cerámica mochica y piezas arqueológicas de las cultura preincaicas del Perú. El edificio, **Casa Cabrera,** fue construido en 1580 sobre una cancha inca por el conquistador Alonso Díaz, Conde de la Cabrera, y tiene sobre la portada el blasón familiar. La colección del museo no es grande, pero está cuidadosamente seleccionada y muy bien expuesta, lo que facilita su contemplación y su comprensión. Hay una sala de oro, joyas en hueso y conchas, salas temáticas de las culturas Nazca, Mochica, Huario, Chimú, Chancay e Inca. En el piso superior hay una sala de pintura colonial. El museo cuenta con una tienda, una excelente terraza y un elegante restaurante en el patio.

La **Plazoleta de las Nazarenas** está en el antiguo barrio inca de Amaru Cata. En ella están la **iglesia** y el **monasterio de San Antonio Abad,** obra del obispo Mollinedo en el siglo XVII. El monasterio está transformado en el hotel de su nombre. La calle de las 7 Culebras separa la iglesia del **convento de las Nazarenas,** que era una escuela para muchachas indígenas que conserva su fachada barroca. Actualmente es una dependencia del **Ministerio de Agricultura** *(abierto de lunes a viernes, de 8 h a 18 h).* Desde allí se sube directamente al Barrio de San Blas.

Los barrios altos

El **barrio de San Blas★★**, en la parte alta de la ciudad, antiguo barrio de artesanos y orfebres del Cuzco inca, sigue manteniendo aquella tradición. En sus calles abundan los talleres, tiendas y galerías de arte. Son callejas empedradas con buenas vistas parciales sobre los tejados de la ciudad, rincones llenos de tipismo y nombres tradicionales que evocan tiempos incas y coloniales: se subía al barrio por la calle Pumapaccha (Cola del Puma). En Cucurpata (Lugar de los Troncos), había criaderos de "curcur", una planta que se empleaba para hacer las techumbres de las casas. En la pronunciada pendiente de Atoqsaicuchi (Descanso del Zorro), había una piedra tallada con dos zorros con la lengua fuera. En Quicapata (Espinar) probablemente había zarzales. Detrás de la iglesia está la calle Tandapata (Lugar de los Turnos), porque allí había una acequia desde la que se distribuía el agua por turnos para regar las huertas del barrio. La calle escalonada de Canchipata o Siete Angelitos debe su nombre a las pinturas del alero de una de sus fachadas. Siete Diablitos, en cambio, sirvió de nombre a una calle apartada donde se escondían las parejas de enamorados; a las mujeres que subían por la cuesta Miracalcetas se les veían las medias desde la parte baja de la calle. En Sacracalle y Uspacalle hay asientos de piedra y canales en cada descansillo de las escaleras. Pantaqcalle se llamaba Lugar de la Confusión, porque el que iba hacia la calle Tullumay se podía caer al río, antes de que éste fuera canalizado. Pasñapacana era la calle donde se escondían las mujeres de vida fácil, etc.

En el centro del barrio está la **iglesia de San Blas** (Plazoleta de San Blas; *visita, de lunes a sábados, de 10 h a 11.30 h y de 14 h a 17.30 h; viernes cerrada),* del siglo XVII, cuyo mejor tesoro es el **púlpito** barroco de madera de cedro, labrado durante 40 años por Juan Tomás Tuyro Túpac, como voto por haberse salvado de una enfermedad mortal. Soporta el peso del púlpito la figura de un hereje y, sobre el baldaquino, hay una talla de San Pablo con una cruz en la mano izquierda y, a sus pies, una calavera, que, según la tradición, es la del propio tallista, al que alguien del barrio mató para que no repitiera su obra en ningún otro sitio.

San Cristóbal y el Collcampata

Del barrio de los almacenes (Collcampata), construidos por el primer inca, Manco Capac, en la actual Plaza de San Cristóbal, sólo se conservan restos de un edificio con terrazas, las conducciones de agua, un muro de 2 m de altura decorado con nichos que debieron de tener finalidad religiosa y un monolito de talla grotesca.

Un poco más abajo de los restos del Collcampata, está la **iglesia de San Cristóbal,** una sencilla "iglesia de indios" de 1560, en cuyo interior se venera una gran imagen del santo, que sale en la procesión del Corpus dominando sobre las demás. El cuzqueño Lázaro Pardo pintó en 1622 el cuadro de la *Asunción de la Virgen.*

Casas coloniales

Las casas coloniales de Cuzco, condicionadas muchas veces por la firme arquitectura inca de sus cimientos, presentan variaciones respecto a las demás regiones del país (ver Lima, pág. 81). Algunas conservaron el dintel trapezoidal incaico, sobre el que se adosó el escudo nobiliario de los nuevos propietarios, o columnas y adornos platerescos. El zaguán tampoco está en el centro de la fachada, sino a un lado, lo cual no permite ver el patio interior, que suele ser renacentista, con dos pisos de arquerías de piedra de medio punto sostenidas por columnas de piedra, en las casas más nobles, que generalmente suelen estar habilitadas como museos. En el piso superior de las casas domésticas –muchas de ellas transformadas en hoteles u hospedajes– hay columnas de madera y galerías cerradas. En las principales siempre se puede entrar a echar un vistazo.

Casa de los Cuatro Bustos (Calle San Agustín, 400), hoy Hotel Libertador. Recibe su nombre de los cuatro bustos que tiene sobre la portada, que representan a sus propietarios, el marqués de Salas Valdez, su mujer, su hijo y su nuera. En esta casa se alojaba Pizarro cuando estaba en el Cuzco.

Casa de los marqueses de Valleumbroso (Calle del Marquéz, 271). Es una gran casona con portada inca y jambas laterales, sobre las que se construyó un edificio renacentista.

Casa del marqués de Escobar (calle Coca o Garcilaso), construida en el siglo XVIII.

Casona San Bernardo (Instituto de Cultura), donde estuvo el primer colegio jesuita del Cuzco en 1619, tiene dos claustros en su interior. Fue restaurada en 1980.

Casa de los marqueses de la Concha (calle Santa Teresa), con uno de los balcones más bonitos de Cuzco, hoy una comisaría. En la misma calle, la **Casa del marqués de Picoaga,** construida por él mismo entre 1745-1751, es actualmente el Hotel Picoaga.

Muchos campesinos se desplazan hasta Cuzco para poder vender en sus mercados los productos que han estado cultivando durante todo el año.

Casa de las Sierpes (Plazoleta de las Nazarenas, esquina del Hotel Monasterio), sobre cuya portada hay un relieve del monstruo mitológico.

Casa de la calle Tigre, esquina Tigre/ Saphi.

Casa de Clorinda Matto de Turner (plaza de San Francisco), en la que se conservan frescos en el primer y segundo piso, datados en los siglos XVII (etapa negra), el XVIII (etapa colorista) y el XIX (etapa amarilla). Actualmente es un hospital.

ALREDEDORES

Sacsayhuamán★★

(Complejo de ruinas a 200 m sobre Cuzco. Desde la plaza, casi una hora por cuesta pronunciada. Lo mejor es ir en taxi). Para llegar andando hay que pasar por la plazoleta de las Nazarenas y después por la iglesia de adobe de San Cristóbal. No lejos, al lado de la entrada, está el **Cristo Blanco**, una estatua cercana a Sacsayhuamán, que proteje al Cuzco con los brazos abiertos y fue puesta en 1946 por la comunidad árabe-cristiana.

Hasta 1930, Sacsayhuamán era una cantera de la que, por poco precio, el ayuntamiento permitía sacar piedras para construir las casas de Cuzco. En 1934, el doctor Luis E. Valcárcel, siguiendo al pie de la letra las crónicas de la conquista, sobre todo del Inca Garcilaso, inició la excavación del recinto, que fue continuada por el norteamericano John Rowe en 1941.

El cronista Sarmiento refiere que el constructor de Sacsayhuamán fue Topac Inca, que también construyó en Bolivia otra fortaleza parecida de murallas dentadas. Pero las piedras de Sacsayhuamán muestran por lo menos dos diferentes fases de construcción. Parece que fue iniciada por Pachacútec, hacia 1450, fue continuada por Túpac Yupanqui y bajo Huayna Cápac se concluyó.

El Inca Garcilaso da una exacta crónica de su construcción, los nombres de tres

de sus arquitectos e informa de que se tardó en construir más de 70 años y que trabajaron en las obras hasta 20.000 indios. Cieza de León puntualiza: 4.000 en las canteras, 6.000 transportando bloques de piedra, mediante cuerdas reforzadas con cobre del grosor de una pierna humana, y 10.000 cortando y ensamblando los bloques al milímetro para construir los edificios. Sus herramientas eran martillos de piedra y de bronce. Según Garcilaso, el mayor monolito (5 x 5 x 2,50 m), de 200 toneladas, fue arrastrado por 10.000 hombres. Los bloques fueron transportados desde las canteras de Rumicolca, a más de 35 km. Los españoles sólo pudieron aprovechar los bloques más pequeños.

No se sabe a ciencia cierta qué hubo en el Sacsayhuamán, y la toponimia quechua tampoco contribuye a aclarar la finalidad del recinto, pues lo traducen como "Halcón satisfecho" o "Cabeza jaspeada". A pesar de su apariencia de fortaleza, no se utilizaba militarmente y, cuando la ciudad fue cercada por los Chancas hacia 1430, aunque Sacsayhuamán ya estaba construido, la batalla se hizo a campo abierto. Sólo Manco Inca se atrincheró allí en 1536, cuando intentó reconquistar Cuzco a los españoles. Para vencerle, éstos tuvieron que subir por el barranco de Carmenga y luego trepar por los muros. Allí murió Juan Pizarro, hermano del conquistador.

Sacsayhuamán, dice Garcilaso, "fue casa del Sol de armas y guerra, en tanto que el Coricancha quedó como templo de paz, de oración y de sacrificio". También Cieza de León apunta que tenía un carácter sagrado, con un altar de ceremonias y sacrificios llamado **Sabacurinca**, almacenes, habitáculos y, probablemente, observatorios astronómicos.

El complejo arquitectónico está situado en un monte que forma balcón sobre el Cuzco. El lado sur es un muro de 400 m de longitud. El frente principal mira al

Ruinas de Sacsayhuamán

norte y está protegido por un formidable sistema de 3 niveles de plataformas de 200 m de longitud rodeados de murallas en zigzag, que formaban los dientes del puma de la planta de Cuzco, y simbolizaban 3 círculos diferentes: "Cay Pacha", el mundo de los hombres, "Hanan Pacha", el mundo de los dioses, y "Ukhu Pacha", el mundo interior de la tierra.

En la plataforma superior hay restos de tres torres macizas y una imagen como del sol, probable centro de culto al agua u observatorio astronómico. De las tres torres, la más importante es la del oeste, **Torre Muyu Marca** ("Recinto redondo"), que estaba formada por varios niveles y tenía una altura de 20 m, desde la que el inca Titu Cusi Huallpa –también llamado Cahuide– se tiró para no caer en manos de los españoles.

En la terraza superior, desde donde se tienen las mejores vistas al Cuzco, hay un pozo circular que pudo ser un aljibe y, en otras terrazas, restos de pozos que pudieron ser silos o almacenes de telas *(collcas)*. Algunos arqueólogos suponen que se trataba de un aljibe gigante de agua potable comunicado con la población por canales subterráneos, y esto coincide con el informe del Inca Garcilaso, según el cual podían resistir dos meses sin pasar sed hasta 5.000 soldados.

Ante la triple muralla se extiende la gran **Explanada de las Lanzas** o **Chuquipampa.** Una cruz de madera recuerda que, en 1985, Juan Pablo II celebró allí una misa. Al otro lado de la explanada está el **rodadero** o **Suchuna,** una roca natural de diorita, grande como una colina, con ondulaciones que forman surcos por los que, ya en tiempos de Garcilaso, los niños jugaban a deslizarse, y de ahí le viene el nombre en español. En la parte superior tiene dos filas de peldaños finamente tallados, y, por su emplazamiento, el lugar se llama "El trono del Inca". En el rodadero hay, además, tumbas y túneles y, hace pocos años, se descubrió un depósito de agua y una **Chincana** ("lugar para perderse") o túnel excavado en la roca caliza, en el que se quiere ver un templo dedicado al culto de la serpiente, espíritu del interior de la tierra. Más al norte está la "chincana grande", debajo de una gran piedra labrada en su parte superior, que la tradición conoce como "la piedra cansada". Parece que en todo este recinto se hacían las ceremonias de iniciación de los jóvenes: se les taladraban las orejas para ponerles los enormes rodillos que hicieron que los españoles llamaran a los incas "orejones", y se les imponía el "huara", una especie de calzón que usaban los adultos. Actualmente, se celebra allí la **fiesta del Sol, Inti Raymi,** el 24 de Junio, día del solsticio de verano, que la tradición cristiana ajusta a la noche de San Juan.

El laberinto de Kenko★

Kenko ("laberinto") se encuentra aproximadamente a 1 km del Cristo que hay al lado de Sacsayhuamán. Se puede llegar a caballo (se alquilan en los alrededores del Cristo), o a pie, por una carretera entre bosques y prados, en 20 minutos.

El santuario fue desenterrado en el siglo XIX gracias a la crónica del Inca Garcilaso. Se cree que era uno de los 365 santuarios que había en el valle del Cuzco, pero no se sabe si era un santuario dedicado a la madre Tierra, Pachamama. Consta de una plaza, llamada anfiteatro, en la que se cree que se celebraban ceremonias en presencia de los ídolos o momias que podían ponerse en los 19 nichos semiderruidos que se conservan. En su base tiene una doble hilera de piedras talladas y un gran monolito de 6 m que pudo ser una gran escultura fálica o de un puma, destruida durante la "extirpación de idolatrías" llevada a cabo por los españoles. Al noreste de la plaza hay una gran **fuente litúrgica,** hoy desecada porque sus aguas se desviaron para la cervecera del Cuzco, que "fabrica cerveza hecha con el agua de los incas".

Un tunelillo de connotaciones uterinas conduce por debajo de la roca y simboliza la estrechura del parto. En el interior, a una temperatura constante de 2 °C, hay una mesa de piedra en la que pudieron practicarse embalsamaciones o trepanaciones. Los restos de estas operaciones eran arrojados a un canal subterráneo que pasa al lado. La parte superior de esta enorme roca está profusamente tallada. En ella se observa un canalillo en zigzag o en forma de serpiente, como se quiera, por el que se hacía correr agua, sangre de las víctimas ofrecidas, o chicha y, según la dirección que tomara la corriente del líquido, se hacían las interpretaciones pertinentes. Igualmente, hay dos prominencias cilíndricas sobre un pedestal oval, orientadas al norte magnético y conocidas como *piedra para amarrar el sol* o **Intihuatana**, que prestan al recinto una tradición de observatorio astronómico.

Siguiendo el camino de Kenko, 1 km más adelante se llega a otro centro arqueológico conocido como **"templo de la luna"** o **"cueva del mono"**. Este **Sanlonpuncu**, era seguramente otro de los adoratorios referidos por el cronista, cuyo nombre original se ha perdido. Consta de un gran peñón profusamente tallado con escalinatas, alacenas y bases de esculturas destruidas, entre las que no falta el Intihuatana. En la parte inferior, un pasaje aprovecha una falla natural de la roca en la que se han horadado dos cuartos de adoración. Es un lugar que en los últimos años es frecuentado por esotéricos en busca de vibraciones positivas que suelen remojar con alcohol y apoyar en volutas de yerba.

A 1 km al sur, en el mismo recinto arqueológico, está la **cueva del monito** (Cusillochalloc), de características parecidas a los anteriores.

Puca Pucara★

(A 5 km de Kenko por la carretera de Pisac). En el siglo XIX, cuando se excavó esta fortaleza, la llamaron "fortaleza roja". Probablemente, era una de las muchas estaciones *(tambos)* en las que se relevaban los mensajeros *(chasquis)*, se almacenaban ropas, o se daba albergue a militares, peregrinos, viajeros o comerciantes. Quizá fuera un punto de control en el camino hacia las fuentes sagradas de Tambo Machay, que se ven 1 km más abajo.

Tambo Machay★

A 1 km del anterior está el tambo que, según Juan Polo de Ondegardo, era un lugar de descanso en las cacerías del inca Yupanki. Los restos del edificio están incrustados en la roca y constan de nichos y de tres manantiales que indican que en tiempos del inca era un lugar de culto al agua. Los dos manantiales sagrados manan de la roca. Hay quien lo llama "el baño del inca", aunque no se sepa si el inca se bañó allí alguna vez. Quizá fuera sólo un lugar de culto para recibir al sol hisopando agua. Las aguas dan juventud eterna, hermosura y fertilidad, porque es "leche de Pachamama", que nunca cesa de manar.

Sacsayhuamán

Ruinas de Pisac

EL VALLE SAGRADO DE LOS INCAS

El valle de Urubamba era para los incas la entrada a la selva, a la parte del Tahuantinsuyo que ellos llamaban Antisuyo. El río que lo forma nace de los heleros del macizo Vilcanota ("Casa del Sol"; "Vilca" es una palabra para designar al sol anterior a "Inti") y el valle estaba estrechamente ligado al culto solar. Antes de la formación del imperio inca, la parte alta del valle estaba habitada por tribus collas provenientes del altiplano, mientras que la parte del valle más cercana a Cuzco estaba habitada por los Ayamarcas. Pachacutec fue el primer inca que se adentró en el valle, después del ataque de los chancas a Cuzco. Por la belleza del paisaje, el clima benigno y el fértil suelo lo convirtió en asiento de la nobleza inca y en él empezó a construir las mejores fortalezas de su imperio: Pisac, Ollantaytambo y Machu Picchu.

PISAC★★

En el fondo del valle, un puente de acero atraviesa el río para llegar a **Pisac** ("Perdiz", 3.000 m), un pueblo con mercado de artesanía los martes, jueves y domingos, en el que los autobuses no caben en las calles. Por todo el pueblo se extiende el mercado, que tiene su centro en la plaza, donde hay un gran árbol de coral, lleno de musgo y líquenes. Los domingos, además, hay procesión desde el ayuntamiento hasta la casa del cura, donde comen juntos los 12 alcaldes de la zona y discuten sus asuntos.

VISITA

Pisac Viejo Situadas en los cerros que dominan el pueblo bajo, están las **ruinas incas** de Pisac, a las que se puede llegar a pie o por carretera.

El ascenso a pie desde el pueblo bajo de Pisac hasta Pisac Viejo no es fácil. La senda arranca a la izquierda de la iglesia del pueblo. El trayecto dura unas dos horas y en algunos trechos hay escaleras tan empinadas que dan miedo. Hay que seguir el camino directo, sin adentrarse por sendas laterales para no perderse. A la dificultad del camino, se añaden los inconvenientes del 'soroche'. Buen calzado y agua son más que recomendales. Se puede subir cómodamente en taxi dando un rodeo.

Desde la peña de las ruinas se ve, 600 m más abajo, parte del pueblo y el curso del río Urubamba. Pisac pudo ser una fortaleza, pero era sobre todo una hacienda real del inca Pachacútec, con andenes de agricultura, almacenes o *collcas,* edificios domésticos y ceremoniales y acueductos de riego. Forman el conjunto varios grupos de edificios protegidos por murallas con cinco puertas de acceso, de las cuales, la única que conserva el dintel es la llamada **Puerta de las serpientes.** Desde el aparcamiento se pasa por sencillas estructuras de edificios y luego, una estrecha senda desde la que ya se ven al fondo los incontables agujeros de la roca, uno de los cementerios más grandes de Perú, en el que los arqueólogos descubrieron más de 2.000 tumbas con momias. Por una escalera muy empinada –pero sólida– el camino pasa primero por un túnel, por una torre de guardia y llega entre precipicios a las ruinas. En el centro se conservan las paredes de varios edificios que servían de vivienda a sacerdotes, astrónomos y criados. En un edificio semicircular se ve un **Intihuatani** o "piedra de amarre del sol", una roca redonda con una aguja, sin duda parte de un observatorio para medir el curso del sol y comprobar el calendario. Los bloques de piedra de las paredes cuentan con ganchos para aumentar la estabilidad.

ALREDEDORES

En los dos pueblos siguientes, **Lamay** (5 km) y **Calca** (18 km de Pisac) hay baños termales para bañarse. En primavera, Calca, uno de los pueblos más grandes del valle (y otros) celebran fiestas de la flor del durazno.

A 28 km de Calca está **Yucay,** donde se halla la *Posada del Inca,* un hotel construido sobre un convento del que se conservan la capilla y que dispone de un pequeño **museo arqueólogico.**

Cerca de Yucay se encuentra **Urubamba,** el pueblo principal del valle, a 2.880 m. Puramente agrícola, en Urubamba no quedan monumentos de interés, pero es el pueblo en el que los autobuses de turistas paran para comer. En la plaza del

EL CERRO ÑUSTAYOC

El Cacique de Pisac, Huayllapumac, tenía una hija, Inquill, con la que sólo se podría casar el príncipe capaz de construir un puente sobre el río Vilcamayo. Asto-Rimac aceptó el reto: mientras él construía el puente, la ñusta debía subir a la fortaleza sin volver la cabeza para mirar la obra de su prometido. Casi al amanecer, el príncipe ya concluía su obra, pero Inquill no pudo resistir volverse a mirarla y quedó convertida en roca, cuya forma de mujer, cargada con alforjas, puede verse entre las peñas que dominan el pueblo. Es el cerro Ñustayoc, junto a las ruinas de Pisac Viejo.

pueblo se alza una **iglesia** sobre paramentos incas y un gigantesco **choclo** (mazorca de maíz).

A partir de este pueblo, el río Vilcanota pasó a llamarse Urubamba.

OLLANTAYTAMBO

A 90 km de Cuzco y 2.800 m de altitud, Ollantaytambo aún conserva la estructura que le dieron los incas, quienes construyeron esta fortaleza y el pueblo poco antes de la llegada de los españoles. Muchos edificios están sin concluir.

Tras su fallido ataque al Cuzco en 1536, Manco Inca, perseguido por los soldados de Hernando Pizarro, se hizo fuerte en Ollantaytambo; los españoles no pudieron reducirlo. Pocas semanas después, habiendo llegado los refuerzos de Almagro, hubo un nuevo ataque y se consiguió ganar la fortaleza. Manco Inca huyó, no se sabe bien si a Machu Picchu o a Vilcabamba, pero en su refugio fue asesinado meses más tarde por un soldado español que se fingió desertor.

La toponimia del lugar es la única fuente de información histórica anterior a los incas. Parece que Ollantaytambo proviene del vocablo aymara "Ulla-nta-hui" ("Sitio para vigilar el valle"), al que posteriormente se añadió la palabra quechua "tampu" ("albergue"). En base a esto, se cree que el valle estaba habitado por grupos Collas, de idioma aymara y procedentes del Titicaca, los cuales fueron sometidos por el inca Pachacútec y condenados a trabajar en la fortaleza. Está demostrado que los Collas eran admirables canteros.

En la tradición quechua, Ollantaytambo ("Albergue de Ollantay") recuerda a Ollantay, un general del inca Pachacútec que es el protagonista del único drama prehispánico que se ha conservado.

La parte baja de Ollantaytambo está dividida en dos por el río Patacancha: en un lado queda el pueblo inca y, en el otro, un sector ceremonial al pie de la fortaleza. El pueblo conserva en uso unas 50 casas de piedra y adobe dispuestas en cuatro calles alargadas atravesadas por siete callejas. Cada manzana ("cancha") está compuesta de varias viviendas con una entrada común al patio central. Estas entradas son de piedra y algunas están provistas de doble dintel, lo que indica una cierta categoría social. En una de estas casas está el **Museo Centro Andino** *(abierto de martes a domingo, de 10 h a 13 h y de 14 h a 16 h)*, que documenta el lugar y organiza paseos a los lugares arqueológicos de los alrededores.

Al otro lado del río, al pie de la fortaleza, está el sector ceremonial, que probablemente estaba dedicado al culto del agua. Tiene tres partes: A la entrada está la **plaza de Mañayracay,** rodeada de muros con nichos trapezoidales. Estos muros forman una fachada de edificios cuya función no se conoce. A unos 200 m hay un sector ceremonial, llamado **Inca Misana** ("Donde el inca dice misa"). Entre ambos queda la **Fuente de la Ñusta,** donde por tres canalillos fluye el agua de un manantial en un pilón. El complejo está provisto de canales y pilones y tiene varias dependencias de adobe.

Desde esta parte llana sube una escalera entre amplios andenes agrícolas hasta la fortaleza. Son escalones altos, de piedras bien trabajadas, que ascienden por entre las gigantescas terrazas, dando la impresión de estar en un mundo de gigantes. La fortaleza tiene varias partes:

Primero se llega al llamado **Palacio de Ollantay,** un edificio de dos pisos cuyo interior está dividido en dos habitaciones simétricas. En la parte más alta está el **adoratorio,** con 10 nichos, construido en una plataforma que probablemente estaba techada. De este antiguo templo, que no se llegó a acabar, aún quedan seis grandes bloques de granito rosado que miden unos 4 m de altura, 2 m de anchura, entre 1-2 m de grosor y tienen un peso de hasta 50 toneladas. Desde allí se ven, en la pared de enfrente del valle, las canteras de Cachicata, desde donde se trajeron las piedras. Hay una distancia de 6 km y obstáculos que parecen insalvables, como el río Vilcanota y los 200 m de altura donde están colocadas las losas del templo. En una roca hay un "trono del Inca", que probablemente era un altar de sacrificios. A unos 200 m por encima de la fortaleza, hay otro grupo de edificios llamado **Incahuatana,** que probablemente era un puesto de vigilancia.

En los alrededores de Ollantaytambo hay varias ruinas que se pueden visitar a pie remontando la corriente del Patacancha por una antiguo camino inca. Hasta **Pumamarca** hay 7 km de distancia y unas dos horas de camino. Se pasa primero ante las ruinas de las fortalezas **Muñaypata** y **Muscapuquío,** que probablemente servían para defender las *collcas* o almacenes de grano incrustados en las paredes del monte de enfrente. En esta misma pared de la montaña sobresale un gran rostro esculpido que, según la leyenda, fue mandado hacer por Pachacútec para memorizar su victoria sobre el general Ollantay. Pumamarca era un puesto de vigilancia a la entrada del valle, con murallas en forma de zigzag, como las de Sacsayhuamán. 500 m más adelante hay otras ruinas, **Incamachay.**

Si se remonta el curso del río por la pista, se llega en unos 14 km a **Huilloc,** un pueblo al que no suelen ir los turistas de Ollantaytambo y que conserva su vida

UN DRAMA MESTIZO: OLLANTAY

La obra de teatro escenifica los legendarios amores del glorioso general Ollantay con una hija de Pachacútec, Cusi Coyllur, consagrada en la Casa del Sol. Eran unos amores doblemente sacrílegos, pues Ollantay, que no era inca de nacimiento, no podía aspirar a casarse con una princesa inca, y menos con una virgen consagrada al sol. Ante esta prohibición, Ollantay se rebeló y se atrincheró en la fortaleza de Ollantaytambo. Cusi Coyllur fue encarcelada y dio a luz en prisión a una niña, Ima Súmac. Para vencer al rebelde, Pachacútec escogió al general Rumuñahui, que era amigo de la infancia de Ollantay, pero, como fracasó en su misión, porque no pudo tomar la inexpugnable fortaleza, lo encarceló. Por fin murió Pachacútec y le sucedió su hijo Tupac Yupanqui, que trató de solucionar el problema del rebelde Ollantay con otra estrategia: volvió a encargar de la misión a Rumuñahui, pero éste, en lugar de atacar, se fingió huido de la prisión y pidió refugio en Ollantaytambo. Una vez dentro, abrió las puertas a su ejército y logró llevarse preso a Ollantay. El inca Túpac Yupanqui no era tan intransigente como su padre. Perdonó a Ollantay, pues ya había tenido suficiente castigo con ser derrotado, y, tras diez años de sufrimiento, consintió la celebración del matrimonio y la obra de teatro tiene un final feliz: "No te aflijas, Ollantay, vive contento con tu dicha, pues ya posees a tu esposa y te has librado de la muerte."

Puesto que los incas no conocían la escritura, Ollantay es un drama transmitido oralmente y escrito por primera vez en 1640, en quechua, por el párroco de Sicuani, Antonio Valdés. Es de suponer que entonces se le añadieron elementos del teatro barroco español, como el gracioso Piqui Chiqui, el final feliz, el personaje de la hija, Ima Súmac... La primera edición, impresa en quechua y alemán, la publicó en Suiza (1853) el arqueólogo J. J. von Tschudi. En 1868, Sebastián Barranca publicó la obra por primera vez en español.

Mercado de Chinchero

tradicional. Los hombres suelen trabajar como guías de *trekking* y las mujeres tienen fama de buenas tejedoras. En Huilloc se pueden encontrar prendas y mantas de mejor calidad y precio que en los mercados de Pisac o de Chinchero.

CHINCHERO★★

A 30 km del Cuzco por carretera asfaltada y protegido por el monte Chicón, está Chinchero (15.000 habitantes, 3.762 m; *visitas diarias, de 7 h a 17.30 h),* que significa "Hombres valientes". Los fértiles campos de sus alrededores y el agua de las cercanas lagunas Huaypo y Piuray dan a Chinchero tradición de "granero de Cuzco", y además son muy solicitados su ganado vacuno y ovino. En la **plaza** de Chinchero hay **mercado** los domingos, que es tradicional, y los martes y jueves por la afluencia de turistas.

El inca Túpac Yupanqui se construyó en Chinchero un palacio de descanso en 1480. Este inca murió en oscuras circunstancias: se cree que fue envenenado por su propia hermana y esposa, Mama Ocllo, para asegurar la sucesión al trono de su hijo, pues Túpac Yupanqui mostraba preferencias por el hijo de su concubina favorita, Chiqui Ocllo. Después de la muerte del inca, la *panaca* (familia) de su favorita fue exterminada y el príncipe, Cápac Huari, condenado a prisión perpetua en Chinchero. Cuando ya los españoles estaban en Cuzco, en 1536, Manco Inca intentó reconquistar su ciudad, pero fue vencido y perseguido; en su huída a Ollantaytambo, donde se refugió, arrasó Chinchero para que sus perseguidores no pudieran abastecerse.

El conjunto monumental de Chinchero está en la gran **Plaza de Armas,** a la que se accede por un arco. Está dividida en dos niveles separados por un muro inca con doce grandes nichos trapezoidales. En el nivel bajo, donde se celebra el mercado, hay un busto de Mateo García Pumacahuaca (1748-1815), un curaca local que en 1780, cuando surgió la revuelta de Túpac Amaru II, luchó a favor de los españoles. Al final de sus días había cambiado de

ideas y acaudilló una rebelión contra el gobernador del Cuzco en 1814, por lo que fue juzgado en Sicuani y sus restos expuestos en esta plaza de Chinchero. Su casa era la que está cerca de la estatua.

En el nivel superior de la plaza, está la **iglesia de Monserrat,** acabada de construir en adobe sobre los muros del palacio inca en 1607. La iglesia se había comenzado a construir a partir de 1572, cuando en tiempos del virrey Toledo se crearon las "reducciones de indios" y él mismo vino a visitarlas. En el atrio, separadas de la iglesia, están la torre y una "capilla de indios", pues éstos no eran admitidos en los templos de los españoles. El interior renacentista está profusamente decorado con pinturas y tiene curiosos cuadros de la escuela cuzqueña de diversas épocas. En la decoración del techo y de los sencillos murales ornamentales trabajó un pintor indígena, Diego Cusi Huamán, que aprendió a pintar con el criollo Luis Riaño. El mural más importante, la *Virgen de Montserrat,* en el que dos ángeles sierran la montaña, es del quechua Francisco Chihuantito; también son suyos los cuadros de los apóstoles, pintados entre 1640-1660. En el gran arco del interior de la iglesia se representa *La coronación de la Virgen.* El altar barroco está cubierto de pan de oro y tiene en la parte central una *Virgen del Carmen* de 1590, decorada con espejos y láminas de plata provistas del águila de dos cabezas de los Austrias.

A la izquierda de la plaza y la iglesia están los restos incas de tres huacas o adoratorios: **Titicaca, Pumacaca** y **Chinkana.** En Pumacaca hay dos pumas de piedra decapitados durante la "destrucción de herejías". En la plaza hay también un pequeño **museo arqueológico** *(abierto de martes a domingo, de 9 h a 17 h).*

SALINAS DE MARAS Y TERRAZAS DE MORAY**

La carretera que sale de Chincheros en dirección a Urubamba, pasa por la **laguna de Huaypo** (1,5 km x 800 m) y, en Chequerec, tuerce a la derecha. A unos 6 km se desvía hacia la izquierda un camino señalizado que va a Maras. Desde Maras hasta las terrazas incas de Moray quedan 7 km.

Son **terrazas agrícolas** de 1,80 m de altura, practicadas en tres grandes hondonadas naturales como las andanadas de una plaza de toros. El anillo inferior tiene un diámetro de 45 m y las terrazas, rellenas de buena tierra, tienen entre 4 y 10 m de anchura. Los lugareños las llaman "muyus", pero no se sabe en realidad qué eran. La especulación más corriente es que se trataba de "laboratorios agrícolas". Se ha comprobado que las temperaturas son distintas en cada escalón y las del más bajo alcanzan los 36 °C; según esto, en cada escalón se probaba cuáles eran los productos que se podían plantar en cada región del imperio.

Si desde Maras se sigue la indicación del cartel de "Salineras", tras 8 km de pista se llega a las **salinas**, un increíble conjunto de más de 3.000 pozas cuadrangulares construidas en la pared de una montaña casi vertical sobre el valle, comunicadas por canalillos por los que se arrastra el agua, dejando en las pozas su sal. Los pozos son heredados familiarmente desde que el encomendero Pedro Ortiz de Murue, fundador de Maras, los distribuyó entre los *ayllus* (pueblos) de la zona, en el siglo XVI. El paraje tiene su mejor fotogenia hasta las 14 h. Hay otras salinas similares en Pichingoto, cerca de Urubamba.

A 2 km de Maras, se puede visitar la **iglesia de la Asunción de Tiobamba.**

EXCURSIÓN A MACHU PICCHU★★

Desde Cuzco a Machu Picchu sólo se puede llegar en tren. El trayecto dura 3 horas largas. La salida de Cuzco es dura, pero curiosa. El tren va por vías en zigzag que salvan la pronunciada altura de los montes. Se pasa cerca de las casas, y hay panorámicas muy buenas de los tejados de Cuzco, pero este trecho dura casi una hora. Mucha gente prefiere tomar el tren en Poroy, de donde sale también el lujoso "Hirham Bingham-Express", porque está sólo a 20 minutos de Cuzco en autobús. Lo mismo puede hacerse al regreso. También hay posibilidad de tomar el tren en Ollantaytambo, que es el último pueblo con carretera del valle, a una hora de Aguas Calientes-Machu Picchu. Desde la estación de Aguas Calientes salen autobuses que, en media hora, suben hasta el aparcamiento de Machu Picchu. Para visitar al recinto hay que contar con el tiempo del autobús de bajada, aunque también se puede bajar andando. Mucha gente prefiere pernoctar en Aguas Calientes y subir a Machu Picchu en el primer autobús para hacer la visita sin la masa de gente que llega con los trenes a partir de las 11 h de la mañana.

Desde Ollantaytambo, el valle del río se estrecha y la vegetación tropical empieza a sustituir a la retama en las laderas de los montes. Se ven al pasar varias ruinas incas, las más importantes de las cuales son las que hay a la entrada del valle del Cusichaca, por donde se va al

Camino Real del Inca; a la izquierda del río, **Huillcaracay;** a la derecha, las doce terrazas agrícolas de **Llactapata** (o Patallacta), un importante centro administrativo compuesto de 112 edificios repartidos en varias plazas camufladas en un allanamiento de la ladera del monte. Era un centro agrícola en el que no había ningún edificio religioso.

En **Corihuarachina** el tren hace una parada para que bajen los que desean llegar a Machu Picchu por el **Camino del Inca.** Pasado Corihuarachina, se ven en la ladera del monte las ruinas de **Qente** (Colibrí).

El hallazgo de Hiram Bigham

El arqueólogo hawaiano Hiram Bigham (1875-1956) había estudiado en Yale y llegó a Perú en 1906 con una beca para asistir al primer Congreso Panamericano, en Santiago de Chile. Quería seguir las huellas de Bolívar y, guiándose de las indicaciones de la guía de comerciantes de Concolorcorvo, estudiar la ruta de Buenos Aires a Lima. En Abancay oyó noticias de las ruinas de Choquequirau y decidió visitarlas. Cuando las vio, cambió el rumbo de su viaje. Así como Luis Valcárcel había descubierto Sacsayhuaman siguiendo la crónica del Inca Garcilaso,

El tren que va de Cuzco a Machu Picchu pasa por impresionantes paisajes de montaña. En la imagen superior, la estación de Machu Picchu con sus puestos y restaurantes.

AGUAS CALIENTES O MACHU PICCHU PUEBLO

En la entrada al Santuario hay un hotel, único en el monte, cuyo mayor lujo es que permite visitar sin gente la zona monumental, al salir el sol y al atardecer, que son, sin duda, las mejores horas.

Hay más hoteles en el Pueblo de Aguas Calientes, también llamado Pueblo de Machu Picchu. Está en el fondo del estrecho valle, entre las paredes verticales de los montes y el río. Se compone de hoteles, restaurantes, mercadillos, baños termales y la estación de ferrocarril, que antes seguía hasta Vilcabamba, pero, hace unos años, un huayco enterró los raíles y actualmente los trenes no pasan de Machu Picchu.

Bingham se guió por la crónica del agustino Antonio de Calancha sobre la evangelización del penúltimo inca, Titu Cusi, hijo ilegítimo de Manco Inca y hermanastro de Tupac Amaru, y decidió buscar la ciudad perdida de Vilcabamba, donde aquél se había escondido de los españoles. Tras descubrir numerosas pequeñas ruinas y alguna ciudad como Vitcos, por fin, en 1911, encontró Machu Picchu. Hasta allí le guió un agricultor, Melchor Arteaga, al que pagó un sueldo de un sol de plata. Ahogada por la espesura de la vegetación, Bingham creyó que estaba ante Vilcabamba. Entre 1912 y 1915, Bingham excavó la zona y tomó 12.000 fotografías. No encontró oro, pero sí objetos de plata, cobre, bronce y muchos restos de cerámica. Además, encontró 135 esqueletos humanos, de los que 109 eran femeninos, lo que le permitió conjeturar que estaba ante un refugio consagrado a las hijas del sol. Los objetos hallados fueron transportados en cajas al puerto de Mollendo, y desde allí embarcados a Norteamérica. Bingham volvió a Machu Picchu en 1948, cuando se inauguró la pista de ascenso que lleva su nombre.

Completamente desbrozada y restaurada, la ciudad de Machu Picchu fue incluida en 1981 por el gobierno peruano en su lista de "Santuarios históricos protegidos", incluyendo un terreno circundante de 32.000 ha, en el que se conserva casi intacta la vegetación y flora de la "ceja de selva". En 1983, el monumento fue inscrito por la UNESCO en el Patrimonio de la Humanidad.

Lo que las piedras no dicen

El gran interés arqueológico de Machu Picchu reside en que la ciudad no fue hollada por los españoles y se conserva tal

Machu Picchu

como se abandonó. Era un secreto tan bien guardado, que actualmente se sigue sin saber cómo se llamaba, ni con qué finalidad fue construida ni por qué se abandonó. Los nombres de los diferentes barrios o edificios siguen siendo los mismos que les dio Bingham cuando los descubrió: lo que parecía un templo lo llamó templo y lo que parecía una casa mejor lo llamó palacio, pero la fantasía se dilata en medio del portentoso paisaje y del misticismo que sin duda inunda el lugar. Basado en las momias halladas, Bingham creyó encontrarse en un *acllahuasi,* o convento de Vírgenes del Sol. Otros especulan que fue un centro de investigación de élites, en el que los maestros (Amautas), instruían a sus alumnos acerca de sus orígenes míticos, su filosofía, los cultivos, la contabilidad de los *quipus,* el funcionamiento del reloj solar y la arquitectura.

Los arqueólogos no han podido determinar la fecha de construcción de esta ciudad perdida. Los más recientes estudios

datan los primeros edificios en la época del inca Pachacútec. La arquitectura sigue las normas del estilo clásico del imperio inca: muros de piedras ciclópeas muy bien trabajadas, puertas trapezoidales, nichos en las paredes y terrazas agrícolas. Casi todas las paredes estaban recubiertas de cerámica pintada, de la que, destruida por la humedad, Bingham sólo encontró restos. Tampoco se sabe por qué fue abandonada, pero hay edificios que parecen inacabados y, como tampoco se encontraron objetos de mucho valor, se cree que, cuando dejaron el lugar, los habitantes se llevaron todas sus pertenencias. Las causas pudieron ser la falta de agua, la guerra entre los seguidores de Atahualpa y Huascar, alguna enfermedad epidémica traída por los españoles...

La opinión más ponderada es que se trataba de una *llacta*. Las *llactas* eran centros de control y administración de impuestos que los incas construían a lo largo del Camino Real (Capac Ñan), para contabilizar y almacenar los productos de las regiones conquistadas. En estos centros residían los funcionarios de la administración con sus criados, soldados y artesanos que trabajaban la lana y la cerámica. Pero Machu Picchu era una *llacta* muy especial; construida en un lugar inaccesible, entre barrancos y montañas, y alejada del Camino Real, desde el que se desvía un ramal (Inka-Trail) que llega hasta ella, pero que parece que estaba prohibido para el común de la población, porque la gente no conocía su existencia y la ubicación de Machu Picchu era, poco más o menos, un secreto de Estado. Pudo haber servido de refugio y morada a la exclusiva aristocracia inca, y, después de la conquista española, parece que cumplió su papel hasta la captura del último inca rebelde, Tupac Amaru, en Vilcabamba. Entonces fue abandonada, porque ya no tenía razón de ser.

Después la fortaleza quedó olvidada y la vegetación se encargó de ocultarla, así como su ramal de acceso al Camino Real. Manco Inca, que se sublevó contra Pizarro en 1536, fue perseguido hasta Ollantaytambo y, expulsado de allí, huyó hacia las profundidades del **valle de Urubamba.** Él y su sucesor, Tupac Amaru, pudieron haberse escondido en Machu Picchu y después haber emigrado a Vilcabamba. Durante la colonización, esta parte del valle fue evangelizada por los agustinos y su orden fue la propietaria legal de todas estas tierras hasta el siglo XIX, en que, con la independecia, abandonó el Cuzco. Entonces los terrenos pasaron a manos de agricultores que no tenían interés en las ruinas, olvidadas durante 400 años.

La Ciudad Sagrada

Los terrenos de Machu Picchu se extienden en una explanada de 800 m de largo por 500 m de anchura, entre dos montes, el **Machu Picchu** (Monte Viejo) y el **Huayna Picchu** (Monte Nuevo). Tiene dos áreas bien diferenciadas: una es agrícola, con terrazas de paredes de 4 m que permitían hasta 3 cosechas al año y alimentar a una ciudad de unos 1.000 habitantes. Entre las terrazas hay algunas casas sueltas.

En el área urbana quedan restos de más de 200 edificios comunicados por un total de 3.000 peldaños de escaleras y provistos de un sistema de canales y fuentes. Casi todos los edificios son cuadrados y de un piso, pero hay también 41 edificios de dos pisos, a los que se ha llamado "templos" o "palacios", y que están casi todos en lo que se denomina **Barrio Noble.** Hay un **Barrio Sagrado,** en el que se encuentra una plaza con tres templos al pie del Intihuatana, que es el lugar más alto de la ciudad. Por fin, en la otra parte de la gran plaza se extiende el **Barrio Popular.** Todas las construcciones siguen el estilo inca clásico: muros de sillares pulidos, paredes entibadas, hornacinas y puertas trapezoidales.

La visita empieza en la parte más alta, a la entrada del Camino Inca, junto al **puesto de vigilancia.** Desde allí hay una vista completa de la ciudad y del **monte Huayna Picchu,** que se eleva 300 m sobre ella. Detrás de este punto está el **cementerio** donde Bingham encontró la mayoría de los restos humanos. También está cerca de allí la cantera de donde se extrajo la piedra, y se puede ver muy bien cuál era el proceso: primero se hacían agujeros en las fisuras naturales de la roca para clavar en ellos cuñas de madera; luego se rompía la piedra con agua. Las piedras se pulían con otra piedra más dura, o con arena.

Desde el cementerio, hacia fuera de la ciudad, una estrecha senda conduce al **Puente del Inca.** Hacia abajo, una esca-

Machu Picchu sigue siendo el vestigio arqueológico más importante de Sudamerica y uno de los lugares más místicos del mundo.

lera lleva a la puerta principal de entrada, llamada **Puerta Sagrada.** Esta calle de escaleras se llama *Amanahuasi* (Calle del Agua), y tiene 16 pilones que recogían el agua para distribuirla por la ciudad.

Bajando por la Calle del Agua, quedan a la izquierda las terrazas del **barrio noble.**

Entre los edificios que se conservan en este sector destacan el **Baño del Inca,** más un depósito de agua que un lugar apropiado para bañarse, y, detrás de él, las tres paredes de la *Huarirona* o **Mausoleo Real,** donde Bingham descubrió otras momias con ajuares que él consideró más aristocráticas. Junto al mausoleo está el único edificio de planta redonda de todo el conjunto, llamado el **torreón,** de 11 m de diámetro, ensamblado tan firmemente a la peña sobre la que está construido, que parece formar parte de la propia roca. En la piedra hay diversos altares tallados, por lo que se supone que tenía una función religiosa. Junto al torreón hay un muro llamado "la pared de piedra más bonita de América" por la perfección con que están colocados los sillares. Adosados al torreón hay un grupo de edificios reales: el **Palacio de la ñusta,** una buena casa de 15 m^2 con escalera y terraza ante la puerta, que constituye la única vía de acceso al torreón.

Al otro lado de la escalera está el **Palacio Real** o *Incahuasi,* con puerta trapezoidal y cuatro habitaciones, dos más grandes y dos más pequeñas, separadas por un patio interior. Junto al palacio hay viviendas más modestas, llamadas **sector de los criados.**

Pasado el Barrio Noble se llega a la **Plaza Sagrada,** o *Inticancha,* una explanada de 16 m de lado y dos megalitos en el centro, rodeada de tres edificios religiosos: el Palacio del Sacerdote (Huillac Umu), el Templo de la Tres Ventanas y el Templo Mayor o *Carpahuasi*. El **Palacio del Sacerdote** tiene dos entradas y nueve nichos interiores, y se supone que era la residencia del sumo sacerdote *(Huillac Umu),* pariente

CAPAC ÑAN, EL CAMINO REAL INCA

La red viaria que se extiende por Perú no es originaria de los incas, sino que se empezó a construir hace 4.000 años, cuando las antiguas civilizaciones de la costa (Caral, Sechin) mantenían contactos con Chavín de Huantar, Kotosh y Pachacamac. Posteriormente, se siguió ampliando bajo los imperios de Tiahuanaco y Huari, que establecieron factorías para poder tener productos que faltaban en la sierra. Pero aun así, resulta imposible imaginar la labor de los incas, que, en los 150 años escasos que duró su imperio, completaron la red y la

organizaron en un trazado de 15.000 km. Parece que todos los pueblos conquistados tuvieron que trabajar en su construcción. La vía principal, llamada Camino Real (Capac Ñan), iba desde Quito, en Ecuador, hasta Tucumán, en Argentina: 5.200 km, más los ramales que atravesaban montañas, bosques, desiertos y pantanos. Su construcción variaba según la naturaleza del terreno. En las llanuras se ensanchaba hasta los 6 m; en las montañas se estrechaba hasta 1 m. Al pasar por zonas de cultivo, tenía muretes de piedra para proteger los campos. En las dunas estaba marcado por estacas para no perderlo. En los pantanos, levantado sobre un dique para permitir el paso. En algunos lugares, como en el Collao del Titicaca, tenía postes para medir las distancias. Como las civilizaciones de Perú nunca utilizaron la rueda –¿quién es capaz de rodar por semejante orografía?–, escaleras y puentes colgantes salvaban montañas y precipicios. A lo largo del camino había, cada 4,5 km, "tambos" (posadas) para alojamiento de los camineros, descanso de los viajeros y relevo de los "chasquis" (mensajeros). Junto al camino construyeron "llactas" (almacenes) para recaudar los productos de cada región conquistada, palacios para que el inca descansara en sus viajes y fortalezas para controlar las regiones rebeldes. El Camino Real fue la red de comunicación y de penetración del territorio. Por él transitaban guerreros ("sinchis"), artesanos ("camáyocs"), campesinos ("jatumrunas"), obreros ("yanaconas"), señores ("apus") y reyes ("cápacs"), caravanas de llamas y "mitayos" forzados a trabajar en otras regiones. Los últimos en utilizarlo fueron los españoles, para llegar a Cajamarca y a Cuzco. Hoy día, muchos trechos del camino han servido para trazar las carreteras, otros aún son utilizados por los campesinos para ir a sus "chacras" (campos) o a otros pueblos vecinos. Y, los últimos peatones asiduos, son los turistas aficionados al *trekking*.

El trecho de Capac Ñan entre Vilcabamba y Machu Picchu, fue el último que se construyó, y era secreto. Sólo lo conocían los incas de sangre y los elegidos por ellos. Trazado en las paredes de escarpadas montañas, tiene numerosos tramos de escaleras practicadas en la roca o adosadas. A trechos está sostenido por muros que alcanzan los 4 m de altura, e incluso atraviesa un túnel de 5 m que se hizo agrandando una hendidura natural de la montaña.

directo del Inca, mago y astrólogo mayor. Las ventanas del **Templo de las tres ventanas** están orientadas hacia el este y es casi un atrio de la plaza, pues le falta la cuarta pared. Desde las ventanas se puede observar directamente la salida del sol, y se tiene una inmejorable vista de la plaza y de las montañas. Sin duda es una referencia al origen mítico de los incas, surgidos de 3 ventanas en la montaña de Pacaritambo, cerca de Cuzco (pág. 146). El **Templo Mayor,** o *Carpahuasi,* es un edificio de 11 m x 18 m, con muros de 1 m de espesor. Adosado a una pared hay un **banco megalítico** (4,30 m x 1,50 m), al que Bingham llamó "sofá", y pudo ser un altar. Este templo tiene una habitación aneja llamada **sacristía.** Integrada en el muro hay una piedra con 32 esquinas. Por una escalera de 78 peldaños se sube a la parte más alta, donde está la "piedra de amarrar el sol" o **Intihuatana,** semejante a otras que hay en Pisac, Quenco u Ollantaytambo, y que los españoles no creyeron necesario destruir en su "extirpación de idolatrías". Probablemente eran observatorios o calendarios para medir las estaciones, predecir las lluvias y sequías, organizar la siembra y las cosechas, o quizá eran sólo altares.

En la parte sur está el **barrio popular.** Los edificios no tienen tanta perfección arquitectónica como los de los otros barrios. Entre ellos hay varias piedras de formas raras, que parecen morteros para moler grano. En el conjunto destaca el **Templo del Cóndor,** llamado así por una piedra (natural) que semeja la silueta de un cóndor. Detrás de él está lo que Bingham llamó **barrio de las cárceles.**

Subida a Huayna Picchu

La senda está abierta de 7 h a 13 h. Hay que inscribirse a la salida y regresar antes de las 15 h. Desde la ciudad sale una escalinata que conduce a la terraza superior del **cerro Huayna Picchu,** a donde se llega en una hora de camino, que no es recomendable si se padece de vértigo. En el trayecto se pasa por el **Templo de la Luna,** oculto en una cueva y rodeado de vertiginosas terrazas. A los 45 minutos se llega a un puente labrado en la roca y cubierto de troncos de árboles sobre el abismo. En la terraza superior hay un pequeño centro de documentación.

HUARAZ Y EL CALLEJÓN DE HUAYLAS

El callejón de Huaylas es un valle formado por el río Santa que se abre paso entre dos cordilleras, la Blanca y la Negra. La **Cordillera Negra** se llama así porque, como recibe el aire cálido de la costa, sus cumbres pizarrosas no presentan nevados. En cambio, la **Cordillera Blanca,** formada por las montañas más altas de Perú, tiene 16 cumbres cubiertas de nieves perpetuas, de las que 8 sobrepasan los 6.000 m; entre ellas, el **Nevado Huascarán** (6.768 m), el pico más alto de Perú, cuyos terrenos forman el **Parque Nacional de Huascarán.** El valle estuvo habitado desde tiempos prehistóricos. En las dos **Cuevas de Guitarreros,** a 6 km de Yungay, datadas de hace 14.500 años, se han hallado restos óseos de humanos y de especies animales desaparecidas, como tigres de sable y mastodontes. Muy cerca, el **santuario de Chavín de Huántar,** tuvo influencia en todo el norte de Perú. Cuando esta cultura desapareció, probablemente por una catástrofe natural, fue continuada por la cultura regional Recuay. En nuestra era, el valle fue dominado primero por el imperio Huari de Ayacucho y, posteriormente, invadido por los incas. Los españoles llegaron relativamente pronto: en 1533 ya fue explorado por Hernando Pizarro. La mujer de Pizarro, hija de Huayna Capac, se bautizó con el nombre de Inés Huaylas porque sus abuelos maternos eran curacas de esta región. En 1536, Pizarro le encomendó estos terrenos a Cristóbal Vaca. Asolado por huaycos (1941, 1962), inundaciones y terremotos (1970), el Callejón de Huaylas es una meta turística de primer orden para escaladores y montañeros, para amantes de la Naturaleza y para interesados en la arqueología.

Las poblaciones del Callejón de Huaylas no son tan llamativas como el paisaje. En los 100 km que tiene el estrecho valle del Santa, además de Huaraz, la capital de Ancash y principal centro comercial del Callejón, **Yungay** y **Caraz** son las más importantes.

2 km después de pasar **Pativilca,** a 200 km al norte de Lima, sale de la Panamericana Norte un ramal que remonta el río Fortaleza y llega al Callejón de Huaylas. Aunque hasta Huaraz son sólo 205 km y la carretera está asfaltada, las curvas de la subida y la enorme diferencia de altura pueden prolongar el viaje hasta seis horas. El **valle del Fortaleza** está plantado de caña de azúcar y maíz y, a partir de **Chasquitambo,** que –como su nombre indica– era una estación de descanso de los *chasquis* o correos incas, empieza a subir con interminables curvas, entre terrazas cultivadas y arboledas de eucaliptos, al **puerto de Conococha** (4.100 m). Una ascensión brutal. Desde el puerto hay una buena vista

de la **laguna Conococha,** de la que nace el río Santa, que es el que recorre el callejón, y de los nevados de la Cordillera Blanca. Siguiendo el curso del río Santa, la carretera se mete en el **Callejón de Huaylas,** entre los nevados de la Cordillera Blanca al este y las cumbres peladas de la Cordillera Negra al oeste. Desde **Recuay** solo quedan 30 km hasta la capital del departamento de Ancash, **Huaraz.** La carretera sigue asfaltada hasta **Caraz,** al final del valle.

HUARAZ

Destrozada durante el siglo XX en dos ocasiones, primero por una *lavina* en 1958 y luego por el terremoto de 1970, Huaraz (150.000 habitantes 3.090 m de altura) es una ciudad reconstruida y no tiene interés arquitectónico. Tiene una buena calle comercial, la **Avenida Luzuriaga,** que forma el eje principal de la ciudad y en la que, pasada la Plaza de Armas, abundan los restaurantes. En un extremo de la calle, junto al río Quilcay, está el **mercado.** Desde el puente, en la orilla derecha del río, hay un paseo decorado con esculturas de tipos regionales, que llega hasta una torre mirador. Lo mejor que tiene Huaraz es, sin duda, el **paisaje de montañas** que la rodea, con el Huascarán al fondo. Al otro extremo de la calle Luzuriaga está la **catedral,** completamente nueva, con su pasado de leyendas y cuentos tenebrosos de aparecidos enterrados por el terremoto.

En la **Plaza de Armas,** junto a la **oficina de turismo,** está el **Museo Arqueológico** *(abierto de lunes a sábado, de 8.30 h a 18.30; domingos, de 9 h a 14 h).* En tres pisos presenta una pequeña colección etnográfica y piezas arqueológicas de las culturas prehispánicas que pasaron por el Callejón de Huaylas: Chavín, Huari e Inca. Pero lo más interesante es el **jardín** trasero, en el que, entre árboles y plantas autóctonas, hay dos docenas de monolitos esculpidos de poco más de 1 m de altura, pertenecientes a la cultura regional Recuay, que floreció en el Callejón de Huaylas entre el 500 a.C. y el 200 d.C.

Para reponerse del 'soroche', a 7 km de Huaraz por la carretera en dirección a Yungay, los **baños termales de Monterrey** *(abiertos todos los días, de 7 h a 18 h)* ofrecen sus cálidas y rojizas aguas ferruginosas contra el reúma y las enfermedades de los nervios. El agua, que mana constante a 50 °C, se enfría durante un día entero en una pileta antes de pasar a la piscina. Hay además bañeras individuales y familiares. Los baños están integrados en el **Hotel Monterrey.** En el barrio hay buenos restaurantes. Siguiendo monte arriba la pista que arranca de los baños, a unos 3 km de Monterrey y 7 km de Huaraz (unas 3 horas andando, 35 minutos en coche) está **Huilcahuaín** ("Casa de los nietos"), un sencillo templo aterrazado en tres pisos de la cultura Huari, con 900 años de antigüedad. Ambos motivos combinados pueden constituir un buen paseo.

ALREDEDORES

Excursión al Parque Nacional de Huascarán

El Parque Nacional de Huascarán fue creado en 1975 con una superficie de 340.000 ha, que se extienden por la Cordillera Blanca, cuyos picos, Huascarán Sur (6.768 m) y Norte (6.655 m), dominan un conjunto de 25 nevados más, entre los que sobresale el **Alpamayo** (5.947 m) por su impresionante belleza escénica. De este a oeste destacan también el nevado **Pirámide,** el **Chacraraju** (6.108 m), el **Chopicalqui** (6.307 m), el **Huandoy Sur** (6.166 m) y el **Huandoy Norte** (6.395 m). El parque presenta quebradas de hasta 2.500 m de altura, y lo recorren los afluentes del Santa, por su margen derecha. El parque registra una precipitación media anual de unos 900 mm, y cuenta con una estación seca de abril a noviembre. En él hay 71 lagunas de la cuenca del Marañón y 118 de la cuenca del Santa, en terrenos afectados por la acción glaciar; las de **Llanganuco Alta** y **Baja** son muy visitadas por los turistas.

Tres regiones ecológicas se distinguen en el parque: el páramo muy húmedo, la tundra pluvial y la nival. En la primera, que se extiende hasta los 4.200 m de altitud, dominan las gramíneas, las cactáceas (huacoro, cabeza de chocho y tuna silvestre), los bosques residuales de quinua y la puya, planta de flor que alcanza entre los 6 y los 8 m de altura, que es el símbolo del parque. Abundan los cernícalos y el aguilucho. Hasta los 5.000 m de altitud se extiende el piso de la tundra, con gramíneas que sirven de alimento a las vicuñas, y árboles como queñoas y usuchs. En el piso nival sólo crecen los líquenes. Entre la fauna del parque destacan el cóndor, el oso de anteojos, el gato montés y el puma, roedores como la vizcacha o el cuy o cobaya, ungulados como la taruca y ciervos o venados.

Excursión a Chavín de Huántar★★

Desde Huaraz hasta Chavín de Huántar hay 110 km de trayecto que, con la carretera ya casi asfaltada, dura sólo alrededor de dos horas. Se sigue la carretera del valle hasta Recuay (30 km), donde se cruza el río Santa y desde allí se va hasta Catac, donde arranca la carretera hacia Chavín. Antes de atravesar el puerto **Abra Cahuish** (4.178 m) puede hacerse un alto en la pequeña **laguna de Querococha**, con el **Nevado Yanamarey** (5.237 m) al fondo. El puerto pasa por un túnel de 480 m, a cuya salida hay una moderna estatua de Cristo y luego se desciende hasta Chavín siguiendo el curso del río Mosna (Callejón de Conchucos), que es afluente del Marañón y subsidiario del Amazonas. En la confluencia de los ríos Mosna y Huachecsa está el santuario de Chavín.

Chavín de Huántar★★, en el corazón de los Andes, a más de 3.000 m de altura y en los límites del Parque Huascarán, está separado del Amazonas por las cordilleras Central y Oriental y de la costa por las Cordilleras Blanca y Negra. Así pues, los ríos abrían los caminos naturales hacia este centro de peregrinaciones, al que llegaba gente de todo el norte de Perú, desde Piura y Jaén, desde Nazca al sur y desde la selva por el oeste. Una costumbre que

Cordillera blanca, Huascarán

Ruinas de Chavín de Huántar

aún se conocía cuando llegaron los españoles (Fray Antonio Vázquez de Espinosa, en el siglo XVII, dice que había sido "un santuario de los más famosos entre los gentiles; como entre nosotros Roma y Jerusalén, adonde venían los indios a ofrecer y hacer sus sacrificios, porque el demonio del lugar les declaraba muchos oráculos, y así acudían de todo el reino...") y cuando lo vio el naturalista italiano Antonio Raymondi, en el siglo XIX, la tradición comercial no se había acabado. De Chavín salía maíz hacia Huánuco, trigo hacia Cerro de Pasco y la gente de la costa aún llegaba para comprar ganado, como era costumbre hacerlo desde hacía 2.500 años.

El enigma de Chavín aún no está desvelado del todo. Como sus símbolos y figuras se encuentran en todo el norte de Perú, se pensó en un principio que era un imperio expansivo que sometía territorios por la fuerza de las armas. Pero el recogido valle nunca pudo servir para mantener a tanta gente como había en Chavín, a tenor de los restos encontrados. Así pues, las excavaciones permitieron llegar a la conclusión contraria. Chavín era una gran feria religiosa a la que llegaban gentes de todo el Perú para rezar, consultar el oráculo, pagar limosnas y abastecerse de ganado, vajillas o alimentos. La expansión cultural quedaría entonces explicada como "una moda" que se copiaba en las cerámicas, tejidos, formas de agricultura y arquitectura y decoraciones murales de la costa y del altiplano entre los años 1200-400 a.C.: desde Lambayeque hasta Nazca, desde Cajamarca hasta Ayacucho, bocas mostrando las fauces, ojos saltados, cabezas de serpientes y colmillos son frecuentemente repetidos en las culturas de Jequetepeque, Cupisnique, Kuntur Wasi, Ancón y Paracas. Por su parte, en Chavín se han encontrado objetos procedentes de Lambayeque, Trujillo, Cajamarca, Lima, Huánuco y Junín. Se supone que, como Pachacamac en Lima, Raqchi en el Cuzco y Copacabana en el Titicaca, Chavín era un santuario andino con gran influencia política, que surgió en la primera época de las construcciones sagradas, cuando se construían templos en forma de U.

Cuando Julio C. Tello comenzó a desenterrarlo en 1919, sólo había allí unos montes sobre los cuales los campesinos habían construido sus casas y sus granjas. Apenas asomaban algunas partes del templo. En sucesivas excavaciones fueron apareciendo las demás partes. Posteriormente siguió trabajando en el lugar la Universidad de San Marcos, y llegó a la conclusión de que una catástrofe, probablemente un terremoto, había arrasado el santuario. Los campesinos fueron paulatinamente ocupando aquellos terrenos cubiertos por el huayco.

La parte del santuario hasta hoy excavada, consta de un gran templo en forma de pirámide truncada conocido como **"El Castillo"**, que tiene dos partes, un **Templo Viejo**, con un atrio redondo entre las dos alas laterales, y un **Templo Nuevo**, que es resultado de las sucesivas ampliaciones del Templo Viejo. Éste es una construcción de muros macizos con una inclinación de 7 ° contra los seísmos, con 13 m de altura y un perímetro de 75 m de lado. Repartidas por el exterior del muro, formando un friso a una altura de 4 m, aparecen clavadas en el muro unas cabezas humanas con rasgos felinos o de serpiente. Son las llamadas **Cabezas clavas**, sin duda espíritus protectores. Sólo queda una colocada en su lugar; las demás pueden admirarse en el Museo de Sitio o en el Museo Nacional de Lima. En el interior hay hasta 14 angostas galerías comunicadas entre sí por un laberinto de escaleras, rampas y camarillas. La más importante es la **Galería de las Ofrendas**, en la que, en un cruce de pasadizos, está empotrado el ídolo, llamado el **Lanzón de Chavín**, un monolito en forma de cuchillo, de 4,5 m de altura, en el que están grabados los rasgos de un dios terrible, con la mano derecha en alto, uñas como garras, cabellos como serpientes y cabeza de felino.

Cuando se excavaron las galerías, aparecieron vasijas con restos de bebida y comida, tubos de alucinógenos *(Cactus San Pedro)*, huesos de llamas, aves, animales y, humanos, por lo menos de 21 personas distintas, cocidos o asados y roídos. La práctica caníbal, habitual en algunos pueblos del Amazonas, o entre los Araucanos de Chile, también se dió en Chavín. Cuando Max Uhle descubrió en 1905 indicios de canibalismo en el Cerro Sechín (un templo Chavín de la costa), su teoría fue descartada.

En las paredes orientales de la plaza hay un mural procesional orientado a la escalera que conduce a la **Galería de las Ofrendas.** No se sabe cuántos sacerdotes regían el santuario, ni se conocen sus jerarquías. Se presume que eran un grupo, y que tenían una función guerrera, de conductores de pueblos o, por lo menos, de chamanes. Fundamentaban su poder en el conocimiento de la astronomía y en la predicción del clima y las catástrofes. Para ello observaban los astros, elaboraban calendarios y, en un país a merced de los caprichos de *El Niño*, parece que lograron predecir el clima observando el comportamiento de los insectos, plantas y animales; por ejemplo, del "mullu", un molusco *(spondilus princeps)* que sólo se da en las aguas cálidas del Ecuador y que algunos años llega a las costas de Perú con *El Niño.* Los peregrinos tenían que ofrecerlo antes de iniciar las labores del campo y, según de dónde lo trajeran, los sacerdotes podían predecir lluvias o sequías.

El **Templo nuevo,** construido a la derecha del viejo, tiene una gran plaza cuadrada al frente, a la cual se desciende por cuatro escalones. Cada te0mplo tuvo su pórtico, pero sólo se conservan restos del nuevo, llamado **Pórtico de las Falcónidas,** por los grabados de halcones y aves rapaces que hay en sus piedras. El templo está precedido por un atrio y una escalinata que asciende desde la plaza cuadrada, donde quedan hermosos bajorrelieves con grabados. No se conocen los edificios destinados a las necesidades domésticas, seguramente enterrados bajo el pueblo actual. Parece que en Chavín no vivía mucha gente; aparte de los numerosos peregrinos que llegaban al oráculo, allí sólo residía un número concreto de sacerdotes y servidores del santuario.

En el centro de la plaza ceremonial estaba clavado el **Obelisco Tello,** una piedra de 2,5 m, tallada con dos figuras monstruosas a la que se ha dado el nombre de su descubridor y que se conserva en el Museo Arqueológico de Lima.

En el mismo museo se conserva otro monolito encontrado en Chavín por Antonio Raimondi, la **Estela Raimondi,** que representa una máscara de animal (puma o caimán), con una corona de la que salen ocho serpientes por cada lado y con garras que sujetan dos bastones muy elaborados, en los que se han visto referencias a la Cultura Tiahuanaco, del Titicaca.

Yungay

Esta localidad (2.458 m) quedó hundida con parte de sus 20.000 habitantes bajo la tierra del Huascarán, desplomada por el terremoto de 1970. Sólo quedaron visibles las copas de las cuatro palmeras que había en la plaza de armas. La ciudad se reconstruyó 2 km más allá, y el gran terreno desierto que quedó se ha convertido en un parque estremecedor, si se piensa en que las rosaledas y setos están abonados por una población entera. Sólo los que se refugiaron en el montecillo que actualmente es el

EL 'MULLU'

'Mullu' es el nombre que en las antiguas culturas peruanas se daba al *'Spondylus princeps',* un molusco de dos valvas que se reproduce en las aguas cálidas del Pacífico (golfo del Guayaquil), pero no en la costa peruana, de aguas enfriadas por la corriente Humboldt. Algunos años, cuando 'El Niño' es muy fuerte, se encuentra 'mullu' en las costas de Tumbes y Piura, y entonces es presagio de lluvias. Por eso, el 'mullu' era sumamente importante para planificar las cosechas agrícolas. Con 'mullu' se fabricaban brazaletes, collares, pectorales y objetos de adorno o de uso ceremonial, pero no utensilios de uso cotidiano, lo cual da idea de su valor. Se ha encontrado 'mullu' en los templos, tumbas y ciudades prehispánicas de todas las regiones andinas, desde Ecuador hasta Chile y Argentina, pero con abundancia especial en los sitios arqueológicos de Perú y Bolivia, de lo cual se deduce que, además de ser ofrenda sagrada, el 'mullu' pudo tener un valor de cambio.

cementerio se salvaron, entre ellos muchos niños que asistían a una función de circo, de donde fueron sacados por el payaso que se los llevó hasta allí como un moderno flautista de Hamelín. Desde Yungay sale la trocha hacia las lagunas de Llanganuco.

Lagunas de Llanganuco★

Desde Yungay hasta las lagunas (3.870 m) hay 25 km (casi una hora en coche), por una trocha que va entre el Huscarán (6.768 m) y el Huandoy (6.428 m), justo por donde bajó la *lavina* de hielo y piedras que enterró el pueblo. El camino salva con muchas curvas una altura de 1.450 m entre Yungay y las lagunas, que ya forman parte del Parque Nacional de Huascarán. Las lagunas son dos; la primera, **Chinancocha** ("Laguna hembra") rodeada de queñuales y aguas color turquesa, es la más frecuentada. A 2 km (1 hora a pie) está la segunda laguna, **Orconcocha** ("Laguna macho").

Caraz

A los pies del Alpamayo (5.947 m), "el monte más bello del mundo", está Caraz, la última población del Callejón de Huaylas. Menos importante que Huaraz, muchos montañeros y turistas escogen Caraz como "campamento base" durante su estancia en el Callejón de Huaylas. Los caraceños tienen fama de habilidosos tejedores y sombrereros. Gozan de renombre en la región el dulce de frutas "cuarteado" y el de leche "manjar blanco", por lo cual Antonio Raimondi llamó al pueblo "Caraz Dulzura". Desde Caraz se pueden hacer excursiones hasta la **zona arqueológica de Tumshucayo** (2 km), a la **laguna de Parón** (25 km, 2 horas en coche) o al **bosque de puyas de Huinchus**, en la carretera a Pamparomas, yendo por Huata o por Pueblo Libre, un circuito de unos 30 km que puede durar en coche unas 4 horas.

Desde Caraz la carretera hacia Chimbote, en la costa, sigue el curso del río Santa, que se abre paso por la Cordillera Negra hacia el mar formando el **Cañón del Pato**, uno de los parajes más vertiginosos de Perú. El asfalto termina a unos 20 km de Caraz. Por una trocha de tierra o piedras, la carretera se abre paso a duras penas por la montaña, que en los 15 km de recorrido del cañón (una hora aproximada de autobús) cruza 35 túneles construidos para una línea de tren que pasaba por aquí, pero que resultó inviable por los frecuentes *huaycos* (corrimientos de tierras). La estrecha garganta llega a tener más de 1.000 m de profundidad y 500 m de anchura. La carretera pasa a unos pocos metros del río. Al final del Cañón del Pato está la central hidroeléctrica más importante de la región. Luego, el valle del Santa se va ensanchando, entre montañas minerales y hasta unos kilómetros antes de llegar al litoral no empieza a convertirse en un oasis. Desde Caraz a Chimbote (200 km) hay 8 horas de viaje.

Puya Raimondii, vulgo Titanca

Puya Raimondii es la mayor bromeliácea del mundo, mucho más grande que sus parientes la piña, la yuca, el maguey o el algarve. Mide 4 o 5 m sin flores, pero puede llegar a los 10 m cuando florece. Crece sólo en Perú y Bolivia, por encima de los 3.500 m de altitud. Su floración, que sólo tiene lugar cada 50-100 años, se compone de hasta 20.000 florecillas púrpuras, y requiere tanto mineral que la planta muere poco después. Aumque se habla de "bosques", son plantas que crecen muy diseminadas. Se hallan en los paisajes abiertos de la puna, pero sobre todo en la sierra: en el Callejón de Huaylas (Parque de Huascarán y Cordillera Negra), en Jauja (Canchayllo) y en Ayacucho (Vischongo). Lleva el nombre de su descubridor, el peruanista italiano Antonio Raimondi (1824-1890). Los naturales del país las llaman titancas.

Vivienda tradicional

ICA

190.000 habitantes

El valle del Ica era ya famoso por su aguardiente antes de que existiera la ciudad. Actualmente, la mayoría de sus habitantes sigue trabajando en la producción de vino y de dátiles, que son los mejores de Perú. En sus calles, que conservan su aspecto pueblerino y sus casas tradicionales de adobe y ladrillo, con portones de dos hojas de madera de huarango, abundan las bodegas y tiendas de vino y de remedios curativos, pues Ica es la capital secreta de la medicina alternativa del Perú. El terremoto de 2007 destruyó el santuario del Señor de Luren, el más importante centro de peregrinación religiosa de la región.

Historia

Las haciendas vinateras del Valle del Ica fueron encomendadas a españoles que, en general, se quedaron residiendo en Lima y encargaron a mayordomos o capataces la administración de las tierras. Fundada en 1563 por Luis de Cabrera con el nombre de Valverde del Valle de Ica, la ciudad tuvo que cambiar su emplazamiento a causa de un terremoto en 1568 y, hasta 1633, no se consolidó en su lugar actual. Pero estos fértiles oasis del desierto costero están habitados ya desde la Edad de Piedra. Entre el 2500 a.C, y el 1450 d.C. surgieron en ellos las importantes culturas de Paracas, Nazca y Chincha, cuyos hombres tenían contactos comerciales por tierra con los Huari de Ayacucho y con los Chavines del Callejón de Huaylas, y, por mar, llegaban en sus lanchas hasta las actuales costas de Ecuador. Sometidos por los incas hacia 1450, en los alrededores del valle se construyeron llactas y fortalezas para administrar los impuestos y defenderlos. Uno de los monumentos incas más conocidos es el acueducto llamado La Achirana del Inca.

VISITA

Preside la **Plaza de Armas** el **Palacio Municipal**, un edificio del siglo XIX con artísticas arquerías. Enfrente está la **catedral de la Merced**, que data del siglo XVIII, pero fue muy rehecha en el siglo XIX. Conserva su portada neoclásica coronada por alegorías de la Fe, la Esperanza y la Caridad. Formaba parte del convento jesuita que está al lado. Después de la expulsión de la Compañía en 1767, el templo permaneció cerrado hasta 1780. Luego fue reabierto como capilla de la Merced. Cuenta con galerías subterráneas, actualmente clausuradas. El convento es actualmente Universidad San Luis Gonzaga. Al lado está la **Casona del Marqués de Torrehermosa**, casi el único ejemplo de arquitectura colonial que se conserva en Ica; tiene una fachada barroca de piedra. Es conocida también como Casa de Bolívar, porque en ella se alojó el Libertador.

Museo de las Piedras Grabadas o Gliptolitos★ (Bolívar, 170; *visita, de lunes a domingo, de 9 h a 13 h y de 16 h a 20 h)*. En este museo al lado de la Plaza, se expone una colección de 11.000 ejemplares de piedras grabadas con escenas de actividades humanas, desde prácticas de cocina hasta transplantes de órganos y trepanaciones; dinosaurios sobre los que cabalgan cuerpos de hombres y animales, o mapamundis en los que no se reconoce la distribución actual de los continentes. Las primeras piedras se encontraron en 1961, en una cueva del desierto de Ocucaje, que apareció cuando el río Ica mudó su curso. En la colina Max Uhle, Arturo Calvo descubrió cientos de ellas que, analizadas en el instituto de Mineralogía de Lima, dieron una edad de 12.000 años, y este dato ha sido confirmado. En este museo se expone la colección del Dr. Javier Cabrera. Otras, con dinosaurios grabados, aparecieron en una tumba de Paracas. En el museo del Ejército del Aire de Lima se exponen 60 piezas más. La colección es tan difícil de clasificar en un contexto histórico o prehistórico que nuevamente se echa mano de explicaciones extraplanetarias.

Museo Regional María Reiche★ (Jr. Ayabaca, cuadra 8, Urbanización San Isidro; *visita, de lunes a viernes, de 8 h a 18.30 h; sábados y festivos, de 9 h a 13 h)*. Expone una colección de piezas de las culturas de Paracas, Nazca, Huari e Inca y hallazgos arqueológicos de restos funerarios. En la sala dedicada a la Colonia y la República, se muestran muebles coloniales y pintura. En la última sala hay una reproducción de las líneas de Nazca.

Bodegas de Ica★. En la campiña iqueña hay 85 bodegas familiares, que elaboran el pisco de manera tradicional, utilizando alambiques fabricados en la época de la colonia, destilando el mosto de uva al fuego de leña. El primer chorro de pisco que sale, se llama "chicharrón", debido a su alto grado alcohólico. Existen tres bodegas industriales: Bodega Ocucaje, Bodega Vista Alegre y Bodega Tacama, que tienen horario de visitas regular:

Bodega Vista Alegre (a 3 km al noroeste de Ica; *visita, de lunes a viernes, de 9 h a 14 h; telf. 056 23 29 19*). Es una empresa moderna en la que aún se puede observar la forma tradicional –de tiempos de la Colonia– de producción del vino.

Bodega Tacama (a 10 km al noreste de Ica; *visita, de lunes a domingo, de 9 h a 15 h; telf. 056 22 83 95/22 83 94*). Una de las muchas que, en la región, pertenecía a los jesuitas. Aún están en pie su antigua casona y sus caballerizas. Las tierras altas de esta bodega están regadas por la **Achicana del Inca**, un canal construido por los incas que tiene 52 km de longitud y riega 11 ha de cultivo.

Bodega Ocucaje (Av. Principal s/n, 34 km al suroeste de Ica; *visita, de lunes a viernes, de 9 h a 12 h y de 14 h a 17 h; sábados, de 9 h a 12 h; telf. (056) 40 80 01/40 80 03*). En la visita a la bodega se documenta la tradición vinícola iqueña, y se pueden apreciar las técnicas de produc-

Laguna de Huacachina

ción de pisco y vino. La Hacienda Ocucaje perteneció también a los jesuitas, que fueron los primeros en sembrar parras en Ica para obtener vino. Cuando fueron expulsados, en 1767, la propiedad pasó a manos de El Regente de Ica. En tiempos de la República, el general San Martín se la adjudicó a Bernardo O'Higgins, héroe de la independencia. Desde 1898 pertenece a la familia Rubini. Hoy día es un buen hotel.

Excursión a la laguna de Huacachina

En el desierto, a 5 km al suroeste de Ica, hay un oasis con palmeras que podría ser escenario de una película de beduinos. Huacachina quiere decir en quechua "lágrimas saladas". Según una leyenda, el inca transformó en laguna a una mujer que lloraba la pérdida de su amante. El origen de las aguas, sin embargo, es el mismo que en los puquíos de Nazca; es decir, una capa freática que desciende de los heleros de los Andes, filtrándose entre rocas y minerales que disuelve a su paso, para manar en este hoyo. Su actividad turística empezó hacia 1920. La laguna, que tiene una superficie de 100 m x 33 m, ha perdido agua en los últimos tiempos, sin duda debido al descenso de la capa freática, pero sigue siendo un buen lugar para descansar.

IQUITOS

200.000 habitantes, 106 m de altitud

Aislada en medio de la selva amazónica, a Iquitos, capital del departamento de Loreto, sólo se puede llegar en barco o en avión. Deslumbrante de verdor, con misteriosos pueblos nativos a su alrededor, la ciudad más grande de la selva peruana es una plataforma para aventuras contratadas a medida.

Historia

Desde que Orellana descubrió el Amazonas en 1539 hasta que se asentaron en la selva los primeros misioneros, aún habría de transcurrir mucho tiempo. Hacia 1700, los jesuitas crearon en el territorio de los indios Napeanos una misión compuesta de varias "reducciones de indios". Una de ellas, Santa Bárbara de Iquitos, estaba en el mismo lugar que hoy ocupa la ciudad, en la desembocadura del río Napa, en el Amazonas. En 1757 se construyó el primer embarcadero del Amazonas, San Pablo de los Napeanos. En 1850, un centenar de habitantes de Borja, un pueblo del alto Marañón, se refugió en Iquitos huyendo de los ataques de los indios

Huambisa, tras lo cual la ciudad empezó a tomar impulso, sobre todo desde que Brasil y Perú firmaran en 1851 el tratado de libre navegación por el Amazonas y sus afluentes. En 1864, el presidente Ramón Castilla fundó oficialmente el puerto y la ciudad, enviando varios bergantines cargados de maquinaria y provisiones, entre ellos el *Próspero,* cuyo nombre lleva el jirón principal de Iquitos.

Hacia 1880, con el auge del caucho, llegó a Iquitos la riqueza, y los caucheros adquirieron la costumbre de importar lujo de Europa: moda de París para sus mujeres, muebles ingleses, lámparas de cristal y pianos de cola para sus casas, de fachadas alicatadas al estilo portugués. De esta dudosa época de aventuras, terror y explotación humana, quedan en Iquitos varios edificios. En 1938 se encontró petróleo.

Hasta 1965, el Amazonas llegaba al Malecón Tarapacá e Iquitos era abastecida por vía fluvial. Con el tiempo, el malecón se enarenó y el río cambió su cauce. Hoy día, el brazo principal del Amazonas ya no pasa por delante de la ciudad, sino que deja entre medias unas islas, por lo que los barcos no pueden llegar hasta el malecón. El aprovisionamiento se realiza por barco con apoyo de transporte aéreo, lo que redunda en el encarecimiento de los precios y es causa de pasajeras carencias de artículos.

Amazonas

Hoy Iquitos es una ciudad turística que, desde 1961, es sede de la Universidad de la Amazonia y el centro económico de Loreto, un departamento de Perú tan grande como la península Ibérica.

VISITA

Iquitos, "la perla del Amazonas", ofrece al turista su mórbida atmósfera, su desorden aventurero, sus modestos monumentos y su selva degradada. En la **Plaza de Armas** y en el **Paseo del Malecón** están los principales hitos monumentales de Iquitos: la **iglesia Matriz,** construida en 1924.

La **Casa de Hierro** (esquina Jr. Próspero/Jr. Putumayo) fue traída pieza a pieza, desde la Exposición Universal de París de 1890, por el cauchero español Anselmo del Águila. Con ella, el arquitecto Gustave Eiffel quería demostrar las excelencias del hierro en arquitectura, pero era un material poco adecuado para el calor de Iquitos, donde la gente se asaba dentro. Renovada en 1987, es actualmente un restaurante. Casi vecina, en la esquina de las calles Napo/Raymondi, está la **Casa del Barro,** que perteneció al cauchero Carlos Fermín Fitzcarraldo, famoso desde que Werner Herzog rodó *Fitzcarraldo* en 1981. Actualmente es sede de la comandancia militar.

El **Malecón Tarapacá** se empezó a construir también en la época del caucho, cuando el río pasaba más cerca del centro de Iquitos. Recientemente se ha saneado y convertido en un paseo donde transcurre la vida nocturna de Iquitos. En él está el antiguo **Hotel Palace,** construido en 1912 en estilo modernista y a todo lujo. En el **Museo Amazónico** (Malecón Tarapacá, 386; *visita, de lunes a domingo, de 8 h a 21 h)* se exponen 80 esculturas del escultor peruano Felipe Lettersten que representan a tamaño natural las distintas etnias del Amazonas. En una sala dedicada a **Museo Militar,** hay una colección de fotografías de los tiempos pioneros de Iquitos. También está en el Malecón, la **Biblioteca Amazónica** (Malecón Tapacará, 354; *visita, de lunes a sábado, de 9 h a 17 h*). Cerca de aquí queda el **Museo Municipal** (Jr. Napo, 236, tercer piso; *visita, de lunes a viernes, de 7 h a 12.45 h*), que expone animales disecados de la región y una muestra de artesanía local.

Las calles Próspero y Ricardo Palma concentran el comercio y los restaurantes de la ciudad. Por la Plaza 28 de Julio se llega pronto a la máxima atracción de Iquitos, el **Mercado de Belén★★,** situado a orillas del río, entre dicho barrio y el centro de la ciudad. En este mercado no sólo se venden comestibles, sino plantas medicinales, gusanos vivos, tortugas y peces del Amazonas, etc. En el **barrio de Belén** vive la mitad de la población de Iquitos. Formado por gentes oriundas de la selva, es un laberinto de casas construidas sobre postes, plataformas flotantes y muelles, que quedan inundados en la estación lluviosa, cuando el nivel de las aguas del Amazonas sube 10 m.

También es interesante visitar el **barrio de Bellavista.** Para ello, hay que seguir el paseo del Malecón en dirección con-

Mujer matsés lavando en el Amazonas

traria y la prolongación, a unos 3 km. En el puerto de Bellavista, en el río Nanay, junto a un pequeño mercado, hay muchos botes y movimiento de barcazas e hidroavionetas de la policía, abundancia de motoras o *peque-peques,* para dar una vuelta por el río Nanay, acercarse al lago Moronacocha, que es un brazo muerto del río en los límites de Iquitos, o pasear por el río Momón, que tiene infinitos meandros.

ALREDEDORES

Parque turístico de la Laguna Quistacocha★

(Km 6,3 de la carretera Iquitos-Nauta; *abierto de lunes a domingo, de 8 h a 17 h).* La laguna Quistacocha está a 14 km del centro. Es una piscina natural que mide 1 km^2 y tiene 8 m de profundidad. Está rodeada de un parque de 360 ha, en cuya entrada hay una torre panorámica desde la que se puede ver la laguna por encima de las copas de los árboles.

En la torre se pueden ver animales de la selva disecados. Dispone también de un pequeño zoo, un acuario, playa artificial y restaurantes. Está bordeada por un sendero que se tarda dos horas en recorrer.

Laguna Mapacocha y Santo Tomás

Desde la carretera que conduce a Quistacocha, sale un desvío que lleva en 20 km a la laguna Mapacocha y al poblado de

Perú es uno de los países con mayor diversidad de especies, muchas de ellas únicas en el mundo. Pero las más exóticas son las que viven en la selva amazónica, donde hay una gran variedad de reptiles, aves e insectos, algunos todavía sin catalogar.

Santo Tomás, un lugar muy frecuentado por los turistas. En la laguna se pueden alquilar barcos, hacer esquí acuático, dar un paseo o sentarse en uno de sus restaurantes.

Santa Clara

Por la pista que sale de Bellavista, siguiendo la orilla izquierda el curso del río Nanay hasta su desembocadura en el Amazonas, se llega a **Santa Clara de Ojeal,** un poblado cuyos habitantes, de origen Cacoma, se dedican a la artesanía y al tallado de raíces. Otras lagunas cercanas, junto al río Nanay son **Romococha,** a 3,8 km de la garita del aeropuerto, y **Zungarococha,** 8 km más allá.

Excursiones a la selva

La manera más normal de adentrarse en la selva es apuntarse a un viaje organizado por una agencia, de varios días de duración. Generalmente, las excursiones tienen lugar desde el *lodge* donde se hospeda el turista, que suele ser propiedad de la agencia. Hay que informarse bien del programa y de la clase de *lodge* que incluye, porque hay muchas clases y diferencias.

CAUCHEROS Y POLÍTICOS

El caucho se conoce desde la llegada de Colón a América, pues los aztecas lo utilizaban para hacer pelotas de juego y calzado. Siempre fue un producto interesante para la industria europea (fabricación de material quirúrgico, impermeables…), pero a mediados del siglo XIX, cuando se descubrió el procedimiento de la vulcanización para hacerlo imperecedero, se volvió imprescindible.

La selva impenetrable del Amazonas se llenó de aventureros a la busca y sangrado de jebes, el árbol del caucho, para vender su resina a Europa por el Amazonas. Era un comercio en manos de extranjeros, sobre todo británicos. Se contrataba como obreros a mestizos y a quechuas que hablaban español. Se les pagaba un adelanto que luego tenían que saldar con su trabajo. Para buscar árboles y sangrarlos, era imprescindible la ayuda de los indios de la selva; se asaltaban sus poblados, se mataba a los viejos y débiles, y se llevaban

Reserva Nacional Pacaya-Samiría★★

Está a cinco horas en bote desde Iquitos, o a una hora desde Nauta. Esta reserva es una región triángular de 2 millones de hectáreas, situada en la confluencia de los ríos Ucayalí y Marañón, donde se forma el Amazonas. Fue creada en 1982 para proteger los peces *paiche* (de 3 m y hasta 200 toneladas), renidificar los huevos de tortuga Taricaya y mantener las técnicas tradicionales de reforestación y cosecha de ciertos frutos que llevan a cabo los 30.000 habitantes de la Reserva, guiados por unos monitores. En la reserva tienen su cuenca los ríos Pacaya, Samiría y Yanayacu-Pucate; este último es central y nace en la laguna El Dorado, desde donde recorre 172 km. Es un área tropical húmeda de una enorme biodiversidad, en la que viven caimanes, manatíes, serpientes, tortugas, delfines de agua dulce... En total, 130 especies de reptiles, 250 de peces, 102 de mamíferos, 450 especies de aves y 965 especies de plantas. Como medida protectora, se limitan las visitas en grupo a un máximo de 8 personas. Las excursiones duran una semana y ofrecen programa según intereses (fotográficos, observación de la naturaleza, senderismo...) alojamiento en cabañas cómodas o campamento.

a los que podían trabajar, cuanto más lejos mejor, para evitar su huída. De los asaltos se echaba la culpa a otras tribus, pues los caucheros sabían azuzar las viejas rencillas con regalos.

En poco tiempo cambió el paisaje humano de la selva y los nativos perdieron la confianza en los forasteros que se acercaban por allí. Cuando un periódico inglés sacó a la luz los abusos que se daban en la región del Putumayu, el parlamento británico exigió al gobierno peruano que pusiera remedio, pero Lima estaba tan lejos de la selva que algunos políticos ni sabían dónde quedaba aquella región. En 1779, el botánico inglés Wicman consiguió sacar de Brasil semillas de caucho y plantarlas en Ceilán. En 1913, Malasia, Indonesia y Tailandia tomaban el relevo a la Amazonia, donde quedaron ciudades como Iquitos, Manaos y Belem, testigos de aquella falsa prosperidad que sólo llegó a los caucheros y que se desinfló de repente. Ni el Estado ni los caucheros fueron capaces de planificar una utilización de la resina a largo plazo, ni de establecer plantaciones.

Cerámica de Nazca

NAZCA

40.000 habitantes, 650 m

Confundida con el color rojizo de las desérticas pampas, Nazca casi pasa desaparcebidida. La ciudad se extiende, polvorienta, por un llano, y casi la única nota de verdor de sus calles son los arbustos que sobresalen por las tapias de los jardines.

Sin embargo, en Nazca habitaron, hace 1.500 años, hombres que crearon una cultura de signo agrícola y que, a pesar de sufrir uno de los climas más secos del planeta, construyeron ingeniosos sistemas de riego que les permitían aprovechar el gota a gota que bajaba desde los montes, a manera de capa freática. Gracias a ello lograron cultivar incluso algodón, con el que fabricaban tejidos de una finura inusitada. Con el mismo ingenio y con instrumentos tan simples como unas estacas y una cuerda, crearon una obra de arte, las Líneas de Nazca que, incluso en pleno siglo XX, fue tomada por obra de extraterrestres.

Nazca es una ciudad sin monumentos históricos desde la época de los incas. Parece que los hombres de la cultura Nazca no necesitaban un techo que les robara la visión de su fabuloso cielo nocturno, pues el clima es seco, agradable e invita a dormir bajo la bóveda estrellada. El barrio del centro está formado por tres largas calles, Lima, Callao y Bolognesi, que concentran la vida comercial de la ciudad, y van paralelas desde el apeadero de autobuses hasta la Plaza de Armas. En su prolongación, Avenida de la Cultura, está el Museo Antonini. Los monumentos de Nazca están a las afueras. Sólo en la cuenca de Río Grande hay 886 zonas arqueológicas y, en los alrededores de la ciudad, están las dunas más altas de Sudamérica (Monte Blanco, 1.000 m).

Un veinte por ciento de la población se dedica a la agricultura. El subsuelo es rico en minerales (oro, cobre, hierro), pero la producción es tan baja que sólo hay dos minas en las cercanías, Marcoma y Poroma. Algunas familias se dedican a la extracción de oro siguiendo un procedimiento artesanal, que en este caso no quiere decir ecológico. El turismo que crean las Líneas es la gran industria de Nazca.

VISITA

Museo Antonini★ (Av. de la Cultura; *visita, todos los días, de 9 h a 19 h*). El museo documenta las excavaciones de Cahuachi, una zona arqueológica a 10 km de Nazca, investigada por el *Centro Italiano de Investigaciones Precolombinas* (CISRAP). Tiene un bonito jardín del que forma parte el **puquío de Bisambra.** Aunque los carteles pecan de una excesiva erudición y están escritos en idioma "espagnoliano", la exposición hay que verla si se quiere comprender cómo se desarrolló una cultura tan asombrosa en un desierto como el de Nazca.

En las seis salas del edificio se exponen ajuares funerarios y una visión de los lugares arqueológicos, ilustrada con piezas de cerámica, textiles y telares, utensilios de hueso, concha, madera y barro, así como detalles de la vida cotidiana y economía de la sociedad que hizo los petroglifos de Pampa Colorada. El punto fuerte del museo es la **excavación de Cahuachi,** de la que reconstruye paredes, columnas, escaleras y una parte del frontis norte del templo escalonado, descubierto en 1987. Pueden verse también cabezas-trofeo, cráneos deformados, y una colección de *antaras* de cerámica, que servían para tocar la música ritual de las ceremonias o entierros de lo que fue el "centro ceremonial de barro más grande del mundo".

La última sala se ocupa de las fases tardías de la cultura Nazca, justo antes de ser absorbida por los incas. Documenta la **ciudad de Huayurí,** excavada en 1985 en San Francisco, un pueblo cerca de Palpa (ver pág. 28).

Forma parte del jardín un trecho del **puquío de Bisambra,** una de las 60 galerías filtrantes de agua que hay en los alrededores de Nazca y que, cegado en 1970 por el crecimiento del barrio, fue restaurado en 1991. Unos cuantos metros más abajo del museo, en la calle, hay un "ojo" del puquío y, enfrente, queda un aljibe o "cocha" de almacenamiento del agua. En el jardín del museo hay, además, reproducciones de los petroglifos de Huayhua, reconstrucciones didácticas de tumbas de la cultura Nazca y una maqueta de los geoglifos.

Los **puquíos,** acueductos o galerías filtrantes son estructuras construidas entre los años 450-600 d.C., entre los ríos Nazca y La Tranca, con el fin de captar agua del subsuelo y canalizarla, con una leve pendiente, hasta unos depósitos llamados "cochas". El agua proviene de las montañas y discurre filtrándose lentamente hacia la parte baja del valle, a manera de una capa freática, fluyendo a corta distancia de la superficie agrícola. Existen dos tipos de puquíos: unos son zanjas abiertas de aproximadamente 1 m de profundidad por 60 cm de anchura, por las que discurre el agua; otros, para evitar la evaporación, son galerías con las paredes hechas de cantos rodados sin mortero y cubiertas de lajas de piedra o de ramas de huarango, sobre las que se ha echado tierra. Estos puquíos cubiertos recorren varios kilómetros a profundidades variables, hasta 12 m en algunos casos, y tienen cada cierto trecho una abertura u ojo, en forma de cono invertido y con diámetros que llegan hasta los 10 m en la superficie y 1 m en la parte baja, que sirve para la limpieza y reparaciones del puquío y como respiradero.

De los 60 acueductos que existen, casi 40 siguen utilizándose para regar los campos o con fines domésticos. Los más importantes son los de **Achaco, Majoro y Cantalloc,** que es el más visitado, a unos 4 km de Nazca.

Telar de Cantalloc. Más cerca de Nazca que las líneas de Pampa Colorada, hay un geoglifo de grandes dimensiones (unos 10 m), ubicado a 3 km de la ciudad y llamado *El Telar,* porque representa agujas de tejer y varias espirales que podrían ser ovillos de hilo. La interpretación no es tan desorbitada, si se tienen presentes los finos tejidos de la cultura Nazca. El geoglifo se ve muy bien desde una colina vecina.

Los Paredones. A 2 km de Nazca, en el km 1 de la carretera Nazca-Puquío-Cuzco, hay restos de un edificio inca que fue construido sobre un cementerio nazca anterior, pues en el subsuelo se han encontrado capas de enterramientos, cerámicas y ajuares funerarios de aquel tiempo. Era sin duda una *llacta* o centro administrativo que los incas construían en los terrenos conquistados para fiscalizar los impuestos y almacenar las mercancías de los tributos. Su arquitectura tiene, a pesar del empleo parcial del adobe, rasgos inconfundibles: bloques cuadrados de piedra, vanos trapezoidales, dinteles de puertas dobles y sencillos, etc. En la parte central, dentro de la torre redonda, hay varias dependencias que estaban pintadas de rojo y que probablemente eran un *acllahuasi* o convento de las vírgenes del sol. Dos habitaciones grandes forman el santuario. En la parte oeste hay plazas cuadradas rodeadas de recintos que eran, sin duda, *collcas* o almacenes de tejidos, grano, metales, etc. producidos en la región y pagados como tributo al Inca.

Planetario de María Reiche★ (Jr. Bolognesi s/n, en el Hotel Nazca Lines; *hay sesiones todos los días a las 18 h en inglés; en español, a las 20.30 h y 21.15 h).* En el jardín del hotel donde María Reiche residió invitada por el gobierno peruano los diez últimos años de su vida, se ha construido un pequeño planetario cuyas "sesiones" de astronomía son realmente atractivas. En ellas se da una proyección cupular de las Líneas de Nazca sobre las constelaciones del hemisferio sur, en distintas estaciones del año, mediante una ingeniosísima linterna de fabricación artesanal. El sencillo espectáculo indica, por ejemplo, las coincidencias que hay entre la figura de la Araña y Orión, entre la figura del Mono y la Osa Mayor, etc, y aporta muchos detalles curiosos que sólo quien tiene contacto diario con las Líneas conoce. Asimismo, informa sobre la figura de María Reiche. Después, mediante un telescopio, se puede observar el firmamento nocturno de Nazca, que era la verdadera cúpula sagrada de aquella cultura. La sesión dura 45 minutos y se admite un máximo de 40 personas.

Lavado de oro en Vista Alegre. En Vista Alegre, el barrio de Nazca que queda al otro lado del río Tierras Blancas, hay unas diez factorías de oro, algunas de las cuales están en el programa de las agencias de viajes, por lo que se visitan en combinación con algún taller alfarero.

Normalmente, la separación del oro de la roca extraída requiere del uso de una considerable cantidad de agua y reactivos químicos, que a nivel industrial son (normalmente) cuidadosamente manejados y desechados, pero a nivel artesanal, como

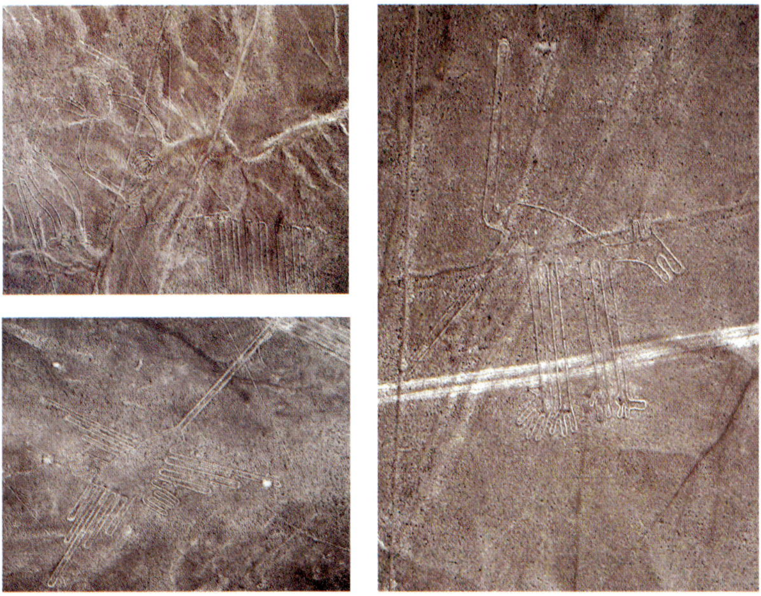

Las enigmáticas Líneas de Nazca vistas desde el cielo.

en el caso de Nazca, el principal reactivo es el mercurio, cuyo consumo depende de la cantidad de roca tratada, pudiendo llegar a 20 kg por mes en cada centro de proceso. Es decir, se estaría utilizando aproximadamente 200 kg de mercurio para el proceso del oro en la zona urbana de Nazca sin ningún control. La mezcla de material y reactivos es manejada por los trabajadores (incluso mujeres y niños), en muchos casos sin protección, y los desechos son abandonados a la intemperie. El mercurio es un metal pesado que puede contaminar fuentes de agua superficial, subterránea e incluso invadir el cuerpo humano causando daños a la salud, especialmente en el sistema nervioso.

Líneas de Nazca★★. Situadas en la Pampa de San José o Pampa Colorada, a 25 km de Nazca, entre los kilómetros 419 y 465 de la Panamericana Sur, está el grandioso legado de la cultura Nazca, cubriendo un área aproximada de 350 km^2. En el km 420 existe una torre metálica, de 12 m de altura, construida por María Reiche con el producto de un premio que le dieron en Europa en 1974. Desde ella se divisan algunas de las figuras, pero si no se tiene miedo a volar en avioneta, la experiencia desde al aire es única. Y no sólo por las Líneas, sino también por el asombroso paisaje de los montes teñidos de colores metálicos. En el aeropuerto de Nazca, varias agencias ofrecen vuelos de media hora por unos 50 $.

Las primeras noticias que se tienen de las líneas de Nazca son de Cieza de León, que ya en 1550 habla de unas señales trazadas en la tierra para indicar direcciones. Max Uhle, el arqueólogo de Dresde, basado en esa crónica, las buscó en 1901, pero las Líneas sólo se vieron en toda su magnitud con la era de la aviación. En 1931, la expedición americana de Shippee-Johnson, que iba descubriendo desde el aire ciudades prehispánicas perdidas en el desierto o en la selva, las fotografió por primera vez. En 1939, el historiador neoyorquino Paul Kosok, recorrió en avión el sur del Perú estudiando los sistemas de riego de regiones antiguamente cultivadas y convertidas en desiertos y, al ver las Líneas de Nazca, las puso en relación con sus estudios. Dedujo, dadas sus dimensiones, que quienes las hicieron tenían que haber tenido conocimientos matemáticos para poder reproducir a escala aquellos gigantescos dibujos. Como Kosok era aficionado a la música, compuso una *Sinfonía de los Andes* inspirada en las Líneas. En 1946, se encargó de la traducción de su informe una matemática alemana, María Reiche, que en seguida se entusiasmó e hizo de las Líneas el centro de su vida. Se mudó a una choza cercana, la hacienda de San Pablo, y se dedicó a recorrerlas, medirlas, dibujarlas y fotografiarlas, incluso a barrerlas con una escoba para que investigadores y curiosos pudieran verlas mejor. En 1950 publicó con Kosok el primer libro que se escribió sobre el monumento. Tres años después, con ayuda del Instituto de Cartografía Peruano, de adscripción militar, las fotografió desde el aire ante el asombro de los militares, que permitieron que aquella mujer de cincuenta y cinco años se atara al exterior del aparato con una cámara de fotografía aérea. María Reiche llegó a la conclusión de que las medidas se tomaron con estacas y una cuerda de 1 codo (unos 33 cm), pues todas las líneas y radios son múltiplos de esa unidad, y descubrió muchos lugares en los que las estacas habían sido clavadas. Al final de sus días, ciega, el gobierno peruano le concedió una pensión para vivir en el hotel Nazca Lines, atendida por su hermana Renate, que era médico. El gobierno peruano la condecoró. En Perú, María Reiche es una heroína casi tan popular como Atahualpa. Murió en 1998, a los 95 años.

Mientras tanto, se había construido la Panamericana Sur y los obreros que trabajaron en ella ni siquiera vieron las Líneas, aunque la carretera corta la cola de una iguana de 188 m por la mitad. Las Líneas se convirtieron en una atracción mundial desde que el suizo Erik von Däniken las interpretó en uno de sus ensayos de ciencia ficción, *Recuerdos del futuro*, como pistas de aterrizaje de extraterrestres. El éxito de la divulgación fue tal, que Däniken está actualmente entre los hijos predilectos de Nazca.

Las líneas de Nazca son un sinfín de rayas y figuras dibujadas sobre una llanura seca (pampa), con dimensiones desiguales y un caos aparente. No nacen en ningún sitio y no se dirigen a ninguna parte. Están hechas de modo muy sencillo, apartando la capa de cantos rojizos por el óxido de hierro que tiene la superficie de la pampa y dejando a la vista la capa de humus calizo de debajo. La profundidad de los surcos es de unos 30 cm. Se han conservado gracias a las condiciones meteorológicas de este desierto, uno de los más secos del planeta, en el que llueve un promedio de media hora cada dos años. Además, como el suelo contiene yeso, el rocío matinal contribuye a fijar la tierra y piedras de la superficie.

Aunque las más famosas son las figuras de animales, las más numerosas son las líneas rectas, que tienen cientos de metros de longitud y sólo unos 20-60 cm de anchura, y no guardan orden aparente. Hay otro tipo de dibujos que tiene varios metros de anchura y parecen pistas de aterrizaje. Finalmente, están las figuras, de tamaños entre 25 y 200 m de longitud, esparcidas arbitrariamente entre y sobre las líneas pero fácilmente identificables: el mono (70 m), la ballena (63 m), la araña (46 m), el colibrí (85 m), etc. El motivo más repetido es un ave (18 veces), sólo superado por la repetición de una curva espiral. Todas están hechas de un solo trazo que cierra el dibujo retornando al lugar de origen.

Paul Kosok las definió como "el libro de astronomía más grande del mundo". María Reiche, en 50 años de observación, comprobó un 21 de junio, solsticio de verano, que una de las líneas se dirigía exactamente al punto en que se ponía el sol. Posteriomente, dedujo que aquella línea era el principio de un calendario que se complementaba con otras líneas válidas para días, meses o estaciones siguientes. Todas estas "líneas de calendario" tienen en común que empiezan con un trazo en zigzag, lo cual demuestra cierta intencionalidad. Otras líneas apuntaban a las constelaciones nocturnas.

Para otro arqueólogo, John Reinhardt, los dibujos se hicieron en honor de los dioses del agua. Los Apus, dioses de los montes, eran quienes llenaban los cauces de los ríos secos que nacen en ellos y mandaban el agua a los valles en este país sin lluvias. Por tanto, las líneas no sólo apuntan al firmamento, sino a los montes. Y las figuras podrían ser de animales que, aún hoy día, los campesinos asocian con el agua, como la araña, que es considerada presagio de lluvia, o el mono y el colibrí, que son animales de las zonas húmedas de Perú, así como la ballena y los demás peces. Por otra parte, parece que los dioses Nazcas tenían capacidad de volar, con o sin alas, y en la cerámica suelen representarse en actitud de vuelo; por este motivo las figuras están hechas para ser vistas desde el aire.

En otra vertiente más mística, hay quien interpreta las Líneas como marcas de itinerarios de procesiones rituales.

Debido a que en las piedras no se puede aplicar el método del carbono 14 para medir su antigüedad, el problema de la "edad de las Líneas" ha estado muchos años sin poder resolverse. Se hicieron conjeturas comparando las figuras con los dibujos de la cerámica, pero no se han dado cifras ciertas hasta que, hace poco, P. B. Clarkson y R. I. Dorn descubrieron un método para analizar las partículas orgánicas atrapadas en el barniz de roca, que es una capa que se forma en las piedras de países muy secos. Las fechas arrojadas por este método ponen el origen de las figuras entre los años 550-650 d.C. Las más antiguas son las de la **Pampa de Socos;** las más modernas, las de Nazca. En 1994 fueron inscritas en la lista del Patrimonio de la Humanidad de la UNESCO, aunque sólo en un área de 450 km^2, sin duda por falta de evaluación y estudios, si bien existen muchas más en los valles del Palpa, Viscas y Río Grande.

Cementerio arqueológico de Chauchilla (a 25 km de Nazca. Se va hacia el Sur por la Panamericana hasta el km 464,2 (a unos 18 km de Nazca) y desde allí sale una trocha señalizada que se desvía hacia el Este y va directa al sitio arqueológico). La necrópolis fue utilizada por los chinchas entre el 1000-1470 d.C. para enterrar a sus muertos momificados, según la tradición de la cultura Nazca. Nada más morir, se vaciaban los intestinos del difunto y se rellenaba el cuerpo con sustancias vegetales y minerales. Fuertemente sujeto con vendas, el cadáver se colocaba en posición fetal. Se cubría con abundantes tejidos de algodón, más o menos finos, según la categoría del difunto, y de un ajuar que también es indicio de importancia social. La momia se colocaba mirando al nacimiento del sol. En Chauchilla hay tumbas individuales para los nobles y colectivas para las clases populares. Las tumbas son hoyos cilíndricos cubiertos de ramas de huarango y tierra. Como una estaca indicaba su ubicación, la labor de los huaqueros es fácil y los expolios son frecuentes.

Cahuachi y La Estaquería★. A 28 km de Nazca, por un desvío de la Panamericana Sur hacia el oeste, se llega a la antigua capital de la cultura Nazca, que floreció entre los años 500 a.C. y 350 d.C. Es un conjunto de pirámides de adobe con espacios abiertos –a manera de plazas– entre ellas que forma, según el Instituto Italiano que dirige estas excavaciones, el "santuario de barro más grande del mundo". Estuvo en funcionamiento entre los años 100-350 d.C. En gran parte aún está enterrado, pero las fotografías aéreas per-

Impresiona ver las momias del cementerio de Chauchilla con sus brillantes cráneos, restos de carne momificada, largas cabelleras, dientes de oro y fardos funerarios de algodón.

LA CULTURA NAZCA

El territorio de los Nazca se extendía por varios valles, desde el río Cañete hasta el del Acaríu. Los centros urbanos importantes eran los valles de Ica, de Pisco y de Nazca, a distancias de 60-80 km de la costa. Quinientos años después, la región estuvo habitada por los Chinchas. No hay pruebas concretas de que hubiera un reino Nazca, probablemente se trataba de pequeños principados unidos por una lengua y una religión comunes. Pero sí está claro que era una cultura condicionada por la búsqueda del agua, y, sin duda, la búsqueda del agua fue la causa de su expansión guerrera y de su evolución de pueblo religioso a pueblo belicoso. Hoy no hay duda de que su centro principal era Cahuachí.

Los dioses Nazca no están en las paredes de los templos sino dibujados en la cerámica. El más repetido es una esfinge humana con cabeza de felino, que se distingue del dios de Chavín de Huántar en que le faltan los colmillos. En las tumbas se han hallado cabezas decapitadas, pues parece que los Nazca decapitaban a sus enemigos y se colgaban sus cráneos de los brazos, del cinto o de las jabalinas.

Esta práctica de la decapitación aparece también en Chavín de Huántar pero en Nazca es más frecuente. Se ha podido reconstruir, merced a las ilustraciones de la cerámica, el proceso de preparación de los cráneos. Primero se taladraba la frente y se sacaban los sesos, luego se rellenaban de trapos y se tapaban los ojos y las fosas nasales, se cosían los labios y los ojos con pinchos de cactus y se pintaban de verde y rojo. El proceso concluía colgando la cabeza de una cuerda incrustada en el cráneo para que no se cayera y que, colgada de un palo, se llevaba siempre consigo como una condecoración, o se ponía ante la casa, en el templo o en los campos para propiciar la lluvia.

Hasta bien entrado el siglo XX no se descubrieron los cementerios de Nazca. Las tumbas nazca son hoyos hechos en el suelo con forma de botella, a 5 m o más de profundidad. Tienen distintos grados de perfección, según la clase social. En ellas se depositaban trofeos y ofrendas, sobre todo semillas, y armas. Los huaqueros han destruido muchas buscando oro, pero parece que los Nazcas eran malos orfebres. Su verdadero oro era la cerámica y las telas con que envolvían los cadáveres. Las momias están orientadas al sur y suelen presentar deformaciones craneanas.

miten atisbar bajo las 40 elevaciones del terreno, el contorno de los templos y la presencia de grandes edificios sepultados. En el interior de los recintos amurallados hay una serie de corredores, plataformas y cuartos comunicados por rampas y escaleras. Los hallazgos más importantes de Cahuachi fueron cerámicas, textiles y objetos metálicos de gran calidad. Nuevas excavaciones han sacado a luz cabezas humanas. Cahuachi está unida por una Línea con Ventanilla, al otro lado de la pampa Ingenio. Se cree que Cahuachi era un centro de romerías o peregrinación, al que se llegaba siguiendo líneas rituales como ésa. Cerca de Cahuachi está **La Estaquería,** que se distingue por la presencia de una serie de postes de huarango o algarrobo, puestos sobre plataformas de adobe. En su origen eran 12 filas, cada una de 20 troncos, a 2 m de distancia entre sí. Se cree que era un calendario de madera, al modo de Stonehenge, en Inglaterra. El santuario fue destruido porque, así como falta agua, también falta madera en la región. En 1957 sólo quedaban 47 troncos.

Reserva Nacional Pampa Galeras. Para llegar a Pampa Galeras hay que hacer un viaje de cuatro horas desde Nazca en dirección a Puquío. En el km 89 de la carretera hay un **Centro de documentación** en el que, en caso de necesidad, se puede pernoctar. La Reserva Nacional Pampa Galeras se creó en el año 1967 en 6.500 ha de terrenos de la comunidad campesina de Lucanas (Ayacucho), para dedicarlas a la protección y cría de la vicuña, de la que hay más de 30.000 ejemplares, controlar la caza furtiva y el comercio de la lana. En Pampa Galeras también hay guanacos, zorros, vizcachas, tarucas, mucas y comadrejas.

PISCO

80.000 habitantes

Pisco está a 12 km del cruce de la Panamericana Sur y a 4 km del mar. Es una ciudad tranquila, que los fines de semana se llena de domingueros. Sin grandes monumentos de interés en el núcleo urbano (el terremoto de 2007 destruyó parte de los monumentos de la ciudad), Pisco es lugar de partida para las excursiones a la Reserva Nacional de Paracas.

Historia

Pisco está asociada al aguardiente de su nombre. Pero "piscos" significa "pájaros", y ya desde Cieza de León, se llamaban "piscos" los alfareros que trabajaban en el valle del río Chuchanga, que después acabaría llamándose también río Pisco. Ellos fabricaron los primeros botijos – también llamados "piscos"–, que untaban por dentro con cera para evitar la evaporación del vino y, por último, pisco se llama el aguardiente que se destiló en esta región a partir de 1613. Tenía tanta calidad, y las cepas traídas por los españoles se daban tan bien, que en 1640 el puerto tenía un gran movimiento de barcos llevándose vino y trayendo esclavos para trabajar en las haciendas. Entonces, el virrey Marqués de Mancera ordenó construir allí una ciudad que se llamó San Vicente de Mancera, pero que, desde el principio, todo el mundo llamó Villa del Pisco y con ese nombre aparece en el primer mapa que se hizo de esta zona de la costa peruana. Como el vino de Pisco siguió adquiriendo fama, en 1654 la Corona española publicó un reglamento prohibiendo plantar nuevos viñedos en las colonias, porque perjudicaban la producción de la península. En 1842, el arqueólogo suizo J. V. Tschudi escribía: "La pequeña ciudad de Pisco, a media legua de una bahía segura y de buen anclaje, ha alcanzado importancia por la exportación de aguardiente; las uvas son de excelente calidad, muy jugosas y dulces, la mayor parte están destinadas a la destilación de un aguardiente exquisito que se llama aguardiente de Pisco porque es embarcada en este puerto." En 1880, durante la Guerra del Pacífico, desembarcó en Paracas el ejército invasor chileno y estableció su cuartel en Pisco, destruyendo muchos viñedos para eliminar aquella industria que les hacía la competencia. Hoy día, Perú aún lucha contra Chile por la denominación de origen del aguardiente.

Catedral y Palacio de la Municipalidad

VISITA

En la Plaza de Armas están la **catedral** (1689) y el **Palacio de la Municipalidad**, de estilo "morisco", construido en 1932. En el centro de la plaza, una **estatua ecuestre de San Martín** honra al libertador nacional que, en 1820, desembarcó en Paracas y puso su cuartel general en el cercano **Club Social** de la Avenida Bolívar, mientras esperaba refuerzos para avanzar sobre Lima.

La iglesia más importante de Pisco es la **iglesia de los jesuitas**, que también están unidos aquí a la tradición del aguardiente. Hacia 1600, el convento de la Compañía del Cuzco compró la hacienda vinatera más importante de Ica, Ocucaje, y se establecieron en la región. Cuando fueron expulsados de Perú por Carlos III y el virrey Amat, tenían en su poder 190 haciendas y eran los mayores vinateros del Perú.

Los jesuitas se establecieron pronto en la ciudad. En 1627 abrieron en Pisco su primer colegio de Perú. En 1689, después de un desastroso terremoto, se empezó la construcción de la iglesia, que no se concluyó hasta 1729. Construida en estilo barroco, cuenta con altares de talla dorada y un púlpito coronado por una talla de la virgen. En el subsuelo tiene unas cuevas que quizás sirvieran de refugio contra los piratas, o de bodegas. Tras su expulsión del Perú en 1767, las haciendas vinateras pasaron a manos de la nobleza. El colegio fue convertido en hospital y aún lo sigue siendo, excepto en el intervalo de 1880, en que los chilenos lo convirtieron en su cuartel.

ALREDEDORES

Desde Pisco, una carretera lleva al pueblo de pescadores **San Andrés,** pasando por un punto de defensa antiaérea y una fábrica de harina de pescado. A 6 km están el poblado y la península de Paracas (10 km x 15 km), punto de partida para visitar las islas Ballestas.

Península de Paracas★

Es la única Reserva Nacional marina de Perú. Tiene una extensión de 335.000 ha, entre mar y tierra. Se creó en 1975 para

LA CULTURA PARACAS

La cultura Paracas estableció sus aldeas y cementerios en los valles del desierto costero, entre el 700 a.C. y el 350 d.C. Es difícil entender que en este árido paisaje fueran capaces de producir unas telas cuya finura no ha sido igualada por ninguna cultura americana. Apenas se sabe nada de ellos. Por la clase de enterramientos se distinguen dos épocas. En la más primitiva, cuya capital estaba en Ocucaje, enterraban a sus momias en cuevas a las que se entraba por un pozo de 2 m de altura. Las momias estaban envueltas en telas de algodón blanco o teñido, con dihujos geométricos, pintados o tejidos, representando cóndores, felinos o figuras mitológicas. En esta época producían una cerámica monócroma con adornos, muy influidos por la "moda" del Dios-Felino de Chavín de Huántar.

En la segunda época, los enterramientos forman necrópolis, campos de grandes cámaras funerarias en los que se encontraron momias envueltas en telas mucho más finas, con delicados bordados en lana de llama que, liberados de la geometría que imponía el telar, presentan curvas en el dibujo. Desarrollaron una refinada técnica de telas de doble cara y de unas medidas tan grandes que hacen difícil imaginar las dimensiones del telar. Son telas que, en cada tumba, juegan con la combinación de los mismos colores y motivos, que tienen una variedad increíble: felinos, esfinges, serpientes de dos cabezas, chamanes en trance, aves y peces. La cerámica es también más refinada que en la época anterior, con dibujos hendidos en la cáscara de la vasija y colores tan contrastados que parecen esmaltes y que anuncian ya la policromía de los Nazca y los Chincha.

Las tumbas también han demostrado que eran capaces de hacer trepanaciones craneanas a seres vivos y que las sobrevivieron, lo que demuestra una técnica quirúrgica y anestésica avanzada. Lo que no se sabe es si estas trepanaciones eran rituales. También se han encontrado cráneos deformados que demuestran la búsqueda de un ideal de belleza. Julio C. Tello (1880-1947) descubrió la cultura Paracas en 1925. El arqueólogo suizo Frederic Engel construyó el museo de Paracas en 1964.

El Candelabro, Paracas

proteger las aves y especies marinas que tienen su hábitat en las costas, ricas en pescado: focas, cormoranes, pelícanos, flamencos chilenos, incluso cóndores, que, aunque tienen sus nidos en los Andes, llegan hasta aquí en busca de cadáveres de focas. El suelo de la península es desértico, formado por depósitos de rocas fosilíferas y sedimentos marinos no consolidados. Aunque tiene una pluviosidad nula y no crece en ella ni una planta, numerosos insectos y reptiles se han aclimatado en ella.

El descarnado paisaje de la península, en contraste con el fuerte océano, siempre puede ofrecer buenos paseos. Atravesándola por tierra se puede llegar a tres puntos de cierto interés: el **Mirador de los Lobos,** en Punta Arquillo, donde se pueden observar focas y aves marinas. **La Catedral,** una cueva formada en el acantilado por la erosión del agua que tiene una "bóveda" de 50 m de altura en la que se refugian aves guaneras (piqueros y chuitas) y gatos marinos, una especie de nutria en extinción. Y, a unos 3 km de La Catedral, las **playas de Lagunillas,** donde hay media docena de restaurantes con muy buen pescado.

La península de Paracas tiene también un gran interés arqueológico, pues los hombres de la cultura Paracas, la utilizaron como necrópolis entre los años 1300 a.C. y 200 d.C. En 1925, Julio César Tello descubrió cientos de tumbas y momias cubiertas de finos tejidos y vasijas de cerámica.

A la entrada de la península se halla el **Museo Arqueológico Julio César Tello,** que se encuentra actulamente en plena restauración tras los daños sufridos a causa del terremoto de 2007. Otros hallazgos de esta cultura se conservan en el museo de Ica y en los museos limeños de la Nación, Arqueológico y Amano. Junto al museo hay un **centro de documentación de la Reserva Nacional de Paracas.**

Excursión a las Islas Ballestas★★

Desde Paracas salen por la mañana botes hasta las Islas Ballestas y Chincha, donde vive un gran número de aves (guanay, piqueros, zarcillos), pingüinos Humboldt y lobos marinos. La riqueza en guano es grandísima. El viaje en barca lleva primero hasta *El Candelabro,* un gráfico de grandes dimensiones dibujado con un surco de arena de 50 cm de profundidad, fijado, a pesar del viento, por la sal cocida al sol. Está en una duna, a 75 m, y tiene una longitud de 128 m por 57 m de ancho. No se sabe a qué responde, si está en conjunción con la constelación Cruz del Sur, o es un cactus estilizado, si es un símbolo de poder en la cultura Chavín, o si tiene relación con las Líneas de Nazca. Lo más probable es que date del siglo XIX, ya que no hay noticias anteriores de él, a pesar de lo visitadas que eran estas costas, y sirviera para proteger a los pescadores o como guía de navegantes. Hay quien dice que lo hicieron los soldados de San Martín en 1820. Las islas

Las Islas Ballestas, también conocidas como "las Galápagos peruanas", tienen una gran concentración de fauna salvaje. De izquierda a derecha: focas, pelícanos y los famosos pingüinos de Humbolt.

rocosas de las que aún se extrae guano, están llenas de focas y pájaros, pero sólo se pueden visitar desde la barca.

Excursión a Tambo Colorado y al Incahuasi de Huaytará*

En el km 38 de la carretera de los Libertadores, que remonta el río Pisco hacia a Huancavelica y Ayacucho, está la **llacta de Tambo Colorado**, una gran construcción situada entre el río, la carretera, y las montañas del pueblo de Humay. A pesar de ser de adobe, es una construcción inca, con muros decorados en franjas de tres colores, hornacinas, vanos trapezoidales y puertas de doble dintel, como corresponde a todo lugar importante para los incas. Tambo Colorado tiene también los nombres de Puquillacta o Pucahuasi ("Puca" significa en quechua "rojo"). El conjunto está dividido en dos sectores, separados por una gran plaza trapezoidal, por donde pasaba el camino que comunicaba la sierra con la costa. En la plaza hay un *ushno*, pequeña plataforma ceremonial. El sector norte es un gran edificio de 100 m x 150 m de lado con un solo acceso, organizado alrededor de un gran patio rodeado de 30 recintos y flanqueado por dos edificios más pequeños. El sector sur está compuesto de dos edificios adosados, con un patio cada uno. Tambo Colorado fue construido tras la invasión de Pachacútec, hacia mediados del siglo XV. No se sabe cuál era exactamente su función, sin duda una *llacta* o centro administrativo de recaudación de impuestos, pero también pudo ser una fortaleza para defender los almacenes y vigilar el valle.

Para los muy interesados en la arquitectura inca, o animosos a quienes no les importe subir a 2.400 m de altura, siguiendo 60 km por la misma carretera se llega en unas dos horas al pueblo de **Huaytará,** cuya **iglesia de San Juan Bautista** fue construida sobre un **Incahuasi** o "Casa del Inca". Se trata de un edificio trapezoidal de 74 m x 53 m, que sirve de plataforma a la iglesia, el cual presenta todos los rasgos de la arquitectura noble del Cuzco: muros de 1,70 m de grosor, adornados con hornacinas trapezoidales, puertas de doble jamba, piedras labradas en forma de almohadilla, etc. A pesar de estos elementos de distinción, no se sabe qué era exactamente, si el palacio de un alto funcionario inca, o un Intihuasi ("Casa del sol"), o un templo asociado al manantial cercano, llamado **baños del inca.** El Inca Garcilaso dice que lo construyó Pachacútec cuando conquistaba a los Chinchas, pero puede estar confundido con Tambo Colorado. Desde el lugar se divisa el pueblo y el estrecho valle del río Sanguiniyoc, afluente del Pisco.

PIURA

280.000 habitantes

Piura, situada al norte del Perú, es una ciudad ordenada, con buenos servicios y universidad. Tiene un agradable clima, caluroso y seco durante todo el año, una fuerte industrialización debida a las prospecciones de petróleo de la costa, y una floreciente agricultura que, tras el terremoto de 1997, cobró nuevos bríos.

Historia

En la región de Piura se dieron las culturas Vicús (500 a.C.- 500 d.C.) y Tallán, que fueron los indios que encontró Pizarro al llegar en 1532. Sus traductores fueron los tallanes Felipillo y Pablillo. En el siglo XV fue integrada en el imperio inca, con fuerte oposición de los indios Ayahuacas y Huancapampas. Piura fue la primera ciudad que Pizarro fundó al llegar a Perú en 1532, pero cambió tres veces de emplazamiento. Primero estuvo en la actual ciudad de Sullana; luego fue trasladada a Paita, y por fin, a causa de las lluvias y de los ataques de piratas, fijada en 1588 en su emplazamiento actual. Capital de una floreciente región agrícola y petrolera, sus campos producen "algodón pima", de una calidad especial, y también, arroz, soja, trigo y frutales, sobre todo cítricos. La ciudad de Talara es el principal centro petrolero de Perú. Desde el puerto de Bayóbar se exporta el petroleo que un oleoducto trae desde la selva.

Calle de Piura

VISITA

A pesar de los desastrosos terremotos de 1913 y de 1997, Piura conserva algún edificio de estilo colonial, como la catedral, en la **Plaza de Armas** sombreada de tamariscos, y la **iglesia de San Francisco,** la más antigua de Piura. La **iglesia del Carmen** está convertida en **Museo de arte religioso** (Plazuela Ignacio Merino; *visita, de lunes a sábados, de 16 h a 19 h; domingos, de 10 h a 13 h; cerrado los martes),* en el que se integran los altares y pinturas de la escuela quiteña de la propia iglesia. Entre las esculturas, la primera imagen que llegó a Piura en 1588 *(Virgen del Agua Santa).* Entre las curiosidades, una astilla de la Cruz y la silla en que se sentó el papa en 1985.

En el **Museo Municipal** (Av. Sullana / Calle Huánuco; *visita, de martes a viernes, de 9 h a 13 h y de 17 h a 20 h; sábados y domingos, de 9 h a 13 h)* hay dos secciones: una ***arqueológica,*** que consta de más de 3.000 piezas de cerámica, reunidas desde 1940, en la que hay piezas de las culturas regionales de Vicús y Tallán, de las culturas vecinas (Chimú) y otras del periodo colonial temprano. La ***colección de pintura*** integra obras de los pintores piuranos Felipe Cossío, Luis Montero y José Ignacio Merino (1817-1876).

La casa donde nació en 1834 el Almirante Grau, héroe de la batalla de Angamos en 1879, ha sido convertida en **Casa Museo Almirante Grau** (Jr. Tacna, 662; *visita, de 8 h a 13 h y de 15.30 h a 18 h).*

En ella se exponen las pertenencias personales del "Caballero del Mar" y escudos de armas de las familias piuranas.

En el mismo edificio está la **Sala de Cultura Banco Wiese**, que celebra exposiciones temporales.

ALREDEDORES

Piura-Catacaos-Sechura

A 12 km al sur de Piura está **Catacaos,** famoso por su artesanía de algodón, paja y filigranas de oro y plata. Catacaos tiene fama nacional por sus fiestas de Semana Santa. A 3 km al suroeste de Catacaos está la **zona arqueológica de Narihualá,** un centro de la cultura Tallán, cuyos muros, rampas y plazas construidas en barro sobreviven el paso del tiempo y los azotes de *El Niño.* Los tallán eran pescadores, agricultores y artesanos, y vivían en esta zona cuando llegó Pizarro. En el **Museo de Sitio** (Caserío de Narihualá; *visita, de lunes a domingos, de 10 h a 14 h)* se exponen objetos arqueológicos y se ofrece información etnológica de la cultura Tallán que habitó la costa norte y los valles del los ríos Piura y Chira, y que, a pesar de ser dominados por los chimús y los incas, mantuvieron su dialecto y sus costumbres. El cronista Cieza de León cuenta que "los caciques tenían músicos y truhanes, charreros y cantores y bailadores que les daban solaz y contento". Sus mujeres, que los españoles llamaron "capullanas" por sus vestidos amplios con capucha, participaban en el poder. No falta en el museo un **perro viringo.**

A 54 km de Piura está **Sechura** (22.000 habitantes), al margen del desierto de su nombre, que ocupa casi todo el norte costero de Perú. Fundada por los españoles en 1572, Sechura es un gran centro pesquero, con una llamativa iglesia colonial, **San Martín de Tours,** de 1778. Bajo la iglesia hay excavados túneles y catacumbas que no sólo sirvieron de cementerio, sino de refugio de la población durante los ataques de los corsarios. Se dice que uno de estos túneles va a dar al mar, distante 6 km. El **Museo Etnológico** (Plazuela Juan Pablo II; *visita, de lunes a domingo, de 10 h a 12 h y de 16 h a 17.30 h),* instalado en el Monasterio de las Benedictinas, expone maquetas, dioramas de tema marino, patrones funerarios de los Chusis, antiguos pobladores, y una balsa, réplica de la que el timonel Bartolomé Ruiz encontró en la primera expedición de 1524, cuando exploraba por encargo de Pizarro. También muestra objetos religiosos.

En los alrededores de Sechura, el desierto y el mar ofrecen sus atracciones turísticas: playas limpias y de aguas tranquilas (Matacaballo, Las Delicias, Constante, Parachique...), el Oasis de Yerba Blanca, los **Manglares de San Pedro** (10 km al NO),

Panorámica de Paita y su bahía surcada por numerosos barcos.

UNA CURA EN HUANCABAMBA

Para llevar a cabo una curación son por lo menos necesarios tres días, de los que dos se lleva el viaje desde Piura.

Previa consulta con el curandero elegido, las ceremonias constan de dos sesiones: una matinal, que tiene lugar en una de las lagunas Huaringas que el curandero escoge, según su costumbre o según la clase de mal, y otra nocturna que se celebra en casa del curandero, al cual se le llama "maestro".

Para llegar a la laguna (por ejemplo, Shimbe) son necesarias dos horas en coche desde Huancabamba y otras dos horas a pie o a caballo. Las 'combis' o taxis (unos 20 soles), salen de la terminal terrestre a las 4 o 5 de la mañana.

Una vez en la laguna, se efectúa un baño ritual (el agua tiene unos 10 ºC de temperatura) y un frotamiento con hierbas medicinales ("florecimiento"), tras el cual se regresa a Huancabamba o se va a la casa del curandero elegido, se come, se descansa y se espera la sesión nocturna, que tiene lugar en casa del "maestro". Es una ceremonia ritual ("mesada"), en la que el maestro entra en trance, normalmente con ayuda del cactus de San Pedro, hierbas y tabaco, y extrae la enfermedad del cuerpo del paciente. La sesión empieza hacia las 22 h y suele durar hasta las 6 de la mañana.

Al día siguiente, ya sano, se puede regresar a Piura (los autobuses de regreso salen a las 7.30 h y a las 17 h), o quedarse en Huancabamba para disfrutar del paisaje de su sierra.

La **Oficina de Información Turística de Huancabamba** (Av. 2 de Mayo, 210-212), da información completa y seria al respecto, y aconseja y orienta sobre la especialidad de cada maestro. Entre los más famosos, están Perfecto Peña Mogollón (telf. 0 73/34 21 38), cartomante que vive en Huancabamba o en Piura; otros viven en El Carmen de la Frontera, como Sebastián Comizán Mera (Caserío de Santa Rosa), Juan Manuel Meléndez (Caserío de Salalá) y Román Chasquero (telf. 0 73/47 32 79), que vive en Caserío de Salalá o en Huancabamba, y cuyo hijo recoge al visitante en la terminal terrestre de Huancabamba.

El precio lo fija el maestro de acuerdo con la apariencia del enfermo.

las **Playas Vírgenes** en la cordillera de Illescas, unos recogidos acantilados de aguas claras donde se puede practicar pesca submarina y observar animales, como lobos marinos y pingüinos Humboldt. Mas cerca está la **laguna de Ñapique** (300 ha), lugar de descanso de aves migratorias (flamencos, garzas y patos) durante los meses de noviembre y diciembre.

Circuito Piura-Paita-Sullana

(120 km). **Paita** (50.000 habitantes) es una ciudad portuaria (el quinto puerto de Perú; productos de pesca y laneros son embarcados aquí) situada en una bahía de blancas arenas. En los alrededores hay muy buenas playas, como **Colán**, la playa preferida por los piuranos, en cuyo barrio, construida sobre una huaca, se conserva la primera iglesia que los españoles construyeron en Perú.

Otras son las **playas de La Esmeralda** y **Las Palmeras** (¡cuidado con las rayas!). **Yacila** es una playa tranquila protegida por acantilados, y **Cangrejos**, una playa de mar bravo.

Se puede regresar por **Sullana.** En su **Museo de la Cultura** (Jr. San Martín, 456; *visita, de lunes a viernes, de 9 h a 12 h y de 16 h a 18 h*) se expone una colección de cerámica y metalurgia Vicús, procedente del valle de Chira. Cuenta además con una sala dedicada al caballo de paso peruano.

Piura-Huancabamba

210 km, 8 horas de viaje en estación seca). Si se tiene tiempo –y riñones– para el viaje, en **Huancabamba★**, a 210 km de Piura (8 horas de viaje por una carretera en gran parte sin asfaltar), están los mejores curanderos de Perú. A 50 km de Piura y 10 de la Panamericana (1 hora desde Piura), está el pueblo de **Chulucanas,** en el que unos 50 artesanos producen una de las cerámicas más cotizadas de Perú. Descendientes de los Tallanes prehispánicos, siguen fabricando piezas con la técnica del "palateado" (golpeando el barro con

La cultura Vicús

Descubierta en 1963 por Roberto Matos, que encontró en el mercado negro piezas expoliadas por los huaqueros, la cultura Vicús se desarrolló en todo el valle del río Piura y en la costa que se extiende entre Sechura y Talara, durante los años 500 a. C. y 500 d. C. Nada se sabe de ella con exactitud, salvo lo que se ha podido deducir de los ajuares funerarios de metal y cerámica. Sus tumbas estaban formadas por un estrecho pozo de hasta 15 m de profundidad que tiene al final una cámara mortuoria. Que los Vicús eran guerreros se deduce de los hallazgos de armas de cobre endurecidas con oro y plata y de la decoración de su cerámica. Ésta, decorada frecuentemente con motivos geométricos en negativo, suele ser del tipo cerámica-escultura, como la moche, representando una figura animal o animales unidos por un asa-puente. Muchas piezas son silbatos. Como los moches, también representaban actos sexuales y escenas cotidianas. Entre los objetos de metal encontrados, figura una máscara de cejas abultadas con claras influencias de Chavín de Huántar. Con la penetración del imperio Wari, la región quedó firmemente ligada a los acontecimientos acaecidos en los Andes Centrales.

una piedra y una paleta de madera). Bruñen las piezas con piedras de río y, una vez secas, las hornean a 900 ºC con madera de algarrobo. La decoración es geométrica y, después de pintada, se hornea con hojas de mango, cuyas sustancias fijan la pintura, dos o tres veces, según se quiera un tono más oscuro, hasta llegar al negro brillante. Además de jarrones, producen figuras de tipos tradicionales: cholos, chicheras, cantores, etc.

En las cercanías de Chulucanas hay un **yacimiento arqueológico vicú,** muy expoliado por los huaqueros, que fueron quienes, a principios de la década de 1960, descubrieron la existencia de dicha cultura, cuando sus piezas robadas empezaron a aparecer en el mercado.

En la verde cordillera de Guamán, a 143 km de Piura y a mitad de camino hacia Huancabamba, está **Canchaque,** en un paisaje llamado "la Suiza piurana". Se continúa subiendo hasta los 3.500 m; se pasa por lugares curiosos como **El Cuello del Indio** (una roca en forma de cabeza de indio) y por el **Tambo** (una estación de descanso de los *chasquis* o correos incas), para luego descender al Valle de Huancabamba.

Huancabamba. Situada en una falla entre dos cerros (7.000 habitantes 1.929 m) es "la ciudad de camina", porque puede ocurrir que la falla se deslice unos centímetros. En la misma terminal terrestre de autobuses hay un **Museo Etnológico** con muestras de la cultura prehispánica local.

Antes de ser conquistada por los incas hacia 1450, Huancabamba estaba habitada por una etnia de origen amazónico que tenía como dios al jaguar. Los españoles llegaron muy pronto. En 1532, una avanzada de Hernando de Soto descubrió en estos montes el Camino Inca que iba de Cajamarca a Quito. Cajas y Huancabamba eran *llactas,* donde los incas habían construido palacios y un *acllahuasi* con 500 vírgenes.

En los alrededores de Huancabamba hay suficientes lugares para visitar, todos a más de una hora en coche desde el pueblo. La **cascada de Sitán** (un salto de agua de 20 m, a 1 hora en coche y, después, un paseo de media hora), el **Templo de los Jaguares** (en Mitupampa, a 1 hora en coche, con dos jaguares labrados en las rocas), o **Caxas,** donde hay un pueblo inca (3 horas en coche). Pero lo que buscan los turistas que llegan a Huancabamba, y no son pocos, es curanderos.

Los baños rituales tienen lugar en las **lagunas Huaringas.** Se trata de 14 lagunas situadas a más de 3.500 m de altura, en medio de la sierra de Huamaní, cuyas aguas minerales tienen fama desde tiempos prehispánicos. Las más visitadas –porque son las más accesibles– son la **Laguna de Shimbe o Laguna Blanca,** un óvalo de 5 km de longitud por 300 m de anchura, que es también la mayor de todas; de ella nace el río Huancabamba; y la **Laguna Negra,** llamada así por el color de sus aguas minerales, en cuyas orillas hay muchas hierbas medicinales. Otras tienen nombres como **Las Arrebiatadas, Las Palanganas, Laguna del Toro** o **Laguna del Rey Inca...**

PUCALLPA

102.000 habitantes; 180 m

En la baja loma de tierra roja que se levanta en la desembocadura del río Manantay, en el Ucayali, creció a finales del siglo XIX, en los años del caucho, la joven ciudad de Pucallpa, cuyo nombre significa en quechua "tierra rojiza". El nombre lo obtuvo en 1912; hasta entonces se llamaba "May-uchín", que significa lo mismo en el idioma nativo de los indios shipibos, setebos y conibos, que eran los habitantes de estos terrenos.
Pucallpa es una ciudad con gran empuje industrial y comercial, unida a la sierra y a Lima por carretera (15 horas de viaje). Su principal vía de comunicación es el río Ucayali, por el que llegan barcazas cargadas de bananas, frutas, maderas y ganado para ser embarcados en el puerto o vendidos en el mercado. Río abajo se puede ir a Iquitos en un viaje de 3 días de duración.

Historia

Los primeros pobladores de la región fueron los "panos", que habitaron a todo lo largo del río Ucayali y sus afluentes. El río Ucayali, de 1.600 km de longitud, es uno de los medios de comunicación más importantes de la selva central. Fue descubierto en 1577 por el capitán Juan Salinas de Loyola. Actualmente existen varios grupos étnicos descendientes de la familia lingüística "pano" como los shipibo-conibo. Debido a su difícil acceso, a su clima y a su indomable vegetación, la región fue inexpugnable para los incas. Más tarde, constituyó un difícil reto tanto para los conquistadores españoles que buscaban el mítico Eldorado, como para los misioneros jesuitas y franciscanos. Durante los años del caucho (1870-1913), por la gran demanda de este producto en el mercado internacional, la presencia de población occidental se hizo cada vez más fuerte; sin embargo, la explotación cauchera no implicó la incorporación de los grupos nativos a la sociedad urbana. Hoy, la industria maderera es una de las principales actividades de la región y la ciudad de Pucallpa cuenta con excelentes aserraderos. Cuando construyeron la carretera a Huánuco y Lima, Pucallpa dejó de ser un campamento de cazadores, pescadores y caucheros para convertirse en una ciudad pujante. Desde que en 1939 se descubrieron en la selva pozos de petróleo, la industria petroquímica condicionó el desarrollo económico de la ciudad, que en 1943 fue nombrada capital de la provincia Coronel Portillo, escindida de la de Loreto (capital, Iquitos). El terreno fue repoblado con campesinos de la sierra y comenzaron a surgir plantaciones de café, bananas y mandioca, a pesar de las dificultades del clima, los mosquitos y las enfermedades. Muchos de ellos empezaron a plantar coca, y Pucallpa fue

Parque Natural de Pucallpa

declarada puerto franco para facilitar la salida de sus productos. Un nuevo resurgir petrolero se produjo, cuando, en la década de 1950, se descubrieron nuevos pozos en Contamana. Entonces se construyó una refinería, las calles fueron asfaltadas y se hicieron los mejores hoteles de la ciudad. En la década de 1980 Pucallpa vivió sus años de crisis violenta entre Sendero Luminoso y los narcotraficantes. En los últimos 20 años el área de influencia de Pucallpa ha pasado de los 25.000 a los casi 200.000 habitantes y, desde la desaparición de Sendero Luminoso, atrae a emigrantes de los pueblos jóvenes de Lima, que abandonan el desierto de la costa para abrirse camino en las industrias madereras o en la agricultura de la selva.

Pucallpa cuenta con dos puertos en el río Ucayali: **La Hoyada**, a 5 km del centro, y **Puerto Italia.** Aserraderos, fábricas de conglomerado, papeleras, refinerías, pesca y astilleros son sus industrias principales.

VISITA

Pucallpa está situada donde el Ucayali recibe las aguas del Manantay y la ciudad está construida a lo largo de este río. En medio del parque de la moderna **Plaza**

SHIPIBO-CONIBO: LOS HOMBRES ANGUILA Y LOS HOMBRES MONO BARBABLANCA

Descendientes de los indios Pano que vivían en el Ucayali cuando los españoles llegaron a América, actualmente quedan unos 20.000 shipibos, sin contar los que se han integrado en las ciudades próximas a sus poblados, como Pucallpa, Tambopata y Atalaya. En 1660 rechazaron con armas a los jesuitas que llegaron con soldados, y en los años siguientes siguieron atacando las misiones que fundaron, porque enfermedades desconocidas les estaban diezmando. Cuando Carlos III expulsó a los jesuitas en 1769, llegaron los franciscanos y lograron fundar tres misiones entre los shipibo, los conibo y los setebo, pero entonces los indios se enemistaron entre sí porque querían tener derecho exclusivo a las herramientas de trabajo que los misioneros traían. Esto, unido a las nuevas epidemias, hizo que los tres pueblos se unieran y atacaran las misiones, matando a 4 soldados, 15 frailes y 20 auxiliares indígenas. Que se sepa, es la primera vez que se unieron estos tres pueblos. Estas tensiones continuaron hasta que, en 1824, Bolívar ordenó que los misioneros españoles se retiraran de la selva. Durante la época del caucho, algunos shipibo fueron utilizados por los caucheros para capturar esclavos entre otros grupos indígenas a cambio de regalos. Cuando el caucho decayó, se quedaron trabajando en sus haciendas. En 1930 llegaron misioneros protestantes que crearon escuelas bilingües y construyeron las primeras comunidades nativas de Yarinacocha. La expansión urbana de Pucallpa produjo un tremendo impacto en sus costumbres y formas de vida.

Actualmente viven de la caza, pesca y una agricultura "de roza y quema", que sirve para su subsistencia; aunque también producen arroz, plátanos y maní que venden en los mercados de las ciudades. Los hombres son buenos madereros y las mujeres se encargan de producir la artesanía que venden a los turistas.

Aparte de collares y adornos, fabrican telas y cerámica decoradas con misteriosas líneas laberínticas de distinto grosor, que ellas trazan magistralmente con una simple caña ("shetan") y tintes naturales (amarillo, púrpura y negro), sin muestra previa ni plantilla. Dicen que pintan "lo que se ve y lo que no se ve", pues "los modelos ya existen en el cielo" y sólo hay que recogerlos en los sueños. Las líneas blancas sobre fondo negro son el camino de las estrellas en canoa por el cielo. Dicen que una araña les enseñó el complicado arte de tejer, y por eso suelen envolver las manos de las niñas pequeñas con telas de araña. Entre la cerámica que producen, de distintos tamaños y formas, hay unos enormes cántaros que hacen sin torno, enrollando la tira de barro alrededor de sí misma como si fuese una serpiente, que luego decoran con sus misteriosas líneas. Algunos de estos cántaros miden más de 1,5 m de altura y, en el pasado, servían para enterrar a sus muertos.

Mercado Fluvial de Pucallpa, con su trasiego constante de barcas cargadas de frutas.

de Armas, hay una gran fuente con esculturas de los pioneros de Pucallpa; en el lateral, los edificios del ayuntamiento y de la catedral en construcción. En las calles que rodean la plaza hay un par de buenos restaurantes con terraza, y, en los alrededores, están las mejores tiendas de artesanía. Desde la Plaza de Armas por Independencia se llega al Mercado Central, en cuyos alrededores hay más locales de restauración. Desde la Plaza de Armas hacia abajo, por Ucayali o Tarapaca, hay cinco cuadras hasta el mercado del río. En este trayecto se cruzan las calles Mariscal Castilla, con un bulevar ajardinado en el centro, Raimondi y Coronel Portillo, en las que se concentra la vida comercial de Pucallpa. En la intersección del Malecón 9 de Octubre con Ucayali, está el gran monumento arquitectónico de Pucallpa: una torre de hormigón de 25 m con un reloj que da nombre a la **Plaza del Reloj Público,** la más antigua de la ciudad, construida en 1950 casi a modo de faro.

Desde allí se extiende el **Mercado Fluvial★**, situado en la ribera del río Manantay, y sujeto a los cambios de nivel de las aguas, con un trasiego constante de barcazas que llegan cargadas de frutos cosechados en la selva y que son descargados allí para la venta: bananas, yucas, limones, maíz, sacos de maní, pescados, pieles de animales...

Siguiendo la calle Mariscal Castilla se llega al puerto principal de Pucallpa, **Puerto de La Hoyada**, en la desembocadura del Manantay en el Ucayali. Desde allí salen los barcos que hacen el recorrido hasta Iquitos. El viaje dura río abajo 3 días y, contra corriente, el doble.

Museo Regional (Jr. Inmaculada, 999; *visita, de lunes a domingo, de 8 h a 12 h y de 16 h a 18 h*). Expone muestras de cerámica, tejidos y joyas de los Shipibo, así como ejemplares disecados de la fauna amazónica. También exhibe esculturas del artista local Agustín Rivas, que trabaja con raíces de árbol. Puede visitarse la **Casa del escultor Agustín Rivas** (Jr. Tarapacá, 861; *visita, de lunes a sábado, de 9 h a 13 h y de 15 h a 17 h*).

Escuela de pintura Usko-Ayar★ (Jr. Sánchez Cerro, 465-467). Está dirigida por el chamán Pablo Amaringo, un pintor que trata de plasmar en sus lienzos el mundo secreto de la selva y de expresar en ellos la relación entre el universo espiritual de

Tucán

su cultura atávica y el mundo visible. Sus cuadros, siempre relacionados con la selva, tienen un brillante colorido y, dibujados con minucioso detallismo, plasman experiencias místicas propiciadas con "ayahuasca", una liana psicotrópica que los chamanes utilizan en sus rituales. La gran sala de la escuela, donde se dan cursos de pintura frecuentados por jóvenes nativos, sirve de sala de exposiciones y de venta de los cuadros y postales, que es el medio de subsistencia que tiene.

ALREDEDORES

Parque Natural de Pucallpa

(A 4,2 km del centro, unos 10 minutos en auto; *visita, de lunes a domingo, de 9 h a 17 h*). El parque es un zoológico de 171 ha, en cuyas jaulas, diseminadas por el terreno, hay encerrados monos, lagartos, pumas, venados, sajinos, añujes, nutrias, taricayas, garzas, tucanes, loros, etc. Un itinerario de caminos bien trazado lleva por todas ellas.

En el centro del parque hay una pequeña laguna con plantas acuáticas y, atravesándola por un puente en forma de fauces de cocodrilo, se llega al **Museo Regional de Ucayali,** en cuyo jardín hay algunas especies de la flora local. En sus cuatro salas presenta una colección de fósiles hallados en los ríos Ucayali, Pachitea, Aguaytía y Urubamba; una exposición etnológica con vestimentas y cerámica shipibo-conibo de diferentes épocas y obras en madera del escultor peruano Felipe Lettersten, representando actitudes cotidianas de los grupos nativos.

Laguna Yarinacocha★

La gran atracción de Pucallpa es la laguna Yarinacocha, a 15 minutos en mototaxi desde el centro, con abundantes restaurantes en sus orillas. Es un brazo del Ucayali que, en la temporada seca, se queda aislado del río y, durante las lluvias (diciembre-abril), unido al río mediante canales o "caños". Esta circunstancia da a la laguna gran riqueza de peces y, a veces, se pueden ver en ella delfines de agua dulce. El centro urbano de la laguna es **Puerto Callao.** La calle que baja desde la plaza hasta la playa es un mercado artesano de tejidos, trabajos en madera y cerámica de los indios Shipibo. Paralela a la orilla de la laguna hay una larga hilera de restaurantes y, en el muelle, junto a la playa, embarcaciones de recreo y numerosos *peque-peques* que esperan la llegada de los turistas. Desde allí se pueden emprender paseos de una hora y excursiones de varias horas, de un día, e incluso de varios días.

Excursión a Challachaqui★

Desde Puerto Callao hasta el **Jardín botánico Challachaqui** (a unos 9 km del puerto), en **Pueblo Nueva Luz de Fátima,** hay un trayecto en barco de 45 minutos hasta el caserío Porvenir, y luego media hora de paseo por un sendero bien marcado entre la jungla.

En el jardín botánico, fundado en 1988, se pone especial atención a la producción y venta de plantas medicinales, de las que tiene registrada información de más de 2.300 especies y de 600, identificadas sus propiedades curativas, como la chancapiedra, la abuta, el jergonsacha, el chuchuhuasi, la uña de gato, el achiote y la sangre de grado. Ofrece consultas médicas naturistas. En la **laguna Ishishimi,** que se encuentra ubicada en el jardín, se puede pescar y pasear en canoa.

Excursión a las comunidades Shipibo-Conibo★

Desde Puerto Callao se pueden hacer excursiones a las comunidades nativas de indios Shipibo que hay en las orillas de la laguna. Son pueblos fundados por misioneros protestantes que conservan sus tradiciones y viven de la agricultura, pesca y, sobre todo, de la venta de sus artesanías a los turistas. Mantienen su idioma, sus rituales y tradiciones, el uso de plantas medicinales y decoran sus casa con los mismos dibujos geométricos de su cerámica y sus tejidos, que ellos llenan de complicado simbolismo. En las comunidades se organizan "noches chamánicas".

El paseo hasta **San Francisco** (14 km) dura una hora larga en *peque-peque*. En la plaza hay un buen mercado artesano y, en el taller vecino, oportunidad de seguir la elaboración de la cerámica o la decoración de tejidos, que es verdaderamente interesante. Desde San Francisco se puede ir andando en una hora hasta otras comunidades vecinas, como **Nuevo Chicago, Nuevo Destino** y **Santa Clara.**

Loro

PUNO

110.000 habitantes, 3.830 m

Situada en una ensenada al norte del lago Titicaca, Puno parece presidir el paisaje desde la parte más alta de la meseta del Collao. Con el clima extremo del altiplano, caluroso durante el día y con noches gélidas y de claro cielo estrellado, especialmente en julio y agosto, Puno es una ciudad tranquila, urbanísticamente más orientada hacia sus comercios, cerca de la Plaza de Armas, que hacia el lago, su principal fuente de ingresos. Centro logístico para para hacer excursiones a las islas o hasta La Paz, cuenta con buena infraestructura de hoteles y restaurantes. Tiene una universidad agrícola trilingüe (español, quechua y aymara) y es considera la "capital folklórica" del Perú.
Los naturales de Puno son aymaras (un 12 por ciento de la población peruana) y su lengua es el aymara. Se han aclimatado perfectamente al duro clima del altiplano: color oscuro de piel, mayor capacidad torácica y una sangre que tiene más glóbulos rojos de lo habitual.

Historia

Pese a estar en una región de civilizaciones antiquísimas, la ciudad de Puno surgió con las explotaciones mineras del altiplano en la época colonial. En 1657, dos hermanos sevillanos, Gaspar y José Salcedo, descubrieron la minas de plata de Laicacota, a unos 6 km de Puno, porque, según la tradición, les reveló el lugar Malica, su concubina aymara. La mina atrajo a

tanta gente que se fundó una ciudad en sus alrededores, San Luis de Alba, "con las calles adoquinadas de plata". Era una ciudad conflictiva, en la que se mezclaban españoles (andaluces y vascos), criollos, mestizos e indios. Pronto surgieron reyertas entre los propietarios españoles por la posesión de las mejores vetas y entre los propietarios y los mineros, por la explotación a que se les sometía. Al compás de las revueltas de criollos en la Paz, alzados contra "el mal gobierno del rey y del Papa", también en Laicacota empezaron a negarse a pagar impuestos y a levantarse contra Lima. En 1666 llegó un nuevo virrey al Perú, el conde de Lemos, y se encontró el país sublevado: motines en Lima, levantamientos en La Paz y estas revueltas de Laicacota en el Collao. El virrey llegó en persona al Titicaca para zanjar la cuestión. Arrasó San Luis de Alba y ajustició a 42 españoles, entre ellos a José Salcedo, en un lugar que hoy día los puneños llaman Horcapata. Gaspar Salcedo acabó siendo indultado, heredó la mina y hasta fue ennoblecido. Antes de volverse a Lima, el virrey dejó establecido que los habitantes de San Luis se mudaran a la orilla norte del Titicaca, donde había un poblado, Puñuypampa, y se pusiera allí la ciudad de Villa Rica de San Carlos de Puno, en honor del monarca Carlos II, el Hechizado. Puno empezó a crecer a partir de 1876, cuando se construyó la línea del ferrocarril desde la costa.

VISITA

En medio de la **Plaza de Armas** hay una estatua dedicada al coronel Francisco Bolognesi. Frente a ella está la **catedral**, construida en 1757 siguiendo el modelo de la iglesia de la Compañía de Cuzco.

Embarcaciones de totora en el lago Titicaca

Tiene una fachada barroca decorada con motivos peruanos (flores de cantuta, frutos y animales, un puma y símbolos del sol y de la luna) y ángeles-sirena de estilo mestizo, con charangos; es obra del maestro escultor Simón de Asto, cuyo nombre está grabado bajo el pórtico. Gracias a la riqueza de las minas, la catedral fue rápidamente acabada y los ornamentos concluidos en el siglo XVIII. En el interior, que ardió en 1930, se conservan pinturas de la escuela de Cuzco y se venera una imagen el Señor de la Bala, que debe su nombre a que algún proyectil le alcanzó durante las refriegas de las minas de Laicacota, que es de donde procede la imagen.

Junto a la plaza, en la esquina de las calles Deustua/Conde de Lemos, hay un viejo **balcón colonial** en la casa donde se alojó el virrey cuando vino a dirimir las cuestiones de los hermanos Salcedo y a destruir San Luis de Alba. Enfrente del balcón está la entrada al **Museo Dreyer,** que conserva la colección cedida por el pintor alemán Carlos Dreyer a la municipalidad de Puno: cerámica, tejidos y objetos de metal, así como documentos históricos. El edificio contiguo, llamado **casa del Corregidor,** es una antigua vivienda en la que se aloja un centro cultural con café, sala de Internet y una agencia de viajes que puede aconsejar sobre las excursiones a los alrededores. A la casa pertenece también el **Fundo Chincheros,** una hacienda a las afueras de Puno que se puede visitar en combinación con la excursión a Sillustani.

Subiendo desde la Plaza por Jr. Deustua, cuyo nombre habla de los propietarios vascos de Laicacota, se llega al parque del **cerrito Huajsapata,** coronado por una estatua del primer inca, Manco Capac. Desde allí se divisa una buena panorámica de Puno y el lago Titicaca.

Mejores vistas, quizá, tiene el **mirador Cuntur Huasi** ("Casa del cóndor"), construido a finales de 2004 y coronado por la figura de un cóndor, entre arcos de piedra, al que se puede acceder, a pie, por el jirón Ílave, y, en coche, por el jirón Cancharani.

El Jr. Lima es la calle comercial más importante de Puno. Al final de la calle está el **Arco Deustua,** un modesto monumento levantado en 1847 en honor a los vencedores de las batallas de Junín y Ayacucho.

En la parte baja de la ciudad está el **mercado central**, que se extiende en puestos por las avenidas El Sol y Titicaca, una calle de 300 m que llega hasta el puerto, de donde salen los barcos de excursiones. Cerca de la estación hay un **Mercado de Artesanos** (Jr. Cahuide/Alfonso Ugarte), en el que se puede adquirir cerámica, máscaras y prendas de alpaca y oveja a precios económicos.

A 5 km del centro, frente al hotel Sonesta Posada del Inca, hay anclado un barco-museo de historia extravagante, el **Museo Flotante Yavarí** (Sesquicentenario, 610; Sector Huaje; *visita, de miércoles a domingo, de 17 h a 22 h).* En 1861, en tiempos del auge del guano, el gobierno del presidente Castilla encargó a unos astilleros ingleses que construyeran 2 motonaves cañoneras para poner una flotilla en el Titicaca. En 1862 llegaban al puerto de Arica –hoy día chileno, pero entonces peruano– las naves desmontadas en 2.766 cajas y dos turbinas. Desde Arica hasta Tacna fueron transportadas en tren. De Tacna al Titicaca (350 kms y más de 3.000 m de altura de diferencia), lo hicieron a lomos de mulas. La reata de caballerías debió de ser impresionante. El viaje tenía que durar seis meses, pero se prolongó varios años. Por fin, en 1869 las naves pudieron empezar a ser montadas. Utilizaban como combustible bosta de llama. Tras cien años de contaminar el lago, una de ellas ha sido recuperada para el turismo en 1998. Muestra la historia de la navegación en el Titicaca y tiene un bar abierto hasta las 23 horas.

ALREDEDORES

Excursión a Sillustani★

(32 km; *abierto desde las 7 h hasta las 18 h).* Las *chullpas* collas de Sillustani están situadas a unos 32 km de Puno. Construidas en una penísula de la laguna Umayo, se llega a ellas tomando un desvío bien señalizado que sale en el km 12 de la carretera Puno-Juliaca hacia Sillustani. Pasado el pueblo (15 km), se llega tras 5 km a la península. La carretera es buena, pasa por campos de cultivos en camellones o "huaruhuaru" y por el antiguo centro ceremonial pucara de Hatuncolla, antes de llegar a Sillustani.

El principal testimonio que queda de los colla ("Habitantes de las montañas")

LA CAPITAL FOLKLÓRICA DEL PERÚ

Puno no es "capital folklórica del Perú" porque a la municipalidad se le haya ocurrido nombrarla así, sino por Decreto-Ley nº 24.325, de noviembre de 1985. Tampoco son muchos los países que llevan un inventario tan serio de su folklore como Perú. Iniciado en 1965 por el escritor Jose María Arguedas, director del Instituto de la Cultura de Lima, entre los varios miles de danzas consignadas en el 'Atlas Folklórico Peruano', 350 pertenecen a Puno. Tanto baile necesita un buen calendario de fiestas, y Puno lo tiene: *La Candelaria* en febrero, los *carnavales*, *San Juan de Dios* en marzo, la *Fiesta de las Alasitas* del 2 al 5 de mayo, y la fiesta jubilar de la *Fundación de Puno*, el 4 de noviembre.

Entre las danzas de Puno predominan las de tradición minera (la Diablada, la Llamerada). Otras conmemoran la liberación del yugo español (La Pandilla Puneña). Algunas tienen el ritmo negro de los esclavos africanos (la Morenada, las sayas) y, otras, quizá tengan un origen más espúreo, como la Marinera Puneña.

La fiesta mayor de Puno es la Candelaria y, la danza más puneña, la Diablada.

La Candelaria se celebra el 2 de febrero, pero la fiesta dura desde el 24 de enero hasta el 18 de febrero. Durante ese mes,

acuden a Puno más de setenta bandas musicales, alguna de hasta 300 componentes, que no tocan todos a un tiempo, sino por turnos. Pero todas ensayan para ganar el *Concurso de Danzas Folklóricas*. Ese mes en Puno no se puede dormir. La Diablada surgió porque, habiéndose quedado encerrados los mineros en una galería de Laycacota, en su terror creyeron que un ejército de diablos se los llevaba al infierno. Se encomendaron a la Virgen y ésta llegó a salvarlos con una candela. Desde entonces, en las fiestas de la Candelaria, se baila la Diablada. Es una danza coral, en la que el Bien baila contra el Mal y el Arcángel contra el Gran Diablo, que lleva una máscara terrorífica.

Hay otra Diablada en Oruro (Bolivia), ciudad también de tradición minera, y ambas ciudades se disputan el origen de la danza.

son sus tumbas o *chullpas*, unas torres sepulcrales, redondas o cuadradas, construidas con piedra, basalto o adobe. Tienen forma y tamaños variados, unas llegan a medir 10 m de altura, otras son bajas y aplanadas. Entre todas las que hay deperdigadas por los alrededores de Hatuncolla, el más interesante es el **conjunto de Sillustani.** Tras la conquista en 1440 de los collas por los incas, éstos siguieron utilizando la necrópolis, por lo que hay restos collas e incas mezclados. En las collas se depositaban cadáveres cubiertos por un paño que se cambiaba cada año, cuando el sol pasa por el cénit y la cornisa protege con su sombra todo el contorno de la *chullpa*.

Sillustani es una península alta meseta alargada que se adentra en el **lago Umayu** (en aymara, "agua salada"), porque, según la leyenda, nació de las lágrimas de una princesa que lloraba por su amor perdido. Se continuó el culto a Mallku. Sallustani es un complejo funerario completo en el que hay muestras de diversas épocas y se han encontrado diversos restos. Desde la llegada de los españoles se interrumpieron las construcciones, pero los rituales continúan todavía. Los saqueadores de tumbas han destruido el complejo.

En el istmo, antes de la entrada, hay un pequeño **museo** de sitio que expone algunas momias halladas en las *chullpas* de la península. Un sendero rodea toda la península pasando por los diferentes sectores. A la meseta de la península se sube por un camino escalonado de 150 m (Huaca cancha), desde el que se ven, en la pendiente hacia el lago, las antiguas terrazas de cultivo. Llega hasta el Caracachi, una plazuela redonda, de unos 9 m de diámetro, rode-

TIAHUANACO, COLLAS, LUPACAS, PACAJES

Las extremas condiciones climatológicas del Altiplano, donde –además de fuertes variaciones de temperatura entre el día y la noche– se dan ciclos de lluvias y sequías que duran años, durante los que incluso varía el nivel de las aguas del lago, impusieron la necesidad de estudiar y dominar el calendario de estaciones para prevenir épocas de sequía y de inundaciones. Del dominio de la meteorología, nació el poder de los sacerdotes de Tiahuanaco entre los años 200-900 d.C. Su centro se localizaba en una gran urbe de 20.000 personas al sur del Lago Titicaca, donde había suntuosos templos piramidales construidos de piedra sin mortero, pero unidas por lajas de cobre, que alojaban imágenes de sus dioses grabadas en piedra. Eran imágenes gigantescas, de hasta 7 m, que representaban dioses de apariencia humana con mezcla de felinos, halcones o serpientes. El dios más llamativo, situado en la Puerta del Sol, es una figura adornada con rayos en la cabeza, que sostiene dos báculos y está flanqueada por 24 figuras arrodilladas. Se cree que este dios era Huiracocha.

Los sacerdotes de Tiahuanaco dominaban todos los alrededores del Titicaca, donde vivían gentes dedicadas a la agricultura, a la ganadería y a la pesca. Tiahuanaco expandió su religión por la región de Arequipa y de la costa (Nazca, Paracas), así como la sierra central (Ayacucho), donde se han encontrado sus iconografías.

No se sabe por qué Tiahuanaco perdió importancia, pero lo cierto es que se desintegró en pequeños principados que habitaban a las orillas del Lago. Entre todos ellos perduraron tres pueblos, lupacas y collas, asentados en la parte peruana del Lago, y los pacajes ("Hombres Águila"), cuya capital estaba en La Paz. Aunque tenían la misma lengua, el aymara, y la misma cultura, disputaron entre sí por el terreno del lago. Los lupacas ("Hombres Luminosos"), gobernados por monarcas que se llamaban 'cari', acabaron poniendo su capital en Chucuito, y los collas, regidos por la dinastía Zapana, se establecieron al nordeste del Titicaca, su capital era Hatuncolla. Los primeros fundaron las ciudades de la orilla este del Lago: Chucuito, Juli, Pomata, Ílave. Los segundos dejaron sus monumentos funerarios de 'chullpas' (tumbas redondas) en Sillustani y en varios lugares más. Fueron integrados en el imperio inca hacia 1438. Pero el espíritu de ambos pueblos sobreviven en los atavismos que rigen el calendario festivo actual de las poblaciones del Titicaca.

ada de losas verticales. En el recinto hay varias piedras rojas, probablemente huacas, o piedras sagradas. Delante de las losas está representado el círculo solar por un zócalo de 80 cm de altura, entre las que destaca una más grande, tallada por los lados y con senos practicados en la superficie superior, que sin duda sirvió de altar. No se conoce exactamente la función del Caracachi, que podía ser un sitio ceremonial.

A la izquierda del Caracachi, queda el círculo solar del **Intihuatana**, "piedra de amarrar el sol", en forma de círculo (13 m de diámetro), con una entrada orientada al noreste.

El camino pasa a continuación por el **Yurac Ayahuasi** ("casas blancas de los muertos"), donde hay restos de dos *chullpas* collas de piedra blanca. En una de ellas se encontraron los restos del enterramiento de un personaje importante, acompañado de un séquito de catorce hombres y mujeres sacrificado con él. La segunda *chullpa* está construida sobre una plataforma de piedra marcada con un petroglifo ritual. Un poco apartada queda una *chullpa* inca, cuya construcción quedó interrumpida, probablemente por la llegada de los españoles. Tiene la entrada, hacia el este, hecha sobre un bloque de piedra de 3 m de longitud.

El camino rodea el norte del lago. En este extremo de la península, junto al agua, quedan los muros rectangulares del llamado **Baño del Inca**, probable lugar de ceremonias rituales. Desde el lado oeste de la península, se ve en mitad de la laguna una isla, **Intimoco**, que surge de las aguas como una mesa, en la que también hay construcciones rituales.

Frente a la isla hay un sector abierto, conocido como **Samari Pampa** ("explanada de reposo"), que posiblemente sirvió de cantera para construir los edificios. Entre los restos de cuatro *chullpas* collas y una *chullpa* cuadrada inca, hay bloques de piedra a medio trabajar, en los que se puede ver el proceso de cantería, para el que servían de herramientas piedras más duras. El camino pasa por el sector de Samari Pata, en el que hay otra construcción cuadrada inca.

Antes de llegar a la salida, en el sector **Hatun Ayahuasi**, están las *chullpas* más grandes del conjunto. Hay una gran *chullpa* cuadrada de 5 m de anchura, con la entrada hacia el este y, cercanas, varias *chullpas* collas e incas. La más grande de las *chullpas* collas, redonda, mide 4,50 m de diámetro. Cerca de este grupo está el mayor edificio de Sillustani, la **chullpa del lagarto**, de 12 m de altura y una gran diferencia entre el diámetro de la base (6,50 m) y el de la parte superior (7,20 m). El edificio, probablemente de tiempos incas, tenía cinco pisos para albergar cadáveres. Junto a la tumba se descubrió en 1971 un tesoro de piezas de oro, (unos 4 kg), turquesas y joyas doradas de tiempos de los incas.

Excursión a Cutimbo

Cutimbo está a 22 km por la carretera de Puno a Moquegua *(los minibuses salen de la Av. Laicacota, detrás del cementerio, frente al parque municipal, en Jr. B. Varga, en dirección a Moquegua)*. Desde la carretera, tras pasar un bosque de piedras de extrañas formaciones, se ve el monte-mesa de Cutimbo, solitario en medio de la llanura, coronado por dos *chullpas*. Desde el cruce, bien señalizado, hay que ir a pie. En la base del monte hay un centro escolar (donde se paga la entrada) y un pequeño

Escuela en el lago Titicaca

Las islas de los Uros son plataformas flotantes construidas con el trenzado de los propios juncos de totora que crecen en el lago.

bar. El camino es cómodo y está ajardinado. Antes de llegar a la cima, hay una cueva con incisiones rupestres de hace 8.000 años. A media altura hay una *chullpa* a la que se puede entrar y ver la construcción interior si se lleva linterna. En la entrada de la *chullpa* superior hay un relieve de un puma y otros con motivos de serpientes.

En la loma anterior de Cutimbo (km 17), entre riscos de rara formación, hay *chullpas* y huacas saqueadas -y menos importantes-, que forman el centro de Mallco Amaya

Excursiones por el lago★★

El Titicaca, a una altitud de 3.800 m, con una superficie de 8.560 m^2, (176 km de longitud, 70 km de anchura y 283 m de profundidad), es el lago navegable más alto del mundo. De sus 36 islas, se suelen visitar Taquile y Amantani, que están en territorio peruano y cerca de Puno. Otras, como Suasi y Anapía, están abiertas a un turismo de tipo "vivencial". Las principales islas del lado boliviano, son las islas del Sol y de la Luna. Los billetes para excursiones se sacan mejor y más baratos en el embarcadero. Los barcos suelen salir a las 7.30 h. A las islas de los Uros la excursión dura unas 4 horas. Los barcos a Taquile y Amantani salen hacia las 8 h, y suelen hacer una breve parada en las islas de los Uros.

Las islas de los Uros

Los uros ("hombres de sangre negra"), descendientes directos de las tribus amazónicas que llegaron hace 12.000 años al altiplano, viven en islas fabricadas dentro del agua. Desde su refugio, han contemplado el paso de las sucesivas culturas que, ocupadas en dominar la tierra, parece que respetaron su idiosincrasia. Rechazan ser designados como humanos, porque son de una estirpe anterior a los hombres. Tampoco viven como los hombres, en la tierra, sino en el agua. Se llaman a sí mismos "Kot-suñ", habitantes del lago. "Nosotros, los otros, los habitantes del lago, no somos hombres. Ya estábamos aquí cuando llegaron los incas, antes de que el creador de los hombres (aymaras, quechuas, blancos) los hiciera, antes de que el sol alumbrara la tierra. Entonces, cuando el Titicaca era muchísimo más grande que ahora, nuestros antepasados ya vivían aquí. No somos hombres, nuestra sangre es negra, por eso no se puede helar, por eso no sentimos el frío de las noches del Titicaca. No hablamos idiomas humanos y los humanos no nos

entienden, nuestras cabezas no son como las de los indios, nosotros somos más antiguos que ellos..."

Actualmente quedan unas 300 familias de uros, que viven en grupos de islas regidas por un abuelo. Son islas fabricadas con capas superpuestas de totora, que sobresalen unos 80 cm del agua y en las que se hacen una casa, también de totora, con las paredes cubiertas de una triple capa de esteras, de totora igualmente. La totora les sirve de alimento; no todo el junco, sino la parte cercana a la raíz, de color pálido, llamada 'chulli', que es rica en almidón y en flúor y tiene un agradable sabor a caña. En 1963, en una de las islas se construyó una escuela. Desde 1975 están permitidas las visitas turísticas a ciertas islas preparadas para ello. Además de estos ingresos, los uros viven de la caza y la pesca. Algunos de ellos se han trasladado a tierra firme y vienen durante el día a trabajar. Aunque las islas están protegidas como Reserva Natural, no se sabe cuánto perdurará este estilo de vida. Su antigua lengua puquina ya se perdió y ha sido sustituida por el aymara.

Isla Taquile

A unos 35 km y 3,5 horas de barco desde Puno, la isla Taquile tiene 5,4 km de longitud, 1,5 km de anchura y alturas que se elevan hasta los 264 m sobre el nivel del lago Titicaca. Desde el embarcadero de Chilcano, donde paran los barcos, hasta el pueblo, hay que subir 533 escalones que, con calma, constituyen un bucólico paseo, entre pequeñas tierras cultivadas. La vegetación mediterránea y el agua azul al fondo, con el luminoso sol cayendo de plano, puede hacer creer que Taquile es una isla mediterránea, impresión que se acentúa al ver los habitantes vestidos con sus trajes típicos catalanes (debido a la herencia española del conde Pedro González de Taquila). Las 400 familias de Taquile viven de la pesca, la agricultura y la artesanía textil. Los hombres tejen los típicos gorros o "chullos"; las mujeres hacen cinturones. Hay un camino que recorre la isla, en la que abundan restos de antiguos cementerios y 18 adoratorios que aún tienen importancia en las fiestas populares.

En el **islote Ttilali**, al sur de la isla, se arrojaban los malos partos y niños malnacidos. En la plaza del pueblo, a la que se entra por un arco, hay restaurantes, una tienda de artesanía y una pequeña iglesia con un curioso retablo. Hasta principios del siglo XX, Taquile fue una cárcel de presos políticos. Desde 1970, los taquileños son propietarios de sus tierras, que cultivan en régimen de comunidad.

La religión del Titicaca

El antropólogo Palao Berastain, de Chucuito, ha estudiado los rituales que rigen la vida cotidiana de los pueblos del Titicaca:

En el cielo (Laccampu) caminan el sol (Villca), la luna (Phaxsi), las estrellas, Marte (Nina Nina), Venus (Ururi) y constelaciones: la vicuña (Wari), la perdiz, la codorniz, el zorro, el puma, el cóndor… Todos estos astros tienen como 'pacarina' ("lugar sagrado de origen") a la estrella Pacha (Altair) y están junto al Río del Firmamento (Vía Láctea), que gira alrededor de la Cruz del Sur (Chacana) al anochecer, hacia arriba y a la derecha (así se atan los barcos), para estar de vuelta al día siguiente en el mismo sitio. Cuando este movimiento se refleja en el lago, gira en dirección contraria, que es la de Pachamama (la Tierra). Por eso, en las danzas rituales y folklóricas, las vueltas se dan hacia la izquierda y nunca en sentido contrario. En la Vía Láctea hay varios "puentes" o Chacas. En los "Almacenes del Cielo" (las Pléyades) se puede prever si la cosecha será buena por la cantidad de estrellas que se dejan ver, o si el ganado necesita más cuidado (según la intensidad de Wari). Los trabajos de la cosecha hay que iniciarlos cuando Coricala (Antares) está alta; la pesca se observa en la Nube Mayor de Magallanes y, en la costa, en la Nube Menor. Se debe sembrar y cortarse el pelo en luna creciente; en cambio, con la luminosidad de la luna menguante (o sangrante), no hay que salir de pesca, ni emparejar ganados, ni hacer trabajos en la 'chacra' (parcela de cultivo). Para la pesca es buena la luna nueva. Cuando no hay luna, hay que dedicarse a los trabajos caseros: cortar leña, hacer adobes, cortar totora.

En las montañas está el espíritu de Achachila, dueño del rayo y de la lluvia que fertilizan a Pachamama. Es un dios que los Pucara representan como una pequeña esfinge humana con dos bastones (rayos) y cabeza de águila, porque vuela. De sus ojos salen lagrimones (lluvia), al que otros pueblos (Paracas) añadieron serpientes y otros animales acuáticos; en Tiahuanaco lo colocaron en la Puerta del Sol, en Chavín lo copiaron en la Estela Raimondi; los Huari copiaron sus ojos, similares a los de los otorongos, representados en la cerámica con dos colores, rojo y negro.

Las ceremonias más importantes tienen lugar a orillas del lago, donde reside el espíritu Mamacota, o en las montañas que tienen doble cumbre, cuyo cerro más alto se considera femenino y el más bajo masculino, como el monte Ataja, en Chucuito, o los cerros de Amantani, Taquile, Juli o Yunguyo.

Isla Amantani

A 37 km de Puno a y 4,5 horas de viaje, la isla Amantani es casi redonda y tiene 3,4 km de diámetro. El punto más alto está a 320 m sobre el nivel del lago. Situada enfrente de la península de Capachica y de las islas de los Uros, en Amantani viven unos 4.000 habitantes, repartidos en 6 poblados, que se dedican a la agricultura, pesca, pastoreo y al turismo. Aunque tiene un bonito paisaje y ruinas incas en las colinas de Pacha Tata y Pacha Mama, a Amantani llega menos gente que a Taquile. Como el viaje es prolongado, se suele pernoctar en una casa de la isla.

Otras islas: Suasi y Anapia

Hay posibilidad de visitar otras islas del Titicaca que no tienen viajes regulares y reciben menos visitas de turistas.

La **isla Suasi,** situada al norte del lago, cerca de Conima y la frontera boliviana, es una "reserva natural privada" en la que hay un hotel alimentado por energía solar.

El **archipiélago de Anapia,** formado por cinco islas, está encerrado en la parte menor del lago Titicaca, llamada Huiñaymarca, detrás de la península de Copacabana. Aunque pertenece en su mayor parte a Perú, la frontera pasa por una de sus islas. Lo pueblan unas 200 familias y la isla de Anapia puede ser visitada. Sólo hay posibilidad de alojarse en una casa particular.

Excursión por El Corredor Aymara

(Bolivia, 145 km). En la ribera oeste del lago Titicaca perdura la tradición aymara de los "Lupacas" ("hombre luminosos"), que decían provenir de los rayos que arroja

Isla Taquile

el espíritu Achachila desde las montañas. Gobernados por la dinastía Cari, establecieron su capital en Chucuito, desde donde fundaron las poblaciones en las que después se asentaron los misioneros y soldados coloniales. La carretera que recorre la orilla del lago fue siempre un vínculo de cultura, por la que pasaron los tiahuanaco (cuyo centro estaba al sur, en Copacabana) y los incas (cuyo camino, Capac Ñan, llegaba hasta la Paz, en Bolivia y Tucumán, en Argentina). Durante la colonia, el trasiego entre las minas del altiplano peruano y las de Bolivia fue constante, así como los levantamientos de mineros y criollos contra el poder central de Lima. La región fue colonizada espiritualmente por los dominicos, primero, y por los jesuitas, después, que en Juli establecieron un seminario, desde donde prepararon las misiones de Bolivia y el Paraguay y la evangelización de la selva.

Aparte de la magia del paisaje, son poblaciones que aún conservan un estilo de vida muy unido a la Naturaleza, regido por el lago y las montañas que lo circundan. Llama la atención, dada su arquitectura de casas bajas, los imponentes edificios de sus iglesias.

Chucuito★

(A 18 km; 25.000 habitantes), que en aymara significa "monte de oro", debe su nombre sin duda a las fuentes que manan en las faldas del monte Atoja, donde los primeros pobladores de la ciudad, de la cultura Pucara (1500-200 a.C.), fundaron un santuario. Tras la caída del imperio Tiahuanacao, en Chucuito se establecieron los lupacas, el principal pueblo aymara, que establecieron en ella su población principal. Posteriormente fue invadida por los incas, época de la que data el recinto sagrado de **Inca Uyu,** llamado **"Templo de los falos".** Tal como hoy se ve, con los 20 o 30 falos de 1 m de altura clavados en la tierra, es producto de las excavaciones de 1971. El recinto, rodeado de un muro, conserva la parte de pared que no fue destruida para aprovechar sus piedras en la construcción de las iglesias; mide 20 m x 10 m y, por su orientación, tuvo que ser un lugar desde el que se calculaban las estaciones del año y un templo dedicado a la fertilidad de campos, animales y hombres. Los "falos" estaban clavados en las paredes del recinto, con el bálano hacia dentro.

Cerca está la **iglesia de Santo Domingo,** empezada a construir ya en 1550. En la plaza, varios edificios muestran la importancia que tuvo Chucuito en la época colonial, cuando era el centro que administraba los impuestos y las minas del Collao. Quedan en pie las fachadas de la **Casa de las Cajas Reales** y de la **Gobernación,** que fueron quemadas durante la revolución de Tupac Amaru II en 1780. En la plaza hay también un **rollo,** convertido en reloj de sol, desde el que se daban bandos o servía de picota para los castigos de la Inquisición, una **Cruz de la Inquisición** y, dentro el atrio de la iglesia, limitado por una gran arcada de reciente factura, otra **Cruz de la Catequesis,** a cuyo pie se catequizaba. La **iglesia de la Asunción** fue construida entre 1590 y 1610.

Desde la casa de las Cajas Reales se llega, siguiendo la calle, a una glorieta rodeada de arcadas, desde donde se ven los campos y el lago Titicaca. Era el lugar en que los lupacas celebraban sus ritos de cosecha.

El cerro protector de Chucuito es el **Atoja,** a 667 m sobre el Titicaca, en cuya cumbre hay dos santuarios en los que los lupacas veneraban a sus antepasados.

Acora (a 36 km de Puno) e **Ílave** (a 58 km) tienen también importantes iglesias. La portada de **San Pedro,** en Acora, es mudéjar, y en su interior se conserva un magnífico **retablo** de 1771. En Ílave, **San Miguel** tiene una sacristía isabelina, en tanto que **Santa Bárbara** cuenta con un pórtico decorado con santos esculpidos.

Cerca de **Julí**★★ (a 85 km; 25.000 habitantes) se conservan los restos de la población lupaca. La ciudad colonial fue fundada en 1565 por García de Castro para que se asentaran soldados y frailes dominicos. Las "catedrales" de Julí muestran la importancia que tuvo la ciudad durante la Colonia. Aquí establecieron los jesuitas su seminario y se instaló una imprenta donde se publicaron catecismos y gramáticas de aymara y de quechua. En sus iglesias está lo mejor de la obra del pintor Bernardo Bitti. En 1767, con la expulsión de los jesuitas del territorio español y el agotamiento de las minas del altiplano, la ciudad entró en decadencia. En la Plaza de Armas se conserva la portada renacentista del **Colegio Mayor para Lupacas Nobles** (1734). Enfrente está la **iglesia de San Pedro,** construida por los dominicos a mediados del siglo XVI. En la reforma que le hicieron los jesuitas en 1767, se le añadieron las bóvedas de piedra. La torre se eleva desde el suelo en 3 niveles: el bajo, de piedras sencillas, el mediano, de piedra sillar y el superior es un afiligranado campanario.

Enfrente de la iglesia está, semiderruida, la casa del corregidor Zavala. La **iglesia de San Juan de Letrán** era también un templo empezado por los dominicos, en el que los jesuitas construyeron el pórtico lateral, el crucero, la capilla mayor el baptisterio y gran parte de los ornamentos. El techado y sus adornos de paños son obra de los dominicos. El altar mayor, de plata oscurecida por el tiempo, tiene un relieve de San Ignacio mostrando al crucificado y otro mostrando a la Virgen. Quedan tres cuadros de Bernardo Bitti: *El bautismo de Jesús,* restaurado, y copias de otros dos robados, *Santa Catalina* y *Santa Bárbara.* En el altar lateral cuelga otro lienzo de *San Juan,* obra de Diego de la Puente, que también pintó *La Magdalena,* su obra más hermosa. En un altar lateral se ve representado a uno de los mecenas, el cacique Chique, junto a su mujer. En la sacristía hay figuras de santos de yeso y maguey.

Cerca quedan las ruinas de la **iglesia de la Santa Cruz,** de principios del siglo XVII, con pórtico columnado y muy adornado. Su interior es un espacio sin techo, mordido por la vegetación que se enreda en las volutas y esculturas barrocas, formando un jardín encantado cuya visita merece la pena. Las llaves las guarda el vigilante de San Juan.

La **iglesia de la Asunción,** construida en la plaza en 1620, tiene una torre del siglo XVIII, a la que se puede subir, y, en su interior, pendiente de restauración, ventanas de alabastro ayacuchano y, donde estuvo el altar mayor, un relieve de "La Asunción", atribuido a Bernardo Bitti, que también tiene otro cuadro en este templo: *La coronación de la Virgen.* Se exponen además tres cuadros del jesuita flamenco Diego de la Puente: *La Anunciación, la tentación de Cristo* y la *Adoración de los Reyes,* con detalles poco convencionales: la Virgen está embarazada, el diablo esconde sus pezuñas y uno de los Reyes Magos es inca.

Pomata★

(A 110 km; 25.000 habitantes), sobre una meseta desde la que se divisa el lago, se llama a sí misma "balcón filosófico del altiplano", un apelativo que no parece responder a huellas del pasado, sino que es una invitación a contemplar la serenidad del paisaje desde los miradores de la ciudad, a los pies del pueblo.

Entre la masa de casas destaca la mole de la **iglesia de Santiago,** construida por los jesuitas con planta de cruz latina en 1726 y con profusa decoración en los pórticos. Adornan la cúpula relieves de bailarinas aymaras y, en el interior, la abigarrada decoración de las ventanas obtiene su mejor realce con la luz tamizada del alabastro huamanguino. El pórtico renacentista tiene columnas salomónicas adornadas de flora local (papayas, bananas, unicornios, vizcachas, papagayos...) y el emblema de Santo Tomás de Aquino: un sol con rasgos humanos, que es tanto un símbolo de la escolástica como una alusión a las mitologías del Titicaca. El relieve de un puma y otros animales como gárgolas recuerdan que el nombre del pueblo es Puma-uta ("casa del puma"). La Virgen de Pomata fue un importante centro de peregrinaciones y sirvió de modelo iconográfico para muchas imágenes religiosas de la región.

Desde **Yunguyo,** en el istmo de la península que separa la parte grande del Titicaca de la parte pequeña, llamada Huiñaymarca ("país del sueño"), se puede llegar hasta la zona boliviana del Titicaca, centro de la cultura Tiahuanaco. Para ello hay que pernoctar en Copacabana (a 147 km de Puno). Hay posibilidad de hacer excursiones a la isla del Sol y de la Luna. Cada una de ellas se lleva una jornada entera.

Copacabana, situada al borde del lago, fue centro de la cultura chiripa en el año 400 a.C. Desde aquí partían las peregrinaciones a la isla del Sol. Hoy es centro de peregrinaciones católicas por su **Virgen Negra,** llamada también Calendaria o Madona del Lago.

Desde el puesto fronterizo de **Desaguadero** *(abierto sólo de 8 h a 12 h y de 14 h a 18 h)* hasta Tiahuanaco hay 43 km, y 120 km hasta La Paz.

TRUJILLO

700.000 habitantes

Fundada en la desembocadura del Moche, río que da nombre a la cultura mochica, Trujillo es la mayor urbe de la costa norte y la ciudad más limpia del Perú. El centro antiguo, cuidadosamente reconstruido tras numerosos terremotos (el más terrible de todos, el de 1970) y catástrofes, es un auténtico museo de imagen colonial. Capital del departamento de La Libertad, en Trujillo se inició la independencia de las colonias en 1820. Con una temperatura sumamente agradable y sin lluvias, lo que le ha dado el sobrenombre de "ciudad de la primavera", cuenta en sus alrededores con buenas playas y yacimientos arqueológicos mochicas y chimús. Los trujillanos tienen fama de arrogantes y, si esto fuera verdad, les sobrarían razones.

Historia

Diego de Almagro, encarnizado rival de Pizarro, encargó a su capitán Diego de Estete que fundara una ciudad en 1534, en el fértil valle del Moche, donde sólo había construcciones de adobe, y le dio el nombre del pueblo natal de Pizarro, Trujillo, para congraciarse con su antagonista. Tres meses después de fundar Lima, el propio Pizarro la inauguró oficialmente; dos meses más tarde, ambos conquistadores firmaron un pacto de amistad por el que se comprome-

tían a defenderse mutuamente de las exigencias de la Corona y a repartirse amistosamente el botín de la conquista. Trujillo fue pronto asentamiento de apellidos hispanos –Torre Tagle, González Orbegozo, Ganoza, Barúa, de las Torres, Pinillos–, a los que Pizarro dio encomiendas de tierras e indios para que explotaran las plantaciones de caña de azúcar del valle. De esta herencia, el centro antiguo de la ciudad sigue siendo reducto noble con poco movimiento de negocios en sus calles y pocos indígenas entre sus habitantes. Los barrios exteriores son otra cosa. A finales del siglo XVII, cuando Trujillo vivía su mayor esplendor, se construyó una muralla para defenderla de los piratas.

En 1820 fue la primera ciudad que se declaró independiente de la Corona española, proclamada por el marqués de Torre Tagle, y durante algunos años se llamó Ciudad Bolívar. En 1824 se fundó la Universidad, la más importante del norte de Perú.

Emparentándose entre sí, estas familias trujillanas no supieron explotar la feraz agricultura de los ingenios del valle que, desde la independencia hasta principios del siglo XX, fueron comprados por extranjeros, como los italianos Larco y los alemanes Gildemeister, que intentaron monopolizar el azúcar peruano y que, en 1914, se habían adueñado prácticamente del puerto de Chicama. Hacia 1930, en esta ciudad, cuyo orden se mantenía a fuerza de policía, surgieron cenáculos políticos y un trujillano, Haya de la Torre, fundó el partido APRISTA, nacido bajo el signo del socialismo. En 1931 hubo fuertes repre-

Trujillo de noche

siones. Muchos campesinos de Paiján y Chócope cayeron bajo las armas de los sicarios del orden. En 1932 muchos trujillanos fueron fusilados en los muros de adobe de Chan Chán. Durante la segunda mitad del siglo XX, el centro antiguo ha sido reconstruido con sumo cuidado.

VISITA

Plaza de Armas (B2). Sin grandes maravillas en el interior de sus edificios, Trujillo mantiene, a pesar de los terremotos, una imagen colonial celosamente reconstruida, calles con fachadas de ventanas enrejadas y miradores de madera con celosías. La plaza de Armas, amplia, rodeada de casas coloniales, tiene en el centro un **Monumento a la Libertad** (Edmund Moeller, 1929), que recuerda que fue la primera ciudad peruana en independizarse de España en 1820. El monumento provocó una polémica, pues el obispo limitó su altura para que no sobrepasara a la catedral. Está rodeado de alegorías del Arte, el Comercio, la Ciencia y la Salud Pública y, más abajo, tres estatuas que representan la lucha del hombre por la libertad.

Junto a la Municipalidad, está la **Casa Urquiaga o Casa Calonge** (B2, Jr. Pizarro, 446; *visita, de lunes a domingos, de 9.30 h a 15 h; sábados y domingos hasta las 11.30 h),* pintada de azul, donde residió Bolívar en 1820 y aún conserva el escritorio que utilizó. Restaurada en 1972, la mansión republicana guarda colecciones de cerámica, pinturas y mobiliario rococó de la época virreinal. En una de las salas se ha reconstruido una habitación de la época republicana.

En la esquina contigua (Independencia con Almagro) está el antiguo **convento jesuita** (B2), actual Universidad, en la que sirve de Aula Magna la **iglesia de la Compañía,** construida en 1634 por el jesuita Diego de la Puente, que conserva restos de sus frescos originales. El lado noroeste de la plaza lo forma un armónico conjunto de tres casas inspiradas en el siglo XVIII, entre las que destaca por su portada de madera y sus cuidadas rejas, la **Casa de Bracamonte** (B2, Jr. Independencia, 441), que fue residencia del independentista General José María Lizarzaburu. En el mismo lateral está la galería de arte *Etxebandes.*

Otro lateral completo de la plaza lo ocupan la catedral y el palacio arzobispal, pintados de fuertes colores, amarillo y azul, respectivamente. La **catedral** (B2), construida entre 1622-1647 después de que un terremoto destruyera la iglesia anterior, volvió a sucumbir bajo el terremoto de 1919, que destruyó gran parte de la ciudad. Aun así, el templo conserva su **coro** tallado en el siglo XVIII en cedro de Nicaragua y pinturas coloniales de valor, como *La Crucifixión, El éxtasis de Santa Teresa* o *El esclavo de la Eucaristía y Santo Toribio.* Al lado, en una dependencia del **Palacio Arzobispal,** hay un **Museo de Arte Catedralicio** *(visita, de lunes a sábado, de 8 h a 14 h y de 16 h a 20 h),* con el techo artesonado de madera

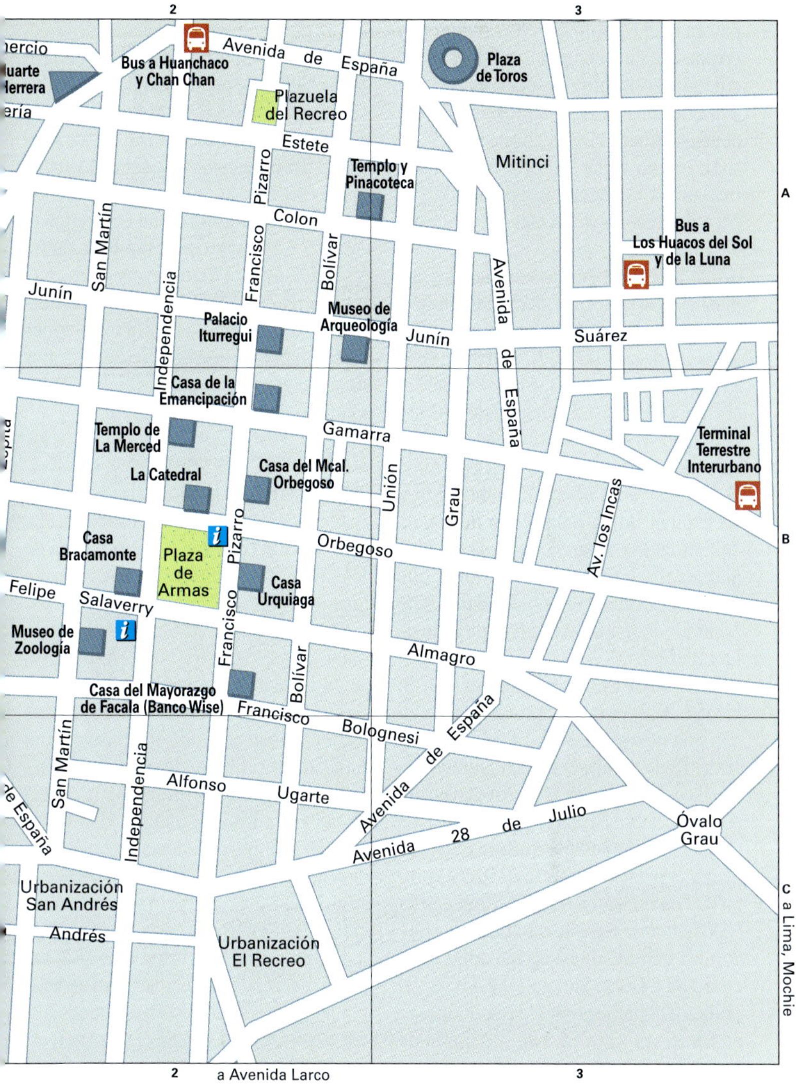

policromada. En su interior conserva imaginería religiosa, retratos de obispos en la sala capitular, y la cripta que sirvió de cementerio para obispos y virreyes, decorada con pinturas murales.

La **Casa Pinillos** (Esquina Pizarro/Almagro) conserva el balcón de celosías de estilo mudéjar, original del siglo XVI.

Casonas e iglesias en jirón Pizarro

Las calles que salen de la Plaza de Armas son las que concentran mayor número de fachadas interesantes. En el jirón Pizarro, que forma uno de los laterales de la plaza, están la **Casa del Mayorazgo de Falcalá** (B2, Jr. Pizarro, 314/Jr. Bolognesi), que tiene un balcón esquinado de estilo mudéjar y grandes rejas en las ventanas bajas. Sus habitaciones, con los artesonados más bonitos de Trujillo, han sido convertidas por el Banco Wiese en galería de arte; en el segundo patio conserva el pozo artesiano inspirado en los huanchaques precolombinos, con una escalera de bajada al aljibe. Enfrente de ella está la **iglesia de Santo Domingo** (1638-1652), con una fachada organizada horizontalmente; es la única iglesia con torres gemelas de Trujillo; su cúpula tuvo que ser reconstruida tras el terremoto de 1970. En su interior destacan el **retablo** del altar mayor y la **cripta** decorada con pinturas murales. El contiguo **convento dominico** es anterior a la iglesia (1535). Después de la independecia quedó cerrado hasta 1942.

La **iglesia de La Merced** (B2, Jr. Pizarro, cuadra 5), era originaria del siglo XVI, pero fue reconstruida tras el terremoto de 1619, desplazando el edificio al interior de una manzana en la que se abre una plazuela. Su fachada e interior son barrocos, con relieves policromados en las pechinas de la cúpula, un órgano del siglo XVII que debió de costar mucho traer, y el altar que había en la iglesia de la Compañía, convertida en universidad. En el lado de la epístola hay una talla polícroma de la *Virgen de la Merced* (siglo XVI) y en las capillas laterales, motivos de la vida de San Pedro Nolasco, fundador de los mercedarios. El antiguo convento, que cierra la plazuela, es actualmente Corte Superior de Justicia del departamento de La Libertad.

La **Casa de la Emancipación** (B2, Jr. Pizarro, 610) es un edificio del siglo XVII con una historia movida: el Marqués de Torre Tagle planificó en ella la independencia de la ciudad en 1820. Tres años después, se celebró en ella el primer congreso nacional. Luego sirvió de palacio de gobernación y palacio arzobispal. Hoy es propiedad de un banco, y se celebran en ella exposiciones. Tiene dos patios a los que dan las habitaciones; una de ellas, está dedicada a **César Vallejo** (1892-1938), el gran poeta peruano nacido en Santiago de Chuco (a unos 80 km, ¡10 horas de viaje!), que estudió en Trujillo y vivió en una arruinada casa que hace esquina en las calles Orbegozo/San Martín.

En la misma cuadra está el **Palacio Iturregui** (A2, Jr. Pizarro, 668), una hermosa mansión de estilo neoclásico, con amplios patios columnados y rejas forjadas con motivos botánicos, construida en 1842 por el acaudalado Manuel Iturregui, prócer lambayecano de la independencia, que en él celebró sus tertulias conspirativas. Actualmente es sede del *Club Central,* y sólo se permite la entrada hasta el primer patio.

Al final de la **calle Pizarro** (cuadra 10) está la **Plazuela El Recreo**★ (A2), urbanizada en 1986, en conmemoración del 450 aniversario de la fundación de Trujillo. En ella se puso la fuente de mármol de la sierra de Carabamba que antes adornaba la Plaza Mayor. Se plantó con ficus para dar sombra, se dejó a la vista la caja de distribución del agua que alimentaba los solares en la época colonial y se reconstruyó la puerta de la muralla por la que se va a la sierra. Esta muralla, que hoy ocupa la Avenida España (se conservan paños entre las cuadras 11 y 17), se construyó en 1689 bajo la dirección del italiano José Formento, como defensa contra los ataques corsarios y de los frecuentes levantamientos de esclavos e indios que trabajaban en las plantaciones azucareras del valle.

Otras casonas y templos

A la izquierda de la catedral sale la **calle Independencia,** paralela a Pizarro; en ella están la **Casa Ganoza Chopitea o Casa de los Leones** (Independencia, 630; *visita, de lunes a viernes, de 9.15 h a 12.30 h y de 16 h a 18.30 h; sábados, de 9.30 h a 12 h),* un palacio considerado como el más representativo del estilo arquitectónico trujillano. Tiene un frontón rococó con dos leones, un balcón mudéjar y una ventana estilo imperio, formando en conjunto una de las fachadas policromadas más bonitas de la arquitectura colonial. El interior sirve de ejemplo de cómo era la distribución de las habitaciones de estos palacios. Junto a ella está la **Oficina de información turísitica** (B2).

La **iglesia de San Francisco** (B2, esquina Independencia/Gamarra) es un templo barroco construido en el siglo XVIII, en cuyo interior destacan el **altar mayor,** los **retablos** barrocos y el **púlpito,** desde el que San Francisco Solano predijo el terremoto de 1619, que también asoló la iglesia. En el interior se conserva una **talla** del melómano santo tocando el violín ante los fieles. El convento contiguo está convertido en un **colegio** donde impartió clases el poeta César Vallejo.

El **Monasterio de Santa Clara** (A2, Jr. Independencia/Jr. Junín) es un templo de la época republicana que conserva tres retablos y un púlpito sobredorado.

También en el jirón Almagro hay algunas casonas, como la **Casa Cavero** (Jr. Almagro, cuadra 4), actual sede de la Prefectura. En la esquina del Jr. Almagro con Jr. Ayacucho, se encuentra la **iglesia de Belén** (1680-1708), y en la cuadra 4 de Jr.

LAS CULTURAS MOCHE Y CHIMÚ

Los expolios de los huaqueros y las catástrofes naturales han borrado muchas huellas de la cultura Moche (200 a.C - 600 d.C.). Floreció en los valles de la costa norte de Perú, entre los ríos Lambayeque y Nepeña, pero su centro principal estaba en el río Moche y en el Chicama. Hablaban un idioma propio, el "mochic", y su economía estaba basada en la agricultura: construyeron sofisticados sistemas de riego y utilizaron abonos orgánicos, entre ellos guano, que traían desde las islas Ballestas.

Su arquitectura era de adobe. De ella se conservan centros religiosos importantes, como las Huacas del Sol y de la Luna *(en la imagen)*, cerca de Trujillo y las Huacas del Brujo, cerca de Magdalena de Cao. También se conservan restos de fortificaciones situadas en los montes que dominan el valle. A medida que se excavan estos edificios, aparecen testimonios de una sociedad dominada por sacerdotes y con un fuerte ejército que sacrificaba a los enemigos vencidos. Adoraban a un terrible "Dios-Degollador", Ai-Apaec, cuyos testimonios más sobrecogedores se han encontrado en la Huaca El Brujo. Los moches trabajaron el oro y otros metales, pero el gran tesoro que nos legaron fue su inigualable cerámica.

Dos siglos después del ocaso de la Cultura Moche, irrumpió en los mismo valles la Cultura Chimú (850 d.C.-1440 d.C.), un pueblo de misteriosos orígenes. La primera noticia escrita que se tiene del reino Chimú y de su capital, Chan Chan, la recogió de la tradición oral un cronista desconocido, que escribió en 1608, casi un milenio después de los hechos, la *Historia anónima de Trujillo:* "No se sabe de dónde hubiese venido, mas dio a entender que un gran señor le había enviado a gobernar esta tierra de la otra parte del mar. Los polvos amarillos que usaba en las ceremonias y los paños de algodón con que traía cubiertas las partes vergonzosas son muy conocidas en estas tierras y las balsas de palos eran como las que se usan en la costa de Tumbes, y por eso se presume que dicho indio no era de parte muy remota..." Su nombre era Tacaynamo y fue el primer soberano de los diez reyes que tuvo la dinastía Chimú. El último, Minchancaman, fue derrotado por el inca Tupac Yupanqui, que destruyó la ciudad y dividió el reino, "matando mucho número de indios por la resistencia que le hicieron y quitándoles el oro, plata y otras cosas que tenían y se llevó consigo a dicho Michancaman a Cuzco, donde le casó con una hija suya, y como tuviese noticia de que dicho Michancamán tenía un hijo llamado Chumuncour, que estaba con su madre, le mandó que viniese a gobernar esta tierra en lugar de su padre, con orden de que le tributase, y cada año le enviaban oro y plata y otras cosas y mujeres, hijas de los caciques, hasta que los españoles vinieron..."

Ayacucho, la **Casa Bahamonde,** con adornos múdejares en su fachada.

En Jr. Bolívar, 118, se encuentra la **Casa Aranda,** que perteneció a los Condes de Aranda; conserva su barroca portada con columnas salomónicas.

Fuera del centro está la **iglesia de Santiago de Huamán** (siglo XVII), con portal renacentista, sirenas con guitarras, Cupidos y niños en túnica que rodean a los santos: Jesús, el Baustista, la Virgen de la Merced, San Ramón Nonato, San Pedro Nolasco y Santiago Matamoros.

En la **iglesia de Santa Ana** (B2, Esquina Orbegozo/Zepita), donde se dice que está enterrado el último rey chimú, Cajacimcím, que estaba en el trono, ya sometido por los incas, cuando llegaron los españoles. Una vez bautizado, se llamó don Martín Cajazinzín. Según cuenta la *His-*

toria anónima de Trujillo (1608): "la propia noche siguiente, los yndios sacaron el cuerpo de la sepultura y lo llevaron a su entierro a donde esté." La iglesia, que tiene traza sencilla, es la más antigua de Trujillo y, durante los tiempos de discriminación colonial, fue una "iglesia de indios".

Museos

Museo Arqueológico★ (A2, Esquina Jr. Ayacucho 682/ Jr. Junín; *visita los lunes, de 9.30 h a 14 h; de martes a viernes, de 9.15 h a 13 y de 15.30 h a 19 h; sábados y domingos, de 9.30 h a 16 h)*. Instalado en a un edificio colonial de principios del siglo XVIII, que aloja la colección arqueológica de la Universidad. La casa, que tiene un patio forrado de caoba, merece por sí misma una visita. Perteneció a una familia de indios del valle del Santa y en 1984 fue vendida al apellido que le da nombre. Desde 1995 alberga el museo. La colección, organizada en siete salas, da un repaso a las culturas de la costa norte de Perú, situándolas en su contexto histórico y geográfico. De la cultura Cupisnique se expone una documentación de la Huaca Caballo Muerto, en el valle del Moche, que es de difícil acceso, así como una reproducción del friso de los prisioneros de la Huaca Cao Viejo de El Brujo. El museo se completa con ejemplares de cerámica mochica, salas dedicadas a Chan Chan y varias salas en las que se expone el expolio recuperado de una tumba chimú del último periodo de la Huaca de la Luna.

Figura de cerámica moche del Museo Arqueológico.

Museo del Juguete (Jr. Independencia, 713; *visita, de lunes a sábado, de 10 h a 18 h)*. Ubicado en el primer piso de una casa muy bien restaurada, es un pequeño museo en el que, entre casas de muñecas, trenes y caballitos de la época colonial, hay algunos juguetes de traza precolombina que resultan sumamente curiosos. En el inmueble hay, además, un buen café y una buena librería.

Pinacoteca del Carmen (A2, esquina Jr. Bolívar/Jr. Colón; *visita, de lunes a sábados, de 9 h a 13 h)*. Una de las mejores iglesias de Trujillo es la **iglesia del Carmen** (1725-1759), de sencillo exterior, que conserva cinco altares churriguerescos y, sobre el techado del púlpito, una talla de San Juan de la Cruz. En el contiguo convento, que tiene dos claustros, está la **pinacoteca del Carmen,** que alberga algunos muebles y un centenar de pinturas de los siglos XVII y XVIII, entre las que destacan 16 cuadros de la *Vida de la Virgen,* de la escuela cuzqueña y lienzos de la escuela quiteña, como un *Arcángel* y una *Dolorosa* de José de la Cruz (1746).

Museo de la República (B2, Jr. Orbegozo 533, entre Pizarro y Bolívar; *visita, de lunes a sábados, de 9 h a 12.30 h y de 16 h a 19 h)*. La **Casa del Mariscal Orbegozo,** actualmente Museo de la República, es un sobrio edificio colonial de pisos empedrados, puertas trabajadas y salones que se abren al primer patio desde una galería. En el segundo patio está, como era usual, el abastecimiento de agua de la casa y, además, restos de un molino. En el museo se conservan los muebles y enseres personales del trujillano Mariscal Orbegozo, presidente del Perú entre 1833-1838, que era el propietario de la casa.

Museo José Cassinelli★★ (f.p., en las afueras de Trujillo. Gasolinera de la Av. Nicolás de Piérola, 607; *visita, de lunes a sábado, de 9 h a 13 h y de 15 h a 18 h)* tiene un emplazamiento tan inusitado como su colección, que se expone en el sótano (unos 100 m^2) de una gasolinera. En estanterías de madera, protegidas por una malla de alambre, se amontonan objetos de piedra, madera, hueso y metal, pero sobre todo un cúmulo de piezas de cerámica de las culturas de la costa norte peruana, entre las que sobresalen las vasijas moches que uno puede ver como si estuvieran en el desván de una casa particular. Sólo por esta forma de exposición ya se les presta una atención especial. Además, las explicaciones del celador, colaborador sempiterno de Cassinelli, contribuyen a dar nuevas dimensiones a los retratos y escenas de la sociedad moche: rostros expresando actitudes anímicas; otros que constituyen un inventario de enfermedades... Las diferencias entre uno y otro periodo, tan abstrusas para los legos, cobran con sus interpretaciones un significado nuevo. Al final, en un armario, se guardan las piezas más lúbricas, como representaciones de actos sexuales y personajes priápicos. Entre las piezas más llamativas, la momia mochica de una niña rubia con deformaciones genéticas que mide unos 15 cm. El señor Cassinelli Mazzei reunió su colección a lo largo de 50 años y busca un patrocinador que le ayude a construir un museo, para el que el ayuntamiento de Trujillo no ofrece mejor lugar.

ALREDEDORES

Las huacas mochicas

Huacas del Sol y de la Luna★★ *(a 6 km, en el río Moche; minibuses desde la cuadra 4 de la calle Gálvez; visita, de 9 h a 16 h).* Cerca del río Moche, a 6 km del mar y 8 de Trujillo, están los monumentos más importantes que se conservan de la Cultura Moche. Son dos montañas de adobe casi tan grandes como el monte natural que tienen al lado, el Cerro Blanco. La pirámide conocida como Huaca del Sol mide 345 m de longitud por 160 m de anchura y 42 m de altura. Durante la colonia fue sistemáticamente expoliada, e incluso se llegó a desviar el río Moche en 1602 para que lavara la pirámide. El resultado fue desastroso, pues el río se llevó gran parte del edificio y en su interior no se descubrió ningún tesoro metálico, porque la gran riqueza de los Moche es su alfarería. Max Uhle, que la excavó en 1900, encontró 3.400 objetos de cerámica, que se conservan en el museo de Berkeley, en California. La pirámide es una construcción maciza. Se ha calculado que para su construcción se debieron fabricar unos 140 millones de adobes, todos hechos con molde y "firmados" con la marca de su fabricante, seguramente para establecer un control de producción. En la Pirámide del Sol se han hallado hasta 96 marcas distintas, cada sección con la misma marca.

A 500 m de la Huaca del Sol hay otra pirámide de dimensiones más pequeñas y camuflada al pie del Cerro Blanco, que se ha llamado **Huaca de la Luna.** Las excavaciones que se llevan a cabo actualmente en esta huaca permiten comprender muy bien cómo se construyeron estas pirámides a lo largo de 800 años. La base de la Huaca de la Luna sólo mide 290 m longitud por 210 m de anchura y, hacia dentro, tiene forma de pirámide invertida. El espacio interior se componía de plazas, pasadizos y cámaras y, cuando se "gastaba" –es decir, cuando se acababa su función, porque sus cámaras se hubieran deteriorado o llenado de enterramientos o simplemente porque la dinastía había cambiado–, ese nivel se llenaba de adobes y se creaba otro encima que tenía la misma distribución, aunque cambiaba la orientación. Así hasta seis veces. Las paredes de todos los niveles están decoradas con la careta del dios **Ai Apaec** –un dios de iconografía de Chavín de Huántar–, encerrada en un rombo y representada, según las épocas, con distintos grados de abstracción, pero siempre con fuertes tonos ocres y rojos. Cuando hacia el año 900 la cultura Moche sucumbió, la élite del reino Chimú (900-1400) siguió utilizando la huaca para sus enterramientos. En su época de más auge, entre los años 450 y 650 d.C., la Huaca de la Luna tenía la entrada por el lado norte de la plaza principal, donde se han hallado restos de sacrificios humanos. Por su grado de calcinación, se sabe que los cadáveres se dejaban expuestos al sol mucho tiempo. Estudios del ADN de las dentaduras, han demostrado que las personas sacrificadas no eran enemigos o extranjeros, sino que pertenecían a la misma etnia.

Bajo la gran explanada de 500 m que hay entre las dos pirámides estaba el barrio noble de la ciudad, con calles de 1,80 m de anchura, que desembocan en plazas de unos 20 m de lado. Las calles están provistas de una acequia para el agua, y se supone que había una gran avenida que separaba este barrio noble de los barrios donde habitaba la gente común, que están extendidos por la llanura del río Moche.

En el **centro de documentación** pasan un vídeo explicativo. Además, hay bar y tienda y las visitas son guiadas por estudiantes de arqueología que pertenecen al equipo que trabaja allí.

En la ciudadela de Chan Chan destacan las paredes de adobe, con más de 7 m de altura, y las decoraciones simétricas y perfectas de algunos de sus frisos.

Chan Chan★★

(Carretera de Trujillo a Huanchaco; *visita diaria, de 9 h a 16 h).* La carretera a Huanchaco pasa por delante del museo de sitio de Chan Chan, a 5 km de Trujillo, pero aún falta hasta las ruinas 1,5 km de inhóspito camino, entre montes de tierra marrón y tapiales semiderruidos. Este camino era una de las calles o accesos de Chan Chan, una gigantesca ciudad de adobe, de 6 km^2, que estaba formada por 10 grandes recintos amurallados, llamados ciudadelas, y barrios de viviendas y pirámides. Alrededor de la población, entre los campos de cultivo y el mar, hay edificios menores con las paredes derribadas, caminos, canales, murallas y cementerios, ocupando una extensión de 20 km^2.

Chan Chan, capital del reino de Chimú (o Chimor), se empezó a construir hacia el año 850 d.C. y, por sus dimensiones, debió de tener una importancia grandísima. Sin embargo, las crónicas de la conquista no hablan de ella; por eso se supone que los incas la debieron destruir cuando la conquistaron hacia 1470, incluso después, a causa de algún levantamiento. Por ello los españoles que llegaron con Pizarro en 1532 no repararon en estos montones de adobe que tal vez estaban habitados, pero por poca gente. Durante la época virreinal, Chan Chan siguió siendo saqueada, ya que se creía que ocultaba algún tesoro entre sus muros y, aunque no hay datos concretos, se dice que éste fue el origen de alguna fortuna trujillana.

En el siglo XIX, cuando la arqueología se convirtió en ciencia, Chan Chan despertó el interés de numerosos investigadores que la excavaron y cartografiaron; entre otros, Max Uhle, Squier, Bandelier, Middendorf, Tello, Velarde… Las ciudadelas fueron bautizadas con sus nombres, de las que actualmente sólo se puede visitar la ciudadela que excavó el arqueólogo suizo Jakob von Tschudi en 1890.

La **Ciudadela Tschudi** tiene las mismas características que las demás. Protegida por altas murallas, es rectangular, orientada de norte a sur y sólo tiene una puerta, por lo que se supone que el acceso estaba muy controlado. El enorme espacio interior (entre 8 ha y 22 ha; la mayo-

ría mide unas 14 ha) está dividido en tres sectores, tal como solía hacerse en la cultura Huari de Ayacucho: en el *sector de la entrada,* se accede por largos pasillos a una gran plaza cerrada provista de poyetes apropiados para sentarse. Tiene una salida en rampa hacia el sur que conduce a la zona de depósitos o de "audiencias". Estos depósitos, construidos con planta en forma de U, debieron de albergar a algún funcionario o contable de los bienes que allí se guardaban. En el *sector central* hay más almacenes y una plataforma funeraria en forma de pequeña pirámide truncada, en la que se enterraba al dueño de la ciudadela. Todas estas huacas fueron esquilmadas y saqueadas ya en tiempos de los incas. En el *sector sur* hay vestigios evidentes de viviendas: cocinas, dormitorios y el pozo de agua. Los relieves y zócalos que adornan sus muros con motivos geométricos, peces o aves, fueron hechos con moldes.

Además de las 10 ciudadelas, había otros edificios repartidos en barrios: el barrio noble está formado por construcciones que repiten la distribución de las ciudadelas (orientación, almacenes, patios, pozo, etc.), pero con menores dimensiones.

En la zona periférica del sur y del oeste estaban los barrios populares, de arquitectura mucho más modesta y distribución desordenada. En sus casas se han descubierto restos de fogones y cerámica utilitaria y, en muchas, huellas de haber tenido un taller artesanal de un alfarero, carpintero, tejedor u orfebre.

De los 140 pozos que abastecían de agua a Chan Chan, el 60 por ciento estaba en la parte monumental, el 12 por ciento en los barrios residenciales y el resto en los barrios marginales, aunque en ellos vivía más del 90 por ciento de la población, que, se cree, llegó a contar con más de 30.000 habitantes.

De todo esto se deduce que la sociedad chimú tenía clases sociales bien marcadas. Su urbanismo estaba inspirado en las ciudades de la cultura Huari; por los restos de telas y adornos de plumas de aves de los enterramientos, se sabe que tuvieron contactos con los pueblos de la selva, pero parece que nunca lograron adentrarse en ella. El área de influencia Chimú llegó a extenderse desde Tumbes, al norte, hasta el callejón de Huaylas, al sur, y su centro indiscutible era Chan Chan, que estaba comunicada con otros

EL VIRINGO, PERRO SIN PELO DEL PERÚ

En todos los museos y sitios arqueológicos de la costa peruana, hay un perro viringo, que constituye un auténtico eslabón con las culturas del pasado. Los viringos son parecidos a los perros europeos, pero en vez de pelo, tienen una estopilla pegada al lomo, a la cabeza, o al final

de la cola; tienen el morro largo como un lebrel, pero arrugado, y hasta su forma de ladrar es diferente. Su color varía del negro al canela.

Hay viringos representados en la cerámica de todas las culturas de la costa, desde los Nazca a los Vicús. E incluso, en la tumba del Señor de Sicán, cerca de Chiclayo, se encontró un viringo a los pies de su amo, porque tenían la misión de conducir a los muertos a la otra vida. Se les atribuía propiedades curativas, que aún son del acervo de la medicina popular: su cálida piel es un buen remedio contra los resfriados; su grasa, una eficaz pomada contra el reúma; sus lametones cicatrizan las heridas y sus orines quitan las verrugas. El Inca Garcilaso dice, que cuando había eclipse de luna, los Chimú los hacían aullar para que la llamasen. Actualmente son especie protegida.

centros más pequeños, de producción de cultivos o de pesca, por una excelente red de caminos que luego fue aprovechada por los incas.

El **Museo del Sitio** documenta la historia de esta parte de la costa, desde los primeros nómadas de Paiján, hasta los habitantes urbanos de Chan Chan: dibujos isométricos, maquetas, dioramas y hallazgos arqueológicos, artesanía y caballitos de totora.

Las huacas chimús

La ciudad de Chan Chan se extendió hacia donde hoy día está Trujillo y, en los alrededores se conservan dos huacas chimús: la **Huaca la Esmeralda** (unos 3 km antes de llegar al Museo de Sitio de Chan Chan, a 300 m de la carretera Trujillo-Huanchaco, 3 cuadras detrás de la iglesia del barrio de Mansiche), es la peor conservada. Se trata de un santuario chimú del siglo XIII, decorado con relieves en el adobe. Fue descubierta en 1923 y muy dañada por *El Niño*. Conserva relieves en los muros con motivos marinos.

Mucho más bonita es la **Huaca del Dragón o del Arco Iris**★, que está a unos 2 km de Chan Chan, pero al otro lado de los campos cultivados; para llegar a ella hay que volver a Trujillo y salir por la Carretera Panamericana unos 5 km en dirección a Chiclayo. Se llama así por los relieves que adornan sus paredes, dispuestos en siete bandas y con representación de un dragón. La huaca tiene dos niveles: el bajo, compuesto por 14 cámaras, con funciones de almacén, y un nivel superior dedicado a ceremonias. Ambos niveles están unidos por una rampa. En el superior se hallaron esqueletos de llamas y de niños de unos diez años de edad.

Huanchaco★

Pasado Chan Chan se llega a Huanchaco (12 km desde Trujillo), un antiguo pueblo de pescadores y hoy la playa de Trujillo. En el malecón hay un mercadillo y abundan los restaurantes con menús de pescado. Apoyados contra la pared de la playa, una gran hilera de caballitos de totora puestos a secar al sol por los pescadores, que salen hacia las 5 h y regresan entre las 8 h y 16 h. En la parte alta del pueblo, sobre una huaca prehispánica, se construyó la iglesia en la que se venera la Virgen de Succor, traída a Perú en 1537, y el cuerpo incorrupto del deán Saavedra, fallecido en 1707. En Huanchaco hay muchos hoteles en los que se puede residir si no se desea pernoctar en el centro de Trujillo.

Excursión al Valle de Chicama (El Brujo)★

La primera cultura que se dió en la costa norte de Perú fue la cultura Cupinisque, que se extendió entre los río Virú y Lambayeque durante el milenio anterior a Cristo

(900-200 a.C.), es decir, contemporánea del santuario de Chavín de Huántar, un centro con el que estuvo relacionada.

La cultura fue identificada por el peruano Larco Loyle, en los valles de los ríos Cupisnique y Chicama, aunque se han hallado restos en lugares muy alejados como Piura, el callejón de Huaylas o, incluso, Ayacucho. Fue la cultura que creó el sustrato de las que después poblaron el norte costero de Perú: Moche y Chimú. Los cupisnique eran una sociedad agrícola gobernada por una élite. Adoraban a un dios con cuerpo humano y cabeza de felino y enterraban a sus muertos con un rico ajuar de cerámica y joyas. La cultura alcanzó un cierto grado de desarrollo en las tallas en hueso y piedra (granito, cuarzo, turquesas) con las que hacían orejeras, narigueras, agujas, etc. Su cerámica es un claro antecedente de la cerámica mochica.

Situada a 60 km (90 minutos) de Trujillo, a la **Huaca El Brujo** se llega por la carretera Panamericana en dirección a Chiclayo. Antes de llegar a Chócope se pasa por **Chiclín,** que fue la hacienda de la familia Larco y todo el pueblo es un homenaje al arqueólogo y hacendado que identificó la cultura Cupisnique en las excavaciones que hizo en "su" valle. En la plaza del pueblo hay una estatua de bronce del prócer, y también una alegoría del trabajo en mármol de Carrara, pues la familia Larco es de origen italiano. Cerca del edificio "estilo chimú", que Larco Herrera construyó para exponer su colección arqueológica antes de trasladarla a su museo de Lima, su sobrino nieto ha abierto el **Museo de Chiclín★** (Calle Buenos Aires; *visita diaria, de 9 h a 16 h),* en él se exponen muestras de cerámica de las culturas de la costa norte de Perú y una historia de la agricultura del valle del Chicama, centrada en las haciendas y plantaciones de caña de azúcar que esta familia poseyó entre 1872 y 1969, cuando los militares cooperativizaron la agricultura del valle. Los campos del Chicama ya estaban regados en los tiempos chimús por 90 km de acequias que aún se conservan.

Para llegar a la Huaca el Brujo, hay que desviarse de la carretera Panamericana a la entrada de Chócope y tomar hacia Magdalena de Cao por una carretera afirmada que tiene 18 km. **Magdalena** es un tranquilo pueblo de agricultores y pescadores, que espera despertar cuando el turismo descubra la Huaca el Brujo y se confirme el proyecto de la Ruta Mochica por los contornos. Mientras tanto, el alcalde ha abierto en el ayuntamiento una "Exposición Museográfica Municipal", en la que se muestran réplicas confeccionadas por un artesano local de algunos hallazgos arqueológicos, entre ellos, el terrible "Dios Degollador" moche.

Desde Magdalena de Cao hasta el **Complejo Arqueológico El Brujo★** hay 5 km por una pista. Recibe ese nombre porque, hasta mediados del siglo XIX, los maestros curanderos de la región hacían allí "mesadas", y lo cierto es que es un centro ceremonial que tiene casi 5.000 años de tradición. En un área de cerca de 2 km^2, entre edificios menores y barrios de viviendas, destacan tres pirámides. La más antigua de las tres es **Huaca Prieta,** situada cerca del mar. Las otras dos son Huaca Cao Viejo y **Huaca Cortada.** La más importante de las tres es **Huaca Cao Viejo,** que estuvo en vigencia entre los siglos I-VIII de nuestra era. Es una superposición de siete edificios, construidos a lo largo de esos siete siglos, y tiene tres partes: una pirámide escalonada, una plaza ceremonial y un edificio anexo. En la fachada principal, orientada al norte, están los relieves polícromos más llamativos del culto mochica, que empezaron a descubrirse en 1990: *El Decapitador,* una imagen del dios Ai-Apaec de Chavín de Huántar, los *Prisioneros* que, desnudos y con una soga al cuello, van al sacrificio, los *Oficiantes* con vestiduras rituales, la *Escena del Sacrificio,* en la que el Decapitador inmola a un niño, y una *Escena de Combate.* En los muros de los recintos superiores hay relieves de peces y aves estilizados, así como "grafitti" con formas humanas, de animales y de objetos cotidianos.

La excursión se puede combinar con una visita a las **playas** de los alrededores.

Desde Trujillo hasta el Gran Patajén

Este viaje puede durar tres días sin interrupciones. Si se desea visitar este Parque Nacional, hay que contar por lo menos con 10 días de tiempo.

Hasta **Otuzco,** a 73 km de Trujillo (2 horas), la carretera está parcialmente asfaltada. Los pueblos más importantes de la ruta son:

Caballito de totora, Huanchaco

Huamachuco (194 km, 8 h de autobús, 3.300 m), capital de la provincia Sánchez Carrión, es una ciudad fundada por los agustinos en 1554, cuyo nombre significa "cumbre del halcón". En tiempos huari, estaba poblada por los huachemines, una tribu que poseía cultura e idioma propios y adoraban al dios Ataujo.

Huamacucho fue cuna de Ciro Alegría y el lugar donde César Vallejo estudió bachillerato. Hay un **Museo de Arte Religioso,** en la casa del obispo que está detrás de la catedral, en el que se conservan tallas de madera y una colección de reliquias.

A 14 km (3 horas a pie por buen paisaje) están en una altura las **ruinas de Marcahuamachuco** (3.500 m), rodeadas de murallas y torres de planta rectangular de 10 m de altura, levantadas sobre los peligrosos abismos de los ríos Grande y Vado. Habitadas desde el siglo IV, fueron centro administrativo de la cultura Huari y después de los incas. El conjunto consta de cinco sectores: las **Huacas** (unas piedras fijadas con cuñas a diferentes alturas que tienen en el centro orificios o hendiduras), el **Castillo, Las Monjas** (seis edificios ovalados, probables enterramientos de la época inca), los **Corrales** (dos recintos redondos en la parte superior del cerro, que tal vez sirvieron de majadas) y el **Cerro Viejo.**

Otro centro huari es **Viracochapampa,** situado a 4 km al norte de Huamachuco y al que se puede llegar dando un paseo por un camino inca. En Viracochapampa se conservan restos de 19 edificios cuadrangulares en torno a una plaza central.

Desde Huamachuco se puede continuar a **Santiago de Chuco** (3.200 m), cuna del poeta César Vallejo, cuya casa se puede visitar. Es un bonito pueblo, desde el que se pueden hacer excursiones a la **iglesia de Angasmarcas** (admirable barroco), al **Santuario Nacional Calipuy** (60.000 m^2, un páramo húmedo en el que se protejen los últimos machos huanacos y la bromeliácea Puya Raimondi) y, a 5 km dc marcha desde Chao, a las **ruinas de Acque** (edificios de 2 o 3 pisos de piedra, con nichos y *chullpas;* desde las ruinas, una calzada en zigzag sube a 3.000 m). También está cerca el **balneario de Cachicadán,** un pueblo a 2.800 m en el que, en las faldas del Cerro Botica hay dos lagunas, **Cachicadán Verano** y **Cachicadán Invierno,** alimentadas por filtraciones de aguas muy ricas en hierro y magnesio. El agua es de color rojizo y sale a una temperatura de 66 °C.

Parque Nacional Río Abiseo

Patrimonio universal de la UNESCO desde 1990, fue creado en 1985 para proteger los bosques de neblinas. El parque del río Abiseo comprende 275.000 ha de ceja de selva, entre los 4.200-2000 m de altitud. Ofrece una gran diversidad de ecosistemas y mucha agua. En el parque se protegen también especies de animales en peligro de extinción, como tarucas, osos de anteojos, monos peludos de cola amarilla, jaguares maquisapas, osos hormigueros gigantes, etc.; y, entre las aves, cóndores y loros. Pero, además, hay en el interior del parque hasta 36 ruinas arqueológicas, datadas entre el 900 a.C. y el 1500 d.C., cuyo estudio puede trastocar muchos de los datos de la historia peruana prehispánica. Entre ellas, son especialmente importanes las pinturas rupestres y cerámicas de las **cuevas de Manachaqui,** el complejo funerario moche de **Los Pinchudos** y las ruinas chachapoya de **El Gran Patajén,** descubiertas en 1963 y consideradas las más grandes de Sudamérica. Están a 72 km de Pataz (3 horas hasta la entrada del parque, y dos días de viaje por parajes difíciles a 4.000 m de altura).

La mejor estación para visitar el Parque es de mayo a octubre. La temperatura media es de 34 °C y el ambiente, muy húmedo.

A vista de pájaro

GEOGRAFIA

Con 1,3 millones de km^2 y 28 millones de habitantes, Perú es casi tres veces más grande que la península Ibérica. Al norte limita con Ecuador y Colombia, al este con Brasil, al sureste con Bolivia y al sur con Chile.

En el país se pueden distinguir, geográfica y sociológicamente tres regiones muy bien diferenciadas: la costa, la sierra y la selva.

La costa

En la estrecha franja de la costa, de 2.400 km de longitud por una anchura que oscila entre 50 y 100 km, vive más de la mitad de los peruanos. Es una zona desértica recorrida de norte a sur por la carretera Panamericana y atravesada de este a oeste por 70 ríos que forman fértiles oasis en los que se dieron antiguas civilizaciones (Moches, Nazcas, Paracas, etc.). Los

Paisaje montañoso de la sierra peruana

españoles plantaron en estos valles caña de azúcar y algodón; productos traídos de otras regiones de la colonia, estas plantaciones perduran aún. Siglos más tarde, los inmigrantes chinos trajeron el arroz, que a partir del siglo XIX fue otro producto agrícola de amplio cultivo. Fuera de estos oasis, las dunas sólo están cubiertas, a veces, de vegetación baja. Desde Trujillo hacia el norte hay algarrobos, aislados o en pequeños bosques, alimentados por el agua freática y que dan sombra a las plazas y paseos de la ciudades. En la costa del Perú hay 28 puertos, el más importante es el de Lima, El Callao. En el área de influencia de Lima se concentra un tercio de la población total de Perú.

Desde tiempos inmemoriales, el pescado es el principal producto de la costa. Actualmente, la industria pesquera peruana se concentra en la anchoa, que viene en bancos aprovechando el rico plancton de la corriente de Humboldt, pero la pesca salvaje y las variaciones climáticas están

acabando con este recurso. Por su parte, los bancos de anchoas atraen a las aves marinas (pelícanos, cormoranes, alcatraces) que viven en los acantilados. Con la bajada de los bancos de anchoas, el número de aves marinas también ha disminuido (de 30 millones a 3 millones) y otro de los recursos de la costa, el guano, que desde el siglo XIX viene siendo sistemáticamente explotado y exportado a Europa, ha descendido también.

A lo largo de toda la costa hay focas y ballenas. A la costa norte llegan a veces tiburones que, evitando las aguas frías de la corriente de Humboldt, sólo se acercan con la llegada de *El Niño*.

La costa es la región peruana que registra mayor crecimiento de población. En ella se encuentran situadas las ciudades más grandes del país y numerosos balnearios playeros.

La sierra

Los Andes peruanos forman tres cadenas de montañas o "andenes" –de ahí su nombre–, de las que la más antigua es la cordillera central y, posteriormente, surgieron los pliegues laterales. La cordillera oriental, que es la más joven, aún tiene volcanes activos.

Los picos más altos de los Andes Peruanos están en la cordillera central, en las llamadas Cordillera Blanca y Cordillera Huayhuash, en el Callejón de Huaylas: el Huascarán (6.768 m) es el pico más alto del Perú, un país que tiene 87 cumbres de más de 6.000 m de altitud. Cercano al Huascarán, el Alpamayo (5.947 m), está considerado entre los montañeros el pico más bonito del mundo.

Cerca de la frontera con Ecuador, la sierra tiene una anchura de sólo 120 km, mientras que en el sur se amplía hasta los 300 km. En los valles de la sierra, entre los 2.000 m y 3.500 m de altitud, hay bastantes poblaciones. Por encima de los 4.200 m no hay agricultura posible y sólo hay pueblos pequeños, pero los gélidos prados altos (Puna) sirven para pastos. En la frontera con Bolivia está el lago Titicaca, el más grande de Sudamérica y el "lago navegable más alto del mundo", a 3.800 m sobre el nivel del mar.

Las diferencias entre invierno y verano no las marcan tanto las temperaturas como las precipitaciones. En invierno (de mayo a octubre), mientras la *garúa* se cierne sobre la costa, el clima de la sierra es seco y soleado, con diferencias de hasta 20 °C entre la noche y el día. En verano, sin embargo, la humedad del mar llega hasta las alturas de la cordillera oeste y causa lluvias, muchas veces torrenciales, que forman riadas y corrimientos de tierras *(huaycos)*, que destruyen carreteras y caminos y pueden paralizar el viaje durante unos días.

Al mismo tiempo, por el lado de la selva amazónica, los alisios del sudeste traen humedad, que durante una buena parte del año se cuelga en forma de densas nubes a una altura de 1.500 m. Aunque entre enero y abril los vientos tienen fuerza suficiente para transportar las nubes hasta los valles altos, donde se deshacen en lluvias. Durante esta época de verano peruano, las noches de la sierra son menos frías y las nubes impiden un excesivo calor durante el día. Hay microclimas en los valles resguadados del viento, hasta una altura de 2.000 m, donde se da una vegetación tropical, aunque en las laderas umbrías de los montes, la nieve permanezca todo el año. Hay nieves perpetuas hay a partir de los 4.500 m.

Por encima de los 1.000 m de altitud, se dan las plantas típicas de la sierra: la *Puya Raimondii* o *titanca*, una clase de yuca que sólo se da en Perú; el algarve, y cactus, como el cáctus Sanpedro o candelabro, del que se saca un alucinógeno, y la chumbera, que en Perú se llama *puno*. En los cactus anida la cochinilla, un insecto que produce un tinte rojo que se exporta. También produce frutales: chirimoyos, guanábanos y aguacates, que en Perú se llaman *paltas*. A más altura, los eucaliptus dominan el paisaje. Este árbol, importado de Australia en el siglo XIX, impide la erosión de las laderas de los montes y proporciona madera rápida, pero también tiene la desventaja de su expansión incontrolable, su insaciable necesidad de sustancias minerales y de que su hojarasca impide el crecimiento de cualquier clase de vegetación en sus alrededores.

Los barrancos o quebradas tienen unas condiciones completamente distintas a los llanos. Si en los lugares protegidos del viento hay agua, crecen frutales, árboles, enredaderas y orquídeas, mientras en las llanuras sólo se dan pastos y las laderas de los montes están aterrazadas con andenes agrícolas en los que se cultiva alfalfa para forraje, y cereales: maíz y trigo, que se dan hasta una altura de 3.000 m; y cebada, *quinoa* y tubérculos como la patata, la *oca* y el *ulluco,* que se pueden cultivar hasta los 4.000 m de altura. Los cereales autóctonos, que son cultivables en altitudes máximas, la *quinoa* y la *quihuicha,* eran antes de la llegada de los españoles la base de la alimentación indígena. En esta región también se da el *cantú,* un arbusto de flores, la *cantuta,* en forma de grandes campanillas azuladas, violetas o rosa, considerada la flor nacional peruana.

Por encima de los 4.000 m empieza la Puna, donde sólo se da musgo y hierbas bajas. Las riberas de los lagos suelen estar cubiertas de *totora,* un junco comestible que en el lago Titicaca se utiliza para hacer embarcaciones llamadas "caballitos de totora" (que también se exportan hasta ciudades de la costa norte, como Huanchaco o Pimentel), y para construir las islas flotantes donde viven los indios urus. Otra yerba común en la puna es el *ichu,* que se emplea para construir los tejados de las casas o para hacer fuego.

Los animales domésticos antes de la llegada de los españoles eran la llama, la alpaca y el cuy. El cuy, una especie de cobaya o conejo de indias, tiene un papel en la alimentación peruana parecido al de nuestros conejos y gallinas. Tradicionalmente se mantenían en las cocinas de las casas, alimentándolos con restos de comida, pero hoy día existen granjas de cuys, por ejemplo, en los alrededores de Cajamarca. Había un perro peruano, el *viringo,* que es una especie de cosa sin pelo, pero con un poco de estopa en el lomo. El viringo era muy apreciado por sus propiedades medicinales y, actualmente, se trata de recuperar la raza. En todos los museos de sitios arqueológicos de la costa, hay viringos de muestra.

Los españoles introdujeron en Perú muchos animales nuevos: perros y gatos, caballos y burros, vacas, ovejas, cabras, cerdos, gallinas y gansos, que actualmente forman parte de la alimentación, de las fiestas y de las supersticiones populares.

El rey de los Andes es el cóndor.

La selva

La selva cubre un 60 por ciento de la superficie peruana, pero es la región menos habitada del Perú y apenas fue colonizada por los españoles. Es una gran llanura de

Hongos sobre un tronco de la selva amazónica

poquísima altura –Iquitos, a más de 2.000 km del Atlántico sólo está a 180 m sobre el nivel del mar– que se extiende desde los Andes hasta el Atlántico. La ladera oriental de los Andes, entre los 2.000 y 1.000 m de altura, se llama *ceja de selva* y está formada por cumbres escarpadas, cubiertas de vegetación, entre las que los ríos han excavado profundos valles. En este paisaje se encuentran las ruinas de Machu Picchu y de Kuélap. Más hacia el este, se extiende la llanura de la selva, regada por numerosos ríos que constituyen las únicas vías de comunicación y en cuyos puertos fluviales hay grandes ciudades como Iquitos, Pucallpa o Puerto Maldonado.

En la selva predomina un clima húmedo tropical, con temperaturas medias entre 20-30 °C y lluvias torrenciales unos 200 días al año. En la selva apenas se perciben las estaciones, aunque en algunos casos, según la orientación de los valles, influye si las nubes penetran o no, y pueden alternar parajes secos con otros de mucha vegetación.

En la ceja de selva se dan frutas tropicales, café, cacao y te y se cultiva la coca. El *bosque tropical de lluvias* produce diversas maderas preciosas (cedros, caoba) y caucho. Además, cacahuetes, orquídeas y la famosa "Victoria regia", un lirio acuático que tiene pétalos de hasta 30 cm de longitud y flores de 2 kg de peso. En la selva, la capa de humus es muy fina y queda rápidamente lavada por las lluvias si falta la protección de las hojas caídas. Por eso, los indígenas practican la llamada *agricultura de roza y quema*, o sea, se hacen una parcela talando o quemando las plantas bajas y los arbustos, pero dejando en pie los árboles grandes, y utilizando las cenizas como abono. En estas parcelas se dan sobre todo yuca y mandioca. Tras unas cuantas cosechas, las parcelas se abandonan y el terreno se regenera pronto. Pero si se mantienen las parcelas y los poblados fijos, la tierra se hace improductiva y este fue uno de los grandes problemas ecológicos de las misiones.

La fauna sudamericana tiene especímenes raros, como las zarigüeyas, los armadillos, las marmotas, los osos hormigueros y los monos choros o de rabo amarillo. Todos ellos pueden encontrarse en la selva peruana, que es la región de más rica fauna y flora del país.

Como las tierras son frecuentemente inundadas por los ríos, todas las especies animales de esta región saben nadar, volar o trepar, y muchas de ellas, varias cosas a la vez, como los papagayos e incluso los jaguares. Casi todas las aguas tienen caimanes. Los peces son uno de los alimentos principales de los habitantes de la selva, especialmente el *paiche*, que llega a medir 3 m de longitud y pesar 200 kg.

Las copas de los árboles de la selva están habitadas en diferentes alturas por pájaros e insectos, entre ellos colibríes o picaflores, que a veces son tan pequeños como mariposas. En las ramas viven también monos-araña, una especie que sólo se da en Sudamérica.

El clima

Como Perú está en la zona tropical, no hay grandes variaciones en la longitud de los días a lo largo del año, pero sí influyen en el clima las enormes diferencias de altitud. El principal factor climático es una corriente marina fría que forma parte del gran sistema circular de corrientes del Pacífico y que recorre la costa peruana de sur a norte, por lo que se llama Corriente del Perú o Corriente de Humboldt, que fue quien la descubrió. Por otra parte, la costa norte del Perú se ve también influida por una corriente cálida que nace en el golfo de Guayaquil y que –como suele aparecer por Navidad– se llama *El Niño.*

La fría corriente de Humboldt mantiene fría la temperatura del aire en la estrecha franja de la costa y, con la proximidad de las montañas, la humedad del mar sólo llega hasta una altura de 500 m. A partir de esa altura, el calor del sol impide que las nubes asciendan o se deshagan en lluvias y se quedan estancadas en la costa formando una neblina durante todo el invierno (de mayo a octubre) que se llama *garúa.* De este modo, aunque la costa no tenga temperaturas muy altas, las zonas sin regadío son desérticas, porque la humedad del aire no se deshace en lluvia. Sólo las laderas de los montes que están a la altura de las nubes (500-1.000 m) tienen humedad suficiente para desarrollar durante el invierno una vegetación baja y crean un ecosistema especial que se conoce como *Lomas,* y que sirvió de subsistencia a todas las culturas prehispánicas de la costa.

En la costa norte, *El Niño* lleva algunos años temperaturas más altas y, como los montes que impiden ascender a las nubes están más lejos, las nubes se deshacen en lluvia, causando fuertes precipitaciones que suelen provocar riadas e inundaciones.

En verano (de noviembre a abril), lo normal es que las nubes causen lluvias en los montes, mientras el cielo se conserva claro en la costa, aunque con temperaturas moderadas que no pasan de los 26 °C.

Terremotos y 'sunamis'

El borde de una placa tectónica que va a lo largo de la costa peruana suele causar desastrosos terremotos. Desde la llegada de los españoles, el país ha sufrido por lo menos 45 catástrofes de esta clase. La ciudad de Arequipa, por ejemplo, ha sido destruida 8 veces desde su fundación, su último terremoto lo sufrió en 2001. Cuando el epicentro de uno de estos movimientos está en el mar, producen unas olas gigantes, denominadas con la palabra japonesa *sunami,* que pueden ser muy destructivas. En 1746, El Callao fue literalmente arrasado por una de estas olas, y el puerto chileno de Arica, en 1687 y 1868, fue arrasado por olas de 16 m de altura.

El terremoto más terrible de la historia de Perú tuvo lugar el 31 de mayo de 1970 en el norte del país. Destruyó la costa entre Trujillo y Chimbote y, en las montañas cercanas del Callejón de Huaylas, una pared helada del Huascarán se soltó y empezó a rodar valle abajo arrastrando entre el hielo, barro y piedras, hasta enterrar la ciudad entera de Yungay, donde se celebraba una feria dominical, por lo que en pocos minutos murieron 7.000 personas y 20.000 se quedaron sin casa. Como había función de circo, los niños se salvaron porque el pasayo se los llevó jugando a una montaña de las afueras que hoy es cementerio. Estos corrimientos de tierra en Perú se llaman *huaycos*. Aquel *huayco* sólo dejo visibles de Yungay la torre de la iglesia y las cuatro palmeras que había en la plaza. La ciudad fue reconstruida a unos 2 km de distancia. El lugar donde estaba anteriormente es hoy un parque lleno de rosas. El callejón de Huaylas es Meca de montañeros y, por la belleza de sus paisajes, uno de los destinos turísticos más importantes de Perú.

HISTORIA

Los primeros datos que se tienen de la historia del Perú son los textos que escribieron los cronistas de indias, los cuales sólo hacen referencia a la civilización anterior a la llegada de los españoles: los incas, un imperio que apenas duró 150 años.

De las culturas más antiguas sólo se tienen los datos deducidos de los hallazgos arqueológicos y éstos varían según se van haciendo nuevos descubrimientos. Los datos arqueológicos son sólo hipótesis: por los restos de basura se sabe poco más o menos qué comían; los restos de armas y herramientas muestran qué técnicas de la elaboración de piedra o metal empleaban; por las ruinas de edificios se puede deducir su grado de civilización y estructura social; la cerámica y los tejidos hablan de su artesanía y recursos de vida, y las representaciones gráficas, de su sentido estético y de sus ideas religiosas. Pero hay grandes sectores oscuros y apenas se sabe nada de su sistema político ni de los idiomas que hablaban ni siquiera de cómo se llamaban a sí mismos. La topografía, aunque "castellanizada", es la única pista que se tiene y sirve para denominar las diferentes culturas.

Los primeros americanos

Parece seguro que los primeros habitantes de América llegaron de Asia hace 40.000 años por el Estrecho de Behring, y en sucesivas oleadas se fueron expandiendo hacia el sur. Los testimonios más antiguos de la presencia humana en Perú se remontan a hace 12.000 años. En las cuevas de Lauricocha (cerca de Huánuco) y de Toquepala (Tacna), se han hallado dibujos de hombres cazando animales que parecen guanacos. Estos *cazadores de guanacos,* que es el nombre que se les ha dado, pasaban la estación húmeda en las regiones verdes de "las lomas", entre la costa y la cordillera, y la estación seca en el altiplano.

Hace unos 7.000 años, hubo dos innovaciones importantes en estas tribus: empezaron a domesticar animales y a cultivar plantas comestibles. En la costa empezaron a cultivarse calabazas y legumbres y en el altiplano, casi al mismo tiempo, la quinoa (mijo de los Andes).

Con la aparición del algodón, hacia el año 3000 a.C., empezaron a fabricarse cordeles y redes de pesca. Ni el algodón ni el maíz, que apareció 1.500 años después, son originarios de Perú: el maíz proviene de América central; el algodón de Asia oriental, lo que da pie a pensar que hubo contactos primitivos entre los habitantes de Asia y América. Este intercambio cultural tuvo dos direcciones: en Polinesia encontraron los europeos una especie de batata procedente de Perú que incluso tenía el mismo nombre que le daban los indígenas andinos. También la cerámica encontrada hacia 1960 en la costa sur de Ecuador tiene gran parecido con la cultura japonesa de Jomon (3.000-2.000 a.C.). Asimismo, las características genéticas de las momias de Sipán (Chiclayo, hacia el año 1000 d.C.) tienen mucho que ver con el Japón. Y, desde que, hace pocos años, se descubrió que los valles de la costa central (Cala) son 1.000 años anteriores a Chavín de Huántar, aún está sin dilucidar si el origen del dios devorador Ai-Apaec tuvo su origen en la selva amazónica o al otro lado del Pacífico.

En todas estas conclusiones tuvo un papel fundamental la expedición de la *Kon-Tiki,* nombre tomado del dios del lago Titicaca Kon Tiki Huiracocha. La *Kon-Tiki* era una lancha construida con troncos de madera en la que el noruego Thor Heyerdahl, con siete compañeros, atravesó en 1947 el Pacífico, desde El Callao hasta las islas de Polinesia, y demostró que entre ambos lados del Pacífico había habido intercambios culturales, algo que los arqueólogos e historiadores "de despacho" se negaban a aceptar.

De los comienzos de la agricultura, cuando los andinos conocían las técnicas del tejido, pero no de la cerámica, son los hallazgos del periodo precerámico de Huaca Prieta , en el Valle del Chicama, y Caral, en el valle del Supe, a unos 200 km al norte de Lima.

Cerca de Huaca Prieta, en las islas Guañape (Trujillo), se encontraron restos de cerámica primitiva y sin decoración que datan del 1.200-1.000 a.C. Se pensó que eran los más antiguos de Perú. Luego, un grupo de arqueólogos japoneses halló en el templo Kotosh (Huánuco, 2.000-500 a.C.), una cerámica (1.850 a.C.) no sólo más antigua que la de Guañape, sino mucho más perfecta técnicamente, por lo que concluyeron que la zona oriental de los Andes era una cultura que estaba orientada hacia la selva amazónica. Actualmente, se ha descubierto que los santuarios del valle del Supe son los más antiguos de la civilización americana, y todas las teorías se han vuelto a tambalear.

Chavín de Huántar (1500-500 a.C.)

La primera cultura que se expandió por gran parte del territorio peruano tuvo su centro en Chavín de Huántar, cerca del Callejón de Huaylas, donde quedan restos de un poblado con casas de piedra, calles, plazas y un edificio principal llamado "castillo", que probablemente era un templo. Estos edificios y la extensión de las ruinas de casas demuestran que allí hubo mucha gente, demasiada para que todos vivieran de la agricultura del pequeño valle. Por eso se piensa que Chavín era un santuario al que acudían peregrinos de todo el país que allí entablaban contactos comerciales o políticos. El templo fue construido y ampliado en diversas etapas. En él se adoraba la figura de un dios con aspecto de felino, tallado en un monolito con forma de cuchillo, el Lanzón de Chavín. La imagen de este dios se encuentra en otros poblados del norte de Perú (Sechín). Otros lugares que demuestran influencia de Chavín, son los sistemas de riego de Cumbemayo, cerca de Cajamarca, la necrópolis de Cupinisque, en el valle del Chicama, y las figuras de piedra de Cerro Sechín, en la costa cercana al Chicama.

Durante 500 años, la figura del dios felino impregnó el norte del Perú. Después desapareció y se desarrollaron culturas regionales en los oasis de la costa que tenían un nivel cultural parecido entre sí, pero características diferentes. Todos los pueblos prehispánicos del Perú enterraban a sus muertos con copiosos ajuares funerarios de vasijas llenas de comida, telas y tesoros que han sido objetos de numerosos saqueos. En muchas ocasiones, han sido estos salteadores de huacas, llamados *huaqueros,* quienes, al vender los objetos hallados, lanzaron el aviso de que en tal o cual zona había restos de una cultura antigua. A pesar de los expolios, las muestras arqueológicas son numerosas. Las más importantes culturas regionales de la costa son las de Moche, Paracas y Nazca.

La cultura del valle del Moche (Trujillo, 200-600 d.C.)

La cerámica moche es de gran perfección técnica, con mucha variedad de vasijas y de una producción increíblemente grande. Procedente de los saqueos de tumbas o de excavaciones arqueológicas, hay muestras de cerámica moche en muchos museos del mundo, sobre todo en los museos Antropológico y Larco, de Lima, en el Museo Cassinelli, de Trujillo y en el Museo de América de Madrid. Muchas vasijas pequeñas representan frutos (calabazas, maíz, cacahuetes), animales o seres mitológicos. Otras representan casas, grupos de gente en actividades cotidianas o escenas eróticas. Las llamadas "vasijas-retrato" son auténticas esculturas que muestran las huellas de la edad, enfermedades o heridas. Otras están dibujadas como un cómic. De estas representaciones se puede deducir que los moche eran una sociedad dividida en castas sociales: había caudillos y nobles que eran transportados en andas; guerreros, artesanos y campesinos. Además de disfrutar comiendo, bebiendo y fornicando, los moches eran una sociedad de guerreros que sabía aprovechar el agua de los ríos para sus oasis y construyeron sistemas de canales que aún están en funcionamiento. Cerca de Trujillo hay ruinas de dos pirámides del tiempo mochica: la Huaca del Sol y la Huaca de la Luna. En la Huaca El Brujo, situada en la costa, cerca de Magdalena de Cao, se descubrieron las pinturas murales con documentaciones escénicas escalofriantes. Con el tiempo, el imperio Moche se desintegró en pequeños principados federados. El reino Chimor, con su capital Chan Chan, en Trujillo, y los señoríos de Sipán, Sicán.

Vasija de la cultura nazca.

La cultura Paracas (Pisco, 800-200 d.C.)

En la inhóspita península de Paracas, cerca de Pisco, el médico y fundador de la arqueología peruana, Julio C. Tello, descubrió en 1927 una necrópolis de los años 800-200 d.C. Gracias al clima desértico se han conservado esqueletos, tejidos e incluso alimentos. Causó gran admiración la finura y colorido de los paños que envolvían las momias; pero, sobre todo, su tamaño de más 4 m de anchura. Con tales dimensiones, sólo pudieron ser confeccionados en telares enormes, manipulados por varias personas a la vez. No se ha podido deducir exactamente dónde vivían estos cadáveres. Se supone que en el valle del Pisco. Gracias a su faceta de médico, Julio C. Tello descubrió las prácticas cirujanas de la cultura Paracas, en cuyos cráneos hay huellas de operaciones quirúrgicas realizadas con éxito. Sus hallazgos de Paleopatología, pueden verse en el museo Arqueológico de Lima y en el Museo de Sitio de Paracas.

Nazca (200-600 d.C.)

La cultura Nazca fue heredera de la de Paracas. Descubiertas en 1901 por el arqueólogo alemán Max Uhle, las tumbas próximas a Nazca tenían gran riqueza de utensilios rituales. De la calidad de sus tejidos y de la cerámica se ha deducido que, en las creencias de esta cultura, tenía gran importancia el culto a los antepasados y que no había grandes diferencias entre castas sociales ni entre hombres y mujeres. Apenas se conoce nada de los nazca: eran un pueblo muy belicoso que se adornaba con los cráneos de los enemigos vencidos y eran enterrados con sus trofeos.

En la Pampa de Nazca hay gigantescos dibujos excavados en la tierra. Algunas de estas líneas kilométricas apuntan a lugares del horizonte por donde salían y se ponían determinadas estrellas, por lo que se cree que servían de calendario, otras tenían que ver con las vetas de agua freática que baja de los montes. Las más llamativas se repiten en los adornos de la cerámica y los tejidos: un pájaro, un mono, una araña, tan gigantescos que sólo pueden reconocerse desde el aire. La matemática alemana María Reiche dedicó su vida a estudiar estos petroglifos y a proteger la Pampa de Nazca, por lo que fue condecorada por varios gobiernos peruanos. Ella descubrió que los dibujos estaban hechos simplemente con estacas y cuerdas de unos 33 cm de longitud (1 codo). Las Líneas de Nazca alcanzaron fama mundial cuando, en 1968, un escritor de cienciaficción vulgarizada, el suizo von Däniken, las definió como "pistas de aterrizaje extraterrestres". En 1990, la prueba del carbono 14 aplicada a micropartículas, demostró que fueron trazadas hacia el año 500 d.C.

Tiahuanaco (200-600 d.C.)

Al mismo tiempo que estas culturas regionales de la costa, en el lado boliviano del lago Titicaca surgió un centro ceremonial comparable al de Chavín de Huántar. Las ruinas de Tiahuanaco comprenden varios edificios de los que, el mayor es una pirámide escalonada de 200 m de lado y 15 m de altura. Está construida con piedras superpuestas sin mortero y sujetas por ganchos de cobre. Especialmente impresionante es la Puerta del Sol (3 m x 4 m), hecha de un bloque de piedra. Un relieve muestra una figura humana coronada y flanqueada por 24 pequeñas figuras a cada lado. Se supone que representa al dios creador Huiracocha o Viracocha, que con los incas tomó el rango de dios principal.

Parece que los templos de Tiahuanaco fueron construidos en etapas sucesivas y se cree que los trabajos se interrumpieron repentinamente porque algunos edificios no están acabados. El clima del altiplano no ha permitido la conservación de tejidos ni de restos alimenticios, pero sí se sabe que allí se empleó por primera vez en América el bronce. La cerámica de Tiahuanaco es sencilla, aunque a veces hay también figuras estilizadas de aves rapaces y pumas de perfil. La vasija más característica es un vaso alto llamado *kero* que está extendido por todo Perú, incluso por la costa norte. Se cree que esta expansión no sólo se debió a la importancia religiosa de Tiahuanaco sino sobre todo a que era una cultura que se extendió estableciendo colonias para cultivar productos que en las alturas del Titicaca no se podían cultivar.

El imperio Huari (600-1200 d.C.)

Cuando empezó a decaer la cultura de Tiahuanaco cobraron importancia algunas de sus colonias situadas en las cercanías de Ayacucho, los Huarpa, que dominaban el arte del regadío en los montes y precipicios de la zona mediante acequias y terrazas. De la conexión del estilo de Tiahuanaco con la expansión guerrera de este pueblo surgió el imperio Huari, que es el verdadero transmisor de la cultura de Tiahuanaco por la mayor parte del Perú. El imperio Huari fue la primera cultura urbana del Perú. Se conservan cerca de Ayacucho las ruinas de su capital, en la que vivieron hasta 40.000 habitantes. Conquistaron territorios y fundaron ciudades muy lejanas (desde Tacna hasta Cajamarca) y las comunicaron entre sí por caminos que después serían aprovechados por los incas.

Probablemente, la decadencia de los Huari se debió a la imposibilidad de controlar a sus colonias más distantes, que se fueron independizando y convirtiéndose en pequeños reinos regionales, sobre todo en la costa, donde surgió el periodo de los urbanistas (1000-1440 d.C.). En el sur, el principal centro fue el santuario de Pachacamac, rodeado de una ciudad, cuyo oráculo alcanzó tanta importancia que, cuando los incas la conquistaron en 1445, respetaron el culto y se limitaron a añadir un altar a su dios-sol, Inti.

El reino Chimor y la cultura Chimú (Trujillo, 850-1440 d.C.)

En el norte, en los territorios de la antigua cultura Moche, surgió un último imperio antes de que los incas conquistaran el territorio del actual Perú. Cerca de Trujillo están las ruinas de la ciudad Chan Chan, que en su época más floreciente llegó a tener más de 50.000 habitantes. Era una ciudad bien planificada, construida en adobe, con un sistema de canales, calles rectas, grandes plazas cuadradas y varios barrios, en cada uno de los cuales vivían varios miles de personas. Muchas paredes están adornadas con frisos y relieves geométricos y de animales estilizados. Se han conservado porque, durante siglos, las ruinas estuvieron cubiertas de arena.

Cerca de Chan Chan se encontró una tumba con un ajuar funerario de gran valor, con objetos de metal cincelado o fundido en moldes. Un objeto especialmente conocido es el *Tumi,* un cuchillo ritual en forma de media luna cuyo mango tiene forma de figura humana con tocado de plumas. Es uno de los objetos que más compran los turistas, en forma de colgante, abrebotellas, salvamanteles o cortaplumas.

El fértil valle del Moche producía lo suficiente para mantener a la ciudad de Chan Chan y permitir su crecimiento. Con el paso del tiempo, los chimús conquistaron los valles paralelos. Como los incas acababan de conquistar el imperio cuando llegaron los españoles, los cronistas aún encontraron habitantes que les pudieron contar cosas de su pueblo y sus mitos. Por ellos se conoce el nombre de algunos señores chimús y sus gestas militares y culturales. Los incas llamaron a la región de la costa *yunga,* y este vocablo perduró hasta la primera mital del siglo XX.

Los incas (1400-1532 d.C.)

Cuando se desintegró el imperio Huari, surgieron en el altiplano asentamientos urbanos que tuvieron influencia regional. Algunos de esos asentamientos dominaron a sus vecinos y, en poco menos de un siglo (1440-1530), los habitantes del valle de Cuzco fundaron un imperio que se extendía desde Chile y Argentina hasta Ecuador y Colombia. Sus señores se llamaron Inca, y este nombre sirvió para designar la época, el imperio y el pueblo.

Sobre el origen de los inca hay varias leyendas. Una versión informa de que cuatro parejas de hermanos, los Ayar, salieron con sus servidores de tres cuevas o ventanas de los montes de Pacaritambo, unos 30 km al sur de Cuzco, y se pusieron en camino para buscar una tierra buena en la que quedarse. Así llegaron al valle del Cuzco, sometieron a sus habitantes y fundaron la ciudad, en la que, el mayor de los hermanos, Ayar Manco, se puso el nombre de Manco Capac y se convirtió en el fundador de la dinastía inca.

Otra versión dice que Manco Capac bajó del cielo con su hermana Mama Ocllo en el lago Titicaca y enseñaron a los hombres el lenguaje, el uso de herramientas, la organización política y la religión. Puede que esta variante se refiera a la influencia que durante siglos tuvo la cultura de Tiahuanaco en la región.

Desde el punto de vista histórico, la primera variante es la más probable. De hecho, se cree que un grupo de familias guerreras, seguramente superior a las cuatro parejas de hermanos, invadió el valle del Cuzco y se mezcló con sus habitantes.

Máscara de la cultura Chimú.

Se sabe poco de los primeros 200 años de dominio inca. Los cronistas españoles lograron reconstruir una dinastía de ocho monarcas, pero no se sabe hasta qué punto adaptaron la información a los modelos de reyes europeos de la época. Puede que la herencia del trono no fuera sólo cuestión de sangre, sino que dependiera de la decisión del monarca al morir, y esto fue causa de rivalidades y luchas. Es probable también que, además de esos ocho nombres conocidos, hubiera otros, cuyo recuerdo y descendencia fueron eliminados. Lo que sí es casi seguro es que, en 1438, el inca Cusi Yupanqui reinaba sobre un territorio que se extendía unos 40 km alrededor de Cuzco, la capital. Entonces, los chancas de Andahuylas atacaron Cuzco y, vencidos y perseguidos, empezó la verdadera expansión del imperio inca. En ese momento Cusi Yupanqui tomó el nombre de Pachacútec, "Transformador del Mundo". Él mismo y sus sucesores –Tupac Yupanqui y Huayna Capac– sometieron a los collas, un pueblo aymara del Titicaca, y avanzaron hacia el norte, hasta llegar a Quito. Incluso consiguieron adentrarse en la selva y construir fortalezas en ella.

Los informes de los cronistas de Indias se refieren sobre todo a los últimos 100 años de esta expansión imperial. Pero no hay que olvidar que eran informaciones procedentes de la propia nobleza inca y que, aún siendo veraces, podían no ser verdaderas, porque informaban de los principios de organización y del sistema, pero no de la realidad, y por supuesto, sin dar la visión de los pueblos sometidos, muchos de los cuales estaban tan descontentos que ayudaron a Pizarro en su lucha contra los incas.

El socialismo inca

La base económica del imperio inca era la agricultura, a la que se dedicaba más terreno que en el actual Perú. Se cuidaron extremadamente los sistemas de riego tradicionales y los andenes agrícolas y organizaron a la población en *ayllus*, o grupos de gente emparentada entre sí y sometida a la autoridad de un alcalde o *curaca*. Los productos y las cosechas de cada *ayllu* se dividían en tres partes: el primer tercio iba destinado al Sol, o sea, servía para mantener a los sacerdotes, servidores y obreros ocupados en los templos. El segundo tercio era para el Inca, es decir, para el monarca, sus servidores y familia, para el ejército y para los funcionarios (administradores, mineros, alfareros, correos). El último tercio se destinaba a los habitantes del *ayllu*. Si en alguna familia los padres habían muerto o los hijos estaban alistados como soldados, correos o mineros, la comunidad del *ayllu* se encargaba de trabajar la tierra de esa familia. Todos estos bienes se almacenaban en *collcas* y eran administrados en *llactas* construidas a lo largo del Camino Real. El Inca recibía informes de esta contabilidad mediante los *quipus*, unos "libros" hechos con cuerdas de diferentes colores en las que había distintas clases de nudos que los *amautas* o sabios podían leer.

La sociedad inca no conocía el dinero, pero sí el intercambio de bienes o fuerzas de trabajo. Quien recibía un favor estaba obligado a devolver su correspondiente valor tan pronto como fuera posible. Quien había sido ayudado con trabajo, estaba obligado a contribuir trabajando para otros y a nadie se le ocurría eludir tal obligación, así que con el tiempo, en cada *ayllu* este intercambio obligado de favores, de "toma y daca", creaba sólidas relaciones entre la gente. Los conquistadores se aprovecharon de este sistema para esclavizar a la gente en las minas, en las haciendas de labranza y en los obrajes textiles: a cambio de su trabajo, el indio recibía los benefecios del bautismo y la salvación eterna.

Por sus condiciones extremas, en el altiplano peruano sólo se dan determinados productos agrícolas. Para poder tener productos de otras regiones, a cada *ayllu* se le daban terrenos en otros valles o lugares, a veces distantes, que tenía que cultivar. Así, los pueblos de los valles bajos podían tener rebaños de llamas en las alturas y los pueblos de la montaña cultivos de hortalizas y fruta en las tierras bajas. También había transportistas profesionales especializados en acarrear metales preciosos (oro, plata, conchas) y productos de lujo para el inca de la capital. Otros estaban especializados en medicina, en hierbas, en correos, en trans-

Terrazas circulares de Moray

portar a los jefes, etc. Todos ellos tenían que ser mantenidos por los agricultores, que sostenían con su trabajo una pirámide social de artesanos, mineros, constructores, funcionarios, militares, nobles, y sacerdotes. Esto valía también para los pueblos sometidos por el Inca, cuya estructura política, religión e idioma permanecían inalterados con la conquista. Los cabecillas de cada región mantenían su cargo, pero se comprometían a informar periódicamente a los embajadores del Inca, a servir en la milicia y a participar en las fiestas u ocasiones especiales que se celebraban en Cuzco. Esta lealtad se reforzaba enviando a sus hijos a Cuzco, donde iban a la escuela con los hijos de los Inca, pero, al mismo tiempo, eran sus rehenes. En Cuzco confluían todas las informaciones, y allí estaba la plana mayor de la administración y del sacerdocio. El monarca salía frecuentemente de viaje y se encargaba directamente de la estrategia militar de las conquistas.

Los puestos principales de la administración y el ejército estaban ocupados por la nobleza emparentada con el Inca: no sólo sus hijos legítimos y los de sus predecesores, sino también sus numerosos descendientes nacidos de sus muchas esposas. Luego venían en importancia los caciques sometidos o aliados y todos aquellos que habían sido premiados con el matrimonio con una inca. Esta nobleza también estaba dividida en grupos familiares que se llamaban *panacas*. La pertenencia a una *panaca* venía determinada por la línea materna; el casamiento dentro de una *panaca* estaba prohibido. Es decir, que padres e hijos no pertenecían a la misma *panaca* y, cuando éstos se casaban, pasaban a pertenecer a la *panaca* de sus mujeres. De esta manera fueron aumentando las *panacas* que tenían acceso al poder, y eran frecuentes las intrigas y rivalidades. Podía ocurrir también que las autoridades de una región no estuvieran de acuerdo con los planes del gobierno

central de Cuzco, podía haber diferencias administrativas o militares, y puede que muchos caudillos estuvieran esperando la ocasión para levantarse.

La obligación de "pagar" favor con favor valía también para las relaciones del Inca con sus militares. El monarca no podía sencillamente ordenar a un cacique que le acompañara en una guerra, sino que tenía que obligarlo con dádivas. Cuanto más apoyo necesitaba el Inca, más regalos tenía que hacer, pero para conseguir nuevas riquezas necesitaba la ayuda de sus aliados. De este modo, la expansión territorial y el principio de correspondencia o "toma y daca", iban formando una espiral sin final previsible.

Este rápido crecimiento había creado también la necesidad de ampliar al mismo tiempo la actividad estatal, no sólo la administración y el ejército; también se necesitaban obreros para las minas y los caminos; y, con las enormes distancias, aumentó la necesidad de correos o *chasquis,* que podían hacer una distancia de 200 km al día a base de relevos cada 3 o 4 km. Estos relevos se hacían en unas estaciones llamadas *tambos,* que también servían de posadas. Se dice que el Inca podía comer pescado fresco al día siguiente de haber sido pescado en la costa. Para atender a todas estas necesidades, el Inca creó una serie de instituciones que, a la llegada de los españoles, aún estaba en fase experimental.

Los soldados, trabajadores y transportistas eran hombres jóvenes que tenían que abandonar sus pueblos de origen antes de casarse y fundar una familia. Este servicio, llamado *mita,* duraba hasta dos años. Otros que abandonaban sus pueblos para siempre eran los más selectos o las muchachas más guapas, que, elegidos por la *curaca* o por los inspectores estatales, dejaban de pertenecer a su *ayllu* y pasaban a ser propiedad del Inca, el cual podía regalarlos o integrarlos en su palacio. Eran los *yana* (servidores masculinos) y las *aclla* (vírgenes del Sol). Algunos de ellos podían ascender socialmente, alcanzar un puesto importante y ser propietarios de otros *yana*. Parecida categoría tenían los prisioneros de guerra, que eran arrancados a la fuerza de sus pueblos y podían servir de albañiles o agricultores o ser regalados por el Inca. Al poder disponer de esta fuerza de trabajo que no estaba sujeta al "principio de correspondencia", empezaron a surgir problemas de propiedad privada entre los señores y sus parientes inmediatos.

Otro grupo social importante del imperio inca era los "trasladados" de sus *ayllus,* llamados *mitmac*. No eran *yana,* porque seguían perteneciendo a su *ayllu*. Así fueron trasladados a las cercanías de Cuzco pueblos levantiscos para su mejor control y, al contrario, pueblos fieles, fueron llevados a las fronteras del imperio o a los terrenos recién conquistados. Esta era

Lucha entre indígenas y soldados, mural de Cuzco

una forma de mantener sus dominios, porque los soldados sólo servían en la milicia temporalmente. Para que no se mezclaran con la gente del nuevo lugar al que habían sido trasladados, los *mitmac* conservaban sus costumbres, sus trajes y su idioma. Los españoles aprovecharon este sistema para llevar reclutados forzosos -*mitayos*- a las minas.

La colonización

En 1532 desembarcó Pizarro en Tumbes con 180 hombres y en pocos años conquistaron el gran imperio inca y lo convirtieron en el centro colonial americano. Durante casi 300 años, hasta 1821, los españoles dominaron el Perú.

El estricto sistema de organización, poco respetuoso con el individuo, y las luchas entre los hermanastros Atahualpa y Huascar por hacerse con el poder, fueron una gran ventaja para Pizarro,

En 1525 el inca Huayna Capac había muerto en Quito (Ecuador) a consecuencia de una epidemia seguramente introducida en el país por el propio Pizarro durante la fugaz incursión de 1524. Huayna Capac había tenido hijos con la princesa de Quito y, sumados a los que tenía con su hermana de Cuzco, eran varios los pretendientes al trono. Uno de ellos murió al mismo tiempo que el padre, el segundo, Huascar, era el hijo de su hermana de Cuzco, y el tercero, Atahualpa, hijo de la princesa de Quito, veló la muerte de su padre y fue designado por él como su sucesor. Entre Huascar y Atahualpa surgió una gran rivalidad. Atahualpa no quiso acompañar a Cuzco el cadáver de su padre por temor a meterse en terrenos de su hermano. Eran temores bien fundados: Huascar se hizo coronar en Cuzco, donde estaban los generales que habían ido en el cortejo fúnebre. Atahualpa, por su parte, con el grueso de la tropa, avanzó desde el norte hacia la capital quechua y venció a Huascar, tomándole prisionero y exteminando a toda su *panaca*.

Una conquista fácil

Además, otra circunstancia favoreció a Pizarro: muchos de los pueblos sometidos estaban descontentos. Algunos *curacas* se aliaron con Pizarro para luchar contra el Inca y le ayudaron en su camino a Cajamarca donde se encontró con Atahualpa. El 16 de noviembre de 1532, Atahualpa fue apresado por Pizarro. Intentó comprar su libertad llenando de oro y plata una habitación, pero, estando en prisión, ordenó la muerte de su hermano Huascar y fue ajusticiado. Se tuvo que convertir al catolicismo para evitar ser quemado en la hoguera y poder conservar su cuerpo muriendo a garrote vil. Los españoles lo enterraron, pero pocos días después su cadáver fue robado por su gente.

Con la muerte de Atahualpa, el camino de los españoles hacia el Cuzco quedó libre.

La ciudad fue conquistada y saqueada en 1533. La anédota más famosa es la del soldado que se apoderó del sol de oro macizo del templo Coricancha y se lo jugó a los dados en una noche, dando lugar al dicho: "En una noche se perdió el sol."

Pero las luchas por el trono de Cuzco no cesaron. Pizarro nombró monarca a otro hijo de Huayna Capac, pero el Inca que se consideraba sucesor, Tupac Amaru, se fortaleció en Vilcabamba y mantuvo una resistencia durante 40 años, hasta que fue ajusticiado en la plaza del Cuzco en 1572. Así desaparecieron los incas. Uno de ellos, Garcilaso de la Vega, hijo de un conquistador y de una princesa inca, informa de cómo oía llorar a su madre cada vez que se recordaba el pasado imperial.

Rivalidades y rencillas

La sed de riqueza y poder provocó violentas rencillas entre los conquistadores y se formaron dos partidos enemigos: pizarristas y almagristas. En 1541, Pizarro fue asesinado. La Corona española se esforzaba en no perder influencia en los territorios conquistados en su nombre. Para ello promulgó leyes que impedían literalmente la formación de una nobleza hereditaria y cuyo cumplimiento era vigilado por funcionarios enviados desde España. Los conquistadores, liderados por Gonzalo, el hermano de Pizarro, se rebelaron contra tales leyes. El ajusticiamiento de Gonzalo Pizarro en 1548 apagó el levantamiento y la Corona española pudo dedicarse a reordenar sus colonias. En tiempos del virrey Toledo, en 1570, se crearon las "reducciones de indios", concentrando a la población indígena en pueblos para poder elaborar un censo y someterles a impuestos.

La avidez del oro

Al principio, la conquista no significó para los pueblos conquistados más que "un cambio de señores". Los españoles apenas modificaron la estructura política y social y permitieron a los *curacas*, mientras se mostraran dispuestos a cooperar, seguir rigiendo sus pueblos. Pero pronto quedó el imperio conquistado al servicio de otros fines económicos. En lugar de un aprovisionamiento equilibrado para la población y el mantenimiento de una base aristocrática, apareció la avidez por los metales preciosos. El oro estaba en la tierra y se hacía rico quien tuviera trabajadores para extraerlo. Con esta finalidad, los españoles aprovecharon el sistema inca de *mitmaes* (obreros trasladados a trabajar a otras partes del imperio) y lo convirtieron en "trabajos forzados". Además, por medio de ordenanzas reales, muchos pueblos fueron "encomendados" a los conquistadores y a sus heredederos. Estos encomenderos, basándose en el sistema de intercambio de favores, una economía de trueque que no conocía el dinero, hicieron trabajar a los nativos que poblaban su encomienda, a cambio de favorecerles con la luz de la religión verdadera y la salvación eterna.

En pocas décadas se creó un descontento tan grande, que la modélica infraestructura agrícola de las culturas antiguas, quedó arruinada y, la población, debilitada por los trabajos forzados, la mala alimentación y las enfermedades nuevas, quedó diezmada. Felipe II escribió al arzobispo de Lima: "Se nos ha informado de que en aquellas provincias los indios mueren a consecuencia de los malos tratos que reciben de muchos encomenderos, que los tratan peor que a esclavos y muchos los consideran como tales, y los venden a otros encomenderos; algunos mueren a palos, las mujeres caen bajo enormes pesos... Muchos se cuelgan, otros mueren dejando de comer y otros comen hierbas venenosas y hay madres que matan a sus hijos al nacer. Dicen que lo hacen para ahorrar a sus hijos las penas que sus madres sufren..."

Los *curacas* y la clase alta estaban eximidos de trabajos forzados y fueron puestos formalmente por la Corona española al mismo nivel que la nobleza peninsular. Eran el puente de unión entre los conquistadores y los indios. Entre los *curacas* surgieron muchos caudillos que encabezaron levantamientos indios contra el poder colonial.

El desarrollo económico del virreinato del Perú

El virreinato del Perú vivió su mejor momento económico y cultural a finales del siglo XVI y principios del XVII, cuando en las minas, especialmente en el Altiplano del Titicaca y en Potosí (Bolivia), se extraían impresionantes cantidades de metal. De este tiempo data la expresión "vale un Perú". Aunque una gran parte de estas extracciones era enviada a España en la "Flota de Plata", muchas ciudades del Perú se aprovecharon también de la riqueza, sobre todo Lima, cuyo puerto gozaba de un privilegiado monopolio del comercio entre España y la colonia. Ya en 1551 se fundó la universidad de San Marcos, los limeños ricos vivían en palacios y disfrutaban de una intensa vida social que nada tenía que envidiar a la española. Pero cuando en el siglo XVII, las minas de Potosí empezaron a agotarse, sus gobernadores fueron incapaces de hacer las inversiones necesarias para mantener la producción y se tuvo que recurrir a la agricultura y a la ganadería, produciendo, por una parte, alimentos para el consumo de la colonia y, por otra, materia prima: tejidos de algodón, de lana de camélido, caña de azúcar, vino y cereales para la exportación. Como los indios serranos que trabajaban forzadamente en las plantaciones de la costa caían víctimas de enfermedades, los propietarios de las plantaciones empezaron a traer esclavos africanos. Ya había en las ciudades negros que servían de criados, y aunque los afroamericanos no fueron nunca numerosos en Perú, en algunos puntos de la costa formaron grupos importantes. En 1790, casi la mitad de la población de Lima (46 por ciento) eran negros o mulatos. San Martín de Porres era hijo de una esclava negra.

La abundante provisión de azúcar, que en Europa aún no era normal, hizo que los habitantes de Lima se especializaran en pastelería, hasta entonces desconocida, de frutos confitados y otros dulces, y las monjas de los conventos empezaron a convertirse en bolleras afamadas.

La colonización de la Sierra y el Altiplano: 'obrajes' y 'repartos'

Además del vino de la costa de Pisco, cuya competencia era temida por los vinateros españoles hasta el punto de que la Corona prohibió plantar más vides, en las grandes haciendas de la sierra surgieron los llamados *obrajes*, talleres textiles en los que se procesaba la lana de ovejas y alpacas. Algunos de estos obrajes eran negocios familiares, pero otros llegaron a tener hasta 1.000 empleados. Esta industria textil alcanzó su punto culminante hacia el final del siglo XVII, cuando conseguía colmar las exigencias de la burguesía urbana.

En el altiplano, para obligar a los indios a trabajar en las haciendas y los obrajes, se introdujeron los repartos de mercancías contra pago. Los funcionarios coloniales, que detentaban este privilegio, proporcionaban a los indios las herramientas y cosas necesarias para vivir –caballerías, vestidos, sombreros– a cambio de un pago. Y si no tenían dinero contante y sonante, podían pagar con sus tierras o con su trabajo. Así surgieron en Perú los latifundios del altiplano, que se extendían por enormes extensiones de terreno y tiranizaban a los habitantes de la región mediante arriendos o deudas.

Las barreras sociales y étnicas eran insalvables en las colonias españolas. Para dejar patentes las diferencias se prohibía a los indios montar a caballo, rezar en la misma iglesia, llevar armas y tocar la guitarra (como reacción a esta última prohibición surgió el *charango*, una guitarra de doce cuerdas tensadas sobre el caparazón de un armadillo). Dentro de sus pueblos, los indios mantenían una relativa autonomía; pero en sus litigios con los blancos, siempre llevaban la peor parte. Para mantener esta discriminación, se prohibieron los matrimonios mixtos.

La región de la selva en los tiempos coloniales

Los colonizadores llegaron en su búsqueda del oro hasta la pendiente oriental de los Andes. Pero la exploración del Amazonas no la debió la Corona española a aventureros como Aguirre u Orellana (el primero en recorrer el Amazonas desde sus fuentes hasta la desembocadura), sino a los misioneros, a quienes el rey recomendaba prohibir la entrada de militares y colonos que con su brutalidad echaran a perder su labor evangelizadora. La protección que las iglesias ofrecían a los indios tuvo algunos efectos: se introdujo un sedentarismo que los pueblos amazónicos no conocían y se tuvieron que iniciar nuevas técnicas agrícolas.

Pero las luchas entre indios y colonos llegaron también a la selva. En 1742, Juan Santos Atahualpa, que se declaraba descendiente directo del último Inca, se levantó

La tribu mayoruna o matsé es un pueblo indígena que habita en la ribera del río Gálvez y que ha consiguió resistir a la explotación que sufre su territorio.

contra los españoles y los echó de los pocos lugares en que se habían logrado establecer, evitando la lucha en campo abierto. Aunque Juan Santos Atahualpa no consiguió reconquistar pueblos del altiplano, en el interior de la selva permaneció invencible. Una expedición de castigo que salió desde Lima, sólo encontró pueblos desiertos en los que los españoles se perdían, se ahogaban o se morían de hambre y de enfermedades. En 10 años de lucha, se echó por tierra la labor de los misioneros y, durante más de un siglo, la selva peruana fue terreno prohibido para los blancos. Se formó así una frontera, la del llamado "reino de los Maynas", que nunca constó oficialmente en el Perú colonial.

Reformas y rebeliones

Tras la Guerra de Sucesión Española (1700-1714), los Borbones relevaron a los Austrias en el trono de Madrid. Los nuevos reyes, sobre todo Carlos III (1759-1788), trataron de reorganizar la administración de las colonias y se acabaron los privilegios de Lima. Se liberalizó el comercio con España, que hasta entonces estaba monopolizado en El Callao y del virreinato del Perú fueron separados los virreinatos de Nueva Granada (actuales Ecuador, Colombia y Venezuela) y La Plata (Argentina, Bolivia y Perú). Chile recibió el rango de Capitanía General y cierta independencia administrativa. Las plantaciones y obrajes peruanos empezaron a acusar la competencia de las importaciones, y desapareció la mitad de los telares peruanos.

Junto a ciudadanos sujetos a impuestos, esclavos y trabajadores forzosos, había otra gente que no tenía un censo aparente, pues, a pesar de la prohibición de matrimonios mixtos, no se pudo evitar que los terratenientes tuvieran numerosos hijos con sus esclavas indias o negras. Estos hijos eran legalmente libres, pero no tenían acceso a la sociedad civil blanca. Además, había gran número de indios huidos de sus poblados para no tener que someterse a trabajos forzados y eran llamados "forasteros". Todas estas personas, que solían trabajar como peones en las ciudades o en los latifundios fueron denominados "castas", y constituían a mediados del siglo XVIII el 40 por ciento de la población india del Perú.

El último gran levantamiento indio contra el imperio español, la rebelión de José Gabriel Condorcanqui, que por ser descendiente del último Inca se llamó Tupac Amaru II, encontró en esas castas mucho apoyo. Partiendo de la rebelión de los indios contra los "repartos" obligatorios, el levantamiento se convirtió en 1780-1781 en un movimiento de independencia. Tupac Amaru logró poner de su lado a los criollos urbanos e incluso a los curas, pero su movimiento fue reprimido militarmente.

Murieron miles de indios. Tupac Amaru II, su mujer Micaela Bastidas, sus hijos y sus más fieles seguidores fueron ejecutados brutalmente en la plaza de Cuzco. La aristocracia india perdió sus privilegios y el quechua quedó prohibido.

La República de los libertadores

Durante las guerras napoleónicas (1808-1814), las colonias entablaron contactos comerciales con Inglaterra y Estados Unidos. La Constitución liberal de las Cortes de Cádiz fue bien recibida en Sudamérica, y la restauración en el trono del borbón Fernando VII, provocó gran oposición. Bajo el mando del venezolano Simón Bolívar se independizó el virreinato de Nueva Granada (1817-20). Después de que Argentina consiguiera su independencia en 1816, el general San Martín avanzó hacia Perú y liberó Lima en 1821, último bastión del poder colonial. Los criollos peruanos estaban divididos porque, mientras las provincias apoyaban la independencia, Lima añoraba la colonia, cuando era el centro de Sudamérica. San Martín intentó establecer una monarquía constitucional, pero las tropas españolas no habían sido totalmente vencidas. Tras un encuentro en 1823 entre ambos libertadores, en Guayaquil, San Martín se retiró y Bolívar puso sus tropas al mando del general Sucre, que venció al ejército colonial en Junín y Ayacucho (1824).

Las Guerras de Independencia dejaron a Perú esquilmado y sin líderes. La élite provinciana era demasiado débil para formar una unidad política, la aristocracia de la capital estaba desacreditada por haber apoyado a las tropas españolas y los generales libertadores empezaron a luchar entre ellos por el poder. En los 40 años siguientes, Perú tuvo 34 presidentes que sólo se preocuparon de aumentar sus riquezas y las de sus familiares. En sus *Tradiciones peruanas*, Ricardo Palma apunta unos versos de Larriva, bien conocidos por los peruanos:

Cuando de España las trabas
En Ayacucho rompimos,
Otra cosa más no hicimos
Que cambiar mocos por babas.
Mudamos de condición;
Pero sólo fue pasando
Del poder de don Fernando
Al poder de don Simón.

En el sur del país, Arequipa se desarrolló como un importante centro comercial, pues la producción lanera de la región tuvo un importante incremento a causa de la demanda británica y, desde Arequipa, se intentó unir Bolivia con Perú y convertir esta ciudad en la nueva capital (1836-1839). La aristocracia de Lima, preocupada por estos intentos, permitió que Chile los impidiera militarmente.

La abolición de la esclavitud: chinos y japoneses

Una de las primeras medidas de Bolívar fue la abolición de las municipalidades indias. Se les dio tierras a los indios y los mismos derechos que los ciudadanos que pagaban impuestos. Esta medida tuvo como resultado que los terratenientes compraran las tierras a los indios y, como la economía necesitaba fuerzas de trabajo para la agricultura de exportación, se introdujeron nuevas fórmulas de "trabajos forzados" y de impuestos especiales. Por la misma causa, la esclavitud quedó sin abolir hasta 1854, en que el presidente Castilla dictó su supresión en Huancayo.

Como mano de obra se contrataron en las haciendas a chinos, que llegaron desde Cantón con una ley especial de inmigración. Ocuparon las habitaciones de los esclavos e hicieron sus mismos trabajos en las mismas condiciones, incluso encadenados para que no pudieran escapar. Hubo diversos levantamientos de "culis", que, por sus mismas condiciones, estaban destinados a no cuajar. Entre 1860 y 1890 trabajaban en las plantaciones del Perú, 100.000 chinos. A partir de 1890 también llegaron japoneses, pero en menor cantidad, entre ellos los padres del ex presidente Fujimori.

El guano

A mediados del siglo XIX, Perú irrumpió en el mercado mundial con el guano, un abono rico en nitratos que millones de aves dejaban en las rocas peladas de la costa del Pacífico, y que ya utilizaban las culturas prehispánicas, pero que se puso de moda en la agricultura de las naciones industriales europeas, sobre todo en Inglaterra. Los ingresos estatales crecieron rápidamente, pero el gobierno tuvo que pagar las cuentas por los compromisos firmados desde la independencia. Confiando en la continuada producción de guano, firmó créditos nuevos para pagar a los prestamistas nacionales y extranjeros. Muchos terratenientes pudieron modernizar sus plantaciones de azúcar y algodón, pero, además, se sintieron atraídos por el lujo y empezaron a importar productos extranjeros, lo cual perjudicó a toda la industria peruana y a las ramas de artesanía que trabajaban para el mercado interior.

Se acometió también la construcción de carreteras para el transporte, pero siempre al servicio del comercio tradicional. Las nuevas líneas de ferrocarril no unían poblaciones importantes del interior, sino que iban desde las minas del altiplano a la capital y a los puertos, como la famosa línea Huancavelica-Huancayo-Lima. La victoria técnica del ingeniero norteamericano Henry Meiggs, que salvó profundos barrancos y escarpados montes aún despierta admiración, pero su aprovechamiento económico fue dudoso. Las mulas de carga seguían siendo más baratas y la empresa trajo para el estado más deudas, pues todos los componentes del ferrocarril, hasta las traviesas, habían tenido que ser importados.

Entre 1868 y 1872, se cuadruplicó la deuda pública. Además, el gobierno firmó un contrato con la casa francesa *Dreyfus* por la que le concedía el monopolio del guano, a cambio de un pago a plazos de la deuda externa. El director del banco parisino *Société Générale,* al que *Dreyfus* pertenecía, denominó aquella operación "el mayor, mejor y más lucrativo negocio del mundo". En esta época la empresa del ingeniero Gustav Eiffel construyó puentes, edificios, catedrales y fuentes por todo el país.

El nitrato: la Guerra del Salitre (1879-1881)

El *boom* del guano permitió la formación de una clase social burguesa relativamente estable, compuesta por comerciantes, banqueros y terratenientes "modernos". Su expresión política fue el Partido Civil, cuyo objetivo era terminar de construir el aparato estatal y librar de caudillos tanto el poder político como el militar. Cuando en 1872 dicho partido ganó la elecciones y se dispuso a llevar a la práctica sus ideas, el guano había perdido importancia.

Surgió como alternativa el nitrato de las minas de salitre del desierto de Atacama (sur del Perú y norte de Chile). También Bolivia, que entonces llegaba hasta el Pacífico, tenía yacimientos de nitrato, aunque en su mayor parte estaban arrendados a Chile y a Inglaterra. Por la cuestión de un impuesto de exportación para el nitrato, se encendió una guerra entre Chile y Bolivia en la que Perú se vio envuelto porque tenía firmado con Bolivia un tratado de mutuo apoyo. Mientras Chile disponía de un sólido aparato estatal, un ejército moderno y el apoyo de Inglaterra, Perú estaba casi en la bancarrota. La guerra dejó claro que no había en Perú una conciencia "nacional" y mientras los indios del campo no entendían lo que pasaba, los terratenientes y los comerciantes de la costa temían la destrucción de sus posesiones y preferían la capitulación antes que la guerra. En estas circunstancias, alguna gesta militar aislada no pudo impedir la derrota: en 1881, las tropas chilenas ocuparon Lima. En el tratado de Paz, Perú perdió sus yacimientos de nitrato y Bolivia tuvo que sacrificar su salida al Pacífico.

Movimientos sociales

A principios del siglo XX, los obreros industriales de Lima se unieron en las primeras organizaciones sindicales y el gobierno peruano se vio obligado a promulgar una ley laboral que regulaba el trabajo de mujeres y niños, los días festivos y los horarios, las indemnizaciones por accidente laboral, etc., pero la política de los terratenientes e industriales no cambió sustancialmente.

Estas mejoras sociales afectaron a sobre todo a Lima. La situación de los habitantes del altiplano no varió y, por primera vez, se vio el peligro que la distancia cultural entre la costa y la sierra podía representar para la "unidad nacional". Además de la experiencia de la Guerra del Salitre, una oleada de levantamientos sangrientos de los indios llevó a algunos intelectuales a buscar la unidad nacional en el pasado prehispánico. Eran las corrientes "indigenistas" que iniciaron también los trabajos en los sitios arqueológicos.

La larga presidencia de Augusto B. Leguía (1919-1930), con las exportaciones de la postguerra europea y el apoyo de la clase media, fue el comienzo de la modernización de la economía peruana. Pero, despues, Leguía empezó a luchar contra cualquier organización política que se escapara a su control, estableció una fuerte censura de prensa. Periodistas, líderes sindicales y estudiantiles fueron condenados al exilio, entre ellos José Carlos Mariátegui y Víctor Raúl Haya de la Torre, fundadores del APRA.

José Carlos Mariátegui (1894-1930), nacido en Moquegua, empezó a trabajar en los periódicos *La Prensa* y *El Tiempo* hasta convertirse en redactor político. Entre 1919-1923 estuvo exiliado en Europa, sobre todo en Italia y, a su vuelta, fundó el periódico *Amauta*, conocido en toda Latinoamérica como foro vanguardista literario y científico. En 1928 fundó el Partido Socialista Peruano que, en 1930, pocas semanas después de su muerte, se convirtió en Partido Comunista.

Víctor Raúl Haya de la Torre (1895-1879), era de Trujillo, una ciudad con grandes plantaciones de caña de azúcar concentradas en manos de pocos terratenientes. Empezó siendo un líder estudiantil y llegó a Lima, donde fue presidente de la *Liga de Estudiantes* y, en 1917, se había convertido en un líder internacional. Fundó en Perú las universidades populares, donde los estudiantes daban clases gratuitas a los obreros. En 1923 tuvo que exiliarse y en 1924 fundó en México el APRA *(Alianza Popular Revolucionaria Americana)*, concebido como un movimiento continental que debía agrupar a la clase media en movimientos nacionales contra el imperialismo económico de EE UU. Haya de la Torre no pudo regresar a Perú y fue obligado a embarcarse en Panamá hacia Europa, donde continuó su labor política en Bremen y en Oslo. El APRA sigue siendo una de las fuerzas políticas principales del Perú.

Los movimientos campesinos de 1950-1970

Tras la Segunda Guerra Mundial, la subida del precio de las materias primas trajo para toda Sudamérica mejoras económicas. Al contrario de países como Chile, Argentina, Brasil o México, en Perú no había empresarios peruanos que pudieran aprovecharse de estas alzas y se fundaron empresas de *joint venture*, es decir, con participacion activa de capital norteamericano. Las minas y la pesca tomaron auge. Las sociedades norteamericanas, que dominaban las minas de cobre y hierro, tuvieron grandes ganancias. La pesca estaba en manos de empresas medianas peruanas. Durante los años 30 había empezado en la agricultura de los países industriales la moda de emplear harina de pescado como forraje para el ganado. Las grandes bancos de anchoas que la fría corriente de Humboldt arrastraba hasta la costa peruana ofrecieron una base para el crecimiento de estas industrias harineras. Chimbote, al norte de Lima, se transfornmó en el mayor puerto pesquero del mundo y pronto

resultó palpable su auge. El 80 por ciento de la ciudad eran chabolas en las que vivían los pescadores y obreros harineros sin electricidad, agua ni canalización.

El punto más débil de la economía peruana eran las haciendas del altiplano, porque si la agricultura de la costa se adaptó a los nuevos tiempos, se mecanizó y se regularizaron los contratos con los peones, en las plantaciones, en las minas y en las ciudades del altiplano, estas medidas no se dieron. Las haciendas de las tierras altas siguieron creciendo a costa de los municipios indios y, en 1961, más de la mitad de las tierras cultivables del Perú estaba en manos del 1,2 por ciento de propietarios. El 85 por ciento de los propietarios campesinos eran familias pobres, que no podían vivir de su trabajo, pues sólo poseían el 4,2 por ciento del terreno.

En la sierra central (departamentos de Pasco y Junín) surgió una revuelta contra tales condiciones. La compañía norteamericana *Cerro de Pasco Corporation*, había comprado en los años 20 cientos de miles de hectáreas que dejó envenenadas con sus emanaciones industriales. Como en la zona comenzó a tomar auge la ganadería ovejera, para impedir que el ganado pastara en las zonas envenenadas, empezó a vallar sus terrenos en 1959, lo que causó protestas campesinas que, a pesar de que no triunfaron del todo, lograron cierta cantidad de tierras para pastos.

Los pueblos jóvenes

La haciendas del altiplano eran el punto negro de la economía peruana. Mientras en las grandes industrias y plantaciones de la costa el trabajo estaba sujeto a un contrato, en el altiplano esto no se daba. En la década de 1950 empezó una emigración masiva de los campesinos de la sierra hacia las grandes ciudades de la costa que convirtió Lima en un *moloch* de muchos millones de habitantes. La mayor parte de estos emigrantes no encontraron trabajo y tuvieron que subsistir como pudieron en el servicio de las casas, en el comercio ambulante o en otros subempleos. Pronto se llenaron de gente las ruinosas casas del centro y pronto surgieron a las afueras las barriadas de Pueblos Jóvenes, con chabolas de esteras en medio del desierto que poco a poco se iban transformando en casas más estables.

Años de terrorismo

Desde 1980 hasta la actualidad, la democracia peruana no ha sufrido aparentes golpes serios. Cuatro presidentes elegidos

Campesinos de Chinchero

se han sucedido ordenadamente cada cinco años. En las elecciones de 1980, las primeras tras 12 años de dictadura militar, resultó electo el arquitecto Fernando Belaúnde Terry, conservador de Acción Popular (AP), que ya había sido presidente entre 1963 y 1968. A él le sucedió Alan García entre 1985 y 1990 y a continuación Alberto Fujimori, que salió elegido democráticamente en 1990 y en 1995. Sin embargo, estos años fueron los de las crisis peruanas más fuertes en el siglo XX. Desde 1980, la guerrilla Sendero Luminoso luchó para introducir en Perú, mediante una revolución sangrienta, una sociedad comunista de corte maoísta. Su principal terreno de actividad fue la sierra, desde Abancay hasta Tingo María, y la ceja de selva. Según cifras que dió la Comisión de la Verdad en 2003, se produjeron en estos años 70.000 víctimas, de las que fueron responsables tanto la guerrilla como las fuerzas del orden. Esta crisis dejó el terreno abonado para que el autoritario Alberto Fujimori gobernara entre 1990-2000 y ha dejado una huella entre la gente que todavía perdura.

Los últimos presidentes de Perú

En 1985, el joven ejecutivo Alan García, candidato del APRA, subió al poder con el 48 por ciento de los votos. Sus primeras medidas parecieron tener éxito: detuvo la "dolarización" del Perú, reguló las importaciones, concedió créditos a los pequeños industriales, comerciantes y campesinos e introdujo el salario mínimo. Intentó aliarse con los países latinoamericanos y negarse a pagar la deuda externa, lo que atrajo la enemistad de las grandes financieras internacionales. En 1987, ya con Sendero Luminoso en plena acción, se tocó fondo económico. Una huida de capital dejó al país sin liquidez y Alan García nacionalizó la banca. Tras su gobierno, Perú quedó en la bancarrota.

En las elecciones de 1990, el escritor Mario Vargas Llosa presentó su candidatura. Llevaba las de ganar cuando, pocos meses antes de las elecciones, apareció la figura de Fujimori, un ingeniero de padres japoneses emigrados al Perú, que prometía honradez, tecnología y trabajo.

El 28 de julio de 1990 Fujimori salió elegido presidente. Logró detener la inflación de años anteriores y estabilizar los precios y consiguió coches para la gente. Solucionó por la fuerza el problema de Sendero Luminoso y detuvo al cabecilla del grupo, Abimael Guzmán, en septiembre de 1992. Fujimori y su ministro

Vladimiro Montesinos estaban en la cumbre de su poder.

Vencedor de la inflación y de la guerrilla, Fujimori se hizo popular. Se hizo *tabula rasa* de todos los delitos policiales durante la época del terror y se camuflaron las brutales actuaciones de las fuerzas parapoliciales. Para la gente sencilla, "el Chino" empezó a ser un político efectivo.

Despreciando las leyes parlamentarias y con su mayoría absoluta, disolvió el congreso y el Tribunal Supremo y proclamó una nueva Constitución que permitiría su reelección. Se adueñó paso a paso de la prensa y la televisión y detuvo a los movimientos de izquierda con la acusación de haber colaborado con Sendero Luminoso. Como en Estados Unidos empezaron a estar mal vistas las dictaduras, Fujimori se envolvió en el celofán de la democracia. Para las elecciones de 1995 su popularidad era extrema y el desprestigio de los partidos políticos tan grande, que la oposición no podía presentar ni un solo candidato. Entonces se unieron todos en una coalición, UPP, Unión del Pueblo Peruano, y presentaron al anciano Pérez de Cuéllar. Fujimori se aseguró entonces la victoria con un pucherazo y siguió gobernando durante 5 años más, haciendo caso omiso de derechos humanos.

Ningún partido político fue capaz de recuperarse en esta época y en las elecciones de 2000 se presentó al frente de la oposición Alejandro Toledo.

Fujimori, que se presentaba por tercera vez, interpretando a su modo la Constitución que él mismo había dictado en 1993, se declaró de nuevo presidente con ayuda de los medios de comunicación, que estaban bajo su dominio y el refuerzo de un sonado pucherazo.

Cuando juró la Constitución, Perú se movilizó. Toledo llamó al país a una marcha de los cuatro "Suyos" (del imperio Tahuantinsuyo de los incas) y 150.000 peruanos se pusieron en camino hacia Lima. En el centro de Lima estalló una violencia propia de los peores tiempos de Sendero Luminoso.

Entonces se descubrió que el gobierno Fujimori había recibido armas del narcotráfico colombiano y en el escándalo estaba envuelto su ministro, Vladimiro Montesinos. Tres semanas después apareció un vídeo filtrado de los archivos de la policía secreta peruana en el que se veía a Montesinos entregar 15.000 dólares a un parlamentario de la oposición, con lo que las sospechas de corrupción quedaron confirmadas. Fujimori prometió nuevas elecciones a las que no se presentaría, pero los "Vladivídeos" siguieron apareciendo. Por fin se descubrieron sus cuentas secretas en Suiza. Fujimori, que estaba de viaje en Japón, solicitó asilo político en la tierra de sus ascestros y allí se quedó. Como ciudadano japonés no puede ser extraditado a Perú.

Tras la huida de Alberto Fujimori, se formó un gobierno provisional y se convocaron elecciones, a las que se presentaron Alejandro Toledo por *Perú Posible*, y Alan García por el APRA. A pesar de que Alan García había dejado en su periodo gubernamental al país en la ruina, Toledo sólo obtuvo en la segunda vuelta de las elecciones un escaso 52 por ciento de los votos. El mayor énfasis de su campaña lo puso en su condición de mestizo, pero en su gobierno todos los ministros son blancos.

Alejandro Toledo nació en 1946 en Cabanas, un pueblo de la sierra norte, pero vivió en Chimbote, donde estudió y fue periodista del diario *La Prensa*. Gracias a una beca estudió en Estados Unidos, en la universidad de San Francisco y se doctoró en Economía. Casado con la antropóloga belga Eliane Karp, Toledo ha demostrado hasta ahora poca eficacia en su mandato. Sus apariciones en la prensa pidiendo perdón por haberse equivocado son frecuentes y tampoco le ayudan en su tarea las desafortunadas intervenciones políticas de su esposa.

A pesar de los errores políticos del gobierno de Toledo que no logró contrarrestar su pésima imagen pública, la opinión general es que no fue una mala gestión. Ordenó la economía y logró desarrollar un exitoso proyecto exportador y un amplio programa de vivienda para la clase media que hasta el día de hoy es considerado como uno de sus mayores logros. Luego de una accidentada campaña electoral entre Alan García y Lourdes Flores del Partido Popular Peruano, García logró hacerse de la presidencia de la república contra todo pronóstico, considerando el mal recuerdo que dejó su primer gobierno.

VOCABULARIO GENERAL

Aclla Huasi: *casa de escogidas*

Ama Sua, Ama Llulla, Ama Kella: *no robes, no mientas, no mates (regla de moral y saludo inca).*

Amaru: *serpiente*

Antisuyo: *parte del inperio Tahuantinsuyo que correspondía a la selva*

Apu: *espíritu de los montes*

Ayllu: *división social, linaje*

Ayni: *mutualidad, sistema de servicios mutuos*

Borla: *insignia de poder del Inca*

Callanca: *cuarto o casa de piedra labrada.*

Calpa: *la fuerza o poder del alma o del cuerpo, augur*

Ceque: *línea imagianaria de adoratorios sucesivos*

Cochamama: *divinidad acuática*

Colca: *depósito para guardar alimentos u objetos*

Collasuyo: *parte del Tahuantinsuyo en la que vivían los collas (el Collao de Titicaca).*

Coya: *reina, mujer muy principal*

Conopa: *imagen ritual, casi siempre de cerámica*

Contisuyo: *parte del Tahuantinsuyo ubicada en la costa sur*

Curaca: *señor principal de un pueblo*

Chacana: *cruz cosmógonica que representa el universo religioso inca*

Charqui: *carne salada y secada al sol para su conservación*

Chasca: *estrella Venus*

Chasqui: *el mensajero, voz usada en el Cuzco. Correo incaico*

Chinchaysuyo: *la parte sur (de Chincha) del Tahuantinsuyo*

Chicana: *laberinto subterráneo*

Guaranga: *corresponde al número mil en el sistema organizativo, número ideal de mil hogares*

Hanan: *mitad de arriba*

Hurin: *mitad de abajo*

Huaca (o guaca): *templo del ídolo o el mismo ídolo*

Huacaypata: *plaza del llanto (plaza mayor del Cuzco)*

Hatun runa: *hombre grande, cuando el varón se casaba y asumía la plenitud de la edad*

Huauque: *hermano del varón, también doble del inca*

Huillac Uma: *sumo sacerdote*

Mamacona: *muchacha escogida para trabajar en los* acllahuasi

Mascaipacha: *borla, insignia del inca*

Minka: *sistema de trabajo o cumplimiento de obligación por sustitución, a base de un acuerdo previo*

Mita: *vez, turno, tiempo, periodicidad*

Mitimae o mitmaq: *personas enviadas a un lugar extraño a cumplir una tarea estatal*

Mocha: *adorar, reverenciar, palabra castellanizada de* muchhani

Moya: *pastos escogidos*

Mullu: *conchas rojas de mares tibios* (Spondillus sp.) *que fueron un objeto especial de trueque y de ofrenda*

Ñusta: *princesa inca*

Pacarina: *lugar de origen*

Pachaca: *corresponde al número cien en el sistema organizativo, el número ideal de cien hogares*

Pachamama: *madre Tierra. Divinidad.*

Panaca: *familia en sentido amplio y con predominio de la línea femenina (viene de* pana: *hermana)*

Purucaya: *ceremonia de entierro*

Pururauca: *piedras que se convertían en guerreros míticos*

Quipu: *cuerdas de distintos colores y nudos que servían para contabilizar objetos y también hechos históricos*

Quipucamayo: *es la persona encargada de los* quipu

Runa: *gente normal, por oposición a "Inca".*

Sapa inca (de sapa, *grande): Inca principal sobre los demás*

Tahuantinsuyo: *Imperio inca de las cuatro partes*

Tambo: *posada, mesón*

Tiana: *asiento, insignia de señores, banqueta*

Tupu: *medida de superficie y de longitud, también el verbo medir*

Ushnu: *plataforma de piedra situada en medio de las plazas que servía de trono a los Incas durante ciertas ceremonias o ritos*

Yacumama: *madre agua*

Yana: *el servidor, el criado que sirve*

Yunga (o yunca): *los llanos de la costa y también sus habitantes*

VOCABULARIO GASTRONÓMICO

Vocabulario de comida en general

Ají: *pimiento picante*
Anticucho: *brocheta a la plancha*
Camote: *variante de patata*
Cancha: *maíz frito*
Cau cau: *callos*
Cecina: *carne de res*
Chalona: *carne seca salada*
Charki: *cecina de carne de llama*
Choclo: *mazorca de maíz cocida*
Choros: *mejillones*
Cuy: *cobaya, conejillo de indias*
Damasco: *albaricoque*
Durazno: *melocotón*
Fariña: *masa de la yuca*
Maní: *cacahuete*
Manjar blanco: *dulce de leche cocida con azúcar*
Mate: *infusión*
Mazamorra: *masa de maíz molido con azúcar y miel*
Mote: *maíz seco y luego hervido*
Palta: *aguacate*
Picarones: *especie de buñuelos*
Plátano: *banana para cocinar*
Qocha yuyo: *algas marinas secas*
Quinoa: *cereal andino*
Rocoto: *pimiento picante*
Seco de...: *forma de preparar la carne cocida*
Sudado: *al vapor*
Tuna: *higo chumbo*

Frutas autóctonas

Aguaje
Casho
Chabira
Copuazú
Guayaba
Lucuma
Marañón
Pijuayo
Sapote
Tagua
Taperibá
Ungurahui

Comida chifa

Arroz chaufa: *plato típico de los restaurantes chinos: arroz mezclado con carnes y verduras*
Sopa wantan: *sopa china con verduras y carne*

Platos de todo el Perú

Adobo: *trozos de carne de cerdo hervidos en chicha de jora con ají amarillo*
Ají de gallina: *guiso de carne de gallina, con maní molido y ají amarillo*
Chicharrones: *trozos de carne de cerdo fritos en su propia grasa*
Cuy asado: *Qowi, Cuy, Cuye, cobaya o conejillo de indias asado al horno y aderezado con* **Wakatay** *(huatacay), hecho de ajos, comino y sal*
Cuy chactado: *cuy frito a presión con una piedra caliente*
Frejolada: *carne con arroz y frejoles*
Lomo saltado: *trozos de carne de res fritos, con salsa de ají, tomate, limón y otros condimientos*
Pepián de cuy: *trozos de cuy fritos, aderezados con maní, ajos, pimienta, cebollas y sal, con arroz y papas hervidas*
Rocoto relleno: *un pimiento picante relleno con carne picada, maní, pasas y queso; revuelto en huevo batido y frito*

Platos típicos de la selva

Chifle: *plátano frito en hojuelas*
Chilcano o timbuche: *pescado frito con yuca, papa y choclo cocidos en caldo de pescado con cebolla, tomate, ajo, ají, culantro y perejil*
Gamitana: *pescado del Amazonas*
Juane: *yuca con pescado, cubiertos por hojas de bijao*
Machague con plátanos: *huevos de tortuga con plátano verde*
Paiche, picadillo de paiche: *pescado del Amazonas*
Patarashca: *masa de pescado, cilantro, ají dulce y cebolla envuelta en hojas de bijao y asado al carbón*
Sarapatera: *mazamorra de plátano, preparada en el capara zón de una tortuga*
Tamales: *masa de harina de maíz blanco, con relleno de carne picada, aceitunas y cebollas; cocidas al vapor en envolturas de hojas de maíz*

Platos típicos de la costa

Carapulcra: *carne de cerdo y pollo con cacahuetes y papas secas*
Cau-cau: *callos de res a la Limeña, cebolla, ajo, patatas, ají y hierbas*

Causa en lapa: *pescado al vapor con camote y maíz*
Causa: *pescado frito con patatas y yuca*
Ceviche: *pescado crudo, marinado en zumo de lima con cebolla*
Chinguirito: *variante de ceviche preparado con pescado seco*
Chiri uchu (ají frío): *plato frío de trozos pequeños de cuy asado, pollo al horno, embutidos, queso, maíz tostado y rocoto*
Chirimpico: *carne de hígado o corazón con cilantro y ají*
Chupe de cangrejos: *cangrejos con caldo de pescado*
Chupe de pallares verdes: *sopa con leche, pescado, gambas y arroz*
Espesado o yemeque: *mazamorra de maíz con pescado*
Humitas: *masa de maíz molido con pasas, huevos, canela y mantequilla envuelta en una hoja de plátano o maíz y cocida al vapor*
King-kong: *los "Quinkones" de Lambayeque y Trujillo, dulce parecido al turrón*
Tiradito de lenguado: *tajadas de lenguado con una salsa de ajo, vinagre, ají, limón y pimienta*

Platos típicos de la sierra

...a la Huancaina: *patatas o yuca frita con salsa de ají amarillo, aceite, leche, cebolla, ajo y queso fresco*
Anticuchos: *brochetas de corazón de res, escabechadas en vinagre y luego cocidas a la parrilla*
Choclo con queso: *mazorcas tiernas de maíz hervidas con trozos de queso*
Chuño cola: *crema hecha de harina de chuño negro (papa deshidratada), con trozos de carne de res o cordero, papas, garbanzos, arroz, ají y ajo*
Chupe cuzqueño: *potaje de papa seca, patatas frescas, huevos, habas, queso fresco y muchas hierbas, queso parmesano, cebolla y ají*
Chupe de quinua: *quinua hervida con carne de res o cordero, papas, zanahorias, col, habas verdes, pimentón y hierbas*
El pushla: *sopa de cebada, huevos y leche*
Huatía: *carnes y papas cocidas en puchero entre piedras calientes o tierra con hierbas y nueces*
Mondongo: *sopa de carnes de res, carnero, cabeza de res, panza de vaca, tocino de cerdo y maíz pelado, cocido durante una noche entera*
Pachamanca: *potaje de carnes variadas, patatas, camotes, habas, choclo y queso derretido, preparado en puchero sobre una pirámide de piedras volcánicas calientes.*
Papa rellena: *bola de puré de patatas rellena de pasas, cebolla, ajo, y –picados y guisados– carne, tomate, huevos cocidos.*
Puca picante: *patata menuda, maní molido, carne de cerdo con ají*
sara lawa: *crema hecha de maíz tierno molido, papas, queso y huevos*
T'impu o puchero: *un potaje de carne y cabeza de cordero, carne de res, charki, papas, choclo, col, garbanzos, camote y yuca*

Bebidas

Algarrobina: *jarabe de la fruta del algarrobo, utilizado para cocktails*
Aguajina, aguagina: *bebida refrescante a base de la fruta del aguaje*
Cañazo: *aguardiente de caña*
Chapo: *refresco de plátano con azúcar, también servido caliente*
Chicha morada: *bebida refrescante hecha de maíz morado hervido al que se le agrega zumo de limón, azúcar y canela, a veces piña o manzana*
Chicha de jora (aqha): *bebida alcohólica (3 %) hecha de maíz amarillo fermentado con azúcar y canela*
Inka-Cola: *refresco nacional muy dulce*
Mate de coca: *infusión de hojas de coca*
Mate de muña: *infusión de un tipo de menta silvestre*
Pisco: *aguardiente: de uva*
Pisco sour: *pisco con clara de huevo batida, azúcar y hielo. Es el cóctel nacional.*

Informaciones prácticas

Aduana, entrar en el país

Aunque para entrar en Perú los europeos no necesitan visado, sí se exige que el pasaporte sea válido hasta seis meses después de haber salido del Perú. Las líneas aéreas proporcionan el formulario necesario para los trámites de entrada: la tarjeta de embarque y desembarque. Con esta tarjeta se obtiene un permiso de permanencia de 90 días, cuya prolongación hay que solicitar a las autoridades de migración o bien cruzar la frontera de un país vecino y volver a entrar con el plazo de 90 días renovado. Esta tarjeta de embarque hay que entregarla a la salida del país; su pérdida está penada con multa de 4 dólares. El pasaporte hay que mostrarlo en los hoteles y vuelos domésticos. Es aconsejable llevar varias fotocopias de la documentación personal y dejar siempre un "set" de reserva en un lugar seguro. Hay que declarar todos los bienes que se importan al país, excepto la ropa y pertenencias personales, incluyendo cámara fotográfica y ordenadores portátiles. Quedan exonerados del pago de impuestos de aduanas: hasta 20 cajetillas de cigarillos o 50 cigarros puros o 250 gramos de tabaco; 3 litros de licor. Para más detalles, veáse el apartado "datos útiles" en www.peruonline.net.

Si se entra en el país con plantas vegetales, animales o comida, hay que presentar papeles sanitarios. Está prohibido llevarse especies de la fauna y flora, viva o muerta, del país.

También están prohibidos, y duramente penados, la posesión, uso y transporte de cualquier clase de droga, incluyendo marihuana. La policía no acepta disculpas, aunque se trate de "llevar un paquete de encargo a familiares residentes en el extranjero"; se aconseja no aceptar tales paquetes. Hay testimonios suficientes de que las cárceles peruanas no son, precisamente, residencias de vacaciones.

Alojamiento

La infraestructura turística es buena en todo el país y sigue mejorando. Hay hoteles, pensiones, hostales, albergues y *lodges*. Los precios suben sensiblemente de las categorías medianas, de una y dos estrellas, a las categorías de cuatro y cinco estrellas. No hay un sistema oficial de estrellas con criterios y control estatales. Las estrellas se las ponen a sí mismos los propios hoteles y sirven de orientación del precio para la clientela que quieren atraer.

La ley peruana permite a los turistas extranjeros, al presentar su pasaporte, la exoneración del IGV (19 por ciento impuesto general sobre ventas), en caso de permanecer en el país menos de 60 días. Muchos hoteles ya dan al turista los precios sin IGV.

Los albergues son sencillos y tienen habitaciones desde 2 a 6 u 8 huéspedes. Suele haber albergues en los lugares muy turísticos, como Cuzco o Huaraz.

Los hostales y pensiones suelen ser pequeños establecimientos familiares. Están casi siempre limpios, pero conviene asegurarse del estado de los baños y lavabos, que puede dejar mucho que desear. En general, es aconsejable ver las habitaciones antes de decidirse por ellas.

En la categoría de hoteles, las grandes cadenas hoteleras son un sector en crecimiento. Sus precios pueden ser internacionales. Ocupan los primeros puestos las

Hotel en Cuzco

cadenas de *Hoteles Libertador* y *Hoteles Sonesta,* seguidas por la reciente cadena *Casa Andina B&B (bed and breakfast),* que tiene una decoración autóctona muy cuidada y no ofrece servicio de restaurante, pero sí excelentes desayunos. En general, los hoteles de más de tres estrellas ofrecen lo que se espera y de forma impecable. Según la experiencia, la categoría que tiene mejor relación precio-calidad, es la de hoteles de tres estrellas, que en muchos casos ofrecen un lujo moderado, con muy buen servicio, baños decentes y hasta piscina.

Hoy día, hasta los hoteles pequeños de una o dos estrellas ofrecen habitaciones con baño privado en casi todo el Perú, son limpios y hasta tienen agua caliente, aunque los más sencillos sólo tengan una instalación rudimentaria de ducha. En la sierra, los establecimientos mejores tienen calefacción, lo cual puede hacer falta en las noches frías de la época de lluvias y en invierno.

Los hoteles suelen tener caja fuerte para documentos de importancia y dinero, pero en general se puede confiar en el personal del hotel y dejar la documentación en la maleta cerrada.

PÁGINAS WEB DE INTERÉS

www.peru.com
www.enjoyperu.com
www.peru.org.pe
www.peruonline.net
www.perucultural.org.pe
www.traficoperu.com
www.paginasamarillas.com.pe
www.promperu.gob.pe
www.inkanatura.net
www.rumbosdelperu.com

Los *lodges* son hoteles rústicos en zonas campestres y en la selva; disponen de bungalows o cabañas para el alojamiento de huéspedes, edificios centrales, piscinas, jardines y solares grandes. Los hay de todas clases, desde gran lujo hasta construcciones ligeras para colgar una hamaca y poco más. A los de la selva se llega por transporte fluvial o por caminos largos y complicados. Comparados con los hoteles urbanos, tienen precios elevados. Normalmente, son de "pensión completa" y ofrecen programa de excursiones o actividades.

Corriente eléctrica

En Perú la energía eléctrica es de 220 voltios; por lo que sirven los enchufes normales europeos.

Dinero

Lo mejor es llevarse desde Europa una cantidad de dinero en efectivo y otra en cheques de viaje, acompañados por una tarjeta de crédito. Lo más seguro son los cheques de viaje en dólares, aunque cambiarlos puede no ser fácil. Lo más rápido son dólares en efectivo, que se pueden cambiar en cualquier parte, y además son aceptados en casi todos los lugares turísticos. El valor del dólar está sujeto a cambios, y con él varía también el valor del euro.

Documentos necesarios

Pasaporte válido hasta un plazo mínimo de 6 meses a partir de la fecha de salida (regreso del viaje) del país.

Permiso internacional de conducir, si se desea alquilar un coche ("carro").

Tarjeta de crédito para sacar dinero y pagar un coche alquilado.

Medidas de seguridad

Perú no es más inseguro que cualquier país en que haya muchos turistas y pobreza. El problema consiste en que, estando de viaje, uno normalmente tiene que llevar consigo todas sus pertenencias. Para guardar los documentos más importantes puede tener sentido coserse un bolsillo interior en la pernera o en el trasero del pantalón.

Es aconsejable llevarse copias de todos los documentos, así como del billete del vuelo de vuelta, y dejar un *set* de copias en casa. No es necesario llevarse un equipo de *scouts*, pero sí puede ser útil una pequeña linterna, sobre todo para largos viajes nocturnos en autobús.

Ropa

Como casi todos los viajes al Perú implican que se va a viajar por sierra, costa y selva, hay que llevarse ropa para todo tipo de tiempo, desde bañadores hasta alguna chaqueta que abrigue; desde pantalones cortos hasta algún pantalón largo contra los mosquitos o para salir por las noches. Para época de lluvias conviene llevarse un anorak o algo que proteja bien contra la intemperie, y hacen falta un par de zapatos de reserva.

El equipaje de mano puede reducirse bastante, sea cual sea la duración del viaje. Muchos hoteles disponen de lavanderías, y, ante cualquier imprevisto, es fácil conseguir ropa, desde jerseys de alpaca hasta botas de montaña. En casi todos los sitios (excepto en los pueblos de la sierra) se vende de todo y a precios más económicos que en Europa.

El clima

El tiempo varía, más que entre las estaciones del año, entre las tres regiones del Perú.

En la costa, el clima es seco y cálido durante el verano –de diciembre a marzo–, y suave durante el resto del año, con temperaturas mínimas de 10-12 °C; en Lima, en invierno, hay una fase de niebla continua. Los veranos son más cálidos en el norte (hasta 35 °C) que en el sur (hasta 28 °C).

En la sierra, las temperaturas varían mucho entre el día (25 °C) y la noche (2 °C). La época de lluvia dura de septiembre a marzo, aunque las lluvias prolongadas varían considerablemente dentro de este plazo. En las demás épocas, el tiempo de la sierra es benigno, pero las noches pueden ser muy frías en invierno (de mayo a octubre), que es la temporada preferida por los montañeros.

En la selva, el clima es húmedo y tropical durante todo el año; en la época de lluvias (de noviembre a abril) puede haber chubascos muy fuertes que impiden viajar por vía terrestre.

La alta temporada de playas coincide con las vacaciones escolares peruanas, más o menos desde Navidades hasta marzo. Sin embargo, la temporada alta para los destinos más frecuentados por los turistas, son los meses de julio y agosto, cuando reina un clima moderado en la costa y limpio y claro, aunque fresco, en la montaña.

Vacunas y medicina

Es aconsejable llevar las vacunas corrientes al día, como la del tétanos, polio, etc. Se aconseja también vacunarse contra la fiebre amarilla 10 días antes del viaje, si se desea entrar en la selva; y –aunque pueda afectar el bienestar considerablemente–

TEMPERATURAS

	°C	Ener/Feb	Marz/Abr	May/Jun	Jul/Ago	Sept/Oct	Nov/Dic
Lima	*Temp. día*	26	25	20	17	18	21
	Temp. noche	19	18	16	14	13	16
	Horas de sol	6	7	3	1	1	4
	Días de lluvia	1	0	1	2	1	0
Cuzco	*Temp. día*	20	25	21	21	22	22
	Temp. noche	7	5	2	1	4	6
	Horas de sol	5	6	8	8	6	6
	Días de lluvia	30	19	5	4	19	28
Iquitos	*Temp. día*	27	27	26	28	28	29
	Temp. noche	23	23	23	24	24	25
	Días de lluvia	15	29	10	7	12	14

también es aconsejable llevarse profilaxis contra la malaria si se desea ir a la selva. El documento de las vacunas no es necesario para los trámites de entrada al país como turista. Sobre la situación actual en el Perú informan los médicos especializados en medicina tropical, que también aconsejan sobre las vacunas recomendables en la época concreta del viaje.

No hay que llevar consigo una farmacia casera, si no se trata de alguna medicina necesaria en casos particulares. Para cualquier mal, sea de estómago o de altura *(soroche)*, heridas leves, ampollas o quemaduras solares de piel, las farmacias están bien equipadas, dan consejos cualificados e incluso son menos caras que las europeas. Se necesita crema de protección fuerte contra el sol, sobre todo en alturas altas. La venden también en las farmacias peruanas. Sombrero y gafas de sol son recomendables.

Material fotográfico

Las películas son más caras que en Europa, y en la sierra y la selva no se encuentran fácilmente. Merece la pena llevarlas.

Para las cámaras digitales, hay posibilidad de grabar tarjetas en CD-Rom en las ciudades grandes, pero es más seguro no depender de esa posibilidad y traerse el propio equipo de almacenaje.

Áreas protegidas

En las últimas décadas, Perú ha reaccionado muy favorablemente al creciente deterioro de la naturaleza. Para preservar la diversidad de fauna y flora y su rico espectro paisajístico, se han creado tres categorías de áreas protegidas:

Parques Nacionales (P.N.)

P. N. Río Abiseo: Bosques de neblina con flora muy rica y con ruinas del pueblo preincaico Chachapoya (Gran Patajén y otros 36 sitios arqueológicos).

P. N. Bahuaja-Sonene: ecosistema único de sabanas tropicales húmedas en las cuencas de los ríos Tambopata y Heath, al sur de Puerto Maldonado, en la frontera con Bolivia.

P. N. Cerros de Amotape: bosque seco ecuatorial en la región de Tumbes.

P. N. Cordillera Azul: gran parque en la ceja de selva, entre los ríos Huallaga y Ucayali.

P. N. de Cutervo: bosque lluvioso de la selva alta, en la región de Jaén con la cueva de los Guácharos (lechuzas de Humbodt).

P. N. Huascarán: en el Callejón de Huaylas, la Cordillera Blanca, con los picos más altos del Perú (Nevado Huascarán, 6.768 m).

P. N. Manu: es el parque más grande de todo Perú, en la selva amazónica tropical, a una altitud entre 200 y 4.000 m sobre el nivel del mar.

P. N. Otishi: bosque en el alto Apurímac.

P. N. Tingo María: denso bosque tropical en el Cerro La Bella Durmiente, con rica fauna y la famosa Cueva de los Guácharos (lechuzas de Humboldt).

P. N. Yanachaga-Chemillen: zona bos-

Mujer cocinando en el lago Titicaca.

cosa en la ceja de selva de la región Pasco, en la que viven las comunidades nativas Yaneshas.

Reservas Nacionales (R.N.)

R. N. Calipuy: reserva de guanacos en la región de Santiago de Chuco.

R. N. Junín: pantanos de puna con el lago de Junín, a 4.100 m de altura.

R. N. Lomas de Lachay: región húmeda al norte de Lima con gran variedad de fauna acuática (lomas, en Perú, suelen ser las lomas costeras con neblina).

R. N. Pacaya-Samiria: selva amazónica al norte de Iquitos.

R. N. Pampa Galeras: reserva de vicuñas en la sierra de Ayacucho.

R. N. Paracas: costa desértica de Pisco y península de Paracas. Reserva con dunas, playas e islas densamente pobladas de aves guaneras, pingüinos y lobos marinos.

R. N. Salinas y Aguada Blanca: zona paisajística de origen volcánico (El Misti, Chachani, Pichu Pichu) y lagunas entre Arequipa y Puno.

R. N. Tambopata: selva amazónica cerca de Puerto Maldonado.

R. N. Titicaca: zonas pantanosas de puna en el lago Titicaca e islas flotantes de los Uros.

Santuarios Nacionales o Históricos (S.N., S.H.)

S. N. Ampay: laderas boscosas del Nevado Ampay y dos lagunas cerca de Abancay.

S. N. Calipuy: cerca de la R.N. del mismo nombre; para protección de una especie de yuca, la Puya Raymondi, única en el mundo.

S. H. Chacamarca (Junín): recinto de la batalla libertadora de Junín (1824), con restos arqueológicos de la cultura Pumpush.

S. N. Huayllay: bosque de piedras en la región de Pasco.

S. N. Lagunas de Mejía: zona de la playa cerca de Mollendo.

S. H. Machu Picchu: ruinas de los incas en el Valle Sagrado de Cuzco.

S. N. Manglares de Tumbes: zona muy rica en fauna acuática en la costa.

S. H. Pampa de Ayacucho: recinto de batalla histórica que selló la independecia peruana (1824).

S. H. Tabaconas-Namballe: bosque de neblina con lagunas y cataratas muy bellas en la frontera de Ecuador cerca de Huancabamba.

Comida y bebida

La cocina peruana es básicamente campesina, a base de los productos de la tierra, aunque también se nota una fuerte influencia de la fase colonial (comida criolla) y de pueblos inmigrantes (comida italiana y china). Hay especialidades autóctonas que varían según las regiones, costa, sierra o selva, y también del norte al sur.

Los platos típicos de la costa son comidas ligeras con ensaladas, aguacates, pescado y marisco.

En la sierra prevalecen los platos campesinos a base de muchas variedades de patatas, maíz y quinoa.

En la selva hay muy buen pescado de río, mucha fruta y verdura tropical, y variedades de cosas envueltas en hojas de plátanos o maíz.

En todo el país se come mucho arroz, mucha patata y muchísimo pollo asado. (véase también sección "comida típica")

Restaurantes

En Lima hay gran número de restaurantes para cualquier gusto y presupuesto, con gran variedad de cocina nacional e internacional. Sin embargo, en las poblaciones pequeñas, la oferta se reduce a restaurantes humildes, alguno de ellos decente y tradicional, en el mejor hotel del lugar, y algún "chifa", que es como se llaman los omnipresentes restaurantes chinos en el Perú.

Los restaurantes ofrecen menús de mediodía y, según nuestra experiencia, lo mejor son las sopas caseras que los restaurantes humildes sirven como primer plato. El menú de restaurantes de hoteles de más de tres estrellas, suele ser una mezcla de cocina nacional e internacional.

Los desayunos peruanos consisten en arroz y sopa u otra comida caliente, pero los hoteles y las cafeterías ofrecen "desayunos continentales" (con pan, mantequilla y mermelada) o internacionales, que son más parecidos a lo que un europeo espera. La calidad del café es pésima. Solamente en las ciudades con más afluencia de turistas (Cuzco, Arequipa, Lima) ha entrado la moda de cafés italianos con sus variaciones.

Las horas de comer oscilan entre las 13 h y las 15 h. La hora de la cena empieza hacia las 20 h. Muchos restaurantes cierran los domingos por la tarde por descanso del personal.

Tipos especiales de restaurantes. En las ciudades principales hay muchos restaurantes especializados, cuyo nombre ya indica qué tipo de comida se sirve en ellos:

Anticuchería - carnes a la parilla.

Cevichería - locales en ciudades de la costa especializados en marisco y ceviche.

Chicharronería - Especializado en chicharrones, carne frita.

Chifa - restaurante chino.

Picantería - pequeño bistró con tentempiés, típico de Arequipa.

Pizzería - restaurante italiano con horno de leña.

Pollería - pollos asados.

Recreo turístico - restaurante en terraza o al aire libre, de oferta limitada, sólo en días festivos o tardes de fin de semana.

Restaurante turístico - tiene que ofrecer un mínimo de tres platos internacionales.

Sanguchería - restaurante de sándwichs.

Yogurtería - local que sirve yogurt y fruta fresca (en Chiclayo, Trujillo y otros lugares de la costa norte).

Propinas

Aunque no hay obligación de dar propinas, un 10 por ciento del precio de la consumición es lo normal, o por lo menos lo que se espera de un extranjero.

Fiestas oficiales

1 de enero	Año Nuevo
	Viernes Santo
1 de mayo	Día del Trabajo
24 de junio	Fiestas del solsticio de Verano (Inti Raimi, Sondor Raymi, etc.)
29 de junio	San Pedro y San Pablo
28 de julio	Día de la Independencia
30 de agosto	Santa Rosa de Lima
8 de octubre	Conmemoración de la batalla de Angamos
1 de noviembre	Todos los Santos
8 de diciembre	Inmaculada Concepción
25 de diciembre	Navidad

Fiestas populares

Virgen de la Candelaria (febrero) en Puno.

Carnavales (febrero/marzo) en la región de Ayacucho, Cajamarca, Puno, siempre con "Cortamontes" (nuestros "mayos").

Fiesta de la vendimia en la región de Ica (marzo).

Inti Rami, fiesta del sol, en la capital Cuzco (24 de junio).

Virgen de Asunta (15 de agosto).

Festival de la primavera en Trujillo (septiembre).

Celebraciones del Señor de los Milagros en Lima (octubre).

Además, hay gran número de fiestas populares, regionales y locales.

Horarios

Todo el Perú se encuentra en la zona de la hora de GMT-5; la diferencia a la hora central europea es de 6 horas de retraso. No hay cambio entre horario de invierno y verano. Por la cercanía con el Ecuador, las horas de amanecer (7 h) y anochecer (18 h), son constantes todo el año.

Los horarios son parecidos a los europeos. El desayuno suele ser entre las 8 h y las 10 h, a mediodía se come entre la 13 h y las 15 h, la hora de la cena es de 20 h a 22 h. Las tiendas y museos abren a las 9 h o 10 h y cierran entre las 16 h o 17 h (museos), y entre las 18 h y 20 h (tiendas).

Lengua

En el Perú hay tres idiomas oficiales. El principal idioma oficial es el español, que habla aproximadamente un 80 por ciento de la población. En las regiones de la sierra, un alto porcentaje de la población habla el quechua en varios dialectos, sobre todo en los pueblos alejados. En total, casi un 20 por ciento de la población habla quechua. El tercer idioma oficial es el aymara, hablado por un 7 por ciento de peruanos. Además, existen más de 40 idiomas autóctonos en regiones selváticas. El porcentaje de población que solamente habla el quechua u otro idioma indígena está calculado en un 11 por ciento, con tendencia a disminuir.

El español que se habla es un castellano clásico, pero existen palabras que tienen raíz autóctona, sobre todo para frutas y comidas del país. En esta guía, hay un amplio vocabulario especial de fruta y comidas. (véase sección "Comidas típicas").

Médicos y farmacias

Los médicos tienen buena formación, pero en el campo y los pueblos son escasos. Tienen mucho trabajo con los necesitados de su país, pero también atienden a extranjeros si hace falta. Muchos males pueden curarse simplemente con un descanso. Las farmacias aconsejan con gran competencia. Hay muchas en todas las ciudades. Han abierto por doquier farmacias de la cadena chilena *Inkafarma,* con muy buen surtido.

El mal de altura *-soroche-* desaparece normalmente después de un par de días, aunque una persona no acostumbrada a grandes alturas, tardará varias semanas en poder moverse con normalidad a más de 4.000 m de altitud. Si se llega en avión a lugares por encima de los 3.000 m, se aconseja descansar 24 horas, moverse despacio, beber mucho, tomar mate de coca y no ingerir alcohol. Si siguen los dolores de cabeza varios días o si hay serios problemas respiratorios, es imprescindible buscar un médico, porque la prolongada falta de oxígeno en el cuerpo puede tener efectos graves. Algunos hoteles ofrecen habitaciones con aire oxigenado.

Moneda, modos de pagar y precios

Moneda. La moneda oficial del Perú es el **Nuevo Sol** (Sol) que tiene 100 céntimos. Hay monedas de 5, 10, 20 y 50 céntimos y de 1, 2 o 5 soles; los billetes valen 10, 20, 50, 100 y 200 soles. Un dólar equivale aproximadamente a 3-4 soles; un euro, a 4 soles.

Es importante moverse siempre llevando monedas y billetes pequeños, porque la falta de cambio es un constante problema. Cualquier billete a partir de 20 soles puede resultar difícil de cambiar en taxis, autobuses y tiendas. En todos los establecimientos turísticos se aceptan dólares (US $), pero solamente si son billetes totalmente "ilesos".

Existen billetes falsos que, una vez que han llegado a las manos, será difícil deshacerse de ellos y hay que darlos por "perdidos". En algunas regiones también hay monedas de 1 sol falsas, aunque a veces son imposibles de diferenciar de las legales. Reconocerlas suele ser una cuestión de honor para los niños ("voceadores") de las *combis.*

Cambio. Se puede cambiar dinero en bancos, hoteles, o en casas de cambio autorizadas. Los bancos abren los días labora-

EMBAJADAS Y CONSULADOS

En España (prefijo 0034):

Embajada del Perú. *C/ Príncipe de Vergara, 36, 5º derecha, 28001 Madrid; telfs. 91 431 42 42, 91 431 43 15, fax 91 577 68 61; embaperu@arrakis.es.*
Consulado General del Perú. *C/ Cristóbal Bordiú 49, 28003 Madrid; telfs. 91-562 90 12, 562 90 22; atención al público, de 8.30 h a 14.30 h; www.consuladoperumadrid.org.*
Consulado General del Perú. *Av. de Roma 157, 1ª, 08011 Barcelona; telf. 93 415 68 31; atención al público, de 9 h a 15 h.*

Embajadas en Lima (prefijo 0051-01):

Argentina. *Jr. Pablo Bermúdez 143, 2º piso, Santa Beatriz; telf. 433 57 04, 433 58 47.*
Chile. *Jr. José Granda 150, San Isidro; telf. 221 28 18, 221 28 17.*
Colombia. *Av. Jorge Basadre 1580, San Isidro; telf. 442 96 48, 441 05 30.*
Cuba. *Av. Coronell Portillo 110, San Isidro; telf. 264 31 38.*
Ecuador. *Jr. Las Palmeras 356, San Isidro; telf. 221 28 80.*
España. *Av. Jorge Basadre 498, San Isidro; telf. 212 51 55.*
México. *Av. Jorge Basadre 710, San Isidro; telf. 221 11 73, 221 11 00.*
Venezuela. *Av. Arequipa 298; telf. 433 45 11.*

bles desde las 10 h hasta las 18 h, y los sábados de 9 h a 12 h.

Hay cambistas autorizados en la calle, en casi todas las ciudades. Llevan ropa llamativa y normalmente van en grupos por razones de seguridad, pero también porque tienen sitios asignados. No dan cambios mejores o peores que los bancos, pero son más rápidos. Aunque también hay menos garantía de que los billetes que se recibe no sean falsos. Cambian dólares o euros por igual.

Tarjetas de crédito. El uso de tarjetas de crédito no es tan normal como en Europa. En las tiendas, restaurantes y pequeños hoteles hay que pagar en efectivo; mientras que en las grandes ciudades se aceptan dólares o soles, en los pueblos suele pagarse siempre en soles.

En los hoteles de tres estrellas o más, se puede pagar con tarjeta de crédito, sea *Visa, MasterCard, Diners* o *American Express*. Hay más problemas con los cheques de viaje. Los hoteles normalmente no los aceptan, y muchos bancos cobran una tasa por cobrarlos. Funciona muy bien y sin cargas extras el Banco de Crédito, que tiene sucursales en casi todas las ciudades.

Con tarjetas de crédito se puede sacar efectivo de los cajeros automáticos que tengan el símbolo de la tarjeta respectiva. Resulta lo más cómodo.

Números de teléfono para cancelar tarjetas de crédito en caso de pérdida o robo:
American Express: 001-800-860 29 08.
Visa: 001-800- 428 18 58, 01-410-581 01 20.
Master Card: 01-311 60 00, 01-444 18 91.
Diners Club: 01-221 20 50, 01-442 65 72.

Hay que dar el número de la tarjeta perdida o robada, así que conviene guardar una nota con ese número en un sitio aparte.

Precios. Los precios varían notablemente entre las regiones. En general, el sur es más barato que el norte y las ciudades de la selva son más caras que las de la montaña o de la costa. Aunque Lima, Cuzco, Iquitos y Cajamarca tienen los precios más altos del país, aun allí se puede encontrar alojamiento, transporte y comida a precios modestos. En general, los precios de ropa, comida, transporte o alojamiento comparable, suelen ser un 50 por ciento más baratos que los de Europa. Resulta bastante más económico viajar fuera de la temporada alta (julio, agosto), sobre todo en lo referente al alojamiento.

Orientarse en las ciudades peruanas

Direcciones. El país está repartido en 24 departamentos con 194 provincias. Cada provincia tiene un número variado de distritos, que es algo parecido a nuestros "municipios" con sus alrededores. En las ciudades grandes, los distritos son barrios.

En el centro de las grandes ciudades y en las pequeñas localidades de Perú predominan los negocios familiares que, en muchos casos, son puestos ambulantes.

Casi todas las ciudades y hasta los pueblos, tienen una Plaza de Armas como centro del municipio y de la vida social, aunque en algunos sitios el nombre oficial sea Plaza Mayor. En ella están la iglesia y el ayuntamiento y muchas veces también los hoteles más vetustos. El primer número de las direcciones corresponde al número de cuadra o de manzana de la calle, empezando por la manzana de la Plaza de Armas, que tiene el número 100.

Las manzanas se llaman cuadras.

Las calles se llaman jirones (Jr.).

Los pisos se cuentan empezando por el primero al nivel de la calle: primer piso = piso bajo (España); segundo piso = primer piso (España).

En Lima se suele añadir el nombre del barrio a la dirección, pues muchas calles existen en varios barrios.

En Lima hay urbanizaciones cerradas y con vigilantes a la entrada. En el callejero de los planos de la ciudad, las urbanizaciones están listadas aparte, con sus calles respectivas, que normalmente no salen en el callejero alfabético general. Para entrar en una urbanización, hay que decir a quién se visita. Durante el día, los portales están abiertos para peatones.

En todas las tiendas, bancos y centros comerciales, pero también en muchas calles residenciales hay guardianes, o "huachimanes", que es como se les llama, peruanizando la palabra inglesa "watchman".

Teléfono

Llamada desde el/al extranjero: el prefijo internacional del Perú es 0051. A este prefijo se añade el prefijo regional sin 0 (prefijo de Cuzco: 084; desde el extranjero, 0051-84). Desde el Perú al extranjero se llama con el código nacional correspondiente, para España 0034.

Llamadas nacionales en el Perú: el código regional incluyendo el 0 más el número local.

Los prefijos de los números de teléfono por departamentos fueron cambiados en 2003; ¡Ojo! en algunas informaciones impresas todavía se da el prefijo antiguo; en esta guía se dan los prefijos o directamente con el número, o –en caso de la lista de hoteles– con el nombre de la ciudad.

El número de **información telefónica** es el 103 desde cualquier sitio, el 108 conecta con una **operadora,** el 105 es la centralita de **policía** para emergencias.

Teléfonos **móviles** (celulares) de redes europeas funcionan en las áreas urbanas del Perú. Las llamadas son caras, pero funciona bien el sistema SMS. Llamar por teléfono cuesta más desde los hoteles que desde una cabina, como en todo el mundo.

Desde las cabinas se puede llamar con monedas o con tarjetas. Venden tarjetas de varias compañías –como la 147 de Telefónica–, que contienen códigos que facilitan la llamada desde cualquier cabina pública. Las tarjetas de 5 o 10 soles funcionan solamente en la red nacional, las de 20 o 50 soles en las redes nacional e internacional. En las llamadas con estas tarjetas siempre avisan de la suma que queda en la tarjeta.

Compras

Las tiendas abren desde las 9 h o 10 h hasta las 20 h.

Mientras en los cascos antiguos de las grandes ciudades predominan los pequeños negocios familiares, en parte ruinosos, como en el caso de Lima, la clase media peruana que dispone de coche compra en los "centros comerciales", que en Lima suelen estar situados en los cruces de las grandes avenidas de los suburbios y en las demás ciudades en las afueras. La cadena de grandes almacenes más frecuente se llama "Saga Falabella". En Lima hay centros comerciales en los que se puede encontrar de todo. Los que más nombre tienen son el *Jockey Plaza,* en el barrio de Santiago de Surco, con 200 tiendas y, en la playa de Miraflores, el centro *Larco Mar,* con gran número de tiendas, restaurantes, bares y una maravillosa vista sobre la costa del Pacífico.

Souvenirs. En Perú no escasea la oportunidad de comprar "recuerdos", y tan baratos que en seguida se pierde la medida. El regateo es normal, pero no se debería olvidar que muchas veces se está regateando por un valor de céntimos de euro, ni la necesidad de subsistencia del vendedor. Es imposible defenderse de los vendedores que siempre están en las paradas de autobús ofreciendo recuerdos, artesanías y especialidades locales; en cada "monumento" surge un pequeño mercado, aunque hay excepciones en algunos lugares muy frecuentados, como las plazas de Cuzco, Arequipa o Trujillo, donde hay vigilancia policial que lo dificulta. Tiene sentido y es más barato comprar el artículo en la región donde se produce en vez de hacerlo en los mercados y tiendas de las grandes ciudades. Las diferencias de precio suelen responder a las de calidad. Especialmente en la ropa, es preferible gastarse un poco más y, al llegar a casa, comprobar que efectivamente se ha comprado "lana de alpaca" en lugar de "lana de oveja". En Cuzco y Arequipa, Trujillo y Lima hay comercios que ofrecen garantía absoluta de buena calidad, sin que sea necesario pagar los encarecidos precios de algunas tiendas de museos, como las del Museo del Oro de Lima.

Está prohibido comprar "huacos", o sea, cualquier objeto que proceda de tumbas arqueológicas. Si se compra una réplica, hay que asegurarse de que en el fondo haya un sello que ponga "réplica" o pedir un recibo de procedencia de la pieza para presentarlo en la aduana. Lo mismo vale para pinturas antiguas.

Correo

El servicio de correos estatal se llama *Serpost*. Es relativamente caro, pero eficaz. Hay dependencias en todas las ciudades. El horario de atención al cliente suele ser entre las 9 h y las 20 h, pero en algunas dependencias cierran una parte de las ventanillas a mediodía.

Para Europa, las cartas y tarjetas postales cuestan lo mismo (5 soles).

Puede merecer la pena mandarse un paquete a casa. Los precios mejores son los del paquete certificado de 2 kg (unos 25 euros) y de 5 kg (unos 50 euros). No hay que pasarse ni un gramo de estos límites de peso porque entonces se pagará la tarifa siguiente. A veces hay cajas en *Serpost*, pero no siempre, y suele ser la dificultad mayor encontrarlas en una tienda o un supermercado. También conviene llevar cinta adhesiva para sellar el paquete, fácil de encontrar en cualquier papelería. El paquete hay que cerrarlo en *Serpost*, donde la empleada pasa revista al contenido. Se exige además una fotocopia del pasaporte. Los paquetes de hasta 10 kg se envían por vía aérea y llegan en 10 días.

Es posible mandar paquetes de encomienda con autobuses de línea, pero hay que recogerlos en la estación del destino.

Cibercafés

Hay locales de Internet, generalmente sin café o bar, en cada esquina, hasta en los pueblos más alejados. Utilizarlos cuesta entre 1 y 2 soles por hora. Suelen estar abiertos hasta las 22 h.

Transporte urbano

Taxis. Aparte de Lima, en todo el país la mayoría de los coches son taxis. Hay demasiados, lo que da una ventaja al cliente. No existen los taxímetros. Hay que negociar el precio antes de subirse al taxi. Se puede regatear, pero, si en un trayecto de pocos kilómetros, el chófer tiene que pedir un adelanto del precio y para en la primera gasolinera para echar 1 galón de gasolina, se ve que la competencia les lleva al límite de las posibilidades.

Si se quiere hacer paradas en el camino, hay que avisarlo antes de negociar el precio. En el aeropuerto de Lima suele haber muchos taxistas ilegales. Conviene contratar un servicio de taxi con antelación o buscarse un taxi autorizado por *Corpac* (autoridad aeroportuaria).

La apariencia y el tipo del taxi varía según las ciudades. Mientras en Lima hay coches tipo limusina blanca o amarilla, en Arequipa son pequeños coches tipo *Daewoo*, llamados *Tiko*, de color amarillo, los que llenan las calles. En Puno y Juliaca, los bici-taxis –tipo *rikshaw* oriental– son más frecuentes que los *Taxi-coches* y, en las ciudades del margen de la selva, como Moyobamba, Tarapoto o Pucallpa, hay moto-taxis muy rápidos y que suelen ser más agradables que los coches porque se toma bien el aire.

Minis/colectivos. En Lima existen autobuses de línea, pero aun allí y en todos los demás lugares, el transporte más rápido y barato son los "minis": furgonetas adaptadas para el transporte de hasta 20 personas; tienen recorrido de línea y un cobrador que avisa el destino. Se puede parar a lo largo de su trayecto para subir y bajar. El precio del viaje en una dirección es fijo e independiente de la fracción del trayecto que uno hace.

Hay que armarse de paciencia y humor, porque a veces no salen antes de haberse llenado, y después se mete una docena de personas más de las que caben. Los niños no cuentan para pagar ni para los asientos. Lo normal es que los adultos, que han pagado su asiento, lo vean invadido por dos o tres niños de las vecinas que siempre acaban sentados o apoyados en uno. Una verdadera pesadez.

Deportes

Por su orografía extrema, sus variadísimos paisajes y la relativamente intacta naturaleza de muchas regiones, alejadas del desarrollo de civilización y globalización, el Perú es un país singular para practicar muchos deportes extremos, desde la escalada en montes eternamente nevados hasta el descenso por ríos salvajes. La combinación de actividades en la naturaleza y la magia de las numerosas ruinas de culturas precolombinas dan un atractivo adicional a los viajes de aventura.

Entre los deportes, el más popular es el senderismo de montaña o *trekking*, aunque no todos los turistas que quieren practicarlo logran superar los efectos del *soroche*. El camino más frecuentado es el **Camino del Inca,** desde Cuzco a Machu Picchu, o fracciones de este trayecto. La última parte es tan frecuentada que hace falta ir en grupo y con guía para conseguir "plaza". Otras sendas de gran atractivo paisajístico existen en el valle del Colca, en el río Apurimac o en el cañón de Cotahuasi. En la mayoría de las caminatas hay que llevarse toda la comida, saco de dormir de invierno y tienda de campaña. Hay que informarse bien antes de salir, aunque lo más razonable sería ir con guía.

En las cimas más altas de la cordillera de los Andes hay nieve durante todo el año. Tienen un atractivo tan grande que ha generado un término propio: el andinismo. Una meta preferida por montañeros de todo el mundo es la Cordillera Blanca, en el Parque Nacional de Huascarán, con los picos del Huascarán y el hermoso Alpamayo, aunque hay muchos otros mazizos que también sobrepasan los 6.000 m. No hay que intentar subir sin preparación y entrenamiento previos. Para la Cordillera Blanca, funciona como punto de partida Huaraz, donde hay posibilidad de comprar o alquilar un buen equipo de montaña, mapas, información y guías. La temporada más adecuada para el andinismo es el invierno, de mayo a septiembre, porque en estos meses hay garantía de sequía.

Los amantes de la escalada en roca encuentran retos en cualquier sitio de la sierra, pero las paredes más exigentes están en la sierra de Cumbemayo, en el departamento de Cajamarca.

Otros deportes de aventura que se practican en la sierra son el *canotaje* y el *kayac*, por los ríos torrenciales que bajan desde la sierra a la costa o hacia la suave cuenca amazónica. Hay agencias que ofrecen esas excursiones organizadas. Lunahuaná, en el río Cañete, es la capital peruana del *canotaje*. Para los que tengan poca experiencia en este deporte, se recomienda el río Santa, en el tramo entre Anta y Caraz, en el Callejón de Huaylas. La temporada más apropiada es de mayo a octubre, aunque en agosto el caudal puede estar muy bajo.

En los pueblos de playa de la costa ("balnearios"), hay gran variedad de deportes acuaticos, desde el *surfing* (tabla) hasta la vela. Las mejores playas para bañarse se encuentran en el norte, en la región de Tumbes, aunque al sur de Lima también proliferan los clubes e instalaciones de playa. La página web www.playasperu.com ofrece información sobre playas, instalaciones y hoteles en las zonas playeras del Perú. Las más frecuentadas son, de norte a sur, Punta Sal, Florida Beach, Máncora, Colán, Pimentel, Santa Rosa, Chicama,

Perú ofrece muchas posibilidades a los amantes de los deportes de aventura de tierra, mar y aire.

Manantial de agua en Perú

Huanchaco, Tortugas, Punta Hermosa, San Bartolo, Ancón, Bujama, Cerro Azul, Paracas, Puerto Inka, Ilo, Tacna. Para la tabla hay retos a lo largo de toda la costa del Pacífico por la incansable fuerza del gran océano, con sus grandes olas. Las mejores playas para la práctica del *windsurf* se encuentran en los alrededores de Paracas y en Chicama.

En las afueras de Ica y las vecinas dunas de Huacachina se practica la tabla o el esquí de arena. Últimamente se han puesto de moda otros deportes extremos, como el ciclismo de montaña en las cumbres nevadas o la bajada desde rocas o dunas en parapente o con ala delta, para sentir la libertad del cóndor sobre los abismos andinos durante unos breves momentos.

En la sierra, son frecuentes los baños termales, con piscinas que sirven más para el relax que para practicar la natación.

Precauciones

Agua. Aunque el agua del grifo está tratada químicamente, es aconsejable beber agua cocida o agua embotellada, que se vende en cualquier sitio. En años de escasez de lluvia, hay restricciones de agua en Lima. Además de aconsejar un uso ahorrativo del agua, se corta el suministro durante ciertas horas de las noches, según el turno que le toque al barrio donde uno se encuentre.

Males variados. El turista puede tener problemas de diarrea y de altura. Contra lo primero puede intentar protegerse comiendo con cuidado: la fruta siempre pelada, el agua siempre embotellada, etc. Poco a poco, en estancias más largas, el cuerpo se irá acostumbrando a las bacterias desconocidas, pues no se puede estar mucho tiempo sin una ensalada fresca ni tampoco hay garantía absoluta de que el agua que se añade a los zumos sea siempre agua hervida, como aseguran muchos restaurantes.

Menos posibilidades de precaución tiene el mal de altura o *soroche*. A partir de los 3.000 m, la personas que no están acostumbradas empiezan notar la escasez del oxígeno, dolor de cabeza y dificultades de respiración. El organismo tarda en adaptarse y no queda otro remedio que beber mate de coca, tomárselo con tranquilidad los primeros días y acudir a las farmacias en busca de pastillas contra el *soroche* (coramina), que son vendidas por piezas. Los grandes hoteles y estaciones sanitarias disponen de aparatos con oxígeno que ayudan en los casos más graves.

Seguridad y robos. Los turistas son individuos con riesgo de ser robados en todo el mundo. Llevar constantemente cámaras fotográficas y otros objetos de valor siempre es una provocación al atraco. Lo mejor es dejar todos los documentos y objetos de valor en el hotel y salir solamente con una copia del documento de identidad. Redes de información entre los viajeros y ciertas guías informan de que en Lima o en Cuzco no hay que sobrepasar tal calle o no entrar en tal barrio, por medidas de seguridad. No hay que ser tan desconfiado, y siempre hay que tener en cuenta que un atraco puede ocurrir en cualquier lugar. En general, es mejor no pasear solo de noche por sitios desconocidos, pero tampoco existen "barrios criminales". Lo mismo vale para los atracos en autobús; en el periódico suele venir la noticia de bandas que atracan los autobuses de línea de tal o cual trayecto. Es cuestión de suerte. Hay compañías que ofrecen más garantía que otras y llevan "huachimanes" en el autobús.

Las ciudades principales y lugares turísticos disponen de una Policía de Turismo con servicio de 24 horas. Las direcciones y teléfonos se dan en esta guía. La central de la **Policía Turística** en Lima tiene el teléfono 01-424 20 53. Además de la policía de turismo, a la que hay que dirigirse en caso de robo o timo, en muchas ciudades hay un **Servicio de Protección al Turista,** INDECOPI, una especie de protección del consumidor con el que se debería hablar en caso de sentirse engañado.

Línea nacional: Servicio de Protección al Turista. C/ la Prosa 138, Lima 41; telf. 01-224 78 88 (24 horas); línea gratuita desde provincias: 0800-425 79; tour@indecopi.gob.pe. En el telf./fax: 01-574-80 00 da 24 horas información y asistencia al turista.

Es aconsejable llevarse varias fotocopias del pasaporte, igual que de todos los documentos, números de las tarjetas de crédito, de cheques de viajes, de billetes del vuelo de vuelta etc., y dejarlas en un sitio distinto que los originales.

En caso de robo, la embajada expide un pasaporte provisional. Con éste hay que conseguir nuevamente los papeles de entrada al país en Lima, en la Dirección General de Migraciones y Naturalización. Av. España 700, Breña; telf. 330 40 20.

VOCABULARIO

Auto	*Coche colectivo*
Carro	*Coche*
Celular	*Teléfono móvil*
Chaclado	*Machacado*
Chaco	*Arcilla salada que condimenta el queso en la puna*
Chancho	*Cerdo*
Cholo	*Mestizo*
Chompa	*Jersey*
Choro	*Ladrón*
Colectivo	*Mini furgoneta de servicio de línea*
Grifo	*Gasolinera*
Guariza	*Cruce de alpaca y llama*
Huaico, huayco	*Corrimiento de tierras en la montaña*
Paradero	*Parada*
Pirañitas	*Niños ladrones*
Planchado de coche	*Pinchazo*
Plata	*Dinero*
Playa de estacionamiento	*Aparcamiento*
Tiko	*Pequeño coche de marca Daewoo, taxi*
Trocha	*Pista sin asfaltar*
Waino, huaino	*Canción popular triste*

Terrorismo. Desde los años 90, el terrorismo en el Perú ha declinado considerablemente, aunque sigue existiendo la organización Sendero Luminoso y varios grupos radicales en el interior del país. Sin embargo, últimamente no ha habido violencia contra turistas, aunque los ministerios de asuntos exteriores de varios países declaran ciertas zonas en la ceja de la selva como "inseguras". No existe ningún peligro inmediato, pero para asegurarse conviene informarse antes en el Ministerio de Asuntos Exteriores del país de partida.

Tomar fotos. Está estrictamente prohibido tomar fotos de aeropuertos, instalaciones militares, policiales o torres de alta tensión.

En la sierra y en el campo, fotografiar a personas puede causar molestias, sea porque esté unido a supersticiones atávicas o porque sencillamente, a mucha gente no le gusta ser retratada en una situación cotidiana. A otros, en cambio, les encanta: en los mercados de Chiclayo y Andahuaylas, por nombrar dos sitios, incluso lo piden con alegría. Hay muchas formas y actitudes al fotografiar. Generalmente, conviene preguntar antes de disparar la foto. Muchas veces el "modelo" cuenta con una propina de 1 o 2 soles. Sobre todo si son niños decorativamente vestidos o señoras con agujas de tejer y una llama limpia y recién peinada al lado, como suele haber en los "monumentos" de la sierra.

Cuestión aparte es la prohibición de sacar fotos que hay en un 90 por ciento de los monumentos y museos de Perú, con o sin flash.

Transportes. Moverse por Perú

La página web www.traficoperu.com contiene excelente información sobre los distintos medios de transporte, aéreos y terrestres, en todo el Perú.

Agencias. Hay muchas agencias de viajes, algunas nacionales y muchas regionales (véase "Turismo"). Una de las mejores para contratar viajes individualizados, con una red por todo el Perú, son *Aracari* (www.aracari.com), y *Llama Travel* (www.llamatravel.com), las dos con muy buenas informaciones en sus páginas web.

AEROPUERTOS REGIONALES CON VUELOS DE LÍNEA

Arequipa
Ayacucho (por temporadas)
Cajamarca
Cuzco
Iquitos
Juliaca
Puerto Maldonado
Piura
Pucallpa
Tacna
Tarapoto
Trujillo
Tumbes

Avión. Casi todas las ciudades tienen aeropuertos pequeños, y la mayoría de ellos con vuelos diarios a Lima y otras dos o tres ciudades. Sin embargo, hay aeropuertos que funcionan solamente en ciertas temporadas, y otros que solamente tienen tráfico aéreo privado.

Las líneas más importantes que cubren los trayectos principales son *LanPerú, TansPerú, Aero Continente* y *LC Busre.* Es aconsejable informarse sobre servicios y precios de las compañías aéreas, antes de comprar un billete para un servicio nacional.

Para los vuelos nacionales hay que estar en el aeropuerto con dos horas de antelación a la salida; para vuelos internacionales se exigen tres. Hay que comprobar las reservas nacionales 48 horas antes de salir; las de vuelos internacionales, 72 horas antes de salir.

Direcciones de las aerolíneas más importantes nacionales y internacionales en Lima (prefijo 01):

Iberia: Camino Real 390, P9, San Isidro; telf. 421 46 16, 222 31 80; información, telf. 411 78 00, de lunes a viernes, de 8.30 h a 18 h; en el aeropuerto, telf. 575 16 04 24 horas; www.iberia.com.

Lan: Av. José Pardo 513, Miraflores; telf. 213 82 00, 213 83 00; www.lan.com.

LC Busre: Los Tulipanes 218, Urb. San Eugenio, Lince; telf. 421 04 19; www.lcbusre.com.pe.

Perú ofrece infinidad de posibilidades para moverse en transporte por el país, eso sí, con una gran diferencia de calidad-precio entre unos y otros.

Lufthansa: Jr. Jorge Basadre 313, San Isidro; telf. 442 44 55, 442 44 40; www.lufthansa.de.

Aerocóndor. Juan de Arona 781, San Isidro; telf. 442 52 15, 442 56 63, 442 97 72, 442 68 08, 442 68 60. Fax 221 75 83.

En los aeropuertos cobran una tasa por uso de aeropuerto (TUUA), de 12 soles en los vuelos nacionales y unos 28 US-dólares en Lima para los vuelos internacionales.

La central telefónica del **Aeropuerto Jorge Chávez** de Lima: telf. 511 60 55 (24 horas); información de vuelos, telf. 595 06 66. Para información actual, véase www.lap.com.pe.

En Nazca hay gran oferta de vuelos privados para sobrevolar las Líneas; los vuelos estándar duran media hora y cuestan alrededor de 50 dólares. Se puede reservar los vuelos a través de Internet o por agencia en el mismo Nazca. Muchas agencias ofrecen el trayecto desde Lima.

Autobuses. La cifra de líneas de autobuses es desconocida. Hay varias empresas nacionales e innumerables regionales. Mientras en las ciudades grandes cada empresa tiene su propia terminal, en ciudades medianas existen Terminales Terrestres o "Terrapuertos", en los que todas las empresas están representadas (Cuzco, Puno, Chimbote, Tacna, Arequipa). Merece la pena ir directamente a la terminal terrestre para comprar el billete, en vez de negociar con agencias de viaje urbanas, que sólo intentan vender el billete de "su" línea y la reserva de asiento que se contrata no suele tener garantía. En algunas ciudades, como Chiclayo o Trujillo, hay terminal terrestre para la llegada, pero la salida se hace desde una calle donde suelen estar todas las agencias alineadas. En ciudades más pequeñas, como en Nazca, los autobuses paran en la calle.

Las terminales en Lima de las empresas más grandes son:

Cruz del Sur: Av. Javier Prado Este 1.109, La Victoria; telf. 225 61 63, 311 50 50 y 225 57 48.

Civa: Av. 28 de Julio, Paseo de la República; telf. 332 52 36.

Ormeño: Paseo de la República 801, La Victoria; telf. 427 56 79.

Tepsa: Jr. Lampa 1237; telf. 427 56 42.

Oltursa: Av. Aramburú 160, Surquillo; telf. 225 44 99.

Transporte Línea: José Gálvez 999, Lima; telf. 424 08 36, 332 60 63.

KLM. Av. Alvarez Calderon 185 piso 6 San Isidro; telf. 213-0200.

Taca. Av. Comandante Espinar 331, Miraflores; telf. 213 70 00, 4453277. www.taca.com

Existen diferentes categorías de autobuses. Los de lujo frecuentan los trayec-

Tren camino de Machu Picchu

tos más importantes por carretera asfaltada, paran pocas veces, ofrecen asientos reclinables, servicio de comida y tienen váter en el autocar. En la costa hay, además, una categoría de autobuses nocturnos con asientos cama, que ofrecen más espacio y tranquilidad si se tienen que cubrir trayectos largos.

El peligro de robo de equipaje no es grande: se suele dar un resguardo con el número de maleta y sólo se recibirá previa presentación del mismo. Pero sí que hay que asegurarse de dónde va la maleta, si en el compartimento bajo o en la baca, que, aunque esté cubierta por lonas, siempre corre el riesgo de que un chaparrón lo deje todo calado.

Las mayores molestias de los autocares son los charlatanes-vendedores de caramelos que actúan durante la primera media hora de viaje, el tropel de vendedores de fruta, comida y bebida que invade el pasillo en cada parada, impidiendo la salida del viajero y, por fin, las películas, en cualquiera de sus variantes –Cantinflas, Joselito o Rambo– se ponen en el vídeo a todo volumen. Hay que tener en cuenta, además, que en el aubús se mete todo el mundo que cabe y más, y que muchos trayectos duran hasta 20 horas, tras las que el viajero llega al final del viaje literalmente torturado.

Normalmente no hay peligro de atracos en los autobuses, pero en algunos trayectos suele leerse en la prensa que hay bandas que atracan. Puede ocurrir que suba un "huachimán" armado que se declara protector de la ruta y acompañe el autobús durante cierto trayecto. Es aconsejable darle algunos soles por su servicio, en cuanto los pida.

Ferrocarril. Perú es el país con los tendidos de ferrocarril más espectaculares del mundo. Sin embargo, por problemas económicos y por la privatización de muchas industrias y, con ellas de las líneas de trenes de mercancías (Lima-La Oroya), ni los raíles ni las locomotoras han sido mantenidos apropiadamente, y sólo siguen tres líneas en funcionamiento, que tienen sobre todo uso turístico. Son las líneas Cuzco-Valle Sagrado-Machu Picchu, Cuzco-Juliaca-Puno, y Puno-Juliaca-Arequipa. Esta última se pone en funcionamiento solamente si hay demanda de grupos mínimos de 40 pasajeros.

La ruta de ferrocarril Cuzco-Machu Picchu es el único acceso a este santuario que está en el itinerario de todos los turistas del Perú. Hay trenes de línea todos los días, de clases y precios variados. El tren más barato se llama "Tren de los *backpackers*", cuesta 60 dólares ida y vuelta y sale a las 6.15 h de la estación de San Pedro en Cuzco. Tarda 4 horas para llegar a Machu Picchu. La salida de vuelta es a las 16 h. A este horario hay que añadir el transporte desde la estación de Machu Picchu-pueblo hasta el santuario, que tarda otra media hora. Para una visita más relajada, es aconsejable quedarse una noche en el mismo pueblo de Aguas Calientes, que actualmente está cambiando su nombre por el de Machu Picchu-pueblo.

Hay otro tren ligeramente mejor, llamado "Vistadome", que sale a las 6 h y llega a las 9.40 h. La salida de vuelta es a las 15.30 h. El billete cuesta 90 dólares ida y vuelta.

Desde 2003 hay un tren de lujo, el "Hiram Bingham", que hace el trayecto desde Poroy a Machu Picchu, ida y vuelta. Sale a las 9 h, llega al pueblo de Machu Picchu a las 12.30 h y vuelve desde allí a las 18.30 h para llegar a Poroy a las 22 h. Ofrece comida, música y cócteles, pero el precio de ida y vuelta es de más de 400 dólares.

Hay otros trenes que empiezan en el Valle Sagrado (Urubamba, Ollantaytambo) y tardan una o dos horas y media respectivamente.

La estación de Poroy se encuentra a 20 minutos en autobús desde la ciudad de Cuzco; en tren se tarda más de una hora, porque el trayecto escala las montañas que separan el Cuzco del Valle Sagrado, haciendo una impresionante e ingeniosa maniobra de 7 vueltas de zigzag, para salir o entrar a la ciudad.

La ruta Cuzco-Lago Titicaca pasa por el puerto La Raya, a 4.319 m sobre el nivel del mar. El trayecto de Cuzco a Puno tarda 10 horas, de las 8 h hasta las 18 h. Cuesta unos 15 dólares en clase turista y unos 90 dólares en primera clase. El tren sale tres días a la semana (lunes, miércoles y sábado).

Para más información, veáse www.perurail.com.

La línea de ferrocarril Lima-Huancavelica, está suspendida. Sólo un par de veces al año sale un tren de la estación de los Desamparados que llega a Huancayo. El último trecho de la línea, Huancayo-Huancavelica, lo lleva una compañía privada que hace dos viajes al día en cada dirección y cubre la distancia de 145 km en poco menos de seis horas.

Coche. La manera más rápida de moverse por el país –aparte de volar– es el coche, aunque la mayoría de las carreteras está en un estado lamentable. Hay la posibilidad de conducir uno mismo en coche alquilado (véase más abajo) o ir en taxi individual o colectivo (auto). Conducir uno mismo pide cierta experiencia al volante, e incluso capacidades básicas para arreglar un coche.

Los viajes en taxi individual de una ciudad a otra tienen que ser contratados con el taxista –que tiene que tener licencia policial si se traspasan los límites de su distrito–, pero pueden resultar convenientes, según el caso: un viaje individual siempre facilita una parada en las innumerables huacas y monumentos que hay en todas las rutas o en los ríos y balnearios para darse un baño. Más barato es ir en *combi* o en auto, que suelen estar concentrados en algún patio a las afueras de la ciudad, y esperan a que se llene con cuatro o cinco viajeros. En teoría los precios son fijos, pero puede estar bien compararlos con los que ofrece el taxista de al lado.

Conducir en el Perú. Los permisos de conducir internacionales, expedidos en cualquier país, tienen una validez de 90 días en Perú. Si la estancia es más prolongada y se desea sacar un permiso de conducir local, hay que contactar con el *Touring Automóvil Club* del Perú.

La policía suele avisar repetidamente de la conveniencia de no llevar a nadie desconocido en el coche, de no parar si alguien hace señales desde el margen de la carretera y de evitar viajar solo o por las noches. En general, dado el estado de las carreteras, no se aconseja a los europeos hacer un viaje en coche solos, si no se tiene experiencia con el país y las condiciones de las carreteras.

Normas de circulación. Está prohibido conducir habiendo consumido alcohol. Hay que respetar los límites de velocidad señalados en las carreteras. Se debe conducir prudentemente y ajustándose a las circunstancias de tiempo y de tráfico.

Los oficiales de policía en uniforme pueden parar los vehículos, pero no tienen derecho a subir en ellos. Deben llevar su nombre escrito en una placa. Ni los documentos ni el vehículo pueden ser retenidos, ni hay que entregar dinero en efectivo.

Carreteras. El país sufre las consecuencias de su extremada orografía (Raimondi lo describía como "un periódico arrugado") y la escasez de carreteras asfaltadas. Sin embargo, por carretera se llega a qualquier sitio, aunque se tarde más de lo previsto. Hay que calcular una velocidad media por carretera asfaltada de 50 km/h, 30 km/h por carretera afirmada y 20 km/h por trochas. Hay tramos que superan estos valores medios, pero también hay otros que son más lentos. Sobre todo en temporada de lluvias.

Las **Rutas Nacionales** están divididas en Rutas Longitudinales y Rutas Transversales. Las longitudinales cruzan el país de norte a sur y llevan números impares: (1) costa, (3) sierra, (5) selva. La mejor de todas es la **Panamericana** o Longitudinal de la Costa (1), que está enteramente asfaltada a lo largo de sus 2.580 km. Las 20 rutas transversales llevan números pares, de 2 a 40. Empiezan con la más norteña, Paita-Piura-Huancabamba, que lleva el número 2 y acaban con el trayecto Tacna-Collpa, con el número 40. Dos de las Transversales tienen nombre propio y están en buenas condiciones: La Carretera Central de Lima a La Oroya-Oxapampa (20) –en La Oroya se une con la carretra de la Sierra (3), Pucallpa-Tingo María-Hucancayo– y la Vía de los Libertadores (26), Nazca-Abancay-Cuzco.

Aunque el gobierno actual no se ocupa de las obras de infraestructura con tanto interés como lo hizo el de Fujimori, se está promocionando el turismo y se intenta terminar las carreteras que van a puntos turísticos de importancia, como el Valle del Colca desde Arequipa y a Chavín de Huántar desde la Carretera Nacional 3, cerca de Recuay.

Ayuda en carretera. *Touring Automóvil Club del Perú.* Lima. Av. César Vallejo 699, Lima 14, telf. 1-221 24 32, 422 59 75.

Policía de Carreteras: telfs. 01-276 06 65, 276 59 43

Alquiler de coches. Para alquilar un coche, hay que tener un mínimo de 25 años, disponer de una licencia internacional de conducir y de una tarjeta de crédito.

Conduciendo por el Perú es imprescindible un buen mapa (véase abajo "Mapas"); y, si es posible, dos ruedas de repuesto. En cuanto se sale de las carreteras asfaltadas es conveniente un todoterreno, sobre todo en época de lluvias.

Avis. Oficina en Lima: Av. Javier Prado Este 5235, Camacho; telf. 01-434 11 11, 434 01 01; Av. Larco 1080, Miraflores; telf. 446 45 33. Aeropuerto Internacional Jorge Chávez; telf. 01-575 16 37.

Oficina Arequipa: C/ Palacio Viejo 214, Cercado; telf. 054-28 25 19, fax: 21 21 23; aeropuerto; telf. 44 35 76, 65 45 08, 965 45 05; avis-aqp@terra.com.pe

Oficina Cuzco: A. El Sol 808; telf. 084-24 88 00; aeropuerto; telf. 962 05 09; avis-Cuzco@terra.com.pe

Hertz/Inca's. Lima: Av. Cantuarias 160, Miraflores; telf. 447 21 29. Aeropuerto Jorge Chavez; telf. 01-445 57 16, 575 13 90; incasrc@terra.com.pe.

Budget. Lima: Av. Canaval y Moreyra 569, San Isidro; telf. 442 87 03. Aeropuerto Jorge Chávez, telf. 575 16 47.

National. Lima: Av. España 453; telf. 433 37 50.

Mapas

En las oficinas de turismo de cada ciudad se pueden conseguir planos que, en general, sólo incluyen el centro histórico. Planos totales con índice de calles suele haberlos sólo en Lima, Cuzco y Arequipa. Buenos mapas regionales o de carreteras no son fáciles de conseguir. Uno de los mejores es el de la *Guía Toyota del Perú* (editorial Automás), una combinación entre guía turística y atlas de carreteras, que sale cada año en edición actualizada.

En el **Instituto Cartográfico Nacional de Lima** pueden conseguirse excelentes mapas topográficos y conviene procurárselos, si se quiere hacer senderismo por el país. **Instituto Geográfico Nacional.** Lima. Av. Aramburú 1190, Lima 27, telf. 01- 475 30 85; abierto los lunes a viernes de 8.30 h a 17.15 h.

Una excepción es el Callejón de Huaylas, donde la afluencia de numerosos montañeros extranjeros ha conseguido una buena oferta de mapas de senderismo. En Huaraz se pueden encontrar mapas de la Sierra Blanca y la Sierra Negra.

Para caminatas, también el club de viajeros "South American Explorers" en Lima vende buenos mapas: Av. República de Portugal 146, Breña; telf. 01-425 01 42; tiene horario de lunes a viernes, de 9 h a 17.30 h. limaclub@terra.com.pe, www.samexplo.org.

Transporte en barco. A las islas de la costa peruana –las más conocidas son las islas Ballestas– se llega en pequeños barcos de excusiones que normalmente se contratan, o desde el puerto más próximo o –lo más cómodo– por agencia. Lo mismo vale con respecto a las excursiones a las islas flotantes y fijas del lago Titicaca.

Por los ríos selváticos –sobre todo el Ucayali, el Madre de Dios y el Tambopata– se ofrecen excursiones turísticas que pueden durar hasta varios días (Pucallpa-Iquitos). Hay barcos cruceros que bajan hasta Brasil y ofrecen un lujo básico, y otros regionales que ofrecen poco confort. Es aconsejable informarse bien en las agencias, y si no hay seguridad, llevarse las propias reservas de comida y sobre todo una cantidad suficiente de agua embotellada, porque en algunos de estos barcos se utiliza el agua del río (hervida) para cocinar y beber.

Excursiones de corto trayecto en los ríos de la ceja de la selva se hace en los llamados *peque-peques*, y se notará en seguida el porqué de su nombre. Son lentos, incómodos, y el ruido de los mismos barcos, anunciándose desde lejos, impide que se pueda ver cualquier animal salvaje. Sin embargo, hay poca alternativa.

Turismo

La organización nacional de turismo se llama **PromPeru** (www.peru.org.pe, www.peruonline.net, sit@prompero.gob.pe) y tiene sucursales en todas las capitales europeas y americanas, que proporcionan información general.

Promperú. Ed. Mitinci, piso 13, c/ Uno Oeste, Urb. Córpac, Lima 27; telf. 224 31 18; información al turista 224 93 55; postmaster@promperu.gob.pe.

Dirección Nacional de Turismo. Lima. Calle Uno Oeste s/n, Edifio Mitinci, piso

Calle de Cuzco

15, Urb. Córpac, telf. 01-224 33 47, dnt@mitinci.gob.pe

En todas las ciudades grandes de Perú hay oficinas de información turística. Normalmente, dependen del ayuntamiento. Además, a veces hay oficinas de *PromPerú* que se llaman *iperú,* que tienen información local y nacional y están mejor provistas de material impreso que las oficinas de información locales. *iperu Lima.* Lima. Av. Jorge Basadre 610, San Isidro, telf. 1-421 15 46, email: iperu@promperu.gob.pe.

Otras direcciones de organizaciones de turismo nacionales

Asociación de hoteles, restaurantes y afines. Lima. C/ Elías Aguirre 580, Lima 18, telf. 01-444 43 03, ahora@qnet.com.pe

Asociación Peruana de Operadores de Turismo. Lima. Bajada Balta 169, dpto. 203, Lima 18, telf. 01-446 04 22, apotour@-amauta.rcp.net.pe

Asociación Peruana de Turismos de Aventura y Ecoturismo. C/ Santander 170, Lima 18, telf. 01-221 42 83, aptae@ terra.com.pe

Cámara Nacional de Turismo. Lima. C/ Alcanfores 1245, Lima 18, telf. 01-445 39 13, canatur@ccion.com.pe.

Boletos turísticos. En las zonas de mucho turismo hay que adquirir un boleto turístico, lo que es algo así como un impuesto de turismo. En Cuzco incluye la entrada a algunos monumentos; en el valle del Colca es más un permiso de visita al valle.

Excursiones y agencias de viaje. En cada ciudad y en todos pueblos turísticos hay agencias de viaje locales, regionales o nacionales. Tienen sus oficinas en una dirección céntrica, frecuentemente en la Plaza de Armas, y ofrecen servicios de excursiones de medio día, un día o varios días, según los deseos del cliente y los atractivos de la región. En algunos lugares es imposible moverse sin sus servicios.

Las agencias son útiles para hacer excursiones a sitios adonde todo el mundo va y el viaje puede resultar más barato, rápido y cómodo que si se lo organiza uno mismo. Pero, aunque faciliten las cosas, hasta Machu Picchu se puede llegar sin ellas. Y si uno llega por la noche, y quiere visitar algún sitio al día siguiente, y no tiene tiempo que perder, lo lógico es ponerse en manos de una agencia. En general, puede decirse que trabajan de forma técnicamente impecable, pero tienen una serie de rutinas que pueden resultar molestas. Generalmente, los clientes de las diversas agencias se van juntando hasta completar un vehículo, grande o pequeño, en el que el contrato corre el peligro de olvidarse, porque prevalecen una serie de compromisos adquiridos (con dueños de restaurantes, vendedores de *souvenirs,* cobradores de monumentos, etc.), y resulta casi imposible salirse de una ruta establecida, aunque se paguen extras para ello. No hay manera de impedir que paren en determinado restaurante en pleno campo e interrumpan el viaje una hora para comer ¿Y qué se puede hacer, sino comer? O meten al grupo en un corral de cerámica y *souvenirs,* para que puedan fotografiar a una señora con vicuñas, y no se sale de allí hasta que todo el mundo ha perdido sus defensas y comprado cualquier *souvenir.*

Hasta aquí, todo relativamente bien. El problema está en que a veces se sacrifica a este "negocio" la visita a algún monumento que estaba en el programa y al que no se llega antes de que cierre. Hay que insistir en obtener un contrato detallado de la excursión y de todos los puntos que se vayan a visitar y asegurarse bien de qué mercadillo típico o en qué restaurante se va a comer.

Ecoturismo. Para atender la demanda de un turismo más individualizado y, principalmente, con metas en el medio natural, se ha establecido el término ecoturismo. Dirigidas sobre todo al turista europeo y norteamericano, hay algunas agencias, ofertas e instalaciones bajo este título. Sin control oficial ni criterios claros, se trata de un turismo de Naturaleza, más individual que de grandes grupos, especializado en paisajes bonitos y reservas naturales (veáse "Áreas Protegidas"). Pueden incluir excursiones a pie, en barco o a caballo y dormir en tiendas, cabañas o albergues.

Váase también www.peruecologico.com.

Los establecimientos de ecoturismo ofrecen alojamiento individualizado, comida casera, contacto directo con la agricultura, la tierra y los animales domésticos, así como alojamiento en un ambiente natural y bonito, llevado por gente comprometida con el problema; por ejemplo, el **Fundo Chincheros** en Puno (info: www.casadelcorregidor.com.pe) o la visita a la Reserva Natural de Pacaya-Samiría, desde Iquitos (www.pacaya-samiria.com).

Las agencias de ecoturismo ofrecen programas de todos estos deportes, aunque habría que ser conscientes de que practicarlos no significa tener conciencia ecológica y muchas veces, es justo lo contrario. La mayoría de estas actividades incluyen transporte en coches todoterreno con ruedas destructivas para el suelo, contaminantes, y que causan ruido y turbulencia en zonas que hasta ahora han logrado salvarse de la destrucción del consumo postmoderno.

Visitas a museos y monumentos. En todo el país hay gran número de monumentos históricos, arqueológicos, museos, etc., controlados por el Estado, los municipios o instituciones privadas, que guardan y mantienen el patrimonio nacional y lo abren al público durante un horario que normalmente va de las 10 h a las 17 h. Muchos cierran los lunes, y algunos abren horas extras alguna tarde de la semana.

Las informaciones sobre los monumentos y sus horarios de apertura las proporcionan las oficinas de turismo locales y la mayoría de establecimientos hoteleros.

De las zonas arqueológicas, solamente una parte muy pequeña está abierta al público general. En la mayoría de estos sitios, las excavaciones siguen, según las posibilidades financieras, a más o menos velocidad, y quedan muchos centros por investigar. Está estrictamente prohibido buscar o excavar en las zonas arqueológicas, y en caso de un encuentro casual o ilegal, hay penas graves si no se entrega lo encontrado a los agentes estatales. Todavía hay gente que vive de excavar ilegalmente en tumbas y recintos enterrados –los huaqueros– y venden sus hallazgos a colecionistas, negociantes o extranjeros. Está prohibido y no es aconsejable entrar en negocios con ellos.

Guía de servicios

Recomendaciones para la lectura de este apartado

En esta sección se presentan, ordenadas alfabéticamente, las ciudades descritas en el apartado denominado **Lugares de interés** y las que cuentan con una infraestructura turística importante. Junto con los nombres de las localidades que figuran en las páginas siguientes, se ofrecen direcciones útiles de información y protección del turista, de las oficinas de correos de *Serpost* y el prefijo telefónico (detrás del signo ☏). Además, con el símbolo ⛴ se indica la existencia de servicios de navegación, con el símbolo ✈ los aeropuertos, con 🚆 las estaciones de ferrocarril y con 🚌 las estaciones de autobús y líneas más importantes.

A continuación sigue una selección de hoteles de todo el país. En general, las categorías hoteleras peruanas son menos estrictas que las europeas y no hay regulación oficial de estrellas. La calidad y el nivel de servicios, considerando también la relación precio-calidad, se indica mediante los siguientes signos:

- 5 hoteles de lujo, equivalentes a los de 4-5 estrellas;
- 4 1ª categoría, equivalente a los de cuatro estrellas;
- 3 2ª categoría, equivalente a los de tres estrellas;
- 2 3ª categoría, equivalente a los de dos estrellas;
- 1 4ª categoría, equivalente a los de una estrella.

Los **hoteles** recomendados en esta guía tienen todos baños privados en las habitaciones, si no se indica lo contrario. El nombre del hotel va seguido de su dirección, teléfono, fax, direcciones de correo electrónico y página web –si los hay– y otros datos relativos a las instalaciones o a la ubicación que se consideren de interés. En Lima se indica el barrio a continuación de la calle.

Los *lodges* (hoteles campestres en la selva o la sierra) y los *fundos* (haciendas con habitaciones hoteleras) no llevan estrellas, pero en esta guía solamente se mencionan los que tienen un mínimo de confort.

Normalmente los precios varían según temporada. Se considera temporada alta, la Semana Santa, los meses de julio y agosto y las vacaciones de Navidad. En los pueblos de la playa, la temporada alta es de diciembre hasta marzo.

Se recogen aquí sólo los **restaurantes** de cierto nivel, que no siempre existen en todas las ciudades. Van precedidos de un círculo con un número en su interior que significa lo siguiente:

- ❹ Excelente cocina y servicio de nivel internacional.
- ❸ Buena cocina y servicio.
- ❷ Intermedio, cocina bastante buena.
- ❶ Normal, recomendable entre los muchos de calidad limitada.

ABANCAY

083

Correos
Jr. Arequipa 213.
Estación de autobús
Terminal Terrestre,
Av. Arenas 200.
Policía Nacional
Lima s/n Telf. 321 01 94.
Emergencias
Hospital Guillermo Díaz de la Vega - Av. Daniel Carrión 100; telf. 32 10 00.

Hoteles

3 Hoturs
Av. Díaz Bárcenas 500; telf. 32 10 17, fax: 32 16 28; hotursa@terra.com.pe.
1 Imperial
Av. Díaz Bárcenas 517; telf./fax: 32 15 78. Sencillo.
Hoteles y Turismo Abancay
Díaz Bárcenas 500;
telf. 32 10 17.
Alambra Hotel
Bella Abanquina 500;
telf. 32 12 51.

Restaurantes

2 El Pisonay
Av. Díaz Bárcenas 500; telf. 32 10 17. Restaurante del hotel Hoturs.
Restaurante Turístico Villa Venecia
Bella Abanquina cdra. 5;
telf. 32 20 55.
Restaurante Turístico Wachi
Lima 522; telf. 32 24 08.

ANDAHUAYLAS

083

Correos
Av. Perú 243.
Empresas de autobuses
Av. Lázaro Carrillo, cdra. 1; Av. Jose Arguedas, cdra. 2; Av. Martinelly, cdra. 1; y Av. Andahuaylas, cdra. 1.
Emergencias
Hospital General Andahuaylas, Hugo Pesce 160;
telf. 32 10 90.
Policía Nacional
Telf. 32 10 20.

Hoteles

3 Hotel Turístico Andahuaylas
Av. Lázaro Carrillo 620, telf. 42 10 14, fax: 42 10 14.
www.hotelturisanda.com, reservas@hotelturisanda.com Un poco alejado del centro, conserva la atmósfera de los hoteles turísticos estatales.
2 Imperio Chanka
Jr. César Vallejo 384;
telf. 42 30 65.
El más nuevo de la ciudad.
1 Cruz del Sur
Av. Andahuaylas 117;
telf. 42 30 65.
Sencillo pero limpio, con agua caliente y baños individuales.
Sol de Oro
Juan Antonio Trelles 164;
telf. 42 11 52. Tarifa: $20.
Encanto de Apurimac
Juan Francisco Ramos 401;
telf. 42 35 27. Tarifa: $15.

AREQUIPA

054

Información útil
www.arequipa-tourism.com
iperu
Pl. de Armas, Portal de la Municipalidad 110; telf. 22 36 65; de 8.30 h a 19.30 h, todos los días; iperuarequipaapto@promperu.gob.pe.
Policía de Turismo
Jerusalén 315; telf. 20 12 58.
Servicio de Protección al Turista
Moral 360; telf. 21 20 54.
Correos
Moral, esqu. Jerusalén.
Estación de autobús
Terminal Terrestre, Av. Avelino Cáceres, Parque Industrial.
Aeropuerto
Alfredo Rodríguez Ballón; telf. 44 45 64.
Alquiler de coches
Avis: Palacio Viejo 214,
telf./fax: 21 21 23.
Estación de ferrocarril
Av. Tacna
Touring Automóvil Club
Jr. Goyeneche 313;
telf. 60 33 33.

Hoteles

5 Libertador
Pl. Bolívar s/n., Selva Alegre; telf. 21 51 10, fax: 24 19 33; reservas@libertador.com.pe, www.libertador.com.pe. Mansión de estilo colonial en medio de bellos jardines. Dispone de piscina.
4 El Cabildo
Manuel Ugarteche 411, Selva Alegre: telf. 20 40 60, fax: 28 31 84; calbildohotel@ terra.com.pe, www.arequipaperu hoteles.com. Moderno hotel de primera clase, con vistas a la ciudad y rodeado de jardines y parques.
4 La Posada del Monasterio
Santa Catalina 300; telf. 40 57 28; fax: 20 65 65; laposadadelmonasterio@stard. com.pe, www.posadadelmo nasterio.com.pe. Encantador edificio colonial con patio y piscina, muy céntrico.
4 Sonesta Posada del Inca
Portal de Flores 116; telf. 21 55 30, fax: 23 43 74, reservas@ sonestaperu.com, www.sonesta.com. Da a la Plaza de Armas más hermosa de todo el Perú. Aire acondicionado y piscina.
3 El Corregidor
San Pedro 139; telf. 28 80 81. Un pequeño hotel muy céntrico.
3 Posada del Puente
Av. Bolognesi, esqu. Puente Grau; telf. 25 31 32, fax 25 35 76; hotel@posadadel puente.com, www.posadadelpuen te.com. Curiosa ubicación debajo del puente Grau; habitaciones con mucho gusto con vistas al jardín y al río.
3 La Casa de Melgar
Melgar 108; telf. 22 24 59; lacasademelgar@terra.com.pe, www.lared.net.pe/lacasademel gar. Antigua residencia del obispo de Arequipa, este hostal respira historia. Y tiene bonitos patios y un servicio muy amable. Muy céntrico, pero tranquilo.
3 Posada del Fraile
Santa Catalina 103; telf. 28 20 06, fax. 20 24 27; posadadel fraile@hotmail.com. Muy bonita casa antigua, al lado de la plaza, con habitaciones individualmente restauradas con todo confort; pero ¡ojo! las que dan a la calle son muy ruidosas.
3 Mirador del Monasterio
Zela 301; telf./fax: 22 51 22, 22 49 23, miradordelmonaste-

rio@terra.com.pe, www.miradordelmonasterio.com. Pequeño hotel familiar frente al Monasterio Santa Catalina; bonita terraza en el último piso.

★3 **La Casa de mi Abuela**
Jerusalén 606; telf. 24 12 06, fax: 24 27 61; lacasa@terra.com.pe, www.lacasademiabuela.com. Tranquilo hotel con un amplio jardín con piscina.

★2 **Real San Felipe**
San Juan de Dios 304; telf. 28 50 10, fax: 28 66 70; hrealsanfelipe@terra.com.pe. Pequeño hostal nuevo y céntrico. Familiar y económico.

★1 **Posada de San Juan**
San Juan de Dios 210, telf. 20 20 98, fax 24 72 09; posadasanjuan@star.com.pe. Habitaciones amplias, céntrico pero tranquilo.

★1 **El Roble**
San Juan de Dios 308; telf./fax: 28 18 13. Nuevo hostal, céntrico; baños privados, lavandería, cafetería.

Inkari
Calle del Moral 305, Cercado; telf. 28 76 31
www.inkarihoteles.com.

Casa Andina Private Collection
Calle Ugarte 403 (antigua Casa de la Moneda); telf.: 22 69 07. Tarifa: $199.

Restaurantes

❹ **Tenedor El Sambambaia**
Jr. Luna Pizarro 304. Vallecito; telf. 24 12 09

❸ **Tradición Arequipeña**
Av. Dolores 111; telf. 42 64 67. En las afueras, con maravillosa vista del Misti desde la terraza.

❸ **Zig Zag**
Zela 210; telf. 20 60 20; www.zigzagrestaurant.com. Uno de los más bonitos de la ciudad; en un edificio colonial cuya sala abovedada está unida a la del piso superior por una escalera de caracol construida por la empresa de Gustave Eiffel; cocina moderna con carne de alpaca y avestruz.

❸ **Sol de Mayo**
Jr. Jerusalén 207; telf. 25 41 48. Cocina tradicional de un nivel alto y en ambiente colonial.

❸ **La Maison d'Elise**
Av. Bolognesi 104, Yanahuara; telf. 25 61 85.

❸ **Ary Quepay**
Jerusalén 502; telf. 20 45 83. Comida regional con buena oferta vegetariana; local estilo tropical.

❷ **El Camaroncito**
San Francisco 303A.

❷ **Che Carlitos**
Alameda Pardo 123;
telf. 27 05 28, 80 26 31.

❷ **El Tabernero**
Puente Bolognesi 111;
telf. 20 52 57.

❷ **El Sevillano**
Calle Misti1 10, Yanahuara; telf. 48 48 66.

❷ **El Gaucho**
Plaza de Armas, Portal de Flores 112; telf. 22 03 01.

AYACUCHO

☏ 066

Información útil
www.ayacuchoperu.com

Oficina de turismo
Jr. Asamblea 481.

iperu
Plaza de Armas, Portal Municipal 48; telf. 31 83 05; iperuayacucho@promperu.gob.pe.

✈ **Aeropuerto**
Alfredo Mendívil Duarte, Av. del Ejército 950; telf. 31 24 18.

Policía de Turismo
Jr. Arequipa, cuadra 1;
telf. 31 58 45.

Servicio de Protección al turista
Pl. de Armas, Portal Constitución 15.

Correos
Jr. Asamblea 295.

Estación de autobús
no existe terminal terrestre. Las empresas de transporte se encuentran en A. Mariscal Cáceres, cdras. 7-12; Av. Manco Cápac, cdras. 2-4.

Emergencias
Hospital Central de Ayacucho, Independencia 355; telf. 31 21 80.

Hoteles

★3 **Santa Rosa**
Jr. Lima 166; telf. 31 46 14, fax 31 20 83. Hotel de buen nivel medio internacional, muy cercano a la plaza. Tarifa: $40; www.hotel-santarosa.com.

★3 **Ayacucho Hotel Plaza**
Jr. 9 de Diciembre 184, Pl. de Armas; telf. 31 22 02, 81 44 67. El hotel más clásico de la ciudad, en estilo colonial, con un bonito patio; necesita una reforma. Tarifa $71;
www.dematourshoteles.com.

★2 **Marqués de Valdelirios**
Alameda Bolognesi 720; telf. 31 89 44. Tarifa $20. Casa colonial en un barrio tranquilo a 10 minutos a pie de la plaza. Agradable y económico.

★1 **La Crillonesa**
El Nazareno 165; telf. 31 23 50; hotelcrillonesa@hotmail.com. Sencillo, pero con baños privados. En una calle céntrica, cerca del mercado. Terraza con vistas a la ciudad.

Hotel Santa María
Arequipa 320; telf.: 31 49 88. Tarifa: $30.

Hotel Universo
Grau 101; telf. 31 38 88. Tarifa: $33.

Restaurantes

❸ **El Monasterio**
Jr. 28 de Julio 178, Int. 116. En el Centro Cultural del antiguo Monasterio San Cristóbal, con terrazas de restaurantes y talleres artísticos en los amenos patios.

❷ **La Casona**
Jr. Bellido 463; telf. 31 27 33. Cocina regional, pollo y chancho al horno. Ambiente colonial alrededor de un bonito patio.

❷ **Wallpa Sua**
Jr. Garcilaso de la Vega 240; telf. 31 20 06. La mejor pollería de la ciudad.

❷ **Urpicha**
Jr. Londres 272; telf. 31 39 05. Tradicional local colonial con buenos platos autóctonos.

CAJAMARCA

☏ 076

Información útil
www.cajamarca.net.

Oficina de turismo
en el Conjunto del Belén; Jr. Batán 289.

Policía de Turismo
Jr. Amalia Puga s/n; telf. 36 28 37.

Correos
Jr. Amazonas 443, esqu. Jr. Apurímac.

Estación de autobús
no existe Terminal terrestre; las empresas se concentran en la Av. Independencia (salida de autobuses) y las centrales en Av. Atahualpa, cdras. 2-5 (Atahualpa, Cruz de Sur, Palacios, Horna, Línea, Flores, CIAL); Vía de Evitamiento, cdra. 7 (Ormeño); Jr. Ayacucho, cdra. 7 (Civa).

Aeropuerto
Cajamarca; telf. 82 25 23, 82 25 33.

Dirección de Turismo
Complejo Monumental Belén; telf. 36 26 01.

Hoteles

4 Laguna Seca
Av. Manco Cápac 1.098, Baños del Inca; telf. 58 43 00, fax 59 46 46; Tarifa: $139; hotel@lagunaseca.com.pe, www.lagunaseca.com.pe. Con piscinas, cafetería, bar, plaza de toros y a todo lujo. Los baños de las habitaciones tienen aguas termales.

4 Posada del Puruay
A 4,5 km por la ctra. de Porcón; telf. 36 83 18, fax 82 79 28; postmaster@puruayhotel.com.pe, www.puruayhotel.com.pe. Hacienda colonial en una campiña al norte de la ciudad, cuenta con jardines y comida ecológica.

3 Casa Blanca
Jr. Dos de Mayo 446; telf. 36 21 41; hotelcasablanca446@hotmail.com.Mansión colonial, céntrica.

3 El Portal del Marqués
Jr. del Comercio 644; telf./fax 34 33 39/36 84 64 o 01-99 04 50 55; Tarifa: $55; www.portaldelmarques.com. Lima: 9980-5440. Casona colonial muy céntrica.

3 Portada del Sol
Jr. Pisagua 731; telf./fax 34 05 39 (inf.103); portadadelsol@terra.com.pe. Muy parecido al anterior. Ofrece también alojamiento en la hacienda del mismo nombre, a 6 km en la ctra. de Cumbe Mayo.

3 El Cabildo
Jr. Junín 1062; telf./fax 36 70 25; cabildoh@latinmail.com. Céntrico.

3 Garden Hostal
Jr. Angamos 790; telf. 36 72 01, fax 82 27 01; gardenhostal@hotmail.com. Agradable hotel en el barrio Chontapaccha.

2 Los Balcones de la Recoleta
Jr. Amalia Puga 1050; telf./fax. 36 92 17, 36 33 02; hslosbalcones@speedy.com.pe. Simpáticos dueños jóvenes que han reformado una casa tradicional con patio y balcones, cercano a la iglesia de la Recoleta y a tres manzanas de la Plaza de Armas.

1 Posada Belén
Jr. El Comercio 1008, telf./fax 34 06 81, 82 10 05; posadabelen@hotmail.com.pe. Posada que da a la plaza; baños privados y buen servicio.

Baños del Inca
Baños del Inca; telf. 34 83 85; ctbinca@terra.com, www.camarca.net. Albergue turístico en el mismo complejo de los baños termales; habitaciones hasta para 6, baño privado y aceso a los baños termales incluido; precio económico.

Los Jazmines
Jr. Amazonas 775; telf. 36 18 12; assado@hotmail.com. Sencillo albergue muy limpio con patio agradable; llevado por una asociación de apoyo a discapacitados. Hay habitaciones limpísimas con y sin baño. Tiene un pequeño café.

Hacienda San Vicente
Jr. Revolución s/n; telf. 36 26 44, fax 36 14 32; hacienda-sanvicente@yahoo.com. Hacienda ecológica con habitaciones modernistas de lujo.

Restaurantes

4 El Fogón
Av. Manco Cápac 1.098, Baños del Inca; telf. 58 43 00. Elegante restaurante del hotel Laguna Seca.

3 El Querubino
Jr. Amalia Puga 589; telf. 34 09 00. Cocina italiano-peruana, muy cuidada.

3 La Casa de la Abuela
Jr. Cruz de Piedra 671; telf. 241 106.

3 Casa Club
Jr. Amalia Puga 458; telf. 34 01 98. El más clásico para los cajamarqueños.

3 El Cajamarqués
Jr. Amazonas 770; telf. 36 21 28. Todo un clásico en estilo colonial.

2 El Zarco
Jr. del Batán 170; telf. 36 34 21. Al lado de la Plaza de Armas.

2 El Sol
Jr. Pisagua 731; telf. 36 33 95. Comida de la tierra en ambiente colonial.

2 D'Marco
Jr. del Comercio 644. Bonito restaurante del hotel El Portal del Marqués.

2 El Manzano
Jr. San José 137; telf. 996 30 01.

2 La Tullpas
Jr. Dos de Mayo 390; telf. 36 50 48. Comida típica cocinada en fuego de leña.

2 El Batán
Gran Bufet de Arte. Jr. del Batán 369; telf. 36 60 25. Cómodo local con chimenea; cocina nacional e internacional; sala de galería de arte; los viernes y sábados hay programas de *Cena Show* y a veces música para bailar.

Cascanuez
Jr. Amalia Puga 554. Café-Bar.

CAÑÓN DEL COLCA

054

Hoteles

3 Tradición Colca
Yanque; incaguide@hotmail.com, www.tradicioncolca.com. Hotel en casitas individuales rústicas, tipo *maisonette*, con baños modernos y chimeneas. Lugar encantador. Buen restaurante en edificio central. Reservas: Jerusalén 300, Arequipa, telf. 20 53 36, fax 42 49 26.

La Casa de Mamayacchi
Coporaque. Reservas: Arequipa; telf. 24 12 06, fax 24 27 61; reservas@lacasadema mayacchi.com, www.lacasademama yacchi.com. Rústico *lodge*. Bonita vista al valle. Y con programa de excursiones en canoas, a caballo o en bicicleta de montaña.

Colca Lodge
Fundo Paye Yanque; telf. 53 11 91, fax 53 10 56. Reservas: Jerusalén 212, Arequipa; telf. 20 25 87, 20 36 04, fax 22 04 07; info@colca-lodge.com, www.colca-lodge.com. *Lodge* rústico entre Coporaque e Ichupampa, a la orilla del río, con pozos naturales de aguas termales y buen restaurante *(vease también "Chivay")*.

Casitas del Colca
(ex parador del Colca) Parque Curiña, Yanque; telf.-Lima: 610 83 00.

CARAZ

043

Oficina de turismo
Pl. de Armas.

Correos
Jr. San Martín 909.

Estación de autobús
Jr. Grau, esqu. Jr. Manco Capac (dirección Cañón del Pato); Av. Luzuriaga cdra. 1 (dirección Huaraz).

Emergencias
Unidad de Salvamento de Alta Montaña (USAM); telf. 39 11 63.

Hoteles

Perla de los Andes
Jr. Daniel Villar 179, Pl. de Armas; telf. 39 20 07; telf.- Lima: 566 37 39; perladelosandes@yahoo.es, http://hua raz.com/perladelosandes. Con balcones a la plaza de Armas, que en Caraz es como un parque.

Los Pinos
Parque San Martín 103; telf. 39 11 30. Acogedor hostal en las afueras, con balcón.

Hostal Tumshuayco
Jr. Mariano Melgar.
Tarifa $20.

Hostal Chamana
3 kms. Al norte; telf. 95 35 27.
Tarifa $20.

Restaurantes

1 Café De Rat Pizzería
Sucre 1266, Plaza de Armas; telf. 39 16 42. Desayunos, pastas, comida vegetariana. Lugar de encuentro de deportistas y andinistas extranjeros.

La Punta Grande
Daniel Villar 595; telf. 39 13 20. Comida típica.

La Capullana
3 km. Al norte. Restaurante campestre de comida típica.

CARHUAZ

043

Oficina de turismo
Pl. de Armas.

Correos
Jr. Buin, Pl. de Armas.

Hoteles

Complejo Turístico
Ctra. a Huaraz 1.099; telf./fax 39 40 51; ccarhuaz@qnet.com.pe, www.qnet.com.pe/car huaz. Sencillo, cómodo y con cierto confort. Piscina.

El Abuelo
Jr. 9 de Diciembre 257; telf. 39 44 56: hostalelabuelo@terra.com.pe, http://barrioperu.terra.com.pe/hostalelabuelo. Confortables habitaciones con terraza y vista al valle; jardín y huerto biológicos; buen restaurante.

La Casa De Pocha
Camino Carhuaz-Hualcán s/n; telf. 961 30 58. Tarifa: $18. Hostal rústico a media cuadra de la Plaza de Armas. (Comida de la misma chacra.).

Restaurantes

El Abuelo
La Merced 727, Plaza de Armas.

La Cabaña
km 230 Carretera Pativilca-Caraz (Acopampa); telf. 39 42 92. Comida típica de la región.

CERRO DE PASCO

063

Hoteles

Villa Minero
Jr. Angamos s/n. Parque Universitario; telf. 72 30 73, 72 11 13.

Hotel Horizonte
Daniel A. Carrión 308, San Juan; telf. 42 23 92. Tarifa: $21.

Hotel Señorial
Av. San Martín s/n, San Juan; telf. 42 10 26. Tarifa: $19.

CHACAS

043

Hoteles

Pilar
Jr. Ancash 110. Reservas (Huaráz) telf. 42 38 13; http://hua raz.com/pilar. Simpático hostal rústico a tres horas de Huaraz, en la Cordillera Blanca.

CHACHAPOYAS

041

Información útil
www.chachapoyas.com, www.kuelap.org.

Oficina de turismo regional
(ITINCI). Jr. Ortiz Arrieta 1250; telf. 47 83 55.

iperu
Jr. Ortiz Arrieta 588; telf. 47 72 92; iperuchachapoyas@promperu.gob.pe.

Estación de autobús
no existe terminal terrestre; las empresas se concentran entre el Jr. Ortiz Arrieta, cdras. 3-4; Jr. Salamanca, cdras. 7-8; Jr. Grau, cdra. 3; Jr. Libertad, cdra. 8 (CIVA).

Correos
Jr. Grau 561, esqu. Pl. de Armas.

Emergencias

Policía nacional
Ayacucho 1040; telf. 47 70 17.

Hoteles

Casa Vieja
Jr. Chincha Alta 569; telf./fax 47 73 53; casavieja@viabcp.com, www.casaviejaperu.com. Antiguo convento de San José Obrero.

La Casona Monsante
Jr. Amazonas 746; telf. 47 77 02; info@casonamonsante.com, www.casonamonsante.com. El patio colonial, las habitaciones sencillas, el huerto lleno de orquídeas. Céntrico.

Vilaya
Gran Hotel. Jr. Ayacucho 755; telf./fax. 47 81 54; hotelvilaya @viabcp.com. Moderno, con buenos acabados de madera, céntrico.

Hostal Continental
Jr. Ortiz Arrieta 431; telf. 77 83 52, fax 77 71 50; www.hostalcontinental.com.pe. Céntrico, limpio y amable.

Belen
Jr. Ortiz Arrieta 536; telf. 77 78 30, fax 77 85 18; hostalbelen@mixmail.com, www.hostalbelen.com.pe. Da directamente a la plaza. Las mejores camas del valle.

Puma Urco
Jr. Amazonas 833; telf./fax 77 78 71; hotelpumaurco@peru.com. Agradable hotelito de estilo colonial, al lado de la Plaza de Armas.

Puerto Pumas Pomacochas Inn
Ctra. Presidente Fernando Belaúnde Terry (Olmos-Tarapoto), km 327, a 30 km al norte de Chachapoyas; telf. 042-52 39 78; fax 52 39 80, 01-242 55 50. Lujoso *lodge*, en uno de los lugares más bellos del Perú.

La Casona De Leymebamba
Jr. Amazonas 221; telf. 830106.

Restaurantes

La Tushpa
Jr. Ortiz Arrieta 753. Telf. 80 36 34. El mejor del lugar, a tres cuadras de la plaza central.

El Tejado
Jr. Grau 534; telf. 47 76 54. En la plaza. Buena comida tradicional.

El Muelle
Jr. Chincha Alta 628. Cevichería.

CHAVIN DE HUÁNTAR

043

Oficina de turismo
Pl. de Armas.

Hoteles

Gran Hotel R'ickay
Calle 17 de Enero 172; telf. 45 40 68, Tarifa $20.

Chavín
Esqu. Inca Roca, Julio Tello; telf. 45 40 55. Tarifa $18.

La Casona
Pl. de Armas.

Restaurantes

Chavín Turístico
Calle 17 de enero 439. Comida típica, se sirve trucha.

CHICAMA

Puerto a 72 km de Trujillo. La ola más larga del mundo de 2,5 m de altura como promedio, convirtiéndola en lugar favorito para los surfistas.

Hoteles

Hotel Perú Surf Resort
Reservas en el telf. (044) 57 62 06; info@chicamasurfresort.com.

CHICLAYO

074

Información útil
www.lambayeque.org.

Oficina de turismo
Quiosco en la Pl. de Armas.

Policía de Turismo
A. Sáenz Peña 830; telf. 23 67 00, 23 51 81.

Estación de autobús
terminal terrestre, Av. Víctor Raúl Haya de la Torre, cdra. 2, Jr. Vicente de la Vega 101. Centrales de Ventas: Jr. Bolognesi.

Correos
Jr. Elías Aguirre 140.

Aeropuerto
José Abelardo Quiñones Gonzáles, Av. Bolognesi; telf. 23 77 76.

Dirección Regional de Turismo
Saenz Peña 830; telf. 23 31 32.

Hoteles

Gran Hotel Chiclayo
Av. Federico Villarreal 115; telf. 23 49 11, fax 22 39 61; ventas@granhotelchiclayo,com.pe, www.granhotelchiclayo.com.pe. Estilo funcional de "viajes-de-negocios"; bar-karaoke, piscina, buen restaurante, muy céntrico.

Costa del Sol
Av. José Balta 399; telf. 22 72 72. Moderno hotel de ciudad, algo anónimo. Piscina.

Joël
Av. José Balta 1355; telf. 22 59 53, fax 22 20 47. Hostal de gerentes de negocios que antes fue un gran almacén. Aunque está situado en la calle principal, es tranquilo y muy cercano al mercado.

Eras
Jr. Vicente de la Vega 851; telf. 23 63 33, fax 22 38 73; negotur@terra.com.pe, www.erashotel.cjb.net. Nuevo y de muy buen nivel medio; céntrico, ubicado a dos cuadras de la plaza.

Central
Jr. San José 976; telf./fax 23 25 11; www.hotelcentral-chiclayo.com. Céntrico, económico y bueno.

María Alejandra
Jr. Los Falques 101; telf. 27 34 45, fax 27 34 50. Algo alejado del centro, en el popular Paseo de las Musas; nuevo y muy cuidado.

El Heraldo
Jr. Leoncio Prado 919, esqu. Av. Balta; telf. 20 51 88. Trato familiar.

Sicán
Jr. Manual María Izaga 356; telf. 23 76 18. Pequeño hostal económico pero cómodo y muy bien llevado.

Gloria Plaza Hotel
Miguel Grau 397; telf. 27 45 55. Tarifa: $65.
www.glorialazahotel.com.pe.

Restaurantes

Tenedor Huaralino. Jr. La Libertad 155. Comida regional y internacional.

Pueblo Viejo
Jr. Manuel María Izaga 900; telf. 22 88 63. Excelente comida criolla.

Naylamp
Rivera del Mar 236, Pimentel. Sin duda la mejor dirección para ceviches, chupe de cangrejo o chicharrón de pescado en este barrio playero.

Huaca de Oro
Av. Federico Villarreal 115; telf. 23 49 11. Elegante restaurante hotelero, cocina internacional.

Fiesta Gourmet
Av. Salaverry 1820;
telf. 20 19 70. Es de una cadena que recupera recetas tradicionales.

Huaca Larga
Las Begonias 147, urb. Los Parques; telf. 22 78 56;
www.laspiramidestucume.com.pe. En el complejo turístico campestre de las pirámides, enfrente de la zona arqueológica de Túcume.

CHIMBOTE

044

Información útil
www.chimboteonline.com

Correos
Av. Jose Pardo 294.

Estación de autobús
terminal terrestre, Av. Enrique Meiggs, Urb. 27 de Octubre, Ctra. Panamericana Norte, Av. Los Pescadores.
Aeropuerto más cercano: Trujillo.

Policía Nacional
Leoncio Prado (Plaza de Armas); telf. 32 16 51.

Hoteles

4 Hotel Gran Chimú
Av. José Gálvez 109; telf. 32 81 04, fax 33 59 87. Buen hotel en la playa.

3 Hotel Presidente
Jr. Leoncio Prado 536; telf. 32 24 11.

Hostal Ivansino Inn
José Pardo 738; telf. 32 18 11. Tarifa $37.

Restaurantes

2 Venecia
Av. Francisco Bolognesi 386. Pescado y mariscos.

1 Chifa Cantón
Av. F. Bolognesi, 498.

CHINCHA ALTA

056

Estación de autobús
terminal terrestre, Av. Oscar R. Benavides

Correos
Pl. de Armas 176.

Hoteles

3 Casa Hacienda San José
Panamericana Sur, km 203, El Carmen; telf./fax 83 70 17; en Lima: telf. 444 52 42; hsanjose@terra.com.pe, www.haciendasanjose.com.pe. Se trat de un encantador complejo tradicional con varios patios, iglesia, jardín y piscina; situado al sureste de Chincha.

2 El Sausal
Panamericana Sur, km 197,5 Sunampe; telf. 26 24 51, 27 12 57, fax 27 12 62. Hotel entre viñedos cercano a la Reserva Nacional de Paracas; dispone de piscina.

Restaurantes

2 La Chacra del Abuelo
Sunampe. Restaurante campestre en las afueras, con muy buena comida y vinos de la tierra.

2 Costa Marina
Pl. de Armas 148; telf. 26 69 94. Cevichería.

El Batán
Panamericana Sur km 198,5; telf. 26 19 67.

CHIVAY

054

Hoteles

4 Casa Andina B&B, Rumillaqta Lodge. Huayna Cápac s/n.; telf. 53 10 20, fax 53 10 98; www.casa-andina.com. Nuevo hotel de la cadena *BB* ("Bed and breakfast").

2 Pozo del Cielo
Camino a Coporaque s/n.; telf. 53 11 44. Hostal rústico a las afueras con muy buena vistas. Habitaciones cómodas, restaurante.

1 Los Leños
Jr. Francisco Bolognesi 906; telf. 53 10 91. Sencillo hostal en casa colonial, confortable, baños privados y buen restaurante.
(Vease también: Cañón del Colca).

Inkari Ecolodge
Calle Espinar s/n, Chivay; telf. 53 10 19. Tarifa: $40; www.inkarihoteles.com.

Restaurantes

2 Casablanca
Pl. de Armas.

CHUCUITO

051

Hoteles

3 Taypikala
Ctra. Panamericana Sur, km 18; telf. 36 96 89, fax 992 01 81; hotel@taypikala.com, www.taypikala.com. Hotel de buen nivel medio en arquitectura *disneylandiana,* pero insuperables vistas al lago.

2 Las Cabañas
Jirón Bolognesi 334; telf./fax 36 84 94; lodgecabanas@chucuito.com, www.chucuito.com. En Chucuito, a 15 km de Puno. Habitaciones con chimenea y agua caliente distribuidas en cabañas con vistas al lago desde el primer piso. Cuidado jardín y buena cocina personalizada con productos frescos. El propietario, el arqueólogo Palao Berastain, es un inmejorable introductor a las culturas del Titicaca.

CUZCO

084

Información útil
www.cuscoonline.com, www.cuscoperu.com, www.cusco-peru-org.com, www.qosqo.com, htttp://guiadelcusco.perucultural.org.pe

Oficina de turismo
Mantas 188; telf. 26 31 76. Abre de lunes a sábado, de 8 h a 18.30 h; los domingos de 8 h a 13 h; Av. del Sol 103, of. 102, de 8 h a 18 h (venden boleto turístico).
Hay otras oficinas de turismo en el aeropuerto internacional Velasco Astete y en la terminal terrestre de autobuses.

iperu
Av. El Sol 103; telf. 25 29 74, fax 23 44 98.

Policía de Turismo
Saphy 510; telf. 22 19 61, 24 96 54. Servicio 24 horas.

Servicio de Protección al turista
Pl. de Armas, Portal de Carrizos 250.

Correos
Av. El Sol 800.

Estación de autobuses
Para la mayoría de los destinos salen del terminal terrestre Tío, Av. Pachacutec; los autobuses en dirección Pisaq y Urubamba salen de la Av. Tullumayo.

Estación de ferrocarril
Wanchaq (ruta a Puno): Av. Pachacutec; telf. 23 87 22; www.perurail.com
Estación de Ferrocarril San Pedro a Machu Picchu: Qasqaparo s/n.

Aeropuerto
Velasco Astete,
telf. 22 26 01, 22 26 11.

Alquiler de coches
Avis: Av. El Sol 808, telf. 24 88 00, avis-cusco@terra.com.pe.

Touring Automóvil Club
Av. El Sol 457.

Hoteles

5★ Monasterio
Palacio 136, Plazoleta de las Nazarenas; telf. 24 27 77, fax 24 69 83, reservas@peruoriente xpress.com.pe, www.monas terio.orient-express.com. Gran lujo combinado con antiguos muros de 1592 en el corazón de Cuzco.

5★ Libertador
Plazuela Sto. Domingo 259; telf. 23 19 61, fax 23 31 52; hotel@libertador.com.pe, reservas@libertador.com.pe, www.libertador.com.pe. Reformadísima casa colonial, construida sobre la Casa de las Escogidas del Inca, frente al Coricancha o Templo del Sol. Conserva el ambiente colonial y ofrece cualquier servicio que se pueda desear.

5★ Casa Andina Plaza
Portal Espinar 142; telf. 23 17 33, fax 23 16 82. ventas@casa-andina.com, www.casa-andina.com. Hotel de una cadena nueva, de estilo hiperelegante folclórico. Con desayunos elaborados, pero sin restaurante. Ambiente muy cuidado, en un antiguo edificio reformado al lado de la Plaza de Armas.

4★ Novotel
San Agustín 239, esq. Pasaje Santa Mónica; telf. 22 82 82, fax 22 88 55; reservations@ novotelcusco.com.pe. Otro palacio antiguo convertido en hotel de lujo, con un patio precioso.

4★ Arqueólogo
Pumacurco 408; telf. 23 25 69, fax 23 51 26; reservation@hotel arqueologo.com, www.hotel arqueologo.com. Casa colonial, con balcones con vistas a la ciudad en el barrio de San Cristóbal, a 10 min. de la plaza. 20 habitaciones y jardín.

4★ Los Apus
Atocsaycuchi 515; telf. 26 42 43, fax 26 42 11; info@losapus hotel.com, www.losapushotel. com. Una casa encantadora en la subida al barrio de San Blas; románticos balcones y patios. Recién reformada por su gerente suizo. Calefacción.

3★ El Peregrino
Calle del Medio 121, esq. Pl. de Armas; telf. 23 20 72; hostal-peregrino@telser.com.pe. Acogedor sitio con patio lleno de plantas, al lado de la Plaza de Armas.

3★ La Posada de Atahualpa
Atahualpa 405, Urb. Tahuantinsuyo; telf./fax 26 02 00, 26 04 00; reservas@atahualpa cusco.com, www.atahualpa cusco.com. Buena y tranquila casa, a unos 20 minutos a pie del centro. Económico.

3★ Casa San Blas
Tocuyeros 566; telf./fax 23 48 52; info@casasanblas.com, www.casasanblas.com. Gracioso hotel familiar en el barrio de San Blas.

2★ Pensión Alemana
Tandapata 260; telf./fax 22 68 61; pensioalemana@terra.com, www.cuzco-stay.de. Pequeña casona colonial en al barrio San Blas, con mucho gusto en su interior y un magnifico jardín con vistas a los tejados de la ciudad. Trato familiar y amable.

2★ Sol de los Andes
Quera 253, Pasaje Hurtado Alvarez; telf. 22 71 19, fax 24 44 91; cuzcoholapsolh@hotmail. com.Limpia posada, en lugar céntrico, dispone de un buen restaurante.

2★ Residencia del Sol
Plazoleta Sto. Domingo 263; telf. 26 26 99, fax 23 40 82; Por la cuarta parte del precio del vecino hotel de lujo, este hostal de original arquitectura colonial tiene gracia e individualidad.

2★ Amaru
Cuesta San Blas 541; telf./fax 22 59 33; amaru@telser.com. pe, www.incacountry.com. Casona con cimientos incas; confortables habitaciones rústicas; bonito jardín, cafetería; precios razonables.

Casa Campesina
Av. Tullumayu 274; telf. 23 34 66, fax 22 76 56; ccamp@apu. cbc.org.pe, www.cbc.org.pe/ casacampesina. Albergue de la Casa Andina de la asociación cultural "Bartolomé de las Casas", dedicada a la promoción de la cultura andina; arquitectura popular en una calle céntrica; habitaciones desde dobles hasta de 6; con baño privado o común. Muy limpio y trato sumamente agradable. Muy económico.

Sonesta Posada del Inca
Portal Espinar 108; telf. 22 70 61. Tarifa: $150; www.sonestaperu.com.

Hostal Maraní
Carmen Alto 194; telf. 249462. Tarifa: $36; www.hostalmarani.com

Restaurantes

❹ MAP Café
Plazoleta de las Nazarenas 231; telf. 24 24 76. Un modernísimo pabellón en el claustro del Museo de Arte Precolombino; sirven buenos cafés y selectas cenas a la luz de las velas.

❹ Illary
Palacio 136, Plazoleta de las Nazarenas; telf. 24 38 20. Acorde con el lujo cosmopolita del hotel Monasterio, su restaurante tiene una ambientación, servicio y calidad de menú internacional que redondea esta obra de arte de la hostelería.

❸ Mama Simona
Carmen Alto 154. En el barrio de San Blas; restaurante enteramente peruano, sirve comida hecha al instante; hay que probar la Alpaca a la plancha o la Palta a la reyna.

❸ Tunupa
Portal Confituría 233, Pl. de Armas; telf. 25 29 36; con maravillosas vistas a la plaza desde sus balcones, cocina "novoandina", acompañada, en las noches de temporada, de programa de música y danzas.

❸ Greens
Tandapata 700; telf. 24 38 20. Sitio joven con decoración moderna. Cocina internacional.

❷ Los Tomines
Triunfo 384; telf. 23 66 71. Comida fresca, buena palta y pescado de agua dulce, servicio muy amable. Cerca de la plaza.

❷ Inka Grill
Portal de Panes 115, Pl. de Armas; telf. 26 29 92/39 26 96.

La mezcla de cocina autóctona e internacional, presente en todos los restaurantes turísticos de Cuzco, permite encontrar algo para cualquier gusto. Buena gama de platos para elegir.

❷ **Paititi**
Portal Carrizos 270, Pl. de Armas; telf. 25 26 86; www.restaurantpaititi.com. Amplio menú de platos regionales y internacionales.

Quinta Eulalia
Choquehuanca 384; telf. 24 13 80. Comida típica.

La Cicciolina
Triunfo 393; telf. 23 95 10. Comida internacional.

La Retama
Portal de Panes 123; telf. 22 63 72. Cocina peruana e internacional.

Cafes y bares

Van Gogh Café
Portal de Comercio 141, local de estilo americano en el segundo piso, con vistas a la bella Plaza de Armas.

Varayoc
Espaderos 142; telf. (084) 23 24 04; varayocusco@hotmail.com. Café literario, llevado por suizos, con definitivo tinte europeo. Cocina suiza, amplia hemeroteca y un cálido ambiente.

Los Perros
Teqseqocha 436. Se llama *Snack Café*. Es un bar moderno y agradable, con una de las más exquisitas cocinas de platos autóctonos con un toque de modernidad. Sirven yuca o verduras fritas, con un buen *dip*.

Jack's Cafe Bar
Choquechaka 509, esqu. Cuesta San Blas; telf. 80 69 60. Moderno bar de estilo europeo con camareras guapas y alegres. Buen café.

El Art Cafe
Arequipa 251. El café da a un bonito patio con tiendas de artesanía. Lo lleva una organización privada de ayuda a niños y jóvenes.

Fallen Angel
Plazoleta Nazarenas 221, telf. 25 81 84. Un chocante bar, que incluso en París o Barcelona llamaría la atención. Tras su anodina entrada se esconde un estrambótico mundo de diseño ultrabarroco con buenos cócteles.

Kamikase I
(discoteca) Plaza Regocijo 274.

Muki
(bar) Santa Catalina Angosta 110.

The Cross Keys
(pub inglés)
Portal Confituras 233.

HUACHO

☎ 01

Policía Nacional
Calle 28 de Julio 210; telf. 232 27 55.

Hoteles

3★ **Gran Hotel La Villa**
Av. Félix Cárdenas 196; telf.: 232 14 77, 232 33 53; hotel_la_villa@terra.com.pe. Piscina.

3★ **El Condado**
Av. Centenario 150; telf. 232 63 36.

2★ **Fundo El Olivar**
Panamericana Norte, km 159,5; telf. 222 01 62; fundoelolivar@yahoo.com.

2★ **Garden**
Av. 28 de Julio 573; telf. 232 35 46.

Suites El Condado
Centenario 150, Santa María; telf. 232 14 77.

HUANCAVELICA

☎ 067

Oficina de turismo
Jr. Torre Tagle 336; telf. 45 29 38.

Correos
Av. Manchego Muñoz, cdra. 2.

Estación de autobús
No existe terminal terrestre; la mayoría de las empresas de transporte se concentra alrededor de la Plaza de Santa Ana.

Estación de ferrocarril
Jr. Grau.

Hoteles

2★ **Presidente**
Pl. de Armas s/n.; telf. 45 27 60. Tarifa: $35. Edificio de estilo colonial.

1★ **Tahuantinsuyo**
Jr. Carabaya 399; telf. (067) 452968.

Ascención
Manco Cápac 481; telf. 45 31 03. Tarifa: $13.

Restaurantes

Las Terrazas
Torre Tagle 358.

Sachún
Virrey Toledo 303.

HUANCAYO

☎ 064

Oficina de turismo
Casetas en la Pl. Huamanmarca y en la *Casa del Artesano*, Jr. Real 495; telf. 23 32 51.

Policía de Turismo
Av. Ferrocarril 555; telf. 21 98 51.

Correos
Centro Cívico Foco 2.

Estación de autobús
No existe terminal terrestre; la mayoría de las empresas de transporte se concentran alrededor de la Av. Mariátegui, cdras. 10-12.

Estación de ferrocarril
Av. Ferrocarril.

Emergencias
Hospital Regional Daniel Carrión - Daniel A. Carrión 1552; telf. 22 21 57.

Hoteles

4★ **Loma Verde**
Jr. Leopoldo Peña 770, Barrio La Concepción; telf. 58 15 69.

3★ **Presidente**
Jr. Real 1.138; telf. 23 12 75, 23 54 19.

3★ **El Marquez**
Jr. Puno 294; telf./fax 21 92 02, 21 90 26, fax 20 07 77; reservas@elmarquezhuancayo.com, www.elmarquezhuancayo.com.

2★ **Kiya**
Jr. Giráldez 107, Pl. de la Constitución; telf. 21 49 55.

Hotel Turismo
Ancash 729; telf. (064) 23 10 72. Tarifa: $48. www.hotelesdel-centro.com

Hotel Blub
Pasaje Verand 187; telf. (064) 22 16 92.

Restaurantes

❷ **El Olímpico**
Av. Giráldez 199, Pl. de Armas; telf. (064) 23 41 81.

❷ **La Cabaña**
Jr. Giráldez 652.

❷ **Inca**
Jr. Puno 530; telf. 23 25 50.

El Leopardo
Huánuco 701. Comida típica

La Tullpa
Atahualpa 143, El Tambo; telf.(064) 25 36 49.

HUANCHACO

044

Hoteles

Las Palmeras
Av. Larco 1150, Sector Los Tumbes; telf./fax 46 11 99; info@laspalmerasdehuanchaco.com.

Huanchaco International
Playa Azul, autovía a Huanchaco, km 13,5; telf. 46 17 54, fax 46 17 53; huanchacoint @perunorte.com, www.huanchacointernational.com. Hotel con piscina, restaurante y vistas al mar.

Bracamonte
Jr. Los Olivos 503; telf. 46 11 62, fax 46 12 66; reservas@ hostalbracamonte.com, www.hostalbracamonte.com. Jardín con bungalows y piscina al margen del pueblo y frente a la playa.

Restaurantes

❸ **Club Colonial**
Jr. Grau 272, Pl. de Armas; telf. 46 01 15. Este local de estilo colonial es un secreto a voces entre los *gourmets* de Trujillo. Llevado por un belga, ofrece cocina francesa y peruana.

❸ **Los Herrajes**
Av. Larco 712; telf. 46 13 97.

❷ **Lucho del Mar**
Av. Larco Herrera 600; telf. 46 14 60. Pescado y marisco en todas sus variantes.

❷ **Huankarute**
Av. La Rivera 233; telf. 46 17 05; www.huanchaco.com/huankarute.

❷ **Big Ben**
Av. Larco Herrera 836; telf. 46 18 69.

❷ **Poseidon's**
Unión 273: telf. 46 17 20. Otro buen restaurante para probar ceviche, pulpo al olivo, picante de langostino o chupe de camarón.

HUANUCO

062

Oficina de turismo
Jr. Gral. Prado 716, Pl. de Armas; telf. 51 29 80.

Correos
Jr. 2 de May 1183, Pl. de Armas.

Hoteles

Grand Hotel Huánuco
Jr. Dámaso Beraún 775; telf./fax 51 24 10, 51 42 22; reservas@grandhotelhuanuco.com, www.grandhotelhuanuco.com. Elegante casa en la misma plaza, amplias habitaciones, piscina.

Cusco
Jr. Huánuco 614; telf. 52 32 63, fax 51 22 44. Hotel de estilo tradicional.

Real
Jr. Dos de Mayo 125; telf. 51 29 73.

Los Portales Hotel
Carretera Huanuco-Tingo María, km 3,5; telf. (062) 51 30 96. Tarifa: $15.

Restaurantes

❷ **Grand Hotel Huánuco**
Jr. Dámaso Beraún 775, Pl. de Armas; telf. 51 24 10. Hace honor al título del Grand Hotel.

Rinconcito Huanuqueño
Dos de Mayo 175. Comida regional.

La Olla de Barro
Dámaso Beraun, Cdra. 8.

HUARAZ

043

Información útil
www.huaraz.com.
Información sobre el Parque Nacional Huascarán: http://barrioperu.terra.com.pe/drita/pnh.html

iperu
Pl. de Armas/ Av. Luzuriaga 734, Pasaje Atusparia; telf. 42 88 12; iperuhuaraz@promperu.gob.pe.

Policía de Turismo
Jr. Lúcar y Torre s/n.; telf. 42 13 41, 72 29 90.

Aeropuerto más cercano: Trujillo

Estación de autobús
Terminal terrestre, Prolongación Jr. Raymondi, cdra. 8

Correos
A. Luzuriaga 702.

Casa de Guías
Parque Ginebra 28; telf. 42 18 11; agmp@terra.com.pe. (Tiene dormitorios para jóvenes.)

Unidad de Salvamento de Alta Montaña
Av. Arias Grazziani s/n. Yungay; telf. 79 33 33, 79 32 91; atención 24 h.

Hoteles

Casablanca
Av. Tarapaca 138; telf. 72 26 02, fax 72 48 01; http://huaraz.com/casablanca. Céntrico.

Baños de Monterrey
Av. Monterrey s/n.; telf. 72 17 17, 72 76 90. Al lado de los baños termales de Monterrey, un bonito hotel en el campo con gran terraza; a 7 km al norte de la ciudad.

El Patio de Monterrey
Av. Monterrey 201; telf. 72 49 65, fax 72 69 67; elpatio@terra.com.pe. Acogedoras habitaciones y cabañas alrededor de un bonito patio. Chimenea. A 7 km del centro, en el barrio balneario de Monterrey.

San Sebastián
Jr. Italia 1124; telf. 72 69 60, 72 63 86; andeway@terra.com.pe.

Real/Gran Hotel Huascarán
Av. Centenario, cuadra 10 s/n. telf. 72 28 21, 72 16 40, fax 72 17 09. En las afueras de la ciudad, con restaurante y personal muy atento.

Andino
Jr. Pedro Cochachín 357, Casilla 24; telf. 72 16 62, fax 72 28 30; www.hotelandino.com. En lo alto del barrio Pedregal, con muy buenas vistas desde los balcones de las habitaciones.

Colomba
Jr. Francisco de Zela 278; telf. 72 15 01, fax 72 15 06; colomba@huarazhotel.com, www.huarazhotel.com. Algo

alejado del centro, al otro lado del río Quilcay. Bungalows en un bonito jardín.

El Tumi
Jr. San Martín 1121, telf. 72 17 84, 72 26 02; hottumi@terra.com.pe. Hotel moderno y céntrico.

Churup
Jr. Amadeo Figueroa 1257; administración en Jr. Pedro Campos 735; telf. 72 25 84; info@churup.com, www.churup.com. Pequeño hostal familiar, cómodo y muy bien cuidado. Jardín. Tiene habitaciones para 4 o 6 personas, y dobles con baño privado. Muy popular entre andinistas; en temporada alta hay que reservar.

Baños Termales Monterrey
Monterrey s/n; telf. 42 76 90. Tarifa: $32.

El Patio
Pequeño hostal colonial ubicado en Monterrey a 6 km. de Huaraz. Tarifa: $ 50. Acogedor, con chimenea; www.elpatio.com.pe.

Restaurantes

Bistró de los Andes
Jr. Julián de Morales 823; telf. 72 62 49. Café y restaurante con toque francés y bonita vista a la plaza desde el primer piso.

Chalet Suisse
Jr. Pedro Cochachín 357, Casilla 24; telf. 72 16 62. Acogedor restaurante del hotel Andino.

Creperie Patrick
Av. Luzuriaga 422; telf. 42 60 37. Comida francesa-italiana-internacional.

Monte Rosa
Jr. José la Mar 691;telf. 72 14 47. Comida suiza-italiana.

Las Tulpas & Chimichurri
Julián de Morales 759; telf. 943 90 06 76.

ICA

056

Oficina de turismo
Av. Grau 148.

Policía de Turismo
Av. Elías, Cuadra 4; telf. 22 76 73.

Estación de autobús
No hay terminal terrestre; las compañías *Ormeño, Tepsa, Flores* y *Civa* tienen sus centrales en las primeras cuadras de las calles Lambayeque, Matías Manzanilla y J. J. Elías.

Correos
Av. San Martín 156.

Aeropuerto
Aeródromo Las Dunas, Ica.

Hoteles

Las Dunas
La Angostura 400; telf. 241 80 80, fax 25 62 24; dunas@invertur.com.pe, www.lasdunashotel.com. Entre dunas, en las afueras de la ciudad, un verdadero centro de vacaciones. Hay campo de golf de 9 hoyos, pista de tenis, caballos, piscinas y habitaciones impecables.

El Arrabal
Arrabales, Panamericana Sur km 298; telf. 25 62 49, 01-98 18 17 78; arrabal@wayna.rcp.net.pe, www.el-arrabal.com. En mitad de la nada, un fundo-hotel cómodo, con piscina y facilidades para deportes y excursiones.

Sol de Ica
Lima 265; telf./fax 21 89 31, fax 23 61 68; informes@soldeica.com, www.hotelsoldeica.com. Moderno hotel urbano con piscina.

Princess
Urb. Santa María D-103; telf. 21 25 15, fax 21 54 21; hotel_princess@yahoo.com, www.geocities.com/hotel_princess. Amplio hotel moderno parecido al anterior. Piscina.

Hostería Suiza
Laguana Huacachina; telf. 23 87 62; hostesuiza@terra.com.pe. En la laguna de Huacachina; con piscina bajo palmeras.

Mossone
Laguna Huacachina; telf. 21 36 30, 21 36 60, fax 23 61 37; encantador hotel con piscina en la orilla de la laguna de las 1001 noches.

Hacienda Ocucaje
Panamericana Sur 334; telf. 40 80 01, fax; 440 79 77; reservas@hotelocucaje.com, www.hotelocucaje.com. Piscina, sauna, tenis. Entre Ica y Nazca. El Dorado de los amantes del esquí o motocros de arena. Tiene bodegas con buen vino.

Restaurantes

La Compuerta
Jr. Ayabaca 255. Cevichería.

El otro Peñoncito
Jr. Bolivar 255. Cocina regional en ambiente elegante.

Galindo II
Bolivar 467; telf. 67 19 30. Especialidad en comida criolla y pescado.

Las Brujas
Jr. Cajamarca 118; telf. 22 76 65.

La Olla de Juanita
Fundo Tres Esquinas; telf. 40 33 17. Restaurante campestre en las afueras con comida autóctona.

Sabor y sazón
Lote D1 Urb. Las Mercedes. Buen pescado.

ILO

053

Estación de autobús
terminal terrestre.
Aeropuertos más cercanos: Arequipa y Tacna.

Hoteles

Vip Hotel
Dos de Mayo 608; telf. 48 14 92; viphotel@terra.com.pe.

Grand Hotel Ilo
Av. Andrés Avelino Cáceres 3007; telf. 48 24 11; granhotelilo@hotmail.com.

Karina
Abtao 780;
telf. 48 13 97. Tarifa: $27.

Restaurantes

Sol y Mar
Jr. Ayacucho 529;
telf. 78 12 41. Cevichería.

Los Corales
Miramar 504; telf. 48 25 05.

Krismar
Urb. Marítimo Matará D-6; telf. 48 23 41.

IQUITOS

065

iperu
Pl. de Armas/ Jr. Napo 238; telf. 23 61 44; iperuiquitos@promperu.gob.pe.

Policía de Turismo
Jr. Sargento Lores 834; telf. 24 20 81.
Servicio de Protección al turista
telf. 26 02 51.
Aeropuerto
Francisco Secada Vigneta; telf. 26 01 47, 26 01 51.
Correos
Av. Arica 402.
Servicios de navegación
Puerto fluvial: Muelle de Masusa.

Hoteles

5 El Dorado Plaza
Jr. Napo 258; telf. 22 25 55-113, fax 23 22 03; iquitos@ eldoradoplazahotel.com, www.eldoradoplazahotel.com. Un moderno hotel en la misma plaza que tiene más tinte internacional que selvático. Buena piscina. A dos cuadras está su hermano pequeño *El Dorado* (sin Plaza); Jr. Napo 362 (de tres estrellas); telf. 23 17 42.
3 Rio Grande
Jr. Aguirre 793; telf. 23 26 94, fax 22 43 12. Con piscina, gimnasio y buen restaurante.
2 Ambassador
Jr. Pevas 260; telf. 23 31 10. Céntrico hostal con buenas habitaciones y aire acondicionado; alberga la agencia "Paseos amazónicos" que organiza buenas excursiones; www.paseosamazonicos.com.
2 Real
Malecón Tarapacá; telf./fax 23 10 11. Hotel de la antigua cadena estatal que ha visto mejores días, pero tiene inmejorables vistas al río. Hay dos categorías de habitaciones y precios, segun tamaño y vista.
2 Amazonas
Calle Napo 118; telf. 223 21 49. Hostal con restaurante en la misma Pl. de Armas.
'Lodges' en la selva, en los alrededores de Iquitos
Amazon Lodge & Safari
Información: Av. La Marina 592; telf. 25 10 78, 01- 421 96 67, fax 01-442 84 07; amazon lodge@terra.com.pe, www.the amazonlodge.com. El lodge se encuentra en el Río Yanayacu, a hora y media en barco desde Iquitos. No hay electricidad.
Amazon Rainforest Lodge
Información: Jr. Putumayo 159; telf. 24 16 28, fax 24 22 31; schneide@amauta.rcp.net.pe,www.amazon-lodge.com. *Lodge* a 12 km de Iquitos (tres cuartos de hora en barco), en el Río Momón.
Explorama Lodges
Información: Av. La Marina 340; telf. 25 25 26, fax 25 25 33; amazon@explorama.com, www.explorama.com. Tienen varios *lodges*, entre ellos el *Ceiba Tops Lodge & Resort*, a unas tres horas de Iquitos.
Paseos Amazónicos Jungle Lodges
Información: Pevas 246; telf. 23 16 18; p-amazon@amauta.rcp.net.pe, www.paseosamazonicos.com.
En Lima: Bajada Balta 131, of. 4, Miraflores; telf. 01-241 75 76, fax 446 79 46.
Victoria Regia
Ricardo Palma 252;telf. 23 19 83. Tarifa: $68, www.victoria regiahotel.com.

Restaurantes

3 Gran Maloca
Jr. Sargento Lores 170; telf. 23 31 26.
3 Regal
Tucumano 182, Altos, Casa de Hierro, telf. 22 27 32. Aqui sirven especialidades regionales, como tortuga del río.
3 Montecarlo
Jr. Napo 140; telf. 23 22 46. Buenísimos platos de pescado y de comida selvática.
2 Río Grande
Jr. Próspero 644.
2 La Casa de Jaime
Malecón Maldonado 177; telf. 23 94 76. Local internacional con vistas al río.
2 El Bucanero
(cebichería) La Marina 124; telf. 22 23 30.
2 Chifa Long Fung
San martín 454, Plaza 28 de Julio; telf. 23 36 94.

Discotecas

Noa-Noa
Esq. Pevas con Fitzcarrald.
La Parranda
(Pub) Pevas cdra. 2.

JAEN

076

Hoteles

2 El Bosque
Jr. Mesones Muro 632; telf. 43 11 84.
2 Royal Palace Suite Hotel
Cajamarca 682; telf. 43 19 49. Tarifa: $31.

JAUJA

064

Correos
Jr. Tarapacá 865.

Hoteles

2 Manco Cápac
Jr. Manco Cápac 575; telf. 36 16 20; niegemannilse@hot mail.com, www.jauja.info. Casa privada, llevada por una alemana, con habitaciones graciosas y amplias que dan a un patio lleno de flores. Muy bien cuidado. Sólo desayuno.

Restaurantes

2 El Paraíso
Jr. Ayacucho 917; telf. 36 24 00.
2 Muelle Azul
Laguna de Paca; telf. 36 11 20.

JULIACA

051

Información útil
www.juliacavirtual.com.
Oficina de turismo
Jr. Junín 638; telf. 32 18 39.
Correos
Jr. Sandia, esqu. Jr. Ladislao Butrón.
Estación de autobús
Las terminales de las compañías están ubicadas en los jirones 8 de Noviembre, Huancayo o Piérola.
Estación de ferrocarril
Plaza Bolognesi.
Aeropuerto
Al norte de la ciudad; telf. 32 29 05.*Autobús al aeropuerto:* Jr. M. Núñez.
Policía de Turismo
9 de Diciembre Cdra.1.
Policlínico EsSalud
Mariano Núñez 139; telf. 32 84 17.

Hoteles

Suites Don Carlos
Jr. Manual Prado 335, Urb. Rinconada; telf. 32 15 17, 32 15 71; dcarloslim@tci.net.pe. Casa de campo al margen de la caótica ciudad. Tranquilo, gran jardín, moderno y trato muy amable.

Don Carlos Hotel
Jr. 9 de Diciembre 114, Pl. Bolgnesi; telf. 32 36 00, fax 32 21 10.

Royal Inn
Jr. San Román 158; telf. 32 15 61, fax 32 15 72. Buen restaurante.

La Maison Hote
7 de Junio 535; telf. 32 14 44. Tarifa: $28.

Restaurantes

Rompe y Raja
Jr. Bracesco 369; telf. 32 44 12.

LAMBAYEQUE

074

Información útil
www.lambayeque.org.

Correos
Jr. Atahualpa 120.

Hoteles

Mochica Plaza Park
Panamericana, km 776. Bungalows construidos con adobe; con una piscina; ofrecen un buen ambiente para relajarse tras la visita a los mejores museos de Perú.

Restaurantes

El Cántaro
Jr. Dos de Mayo 180; telf. 28 21 96.

Pacífico
Jr. Atahualpa 195; telf. 28 31 35. Buen pescado y marisco.

LIMA

01

Oficina de turismo
Pasaje Los Escribanos 145, Cercado; telf. 427 74 37.

iperu
Av. Jorge Basadre 610, San Isidro; telf. 421 16 27, 421 12 27; Centro Larcomar, Módulo 14, Miraflores; telf. 445 94 00. Aeropuerto Jorge Chávez, hall principal; tel/fax: 575 80 00, iperú@promperu.gob.pe.

PromPerú
Uno Oeste, Ed. Mitinci, piso 13, Urb. Córpac, Lima 41; telf. 224 32 18; sit@promperu.gob.pe

Policía de Turismo
Telf. 460 10 60, 423 35 00 y 2432190; fax. 460 08 19. Municipalidad de Lima: Los Escribanos 145, Plaza de Armas; telf. 427 60 80. Pasaje Tambo de Belén 104, Cercado; telf. 424 20 53; Av. Javier Prado Este 2464, Lima 41; telf. 225 86 98, 225 86 99. Jr. Moore 268, Magdalena del Mar, telf. 460 10 60, 460 09 65.

Policía de Carreteras
Telf. 276 28 75/ 276 48 40.

Servicio de Protección al turista
La Prosa 138, Lima 41; *hotline* telf. 224 78 88; 0800 425 70; tour@indecopi.gob.pe

Correos
Jr. Conde de Superunda 170, Pasaje Piura, Cercado; Av. Petit Thouars 5201, esqu. Jr. Vidal, Miraflores. Av. Las Palmas 205, San Isidro

Emergencias
Telf. 105.

Estación de autobuses
No existe un terminal único. La mayoría de las empresas tienen centrales propias en los grandes bulevares y –a la hora de empezar el viaje– paran en dos o tres terminales en los distintos barrios de Lima. Las principales terminales son:
San Isidro: La Victoria, Av. Bausate y Meza 644.
Rutas hacia el sur: Av. Carlos Závala, Cercado.
Rutas hacia el centro: Jr. Montevideo, Av. Nicolás Ayllón, cdras. 10-15, Alte Vitarte.
Rutas hacia el norte: Terminal Fiori, Panamericana Norte km 13,5, Av. Alfredo Mendiola, cdras. 15-17, San Martín de Porres; telf. 534 79 53

Aeropuerto
Jorge Chávez, Av. Faucett, Callo; vuelos nacionales e internacionales, telf. 511 60 55.

Airport-Shuttle
la empresa *Satélite*(telf. 425 12 02), con un mostrador en el aeropuerto, al lado de los taxis oficiales. Hacen servicios colectivos a los hoteles.

Hoteles
En el centro

Gran Hotel Bolivar
Pl. San Martín. Telf. 619 77 77; bolivar@terra.com.pe. Hotel en un edificio colonial construido en 1924, en el corazón de la Lima Cuadrada, con elegancia, estilo y buen ambiente.

Maury
Jr. Uyacali 201, esq. Carabaya; telf. 428 81 88, fax 426 12 73;http://ekeko2.rcp.net, hotmaury@amauta.rcp.net. Moderno hotel internacional, recientemente renovado; buen restaurante gourmet en una sala neoclásica de espejos. Muy céntrico. Servicio de traslado al aeropuerto gratis.

Sheraton Lima
Paseo de la República 170; telf. 315 50 00. Tarifa: $200; www.sheraton.com.pe.

La Posada del Parque
Parque Hernán Velarde 60; telf. 433 24 12, fax 332 69 27; monden@terra.com.pe, www.incacountry.com.pe/posada. Un descanso en la jungla de tráfico de Lima, entre el centro y los barrios, no lejos del museo de arte.

España
Jr. Azángaro 105; telf. 428 55 46, fax 427 91 96; hotel_espana@hotmail.com, www.hotelespanaperu.com. A tres cuadras de la Plaza de Armas; desde los jardines colgantes de la terraza del último piso se ven las torres de San Francisco.

Las Artes
Jr. Chota 1460; telf. 433 00 31, fax 428 55 46; http://arteswelcome.tripod.com. Agradable y limpio pequeño hostal cerca de la Pl. Bolognesi, dueños holandeses.

La Casona
Jr. Moquegua 289; telf./fax 426 65 52. Sitio entre antiguo y viejo, casa colonial.

En los barrios de Miraflores y San Isidro

El Olivar-Sonesta Posada del Inka
Pancho Fierro 194, San Isidro; telf. 221 21 21; www.sonesta.com. Hotel grande y moder-

no en el medio de amplios parques.

4 Casa Andina B&B
Av. 28 de Julio 1088, Miraflores; telf. 241 40 50, fax 241 40 51; www.casa-andina.com. Hotel cuidadosamente ambientado en el estilo de la cadena.

4 Country Club Lima
Los Eucaliptos 590, San isidro, telf. 611 90 00. Tarifa: $345; www.hotelcountry.com.

4 Antigua
Av. Grau 350, Miraflores; telf. 241 61 16, fax 241 61 15; info@peru-hotels-inns.com, www.peru-hotels-inns.com. Cuidado hotel colonial con selecto y amable personal.

4 JW Marriott
Malecón de la Reserva 615, Miraflores; telf. 217 71 71. Tarifa: $250.

4 Swissshotel
Vía Central 150, San Isidro; telf. 611 44 00. Tarifa: $240; www.lima.swisshotel.com.

3 Miraflores Park Hotel
Malecón de la Reserva 1.035, Miraflores; telf. 242 30 00.

3 Libertador San Isidro Golf
Los Eucaliptos 550, San Isidro; telf. 421 66 66. Tarifa: $155; www.libertador.com.pe.

3 Don Carlos Carmel
Atahualpa 152, Miraflores; telf. 241 86 72, fax 241 86 32; hotel moderno pero de estilo clásico, recién reformado y con muchos extras, hasta jacuzzi.

3 Delfines Summit
Los Eucaliptos 555, San Isidro; telf. 215 70 00.
Tarifa: $200;
www.losdelfineshotel.com.

3 Señorial
José Gonzáles 567, Miraflores; telf./fax 444-57 55, 445-73 06, 445-97 24, 445-01 39, 445-29 86. senorial@viabcp.com. Hotel central cerca de la costa. Tranquilo y con restaurante en una buena terraza ajardinada.

2 Suite Miraflores
Av. Arias Schreiber 192, Suite 202, Miraflores; telf. 433 24 12, 332 09 09, fax 332 69 27; moden@terra. com.pe, www.inacountry.com.pe/suite. Suites con cocina empotrada, ideal para una estancia de varios días.

2 Colonial Inn
Comandante Espinar 310, Miraflores; telf. 241 74 71. Tarifa: $60.

2 Hotel Antigua
Grau 350, Miraflores, telf. 241 61 16. Tarifa: $74.

2 Casa de Huéspedes Porta
Jr. Porta 686, Miraflores; telf. 444 60 23, fax 444 60 21; porta@amauta.rcp.net.pe, http://welcome.to/porta. Albergue de alto nivel, habitaciones dobles con baño.

1 Olimpus Perú
Jr. Diego Ferré 365, Miraflores; telf. 242 60 77, fax 241 58 75; olimpusperu@yahoo.com, www.olimpusperu.com. Pequeño hotel familiar, cerca de la costa verde.

1 Hostal Pukara
Gonzáles Larrañaga 130; telf. 445 42 03, Miraflores. Email: elpukara @yahoo.com, www.hostalpukara.com.pe. Casa familiar y agradable. Transporte gratuito del/al aeropuerto.

Restaurantes

Cercado

3 L'eau Vive
Jr. Ucayali 370; telf. 427 56 12. Llevado por monjas francesas, cierra los domingos.

2 Los Escribanos
Pasaje Nicolás de Ribera el Viejo 139; telf. 427 91 02.

2 Cala
Circuito de playas Costa Verde, Playa Barranquito, Barranco; telf. 252 91 87.

2 Malabar
Camino Real 101, San Isidro; telf. 440 52 00/440 53 00.

2 Hervé
Calle Atahualpa 195, Miraflores; telf. 446 51 64.

2 Rodrigo
Francisco de Paula Camino 321, Miraflores; telf. 446 09 85.

2 Canta Rana
Calle Génova 101, Barranco; telf. 247 72 74.

San Isidro

4 Tiziano
Los Rosales 510 (Amador Merino).

3 Punta Sal
Av. Conquistadores 948, telf. 441 74 31.

3 Señor Limón
Av. Prescott 415; telf. 265 83 48.

2 Santangelo
Rivera Navarrete 722; telf. 441 45 61.

Miraflores

4 La Rosa Náutica
Circuito de Playas, espigón 4; telf. 445 01 49.

4 La Tenaza
Av. Pardo 300; telf. 446 21 28.

4 Astrid y Gastón
Jr. Cantuarias 175; telf. 444 14 96. Restaurante con una mezcla de cocina novoandina y *nouvelle cuisine* europea.

3 Huaca Pucllana
General Borgoño, cdra. 8, Huaca Pucllana; telf. 445 40 42, 98 32 20 73. Dentro del recinto arqueológico.

3 El Señorío de Sulco
Malecón Cisneros 1.470; telf. 441 03 89. Platos de la época precolombina.

3 Zeñoé Manué
Dos de Mayo 598; telf. 444 90 49. Piano-Bar, restaurante, comida criolla; los fines de semana ofrece *show* folclórico.

3 Las Brujas de Cachiche
Av. Bolognesi 460; telf. 447 18 83. Buen bufete de comida a mediodía; recetas antiguas.

2 Trattoria Don Vito
Martín Dulanto 111; telf. 445 81 56.

Barranco

4 Costa Verde
Circuito de Playas; telf. 477 52 28.

3 Manos Morenas
Pedro de Osma 409; telf. 467 04 21. Con *show* a partir de las 21 h, que se cobra aparte.

Acantilado de Barranco
La Ermita 102; telf. 247 21 45. Café-Bar y restaurante con amplias vistas y un servicio amabilísimo.

MACHU PICCHU (PUEBLO)

☎ 084

(Antes Aguas Calientes)

iperu
Av. Pachacútec s/n, Centro Cultural del INC, Oficina 4; telf.

21 11 04; iperumachupicchu@promperu.gob.pe.
En el pueblo hay un cámping.

Hoteles

Machu Picchu Sanctuary Lodge
Telf. 21 10 38, -39, fax 21 10 53; reservas@peruorientexpress.com.pe, www.monasterio.orient-express.com. El privilegio de ser el único hotel a la entrada del santuario hace innecesario cualquier otro atributo. El alojamiento permite ser el primero en entrar y el último en salir del recinto y disfrutar de la tranquilidad del monte sagrado.

Machu Picchu Pueblo Hotel
Km 110 Vía férrea a Quiyabamba; telf. 24 53 14,fax 24 46 69; central@inkaterra.com, www.inkaterra.com. Habitaciones en pabellones en un bonito jardín, decoradas por artistas de la región; ecológico; piscina.

Presidente
Av. Imperio de los Incas; telf. 21 10 78, 21 10 65; reservas en Cuzco: telf. 24 45 98. Desde los balcones de las habitaciones hay buenas vistas al río. Se administra junto con el vecino hostal Machu Picchu.

Quilla
Av. Pachacútec s/n.; telf. 21 10 09; quillaex@hotmail.com. Limpio; trato amable.

Inkaterra Machu Pichu
Km. 110, Aguas Calientes; telf. 21 10 38. Tarifa: $250; www.inkaterra.com.

Hatuchay Tower
Carretera puente Ruinas s/n, Aguas Calientes; telf. 21 12 00. Tarifa: $200; www.hatuchaytower.com.

Gringo Bill's
Colla Raymi 104, Aguas Calientes; telf. 21 10 46. Tarifa: $75; www.gringobills.com

Restaurantes

Indio Feliz
Jr. Llooque Yupanqui 4; telf. 21 10 90. Restaurante francés que destaca en este pueblo de mochileros y ambiente fronterizo de película del oeste.

Pisco Sour
Av. Pachacútec 140; bonito local con chimenea, cocina autóctona y servicio amable.

Totos House
Av. Imperio de los Incas; telf. 21 10 2. Tardes con danzas folclóricas.

MALA

01

Hoteles

El Muqui Posada
Prolongación Marchand s/n., La Huaca; telf. 530 99 21, fax 224 12 98; el_muqui@hotmail.com.

MOQUEGUA

053

Oficina de turismo
Jr. Callao 121.

Correos
Pl. de Armas.

Hoteles

El Mirador
Alto de la Villa s/n.; telf. 46 39 71, 46 17 65. A 1 km en las afueras, lujosos bungalows, piscina.

Los Limoneros
Jr. Lima 441; telf. 46 16 49. Con jardín.

Restaurantes

El Palermo
Av. Moquegua 616.

El Bosque
25 de Noviembre s/n, La Villa; telf. 46 22 45.

MOYOBAMBA

042

Oficina de turismo
Jr. San Martín 301; telf./fax 56 20 43.
Aeropuerto más cercano: Tarapoto.

Estación de autobús
Terminal terrestre y centrales de muchas compañías en la Av. Almirante Grau.

Correos
Esqu. Jr. Serafín Filomeno 501, Jr. Pedro Canga.

Hoteles

Puerto Mirador
Jr. Sucre s/n.; telf./fax 56 20 50. Bungalows en un parque; con piscina.

Marco Antonio
Jr. Pedro Canga 488; telf. 56 20 45, 56 23 19. Céntrico.

Atlanta
Jr. Alonso de Alvarado 865; telf. 56 20 63, fax 56 35 84. Hostal en pleno centro; habitaciones cómodas con baño privado que dan a un patio interior. Funcional.

Continental I y II
Jr. Damián Najar 333; telf. 56 21 39; y Jr. Manuel del Aguila 137; telf. 56 10 07. Dos hospedajes céntricos y funcionales, muy limpios.

Hostal Atlanta
Jr. Alonso de Alvarado 865; telf. 56 20 63.

Hostal La Casona
Alonso de Alvarado 682, telf. 56 38 58; lacasona_moyobamba@yahoo.com.mx.

Restaurantes

El Langostino
Jr. Reyes Guerra 411; telf. 56 20 92. Picantería especializada en pescado, mariscos y ceviches.

Frutos del Mar
Jr. Libertad 210. Cevichería.

NAZCA

056

Oficina de turismo
Jr. Arica 285, Pl. de Armas; telf. 52 24 81.

Policía de Turismo
Av. Sáenz Peña 830; telf. 23 67 00. Av. Los Inkas, cdra. 1; telf. 52 24 42.

Estación de autobús
no hay terminal terrestre; las compañías *Ormeño, Tepsa, Flores* y *Civa* tienen sus centrales en la Av. Los Incas.

Correos
Fermín del Castillo 379.

Aeropuerto
Aeródromo María Reiche de Nazca, vuelos privados.

Hoteles

Casa Andina B&B
Jr. Bolgnesi 367; telf. 52 35 63, fax 52 10 67; www.casa-andina.com. Completamente nuevo, con terraza y piscina. Nivel alto, sin restaurante, pero con buenos desayunos.

Nasca Lines
Jr. Bolognesi s/n.; telf./fax 52 22 93, fax 52 21 12. El clásico, céntrico, con piscina. Dentro del hotel se encuentra el famoso Planetario de María Reiche.

Hacienda Cantayo
Spa & Resort. Barrio Puquío; telf. 52 23 45, fax 52 22 83; info@hotelcantayo.com, www.hotelcantayo.com. Solar gigante con jardines bonitos y una pequeña laguna, dos piscinas, jacuzzi, gimnasio.

Don Agucho
Av. Los Paredones, esqu. Av. San Carlos; telf./fax 52 20 48. Hotel tipo hacienda, con piscina y un agradable bar-restaurante.

La Maison Suisse
Ctra. Panamericana Sur km 447; telf. 52 24 34; maisonsuisse@infonegocio.net.pe. Cerca del aeródromo; piscina y jardín.

Las Líneas
Jr. Arica 299; telf./fax 52 24 88; www.gratisweb.com/laslineas. Correcto y céntrico.

Virgen de Guadalupe
Lima 488; telf. 52 12 21; hotel-v-guadalupe@speedy. com.pe. Casa céntrica, totalmente nueva y muy funcional. Trato muy amable.

Restaurantes

Nasca Lines
Jr. Bolognesi s/n.; telf. 52 22 93. Restaurante del hotel y el más digno de la ciudad.

Kañada
Lima 160, telf. 52 29 17. Estilo playero, buen pescado y amable servicio.

Latlantida
Juan Matta 515; telf. 52 28 02. Platos de pescado y especialidades criollas.

El Portón
Ignacio Morseski 120, telf. 52 34 90.

El Huarango
Arica 602.

OXAPAMPA

063

Oficina de turismo
Galerías Comerciales, of. 10; telf. 46 23 75.

Hoteles

Jiménez
Jr. Grau 421. Hospedaje Loechle-Sinty. Jr. San Martín, cdra. 12; telf. 46 21 80, 46 26 15. Bueno, con agua caliente.

Hospedaje Loechle-Sinty
San Martín cdra. 12, pasaje San Alberto;telf. 46 26 15/971 02 70/995 33 67.

Posada Edelweiss
Miraflores, entrada Oxapampa; telf. 46 25 67.

Hostal Arias
Bolognesi 328;
telf. 80 68 41. Tarifa: $12.

Hostal Rey
Grau 476;
telf. 46 23 16. Tarifa: $10.

Restaurantes

Rancho Ruffner
Chontabamba derecha, telf. 46 21 96.

Típico Oxapampino
Jr. Mariscal Castilla Cdra.1 (frente Plaza de Armas).

Oasis
Bolognesi 130 (frente al parque); telf. 46 22 06.

PAITA

073

(Colán, Tálara, Máncora, Punta Sal)

Correos
Jr. Bolívar 126.

Hoteles

Las Arenas de Máncora
Antigua Panamericana Norte, km 1.213, Máncora; telf. 25 82 40; fax 85 80 29; reservas@lasarenasdemancora.com, www.lasarenasdemancora.com. Cuidadas instalaciones con bungalows entre palmeras junto al mar, piscina. A 4 km de Máncora.

Máncora Beach
Antigua Panamericana Norte, km 1.215, Máncora; telf. 25 81 25; www.mancorabeach.com. Un lugar adecuado para pasarse unos días de relax en la playa. Bungalows y piscina al lado del mar. A 3 km del muelle de Máncora.

Las Pocitas Beach Club
Antigua Panamericana Norte, km 1.215, Máncora; telf. 25 80 10. Bonito hotel de playa situado al lado del anterior. Piscina bajo las palmeras, hamacas y vistas al mar.

Caballito del Mar
Panamericiana Norte, km 1.187, Punta Sal; telf. 54 00 58; caballito@amauta.rcp.net.pe, www.hotelcaballito.com.pe. Muy bonitas cabañas con terrazas frente al mar, piscina.

Pacífico
Av. de la Aviación 411, Talara; telf./fax 38 54 49; informes@ghotelpacificotalara.com.pe, www.ghotelpacificotala ra. com.pe. Un descanso en el paisaje petrolero, moderno hotel con jardín y piscina.

El Sol de Colán
Av. Costanera s/n., Colán; telf. 32 17 84, fax 33 48 83. Bungalows en la playa, piscina.

Playa Colán Lodge
Av. Costanbera s/n;
telf. 9696 411449;
http://norte.members. easyspace.com/colanlodge. htm.

Lado Sur Balneario
La Esmeralda, Colán; telf. 32 88 73, fax 33 43 79; piuratours @mailudep.edu.pe. Bungalows en la playa. Piscina.

Los Corales
Playa Pocitas, Panamericana Norte Km. 1215; telf. 25 83 09. Tarifa: $ 40; www.vivamancora.com/loscorales.

Puerto Palos
Panamericana Norte km. 1216; telf. 25 81 99. Tarifa: $ 56; www.puertopalos.com.

Costa Blanca
Vichayito s/n-Máncora; telfs: 25 83 79/(01) 436 60 72. Cel: 9291 7522; www.costablancademancora.com.

Restaurantes

Club Liberal
Av. Jorge Chávez 151, Paita.

Stephanies
Playa Máncora.

San Pedro
Av. Piura 657, Máncora.

PISCO

056

Oficina de turismo
Pl. de Armas; Municipalidad.

Estación de autobús
terminal terrestre, San Francisco, cdra. 2

Correos
Callao 176.

Hoteles

☆4 Embassy Beach Hotel
Av. San Martín, 1.119; telf. 53 25 68, 53 52 15, fax 53 22 56; embassyhoteles@terra.com.pe. Entre el centro y la playa. Nuevo, moderno, lujosas habitaciones y suites, dispone de piscina.

☆4 Paracas
Av. Paracas 173, Paracas; telf./fax 54 51 00, 01-446 51 38, fax 01-242 85 41; hparacas @terra.com.pe, www.hotelparacas.com. Próximo a la Reserva Nacional, con vistas al mar; dispone de piscina, pista de tenis y muchas otras comodidades.

☆3 El Mirador
Ctra. de Paracas km 20; telf. 54 50 86; reservas@elmiradorhotel.com, www.elmiradorhotel.com. Ubicado en la entrada a la Reserva Nacional de Paracas, con buenas vistas al mar y gran piscina.

☆3 Las Olas
Jr. Miguel Grau 156, Pisco Playa; telf./fax 53 23 15; informes@lasolasperu.com, www.lasolasperu.com. Gracioso hotel rústico en el malecón, con vistas al mar. Con piscina.

☆2 San Isidro
San Clemente 103; telf./fax 53 64 71; hostalsanisidro@hotmail.com. Casa nueva en calle residencial, a 4 o 5 manzanas de la plaza. Habitaciones modernas al patio de la piscina que puede ser algo ruidoso. Trato muy amable.

☆2 Posada Hispana
Jr. Bolognesi 222; telf./fax 53 63 63; posadahispana@terra.com.pe, www.posadahispana.com. Nuevo, limpio y funcional. Agradable casa llevada por catalanes.

☆1 Villa Manuelita
Jr. San Francisco 227; telf./fax 53 52 18. Hostal muy céntrico en una mansión colonial. Cómodo, con terraza y jardín, ambiente familiar.

El Mirador
Carretera Pisco-Punta Pejerrey, km 20; telf. 54 50 86. Tarifa: $ 44.

Restaurantes

❸ Posada Hispana
Jr. Bolognesi 236; telf. 53 63 63. Cocina catalana-peruana.

❷ Don Manuel
Jr. Comercio 179; telf. 53 20 35. Restaurante tradicional en la zona peatonal, ofrece de todo, desde pescado hasta carnes.

❷ Zambo Pepe
Av. Miraflores, 2nda cdra.; telf. 53 41 20. Cevichería.

❷ Tía Pily
Playa Lagunillas. Excelente pescado.

❷ As de Oros
Av. San Martín 472. Los fines de semana hay discoteca.

El Chorito
Plazuela Quiñones; telf. 54 50 45.

PIURA

☎ 073

Oficina de turismo
Av. Fortunato Chirichigno, San Eduardo; telf. 33 43 28.

iperu
Plaza de Armas, Jr. Ayacucho 377; telf. 32 02 49.

Estación de autobús
terminales en Av. Bolognesi, cdra. 8 (dirección Tepsa); Av. Sánchez Cerro, cdras. 10-13 (dirección Chiclayo, Lima); Av. Grau, Óvalo (dirección Paita).

Aeropuerto
Carlos Concha Ibérico, A. Corpac; telf. 34 45 03.

Correos
Ayacucho s/n., Pl. de Armas.

Hoteles

☆4 Costa del Sol
Av. Loreto 649; telf. 30 28 64, fax 30 25 46; hotelcostasol@mail. udep.edu.pe, www.costadelsolperu. com. Con todos los detalles, en un edificio nuevo, a cinco cuadras de la plaza.

☆4 Río Verde
Av. Ramón Mujica s/n. Urb. San Eduardo-El Chipe; telf. 32 84 86, fax 32 65 63; hotel@rioverde.com.pe, www.rioverde.com.pe. Con piscina y amplios jardines, habitaciones con aire acondicionado en un barrio de las afueras.

☆3 Los Portales
Jr. Libertad 875; telf. 32 11 61, fax 32 30 72; pcha@hoteleslosportales.com, www.hoteleslosportales.com. En la Plaza, con piscina y lujosas habitaciones.

☆2 Las Americas
Óvalo Bolgnesi s/n.; telf. 32 20 06, 33 45 35; americashostal@hotmail.com.

☆2 Elba
Av. Gullman 200; telf. 32 90 00 307 272, fax 30 63 13.

Hostal El Sol
Sánchez Cerro 411; telf. 32 44 61. Tarifa: $ 19.

El Angolo
Fortunato Chirichigno 611; telf. 32 58 82. Tarifa $70.

Restaurantes

❷ Las Tradiciones
Jr. Aycucho 579.

❷ El Puente Viejo
Jr. Huancavelica 167.

❷ La Isla
Marcavelica G-21; telf. 35 24 81.

PUCALLPA

☎ 061

Oficina de turismo
Jr. 2 de Mayo 111; telf. 57 13 03.

Correos
Av. San Martín 418.

Estación de autobús
No hay terminal terrestre; las compañías tienen sus centrales en el Jr. Raymondi, cdras. 6 (Trans Rey) y 7 *(Transmar, Trand Inter, Alcimar)* y Jr. Tacna, cdra. 6 (León de Huánuco).

Aeropuerto
David Armando Abensur Rengifo, Ctra. Federico Basadre, telf. 57 54 57.

Servicios de navegación
Puerto fluvial La Hoyada; barcos de carga hacia Iquitos (5-8 días de viaje).

Hoteles

☆4 Sol del Oriente
Av. San Martín 552; telf. 57 51 54, fax 57 55 10; hsoloriente@qnet.com.pe. Al lado de la Plaza de Armas, con jardín y piscina. Restaurante con bufet.

Mercedes
Jr. Raymondi 610; telf. 57 51 20, fax 57 11 91. Antiguo Grand Hotel. Céntrico, con bonita piscina. Es uno de esos bonitos hoteles clásicos, dignos, que ha visto mejores días, pero sigue muy cuidado.
Arequipa
Jr. Progreso 573; telf. 57 31 12; hostalarequipa@viabcp.com. Hostal familiar, servicio muy amable, amplio.
La Cabaña
Laguna de Yarinacocha; telf. 57 96 94, 61 53 64. *Lodge* con bungalows en la misma orilla de la laguna. Se llega en barco *peque-peque* (10 min. desde el puerto Callao); información en Pucallpa, Jr. 7 de Junio, 1043.
Divina Montaña Resort
Carretera Federico Basadre, km 11.3; telf. 57 41 27.
Tarifa: $ 40.
América
Coronel Portillo 357;
telf. 57 59 89.

Restaurantes

Los Rosales
Jr. Mariscal Cáceres 389; telf. 57 12 46. El mejor ceviche y marisco de la ciudad, a 6 cuadras de la plaza.
Balsa Turística La Anaconda
Laguna Yarinacocha;
telf. 59 69 50.
Braserito
San Martín, Cdra. 5.
Parrilladas.

PUERTO MALDONADO

082

Oficina de turismo
Av. Fitzcarraldo 411;
telf. 57 11 64.
Correos
Av. León Velarde 675.
Inrena
(Solicitar permiso para ingresar a las áreas protegidas)
28 de Julio 482;
telf. 57 24 08.
Aeropuerto
Padre José Aldámiz, Ctra. La Pastora-La Joya, km 7;
telf. 57 15 33.
Estación de autobús
No hay terminal; las centrales de las compañías están en el Jr. Tacna, cdra. 3; Jr. Ica cdra. 5 y Jr. Ernesto Rivera, cdra. 8.

Hoteles

Wasaí Maldonado Lodge
Pl. Grau 1; telf. 57 22 90, fax 57 13 55; maldonado@wasai.com, www.wasai.com. *Lodge* urbano en la confluencia de los ríos Madre de Dios y Tambopata. No es muy lujoso, pero tiene piscina.
Cabaña Quinta
Jr. Cusco 535; telf. 57 10 45; cabañaquinta@webcusco.zzn.com. Tiene aire acondicionado, jardín bonito y buen restaurante.
Don Carlos
Jr. León Velarde 1.271; telf. 57 10 29, fax 57 13 23. A 1 km por el margen del Tambopata; con piscina.
Pueblo Verde
González Prada 1126; telf. 57 19 21. Tarifa: $38.
Lodges en la selva
Sandoval Lake Lodge
Telf. 01-440 20 22, fax 422 92 25 (Lima); postmaster@inkanatura.com, www.inkanatura.com. Lo lleva la organización ecológica *Selva Sur.* Está ubicado dentro de la reserva natural Tambopata-Candamo, a media hora en barco por el río Madre de Dios y después a unas 2 horas a pie (6 km).
Corto Maltés Lodge
Telf. 57 38 31; resa@cortomaltes-amazonia.com, www. cortomaltes-amazonia.com. Cabañas de madera en plena selva tropical; a media hora en barco por el Madre de Dios.
Tambopata Jungle Lodge
Telf. 57 26 65, 084-24 56 95, 01452 06 08; www.tambopatalodge.com. A unos 80 km por el río Tambopata corriente arriba: 4 horas en barco.
Heath River Wildlife Resort
Telf. 01-440 20 22, fax 422 92 25 (Lima); postmaster@inkanatura.com, www.inkanatura.com. A 4 horas en barco de Puerto Maldonado; es de la auténtica comunidad Sonene de indios Ese-Eja.
Eco Amazonia Lodge
Telf. 23 61 59, 01-242 27 08, fax 22 50 68; ecoamazonia@terra.com.pe, www.ecoamazonia.com.pe. A una hora (25 km) por el Madre de Dios corriente abajo, en la Reserva Ecológica y cerca de la Isla de Monos.
Albergues (En la Reserva Nacional de Tambopata)
Explorer´s Inn
A 58 km de Puerto Maldonado (aprox. 2 horas y media en lancha.). Tarifa: $ 198 por persona (3 días y dos noches). Reservas Lima:telf. 447 88 88.
Wasai Tambopata Lodge and Research Center
Punto de partida para los tours hacia el Parque Nacional Bahuaja Sonene (collpa de guacamayos) y a la Reserva Nacional Tambopata Candamo (lago Sandoval) Aprox. 3 horas en bote desde Puerto Maldonado. Tarifa: $77 (alojamiento y comida) Información Lima: telf. 436 87 92.

Restaurantes

El Tigre
Jr. Tacna 456, Tambopata; telf. 57 22 86. Cevichería.
El Califa
Jr. Piura 266; telf. 57 11 19. Ceviche y marisco.
El Mirador
Jr. Billinghurst, esqu. Jr. Arequipa. Con vista al río Madre de Dios.
Carne Brava
Plaza de Armas. Parrilladas.

PUNO

051

iperú
Pl. de Armas, esq. Jr. Lima y Deustua; telf./fax 36 50 88, iperupuno@promperu.gob.pe.
Policía de Turismo
Jr. Deustua 538; telf. 35 39 88.
Correos
Jr. Moquegua 267.
Estación de autobús
terminal terrestre, Av. Simón Bolívar, cdra. 12.
Estación de ferrocarril
Av. La Torre 224, telf. 35 10 41, www.perurail.com.
Aeropuerto más cercano: Juliaca.
Servicios de navegación
puerto lacustre, al final de la Av. de Titicaca.

Hoteles

4 Libertador
Isla Esteves; telf. 36 77 80, fax 36 78 79; reservas Lima: telf. 01-442 19 96, 95, fax 01-442 29 88; reservas@libertador. com.pe, www.libertador.com.pe. Situado en una isla a la que se llega por un puente, en la bahía de Puno, tiene el mejor sitio, a 6 km de la ciudad. Habitaciones y servicio impecables.

4 Sonesta Posada del Inca
Sesquicentenario 610, Sector Huaje; telf. 36 41 11, fax 36 36 72; reservas@sonestaperu.com, www.sonesta.com. *Hotel-lodge* en la orilla del lago, a unos 3 km del centro de Puno.

4 Tikarani-Casa Andina B&B
Jr. Independencia 143; telf. 36 78 03, fax 36 53 33; www.casa-andina.com. Recién construido, se abrió en agosto de 2004. Alto estándard a medida de esta cadena hotelera, en el centro de Puno.

3 Colon Inn
Jr. Tacna 290; telf. 35 14 32, fax 35 70 90; mail@colo ninn. com, www.coloninn.com. Arquitectura colonial restaurada con cariño. Buen servicio y agradable restaurante. Céntrico.

3 Sillustani
Jr. Lambayeque 195; telf. 35 18 81, fax 35 26 41; htl-sil@ unap.edu.pe. Buenas habitaciones con calefacción.

3 Pukara
Jr. Libertad 328; telf. 36 52 32, 36 84 48; pukara@terra.com.pe. Pequeño hostal, trato familiar.

2 La Hacienda
Jr. Deustua 297; tel./fax 35 61 09; haciendahostal@hotmail. com. Amable hostal familiar, jardín relajante, cafetería y calefacción. Muy céntrico.

2 Posada Don Giorgio
Jr. Tarapacá 238; telf. 36 36 48, dongiorgio@titicacalake.com. Confortable hotel familiar, a tres manzanas de la plaza; habitaciones sencillas, limpias y con baño privado.

Albergue Suasi
En la isla privada de Suasi, cercana a la orilla nordeste del lago. Telf. 35 14 17. Contacto y transporte: *All Ways Travel,* Deustua 576, Casa del Corregidor; telf./fax 35 55 52, awt-peru@terra.com.pe, www.allwaystravelperu.com, o la agencia *Aracari,* www.aracari.com. Entre vicuñas salvajes, flora autóctona y energía solar, el *lodge* de 12 habitaciones es un *resort* único.

Ecco Inn
Chuluni 195, Sector Huaje; telf. 36 55 25. Tarifa: $ 79; www.ecoinnhotels.com.

Balsa Inn
Cajamarca 555; telf. 36 56 52. Tarifa $ 55.

Hostal Los Uros
Teodoro Valcarcel 135; telf. 35 21 41. Tarifa: $15.

Restaurantes

3 Don Piero
Jr. Lima 354; ceviche de trucha.

2 Apu Salkantay
Jr. Lima 357; telf. 36 39 55. Aquí se pueden probar especialidades como alpaca o cuy.

2 Don Gerólamo
Jr. Lambayeque 141; telf. 35 68 40. Especializado en truchas ahumadas. Todos los días programa folclórico.

2 Tradiciones del Lago
Jr. Lima 418; telf. 36 81 40. Un lugar para disfrutar del pescado de lago, por ejemplo, el excelente pejerrey, o carne de alpaca y otros guisos típicos del altiplano.

2 Plaza
Jr. Puno 419; telf. 35 14 24. Restaurante rústico en la Plaza de Armas, cuidada cocina regional e internacional; bar y actuaciones folclóricas los fines de semana.

2 La Casona
Jr. Lima 517; telf. 35 11 08. Cocina sencilla pero autóctona y fresca. Local curioso que se autodenomina restaurante-museo.

La Casa del Corregidor
Jr. Deustua 576, al lado de la catedral; telf. 35 19 21, www.casadelcorregidor.com.pe. Café-bar cultural, casona del siglo XVII con mesas en el patio; buen local de Internet, exposiciones y servicio amable. Pertenece a los dueños del Fundo Chincheros.

TACNA

052

Oficina de turismo
Jr. San Martín 405; telf. 41 53 52; Jr. Blondell 50.

Policía de Turismo
Jr. Callao 121; telf. 41 41 41.

Correos
Av. Bolgnesi 361.

iperú
Av. San Martín 491 (Ex Palacio de Gobierno); telf. 42 55 14.

Aeropuerto
Carlos Ciriani Santa Rosa; Ctra. Panamericana Sur, km 5; telf. 31 46 72.

Estación de autobús
terminal terrestre Manuel A. Odira, Av. Hipólito Unanue s/n.; telf. 42 70 07.

Hoteles

4 Gran Hotel Tacna
Av. Bolognesi 300; telf. 42 41 93; ghtacna@invertur.com.pe, htacna@derramajae.org.pe. El mejor de la ciudad, a dos manzanas de la plaza; con jardín y piscina.

3 Copacabana
Arias Araguez 370; telf. 44 21 58, 42 17 21; cophotel@terra.com.pe, www.barrioperu.terra.com.pe/copahotel.

3 Holiday Suites
Alto de Lima 1.476; telf. 44 12 01, 44 11 39; holidaysuites@ terra.com.pe, habitaciones grandes, piscinas.

2 El Mesón
Hipólito Unanue, 175; telf. 42 58 41, 41 40 70; mesonhotel@terra.com.pe, www.mesonhotel.com.

Restaurantes

3 El Corsario
San José 190, esqu. Av. Arica. Excelente pescado.

2 Puerto Viejo
Av. Vigil 1636. Ceviches, sudados, chicharrones.

2 La olla de barro
Av. Billinghurst 951; telf. 72 75 72; en las afueras, con una bonita terraza.

❷ **El Cacique**
Jose Rosa Ara 1903; telf. 71 45 82. Picantería típica.

TARAPOTO

042

Oficina de turismo
Jr. Ramírez Hurtado 400; telf. 52 38 32.
Policía de Turismo
Jr. Ramírez Hurtado 198; telf. 52 21 41.
Aeropuerto
Guillermo del Castillo Paredes, Rampa Aeropuerto; telf. 52 22 78.
Estación de autobús
No hay terminal; las compañías tienen sus centrales en la Av. Salaverry, cdras. 6 a 8.
Correos
Jr. San Martín 482.

Hoteles

4 **Nilas**
Jr. Moyobamba 173; telf. 52 73 31, 32, fax 52 51 75; nilastpto@terra.com.pe, hotelnilas@hotmail.com, http://inkaweb.tripod.com/nilas.html. Hotel moderno y bien llevado, con piscina en una terraza del segundo piso, en pleno centro de la ciudad.
2 **La Posada Inn**
Jr. San Martín 146; telf. 52 55 57, 52 22 34, fax 52 67 68; laposadainn@hotmail.com. Hotel muy céntrico, con ambiente acogedor.
3 **Puerto Palmeras Tarapoto Resort**
En el km 625 de la ctra. Presidente Fernando Belaúnde Terry; telf. 52 39 78, fax 52 39 80; www.puertopalmeras.com. Idílico lugar, totalmente rodeado de vegetación; piscina, jacuzzi natural y facilidades para deportes; cerca del aeropuerto.
3 **Río Shilcayo**
Jr. 9 de Abril, Pasaje Las Flores 224; telf. 52 22 25, fax 52 42 36; hotelrsh@terra.com.pe. *Resort* a 2 km de la ciudad, en la otra orilla del río Shilcayo; parque, piscina, bungalows.
2 **Monte Azul**
Jr. Camila Molrey 156; telf. 52 24 43, fax 52 23 94. Pequeño hotel con personal amable, habitaciones cómodas con aire acondicionado o ventilador (más baratas). A tres cuadras de la plaza.
Puerto Patos Sauce Lodge
Telf. 52 39 78, 01-242 55 50; fax 52 39 80. A 50 km al sur de Tarapoto. Un bonito *resort* con cabañas en el Lago de Sauce o Laguna Azul.
Country Club
Manuel del Aguila 667; telf. 56 21 10. Tarifa: $14.
Río Shilcayo
Las Flores 224, Banda de Shilcayo; telf. 52 22 25. Tarifa $ 74; www.rioshilcayo.com.
Lily
Jiménez Pimentel 407; telf. 52 31 54.

Restaurantes

❷ **La Patarashca**
Jr. Lamas 261. Especialidad en comida regional.
❷ **El Camarón**
Jr. San Pablo de la Cruz, 237; telf. 52 39 60.
❷ **El Mirador**
Jr. Jiménez Pimentel 105. Especialidad en cocina tropical. Vista panorámica.
La Muyuna
Ramón Castilla 271. Helados con frutas exóticas.

TARMA

064

Oficina de turismo
Jr. Dos de Mayo 775, Pl. de Armas; telf. 32 10 10, 32 25 30.
Estación de autobús
Salida de la mayoría de las empresas desde el Mercado Modelo.
Correos
Jr. Callao 365.

Hoteles

4 **Hacienda Santa María**
Vista Alegre, 1.249; telf. 46 74 70.
3 **Los Portales**
Av. Ramón Castilla 512; telf. 32 14 11, fax 32 25 33; pcha@hoteleslosportales.com, www.hoteleslosportales.com. Precioso hotel estilo hacienda.
2 **Galaxia**
Jr. Lima 262, Pl. de Armas; telf. 32 24 40, 32 14 49.
2 **Hacienda La Florida**
A 6 km. en la carretera de Acobamba; telf. 34 10 41;Lima: 344 1358. Tarifa: $25; www.haciendalaflorida.com
2 **San Antonio**
Huancavelica 780;Telf. 32 25 75. Tarifa: $34.

Restaurantes

❸ **Odría**
Av. Ramón Castilla 512. Restaurante del hotel Los Portales.
❷ **Aromas Peruanos**
Jr. Lima 450.
❷ **El Rosal**
Esqu. Jr. Dos de Mayo, Jr. Lima.
Lo Mejorcito de Tarma
Arequipa 501.

TINGO MARÍA

062

Correos
Av. Alameda Perú, Pl. de Armas.

Hoteles

3 **Madera Verde**
Av. Universitaria s/n.; telf. 56 2047. Lima: 254 01 00. Tarifa:$44;www.maderaverdehotel.com. Bungalows en bonito jardín, con piscina y restaurante, a 1 km del centro.
2 **Nueva York**
Jr. Alameda Perú 553; telf. 56 24 06. Sencillo hostal céntrico. Desde la última planta se puede disfrutar de una buena vista sobre la ciudad.
2 **Hotel La Gran Muralla**
Raimondi 277; telf. 56 33 29. Tarifa: $26.
2 **Villa Jennifer**
(Albergue ecológico) carretera Castillo Grande km. 3.4; telf. 960 3509. Tarifa: $30; www.villajennifer.net
Hotel Internacional
Raimondi 232; telf. 56 30 35. Tarifa. $17.

Restaurantes

❷ **Palmerita Amazónica**
Av. Tito Jaime 816.

TRUJILLO

044

Oficina de turismo
Jr. Independencia, 628.

iperu
Pl. de Armas/ Jr. Pizarro 412, telf. 29 45 61; iperutrujillo@promperu.gob.pe.
Policía de Turismo
Jr. Independencia 630; telf. 29 17 05.
Servicio de Protección al turista
Jr. Junín 454.
Correos
Jr. Independencia 286, esqu. Jr. Bolognesi.
Aeropuerto
Carlos Martínez de Pinillos, Ctra. de Huanchaco; telf. 46 40 13.
Estación de autobús
Terminales por el Óvalo Grau, Av. El Ejército, cdra. 2-3 *(Ormeño);* Av. América Sur, cdra. 28; Av. Mansiche, cdras. 1-4 *(Ittsa);* Jr. Amazonas, cdra. 4 *(Cruz del Sur);* Daniel Alcides Carrión 140 *(Línea).*

Hoteles

5 Libertador
Pl. de Armas; telf. 23 27 41, fax 23 56 41; reservas@libertador.com.pe, www.libertador.com.pe. Sin duda, el mejor sitio de la ciudad. El edificio colonial, en la misma Plaza de Armas, no carece de nada, ni de piscina.
4 El Gran Marqués
Jr. Díaz de Cienfuegos 145, Urb. La Merced; telf. 24 93 66, fax 24 91 61; hotel@elgranmarques.com, www.elgranmarques.com. Situado entre el centro y el barrio playero de Buenos Aires; habitaciones amplias, aire acondicionado, piscinas y sauna, todo en impecables condiciones.
4 Los Conquistadores
Jr. Diego de Almagro 586; telf. 24 45 05, 20 33 50, fax 23 59 17; conquistadores@computextos.com.pe. Céntrico.
3 Pullman
Jr. Francisco Pizarro 879; telf. 20 36 24; hotelpullman@amauta.rcp.net.pe. Buen hotel de nivel medio en la zona peatonal de Trujillo.
3 El Peregrino
Jr. Independencia 978; telf. 20 39 88, fax 20 39 90; elperegrino@viabcp.com.
3 El Brujo
Jr. Santa Teresa de Jesús 170, Urb. La Merced; telf./fax 22 33 22; reservas@elbrujohotel.com, www.elbrujohotel.com. Funcional, tranquilo, limpísimo.
2 El Sol
Los Brillantes 224; telf. 23 19 33; hosteriaelsol@hotmail. com. Hotel muy agradable a las afueras, en un barrio tranquilo. Las habitaciones, sencillas pero con baño, dan a un gran patio ajardinado. Muy buenos precios.
2 Solari
Jr. Diego de Almagro 715; telf. 24 39 09, fax 25 89 59; hsolari@hostalsolari.com.pe, www.hostalsolari.com.pe. Moderno, buen servicio, céntrico pero tranquilo.
2 Colonial
Jr. Independencia 618; telf. 25 82 62, fax 22 34 10; hostcolonialtruji@hotmail.com. A una cuadra de la Plaza de Armas, un agradable y bien llevado hostal.
2 Las Mercedes
Jr. Colón 525; telf. 22 21 79. Sencillo pero con habitaciones grandes y trato amable.
1 Haus Frankfurt
Jr. Los Cocoteros 253, G-3, El Golf; telf. 28 90 15; hausfrankfurt@terra.com.pe. Casa de huéspedes alemana con bungalows, trato familiar.
Paraíso
San Martín 240; telf. 20 00 73. Tarifa: $50; www.hotelesparaiso.com.

Restaurantes

3 Los Herrajes
Av. 9 de Octubre 893, Urb. Las Quintanas; telf. 20 48 46. Fresquísimo pescado y marisco.
3 De Marco
Jr. Pizarro 725; telf. 23 42 51. Especializado en pescado y marisco.
2 Romano
Jr. Pizarro 747; telf. 25 22 51. Restaurante italiano.
2 Café Oviedo
Jr. Pizarro 737; telf. 22 33 05. Con aire asturiano, también sirve comida.
2 El Mochica
Jr. Bolivar 462; telf. 22 42 47, 29 34 41.
1 El Rancho Los Mellizos
Av. Balta 1115; telf. 273687.
Alcaparra Restaurant
San Martín 240; telf. 20 19 09.
Museo del Juguete
Jr. Independencia 701, esqu. Jr. Junín. Café-piano-bar que destaca por su elegancia entre la multiple oferta trujillana de bares y locales nocturnos. Muy buenos cócteles.

TUMBES

072

Oficina de turismo
Jr. Bolognesi 194, Centro Cívico; telf. 52 50 54, 52 36 99.
Correos
Jr. San Martín 208.
Aeropuerto
Av. Pedro Canga.
Estación de autobús
las centrales de muchas empresas están en la Av. Teniente Vásquez.

Hoteles

4 Costa del Sol
Av. San Martín 275, Pl. Bolognesi; telf. 52 39 91, fax 52 58 62; ventastumbes@costadelsolperu.com, www.costadelsolperu.com. Gran hotel de la antigua cadena estatal, con piscina y buen restaurante.
2 Lourdes
Mayor Bodero 118; telf. 52 21 26, fax 52 27 58. Habitaciones algo estrechas, pero céntrico, económico y agradable.

En Puerto Pizarro

Bay Side
Bungalows; telf. 54 30 45. Tarifa: $34.

En Punta Sal

Punta Sal Club Hotel
Carretera Sullana-Tumbes, km.173; telf. 54 00 43. Tarifa: $63 (Alimentación incluida); www.puntasal.com.pe.
El Delfín
Panamericana norte km. 1,234; telf: Lima: 224 85 41. Tarifa: $40; www.hostaldelfin.com
Asturias
Mariscal Castilla 305, Punta Sal; telf. 52 25 69, fax 52 33 10.

En Zorritos

Playa Punta de Camarón
Panamericana norte, km 1.235, Zorritos. Telf. 970 50 42, 970 65 41; puntacamaron @terra.com.pe, http://punta-camaron.tripod.com. Bungalows en una ancha playa al sur de Zorritos, a 30 km al sur de Tumbes; piscina.

Amotape
Panamericana Norte km 1.248; telf. 54 23 85. Tarifa: $55; www.amotape.com.

Costa Azul
Faustino Piaggio (Panamericana Norte) 115. Tarifa: $20 p.p.; www.vivamancora.com. costaazul.

Restaurantes

Sí Señor
Av. Bolívar 113.

El Caracolito del Mar
Rivera del Mar Norte, Puerto Pizarro. Frente al Mar, ceviches, mariscos, pescado.

VALLE SAGRADO

084

(Ollantaytambo, Pisac, Urubamba, Yanahuara, Yucay)

Estación de ferrocarril
Ollantaytambo;
www.perurail.com.
Aeropuerto más cercano: Cuzco.

Hoteles

Sonesta Posada del Inca
Pl. Manco II 123. Urubamba. Telf. 20 11 07, fax 20 13 45; reservas@sonestapero.com, www.sonesta.com. Finca, con capilla y museo propios.

Royal Inca Pisaq
Ctra. Pisac-Ruinas s/n.; telf. 20 30 65, fax 20 30 67; royalinka@aol.com, www.royalinka hotel.com. En las afueras de Pisac, camino a las ruinas. El *lodge* tiene muchas facilidades de practicar deportes, hasta una piscina cubierta y caballos.

Kíuychi Rumi
Ctra. Urubamba-Ollantaytambo, km 74,5, Urubamba; telf. 20 11 69, 76 03 56; kuychirumi@amauta.rcp.net.pe, www.urubamba.com. Casas con cocinas individuales en plena naturaleza. No hay restaurante.

Pakaritampu
Av. Ferrocarril s/n., Ollantaytambo, telf. 20 40 20 20 41 04, fax 20 51 05; hotel@ pakaritampu.com, www.pakaritam pu.com. Hotel tipo *lodge*, con chimeneas y un bello jardín.

Casa Andina
Yanahuara; telf. 976 55 01,-02, -03, fax 445 47 75; ventas@ casa-andina.com, www.casa-andina.com. *Lodge* con 85 habitaciones decoradas con muy buen gusto.

San Agustín
Ctra. Cuzco-Pisac, km 69, Urubamba; telf. 20 14 44. Tarifa: $70. Antiguo monasterio de la Recoleta, transformado en hotel de lujo; con piscina.

La Casona
Pl. Manco II 104, Yucay; telf. 20 11 16, fax 20 14 69; casonayucay@terra.com.pe, www.lacasonadeyucay.com. Edificio colonial frente a la famosa Posada del Inca.

Pisac
Pl. de Armas, Pisac; telf. 20 30 62. Agradable hostal con patio.

Albergue Ollantaytambo
Estación Ferroviaria s/n; telf. 20 40 14. Tarifa: $62; www.elalbergue.com

Hostal Sauce
Ventiderio 248; telf. 20 40 44. Tarifa: $79; www.hostalsauce.com.pe.

Restaurantes

Killa Wasi
Urubamba, Ctra. Urubamba-Ollantaytambo; telf. 20 16 20. Restaurante rústico con maravillosa terraza en el bungalow-hotel Sol y Luna.

Mayupata
Camino del puente, Ollantaytambo. Bonito sitio con balcón sobre el río; cocina novoandina.

Don Manuel
Pl. Manco II, Yucay. Restaurante del hotel La Casona. Cocina novoandina.

Alcazar
Taypi. Ollantaytambo.

Kusicyllor
Pl. de Armas, Ollantaytambo; telf. 20 41 03. Al lado de las ruinas.

Alhambra
Urubamba, crtra. Urubamba-Ollantaytambo; telf. 20 12 00. Restaurante estilo hacienda que a mediodía sufre el ataque de los autobuses turísticos. Ofrece buena comida tradicional y tiene un jardín bonito.

ÍNDICE DE LUGARES

Las localidades más importantes aparecen en **negrita.**
La referencia a la información sobre alojamientos aparece en letra *cursiva.*

ÍNDICE DE MAPAS Y PLANOS

Mapas de itinerarios

Planos de ciudades